军队『2110工程』军队政治工作学学科

外军政治性工作研究

李庄前◎主编

军事政治学系列丛书 丛书主编·高民政

时事出版社
北京

图书在版编目（CIP）数据

外军政治性工作研究/李庄前主编. —北京：时事出版社，2017.8（2024.12重印）
ISBN 978-7-5195-0095-5

Ⅰ.①外… Ⅱ.①李… Ⅲ.①外国军队—军队政治工作—研究 Ⅳ.①E142

中国版本图书馆CIP数据核字（2017）第168823号

出 版 发 行：时事出版社
地　　　址：北京市海淀区彰化路138号西荣阁B座G2层
邮　　　编：100097
发 行 热 线：（010）88869831　88869832
传　　　真：（010）88869875
电 子 邮 箱：shishichubanshe@sina.com
印　　　刷：北京世纪优彩科技有限公司

开本：787×1092　1/16　印张：25.5　字数：375千字
2017年8月第1版　2024年12月第5次印刷
定价：128.00元

主　　编　李庄前
副 主 编　张　煜　李丛禾
参编人员　石志超　刘　威　赤　桦　陈伟昉　张　芳
　　　　　　汪小伍　郎丽璇　周　静　黄　丹

前　　言

外军政治性工作研究是伴随着我国改革开放而逐步出现的一个新的领域和新的学科，主要研究世界其他国家军队成员思想变化和行为活动的一般规律，研究其他国家或执政党对军队进行思想教育和组织调控的基本规律，研究政治工作保证军队完成国家或执政党赋予的使命和职责的普遍规律。数十年来，经过广大政治工作教学者和研究者的辛勤耕耘和不断探索，这门新兴学科经历了成果丰硕的发展历程，取得了引以为豪的长足进步。

20 世纪 80 年代初，西安政治学院政工教研室编写了内部读物《外军政治工作评介》，该册子内容比较简单，只介绍了在世界上影响较大，与我军关系较为直接的苏联、美国、日本、越南等四个国家军队的政治工作以及台湾蒋军的情况。与此同时，炮兵指挥学院党史政工教研室组织编写了同名《外军政治工作评介》，作为内部教材在该院印刷使用。该教材分为上篇和下篇，上篇介绍了苏军、朝军、越军以及东欧几国军队的政治工作，下篇则聚焦美军、日军、联邦德国军队以及以色列、英国、印度军队的政治性工作。80 年代中后期，为贯彻落实总政治部《关于改革军队院校政治理论课教学的意见》，适应军队政治工作课程教学改革的需要，各军事院校在政治理论课教学中开始增加外军政治性工作教学内容，并有正式出版的教材和专著问世。1988 年 10 月，海洋出版社出版发行刘刚、翟吉华、花永庆编著的《外军政治工作概论》；1989 年 7 月，解放军出版社出版发行齐健、周深远、刘德明主编的《外国军队政治工作》。新世纪前后，对外军政治性工作的研究似乎形成了一个小高潮，有一些研究成果问世。1999 年 11 月，国防大学出版社出版发行了韩生民编著的《外国治军面面观》；2000 年 2 月，海潮出版社出版发行了章德峰主编的《中外军队政治性工作比较》；2001 年 6 月，国防大学出版社出版发行了房忠贤、张成富编著的《西方国家军队政治工作透析》；2002 年 12 月，解放军出版社出版发行了刘树德、王庐生、宋刚编著的《 外军政治工作研究》；2003 年 5 月，国防大学出版社出版发行了吴志忠编著的《中美军队思想教育比较研究》。

2006 年起，随着一年一度的“全军外军政治性工作研究学术研讨会”的召开，外军政治性工作研究步入新的阶段，达到新的水平。该研讨会由原总政联络部和南京政治学院联合举办，与会人员不仅有长期从事政治理论教学的政工教员，也有入行不久从其他学科转型而来的新人，他们不少人具有较强的外语研读能力，可以梳理各类第一手的外军政工资料并进行分析研究。研讨会为外军政治性工作研究者提供了交流平台，同时也激发了大家的热情，研究成果陆续问世，在军内外产生较大的影响。研讨会不仅涌现出了许多优秀研究论文，而且壮大了外军政治性工作研究队伍，《外军政治性工作研究论丛》每年由解放军出版社在军内出版。在此期间，原总政联络部组织编写了《美军军种核心价值观培育研究》《美军战斗精神研究》《美军民事工作研究》《美军军人家庭工作研究》《美军宣传工作研究》《美军退役军人组织研究》《美军心理战理论与实践》；美军政情译从《美军军官》《美国陆军军官领导力》《美国空军核心价值观教育》《美军海军军官成长之路》《美军人事制度改革》《美剧在阿富汗、伊拉克战争中心理战总结报告》；《美军政治性工作法规选编》《美军在阿富汗、伊拉克战场编印及散发的传单汇编》，等等。

新世纪以来，尤其是最近 10 余年来，外军政治性工作教学和研究均取得了长足的发展。2007 年海潮出版社出版严兴平编著的《外军政治性工作评介》，2012 年解放军出版社出版发行朱少华主编的《美军政治性工作》。2014 年 1 月，解放军出版社出版章德峰编著的《外军政治性工作 100 例》。该书精选了外国军队开展政治性工作的 100 个事例，分为思想教育篇、人事工作篇、政治作战篇，每个事例后作了评析。这从政治性工作的视角，打开了认识外国军队的一扇窗口，具有丰富知识和启发思考的作用。2015 年 11 月，世界图书出版公司出版了李丛禾博士主编的《外军政治工作文献专题导读》，全书共 9 个专题，包括近年来外军在精神教育、作战动力研究、军事文化建设、人才培养、领导力培育、军政关系、战略传播、网络空间等热点领域，每个专题均配有对本领域的简要介绍以及对选文的点评。《导读》以原汁原味的外军文献配以导读的形式呈现给读者，填补了外军政治性工作研究的一项空白。

尽管如此，外军政治性工作学科建设仍旧处于初始阶段，还有许多问题需要厘清，尤其是对学科基础理论和基本规律的研究。比如关于外军政治性工作本质属性和学科特点还缺乏系统的分析，关于马克思主义经典作家对外军政治性工作的论述还没有系统的发掘和梳理，关于如何引入和借鉴国外一些新兴学科的理论和方法并运用于外军政治性工作的学科建设还没有明确的原则等等。但不论怎样，外军政治性工作的理论研究随着时代的发展在不断向前推进，《外军政治性工作研究》就是这股发展潮流中的一份努力，一种尝试。

《外军政治性工作研究》由前言、导言、后记以及主体部分的 10 个章节组成。导言部分阐述了外军政治性工作的本质属性、学科特点，研究的若干范畴、原则方法以及目的意义；第一章概述了产生和发展的政治基础、经济基础、军事技术基础、军事思想基础以及文化基础；第二至第八章分别就外军精神教育工作、外军军事宣传工作、外军军事文化工作、外军人事管理工作、外军军人社会保障工作、外军法律事务工作、外军心理攻防工作等专项领域的内容和特点进行了分析阐释；第九和第十章则分别聚焦外军战争行动和外军非战争军事行动中的政治性工作问题。具体分工是：导言、第一章：李庄前；第二章：陈伟昉；第三章：张芳；第四章：黄丹；第五章：赤桦；第六章：李丛禾、郎丽璇；第七章：周静；第八章：汪小伍；第九章：张煜；第十章：石志超、刘威。全书由李庄前教授负责统稿。本书在编写过程中得到了南京政治学院上海校区王忠主任的亲切关怀和热情鼓励，得到了林平忠教授、李保忠教授、杨放教授的悉心指导和无私帮助，出版过程中，责任编辑崔巍付出了大量艰辛的劳动，在此一并致谢。

编　者

2017 年 5 月

目录
Contents

导　言 (001)

一、外军政治性工作的本质属性 (002)
二、外军政治性工作研究的若干范畴 (003)
三、外军政治性工作研究的学科定位 (006)
四、外军政治性工作研究的原则和方法 (008)
五、外军政治性工作研究的目的意义 (013)

第一章　外军政治性工作概述 (016)

第一节　外军政治性工作的产生与发展 (017)
一、外军政治性工作产生和发展的政治基础 (017)
二、外军政治性工作产生和发展的经济基础 (020)
三、外军政治性工作产生和发展的军事技术基础 (024)
四、外军政治性工作产生和发展的军事思想基础 (026)
五、外军政治性工作产生和发展的文化基础 (030)
第二节　外军政治性工作的主要内容 (036)
一、外军精神教育工作 (036)
二、外军军事宣传工作 (037)
三、外军军事文化工作 (038)
四、外军人事管理工作 (040)
五、外军心理攻防工作 (040)
六、外军法律事务工作 (041)
七、外军军人社会保障工作 (042)

八、外军战争行动中的政治性工作 (043)
九、外军非战争军事行动中的政治性工作 (045)
第三节　外军政治性工作的基本特点 (046)
一、从政治性工作的理念看，尊重个体价值，关注官兵现实需求 (046)
二、从政治性工作的内容看，注重强基固本，匡正官兵价值取向 (051)
三、从政治性工作的方式看，遵循教育规律，不拘形式讲求实效 (056)
四、从政治性工作的资源看，依托多管渠道，借力社会综合力量 (059)
第四节　外军政治性工作的发展趋势 (063)
一、适应信息化时代要求，发挥网络媒体在政治性工作中的作用力 (063)
二、适应全球化发展要求，提升文化渗透在政治性工作中的影响力 (064)
三、适应多样化军事行动要求，增强能力素养在政治性工作中的引导力 (065)

第二章　外军精神教育工作 (067)

第一节　外军精神教育的主要内容 (067)
一、政治素养培育 (067)
二、爱国主义教育 (069)
三、军人价值观灌输 (071)
四、战斗精神培养 (072)
五、历史传统教育 (074)
六、军人职业道德教育 (076)
七、宗教信仰引导 (077)
八、心理调适训练 (079)

第二节　外军精神教育的基本特点 (081)
一、注重文化自觉与军队教育相结合 (081)
二、注重任务需求与军事训练相结合 (082)
三、注重制度保障与人本关怀相结合 (083)
四、注重精神鼓励与物质刺激相结合 (085)
五、注重军内教育与军外教育相结合 (086)
第三节　外军精神教育的方法途径 (088)
一、系统规范的院校教育 (088)
二、集成有效的部队教育 (090)
三、潜移默化的精神熏陶 (091)
四、特色鲜明的宗教活动 (093)
五、深入人心的媒体平台 (094)

第三章　外军军事宣传工作 (096)

第一节　外军军事宣传工作的组织机构 (097)
一、美军军事宣传工作的组织机构 (097)
二、其他国家军队宣传工作的组织机构 (099)
第二节　外军军事宣传工作的主要内容 (101)
一、通过军事宣传，战时争取人心 (101)
二、加强国防政策解释，促进相互理解 (102)
三、通过军事宣传工作塑造军队形象 (103)
四、通过军事宣传，提升官兵战斗士气 (104)
五、通过对社会的宣传工作，融洽军民关系 (104)
第三节　外军军事宣传工作的基本特点 (105)
一、外军军事宣传工作的政治性 (105)
二、外军军事宣传工作的战斗性 (108)
三、外军军事宣传工作的策略性 (109)
四、外军军事宣传工作平台呈现多样性 (112)
五、外军军事宣传目标的针对性 (116)

六、外军军事宣传工作制度的规范性 (118)

第四章　外军军事文化工作 (123)

第一节　外军军事文化工作的组织机构 (123)
第二节　外军军事文化工作的主要内容 (126)
一、外军军营文化建设 (127)
二、外军礼仪文化建设 (133)
三、外军联合文化建设 (139)
四、外军战地文化建设 (146)
第三节　外军军事文化工作的基本特点 (150)
一、外军军事文化结构模式 (150)
二、外军军事文化工作的特点与规律 (153)

第五章　外军人事管理工作 (157)

第一节　外军人事管理的组织机构 (157)
一、美军人事管理组织机构及职能 (158)
二、俄军人事管理机构设置及基本职责 (160)
三、其他主要国家军队人事管理的组织设置及职责 (161)
第二节　外军人事管理的主要内容 (163)
一、外军军官人事管理的主要内容 (163)
二、外军文职人员管理的主要内容 (181)
三、外军预备役军官管理的主要内容 (188)
第三节　外军人事管理的基本特点 (192)
一、注重健全人事管理法规，人事管理制度比较完备 (192)
二、实行军官职业化，保持军官队伍稳定 (193)
三、管理与教育训练紧密结合，致力提高管理质量 (194)
四、提供较高的薪金及福利待遇，增强军官管理的有效性和军队的吸引力 (195)

第六章　外军军人社会保障工作 (196)

第一节　外军军人社会保障的组织机构与法规制度 (196)
一、外军军人社会保障的组织机构 (197)
二、外军军人社会保障的法规制度 (200)
第二节　外军军人社会保障的主要内容 (203)
一、外军军人薪酬福利 (203)
二、外军军人保险工作 (211)
三、外军军人退役工作 (214)
四、外军军人家庭工作 (223)
第三节　外军军人社会保障的基本特点 (227)
一、通过较完善的职能机构及较完备的法规体系来确保军人社会保障的有效落实 (227)
二、外军军人福利待遇普遍较高，社会与经济地位较优越，呈现出稳定增长趋势 (228)
三、重视军人退役后生活待遇，强化职业培训体系，确保其政治和社会地位 (230)
四、军人保险、福利与抚恤相结合的军人保障制度，得益于军地双方的有效合作 (231)

第七章　外军法律事务工作 (233)

第一节　外军法律事务工作的组织机构 (233)
一、外军军事立法机构 (233)
二、外军军事法实施机构 (236)
三、外军执法和护法力量 (245)
四、外军军事行政司法队伍 (249)
第二节　外军法律事务工作的主要内容 (251)
一、外军军事法规体系建设 (251)
二、外军法制教育宣传 (256)

三、外军法律事务服务 (258)
第三节　外军法律事务工作的基本特点 (260)
一、机制完善，法规健全，体现规范性与完备性 (261)
二、依法行事，人人平等，彰显权威性和严肃性 (263)
三、传承历史，实时修正，兼顾稳定性和时效性 (265)

第八章　外军心理攻防工作 (267)

第一节　外军心理攻防工作的组织机构 (267)
一、外军心理战的组织机构 (267)
二、外军心理防护工作的组织机构 (275)
第二节　外军心理攻防工作的主要内容 (279)
一、外军心理进攻战法手段 (280)
二、外军心理防护的主要措施 (291)
第三节　外军心理攻防工作的基本特点 (297)
一、外军心理战的基本特点 (297)
二、外军心理防护工作的基本特点 (299)

第九章　外军战争行动中的政治性工作 (306)

第一节　外军战争行动中的政治性工作的组织机构 (306)
一、宗教服务机构 (307)
二、民事行动机构 (309)
三、法律支援机构 (310)
第二节　外军战争行动中的政治性工作的主要内容 (312)
一、战时宗教支援 (312)
二、战时民事行动 (317)
三、战时法律支援 (322)
四、战时专项教育 (331)
第三节　外军战争行动中的政治性工作的基本特点 (336)
一、外军战时政治性工作的性质与各国不同的

国情军情紧密相联 (337)
二、外军战时政治性工作的主要内容与其战争政治目的及军队求胜需要高度一致 (338)
三、外军战时政治性工作的时间长度贯穿、渗透于军事行动的全过程 (339)
四、外军战时政治性工作的方法手段科学技术含量较高，可操作性较强 (340)
五、外军战时政治性工作的主体力量分工细致，人员素质较为专业 (341)
六、外军战时政治性工作的实际效果始终受到战争政治目的、正义性和人心向背等因素的制约 (342)

第十章　外军非战争军事行动中的政治性工作 (344)

第一节　外军非战争军事行动中的政治性工作的法规依据 (345)
一、国际法与国际条约 (345)
二、国家法律法规 (346)
三、军事法规条令 (348)
第二节　外军非战争军事行动中的政治性工作的主要内容 (351)
一、外军反恐军事行动中的政治性工作 (352)
二、外军维和军事行动中的政治性工作 (361)
三、外军人道救援军事行动中的政治性工作 (370)
第三节　外军非战争军事行动中的政治性工作的基本特点 (380)
一、突出政治目标，军事行动始终为国家利益服务 (380)
二、重视精神因素，精神激励与物质激励相结合 (382)
三、强化官兵素质，严格实施教育训练与战场执法 (383)
四、注重实际效果，政治性工作与军事行动有效融合 (385)
五、强调以人为本，发挥心理干预和宗教抚慰效果 (386)

参考文献 （387）

后　记 （392）

导　言

政治是一种社会现象，是经济的集中表现，其实质是处理阶级之间和不同国家、民族之间以及阶级内部的关系，其核心是国家政权问题。[①] 政治工作是政治的一项实践活动，是一定的阶级和政治集团，为实现一定的政治目标，有目的地对人们施加意识形态的影响，以转变人们的思想和指导人们行动的社会行为。政治工作存在于一切军队之中。政治的性质不仅决定了政治工作的性质，也决定了军队政治工作的性质。

外军政治性工作，是指除我国以外的世界其他国家或执政党，为从政治上领导、控制和掌握军队，提高军队战斗力，以实现既定的政治目的而在军队中进行的政治性实践活动，主要包括资本主义国家军队政治性工作、社会主义国家军队政治工作和发展中民族主义国家军队政治工作。各国的国情不同，军队的性质、传统不同，历史文化、民族心理不同，军队政治工作的形式、内容和特点也不尽相同，但它们都服务于各自国家政权或执政党的利益。许多国家没有明确的“军队政治工作”概念，也未在军队中设立独立的政治工作机构，但在军队中推行国家和统治阶级意志的政治活动是客观存在的。

本书所说的“外军政治性工作”主要指西方发达资本主义国家军队的政治性工作。

① 军队政治工作学［M］. 北京：人民出版社，高等教育出版社，2011：2.

一、外军政治性工作的本质属性

政治决定着政治工作的方向与内容，离开政治就无所谓政治工作。政治性是外军政治性工作的本质属性。它贯穿于外军政治性教育活动的始终，是外军政治性工作区别于外军其他工作的显著标志，是外军政治性工作诸属性中最普遍最一般的固有属性，规定和影响着其他派生属性，同时也是外军政治性工作变化发展的依据。德国著名军事家克劳塞维茨在《战争论》中指出，“战争无非是政治通过另一种手段的继续”，“政治意图是目的，战争是手段，没有目的的手段永远是不可想像的”，外军政治性工作正是实现政治意图的必然过程和具体体现。一方面，外军政治性工作的基本理论、原则方针、目的目标、任务内容等理念系统体现了国家政权或执政党的根本利益，具有很强的政治性特征；另一方面，外军政治性工作的领导、组织、执行部门等设施系统和政治教育制度服从服务于国家政权或执政党政治目标的实现。外军政治性工作的政治性本质规定了外军政治性工作特定的服务对象，规范了外军政治性工作参与者的政治态度、行为方式和活动价值。

外军政治性工作的政治性具有一元性和多样性特点。它服从服务于统治集团的根本利益，毋庸置疑地体现了外军政治性工作的一元性。另一方面，外军政治性工作可谓是一个庞大的系统，有多个侧面，不同层次，因而在具体表现形式上呈现出丰富多样的特点。政治性作为外军政治性工作的普遍性要素，存在于外军政治性工作系统体系的各个方面，这时就具有这些方面的特殊性，表现为外军政治性工作政治性本质的多样性。外军政治性工作各个要素和各个环节也有不同特点，就某个要素而言，还会有多个特点。例如，就外军政治性教育的对象而言，要求所有对象都接受爱国主义、军人价值观和战斗精神等教育，并将其内化为素质，外化为行为，这体现了外军政治性工作政治性本质的一元性；外军政治性工作对象因不同性别、不同年龄、不同职业、不同民族、处于不同军阶层次等就有不同的特点，这样，官兵对政治性工作的需求和接受方式则是多种多样的。

外军政治性工作的政治性体现阶级性。政治性作为一种阶级属性，反映了阶级在军队中的政治思想和政治制度。政治性工作是为统治阶级服务的，是统治阶级为了实现对军队的管理，对官兵进行的一种世界观、人生观、价值观改造活动，其目的就是维护统治阶级的利益，保证统治阶级的地位。这从根本上规定了外军政治性工作的价值取向，决定了外军政治性工作的阶级性。所以，外军政治性工作必然以一定的阶级为依托，以一定阶级的思想理论为指导，调动外军政治性工作资源为一定阶级的利益服务。只有对外军政治性工作的政治性本质所维系的阶级关系及其所处的社会历史条件获得正确的认识，用这种正确认识指导外军政治性工作的研究实践，才能揭示出科学的规律，得出正确的结论。

外军政治性工作的政治性蕴含意识形态性。外军政治性工作的具体内容是社会系统中的政治在军队中的反映，它受到政治上层建筑的规定，决定于社会中的政治关系，体现了思想上层建筑的政治特性。意识形态性是外军政治性工作本质属性的重要特征，因为政治性本质规定了外军政治性工作系统及其理论原则、地位作用、目标任务、内容方法等要素的性质，它们对外军受教育者施加意识形态的影响，使其形成教育者所期望的思想品德、道德观念和价值理念，并以此指导和规范自己的言行。换言之，外军政治性工作具有向外军官兵传播和灌输意识形态的作用。

外军政治性工作除了本质属性以外，还有其他属性，如民族性、渗透性、实践性、时代性等，这些属性对外军政治性工作也有普遍而重要意义。外军政治性工作的政治性本质通过这些属性存在时，就具有这些属性的特点。

二、外军政治性工作研究的若干范畴

列宁指出："在人面前是自然现象之网。本能的人，即野蛮人没有把自己同自然界区分开来。自觉的人则区分开来了，范畴是区分过程中的一些小的阶段，是帮助我们认识和掌握自然现象之网的网上纽结。”① 我们应该以那些最能帮助我们认识和掌握外军政治性工作现象之网的网上纽结，作为外军政治性工作学科研究的基本范畴。

主体与客体范畴：外军政治性工作目前作为军队政治工作学的学科方向，以外军政治性工作为研究对象，是一种实践性活动，也是人与人的对象性活动，自然存在着主体与客体的确定及其相互关系问题。在外军政治性工作研究领域，主体是从事外军政治性工作任务的工作人员；客体是外军政治性工作中的教育对象。当然，这种主体与客体的区分具有相对性，也就是说，具体的主体与客体，既具有确定性的方面，又具有不确定性的方面。由于军队组织系统的层级性，某一级组织或个人，相对于下级是主体、相对于上级则又是客体。例如，外军政治性工作的从业人员一般包括随军牧师、军事指挥官和士官，他们是外军政治性工作的行为主体，但他们在各自层级系统内则可能是接受教育的对象，成为政治性工作的客体。因此，主客关系往往会因时空等条件的变化而转化。

政治与军事范畴：外军政治性工作具有工作本质的政治性，同时又具有非常强的军事性，政治与军事的关系问题比较突出。因此，政治与军事及其相互关系，是研究外军政治性工作必须要涉及的一对范畴。首先，政治与军事的内涵需要界定、外延需要明确。军事有广义和狭义的区分，而政治本身含义丰富，外延也十分广泛。外军政治性工作的理论与实践，需要对政治与军事的语词，从内涵到外延进行研究界定。其次，从外军政治性工作的主体上看，包括宗教人员、军官和士官，他们在外军政治性工作中分别发挥怎样的作用，是否存在主次先后问题，这是需要研究和回答的。最后，从政治与军事的相互关系上看，政治与军事的相互关系是比较复杂的，由于军事与政治的含义都不是单一的，这就决定了在政治与军事的相互关系上，不能进行简单而笼统的叙述，而应在确定具体问题后具体分析。

精神与物质范畴：外军政治性工作在本质上是要解决精神层面的问

---

① 列宁．哲学笔记［M］．北京：人民出版社，1977：241.

题，但精神层面问题的解决离不开一定的物质基础。因此，精神与物质及其相互关系，是外军政治性工作研究需要涉及和应该确立的一对范畴。首先，外军政治性工作是作为主体的人以作为客体的人为对象展开的工作，而人是意识即精神与肉体即物质的统一。在外军政治性工作中，如何看待主体人与客体人的精神与物质关系特点，需要研究。其次，从外军政治性工作要解决问题的性质上看，既有精神性的问题又有物质性的问题；从外军政治性工作要解决问题的原因上看，既需要从精神方面又需要从物质方面来进行分析；从外军政治性工作要解决问题的途径上看，既需要从精神方面又需要从物质方面来进行探索。

思想与行为范畴：思想与行为及其相互关系是外军政治性工作研究应该确立的一对范畴。首先，思想与行为是外军开展政治性工作的出发点和落脚点。外军政治性工作，在解决整体目标要求集中统一性与个体思想行为分散多样性之间矛盾的过程中，要从个体思想与行为的“分散多样性”出发，达到实现“集中统一性”的目的。这就决定了思想和行为作为外军政治性工作研究的基本范畴的重要性。其次，思想与行为既统一又对立，在外军政治性工作中有其特殊的表现，需要研究把握。最后，思想与行为的形成和变化有其多种复杂的原因，只有把思想与行为作为基本范畴，来分析把握其形成和变化的多种复杂原因，才能解决整体目标要求集中统一性与个体思想行为分散多样性之间矛盾。这是外军政治性工作研究中要解决问题实现自己目标的重要任务。

教育与管理范畴：要解决整体目标要求集中统一性与个体思想行为分散多样性之间的矛盾，就需要通过教育和管理的途径。因此，教育与管理及其相互关系，是外军政治性工作研究中需要涉及和应该确立的一对范畴。首先，教育与管理是外军政治性工作解决整体目标要求集中统一性与个体思想行为分散多样性之间矛盾的根本途径。其次，教育与管理之间既本质有别又相互关联，需要在理论上说清楚其间的辩证关系，在实践中把握好运用的尺度，这也就要把教育与管理作为一对基本范畴认真加以研究。最后，外军政治性工作的教育与管理与一般的教育与管理既有其共性又有其特性。对其研究既需要从一般的教育与管理中学习借鉴共通的东西，又需要根据自己的特性创造出具有自身特色的教育与管理。当然，外军政治性工作的教育与管理，在不同的历史条件下其内容不同，方式方法各异，值得研究。

目的与手段范畴：要解决整体目标要求集中统一性与个体思想行为分散多样性之间的矛盾，就存在着需要通过何种可行手段达到和实现工作目的。因此，目的与手段及其相互关系，是外军政治性工作研究中应该确立的一对范畴。外军政治性工作从业者在进行具体工作时，可能会运用不同的手段达成同样的目的，或者运用同一种手段达成不同的目的。譬如，外军在对官兵进行价值观教育时，可能采用课堂灌输的方法，典型示范的方法或者现场观摩的方法，可能采用宗教感化的手段，条令约束的手段或者环境熏陶的手段，总之，这些不同的方法和手段都是为了达成价值观教育的目的。再譬如，外军精神教育中先进人物典型案例的运用，旨在提升官兵的政治信念、道德准则、价值理念、战斗精神，甚至条令意识和法制观念等等，同一手段达成不同目的。

三、外军政治性工作研究的学科定位

所谓“定位”就是确定一个事物的位置或方位，并以此来把握它的意义、性质和特点。“学科定位”就是把某个学科放到特定的学科背景中，考察它在这个体系中所占的地位，发挥的作用，并揭示该学科的性质和特点以及学科建设的意义和方向。学科定位直接决定了学科研究的问题领域。外军政治性工作学科从属于军队政治工作学，研究其学科定位以及与之相关的基本理论问题，是外军政治性工作学科发展的关键。

首先，外军政治性工作目前是军队政治工作学一级学科下面的一个学科方向，它与其他几个学科方向既有学科的联系，也有学科的边界。在军队政治工作学学科框架下，除了外军政治性工作之外，还有军队政治工作基本理论、军队思想工作、军队组织工作、战时政治工作、军队人才建设、军队政治工作信息化建设、军事社会学与政治工作等。这些学科方向之间既存在联系，也有着明显的区别。它们在人才培养的总目标和分目标上是一致的。以“军队政治工作学一级学科硕士研究生培养方案”为例，总目标包括：培养政治合格，系统掌握军队政治工作基础理论和专业知识，能够运用马克思主义的立场、观点、方法研究解决军队思想政治建设中的理论和现实问题，胜任部队政治工作岗位需要的高素质应用型人才。具体分目标涵盖思想政治、专业业务、任职能力和身体心理等四个方面内容。但外军政治性工作与其他学科方向也存在明显的区别。前者主要研究外军政治性工作的理论与实践及其对我军的借鉴应用，具体包括外军政治性工作的体制机制、基本内容、历史经验、特点规律，不同外军政治性工作的比较研究，同一外军在不同历史时期政治性工作的比较研究以及中外军队政治性工作比较研究等等；后者涵盖我军政治工作的若干方面。两者之间的内涵与外延均存在较大的差异。

其次，外军政治性工作学科，兼具军队政治工作学、军事政治学和教育学等多重特征，具有综合性和交叉性特点。它有着“鲜明的党性、严谨的科学性、广泛的群众性、全面的渗透性”① 等军队政治工作学特征，需要研究者和学习者树立正确的政治态度，始终坚持党对军队绝对领导的根本原则和制度，坚持以中国特色社会主义理论体系为指导，着力增强思想政治建设的科学性，同时需要贯彻群众路线，启发群众自觉，使思想政治工作渗透到各项业务工作和具体任务之中。外军政治性工作研究就其内容而言，必然或多或少涉及外军国家政权或执政党的政治理念、方针政策，涉及其军事战略、部队建设，外军政治性工作必定受到其军政关系或军政现象的影响和制约，而军事政治学正是“运用政治学的理论和方法研究军政现象，以探求军政关系发展规律为目标的一门军事学与政治学之间的交叉学科。”② 其关注的核心问题包括军政关系的制度框架、党军关系以及军队政治文化，它们也是外军政治性工作研究过程中不可忽略的重要内容。外军政治性工作作为一种思想教育活动，目的是让外国军人掌握和接受一

---

① 军队政治工作学［M］. 北京：人民出版社，高等教育出版社，2011：49.

② 高民政等. 军事政治学导论［M］. 北京：时事出版社，2010：1.

定的思想观点，形成一定的人生观、世界观和价值观，因而具有教育学的理论与实践特点，需要遵循教育学的一般规律。

最后，外军政治性工作学科范围既包括外军政治性工作的基本内容，即外军政治性工作都涉及哪些领域和哪些方面，也包括外军政治性工作的实践主体，即谁是外军政治性工作的执行者和实施者，还包括外军政治性工作的实践路径，即外军如何开展政治性工作，如何实现政治性工作的有效性。外军政治性工作作为外军所从事的一种特殊社会活动，与一定社会和阶级的意识形态活动密切关联。就性质而言，外军政治性工作是一种体现意识形态的政治灌输和政治传播活动。以外军精神教育为例，就有树立信念的政治意识教育、培育行为准则的军人价值观教育、崇尚国家利益的爱国主义教育、激励士气的战斗精神教育、热爱国家和军队的传统教育、忠于职守的职业道德教育以及适合民族特点的宗教教育等等。外军精神教育的从业人员既有随军牧师，也有军事指挥官和士官，他们是外军精神教育三位一体工作机制的主要成员。其教育方法也多种多样，课堂教育与媒体宣传相结合、宗教服务与法规约束相结合、典型示范与环境熏陶相结合、军营教育与社会教育相结合以及精神鼓励与物质激励相结合。当然，精神教育绝不仅限于以上内容和方法。而且，除了精神教育之外，外军政治性工作还有其他若干领域，譬如外军军法司法工作、外军心理攻防、外军军营文化建设、外军战争和非战争行动中的政治工作等等，它们均属于外军政治性工作的学科范畴。

四、外军政治性工作研究的原则和方法

（一）原则

1. 坚持以马克思主义特别是党的创新理论为指导

军队政治工作的理论指导，是指对军队政治工作具有指导作用的各种

理论和知识的总和。马克思主义特别是党的创新理论是军队政治工作的理论基础，党的军事理论是军队政治工作的直接理论依据。作为军队政治工作学的研究方向，外军政治性工作研究必须建立在马克思主义科学理论基础之上，必须坚持以党的创新理论为指导。《中国人民解放军政治工作条例》明确指出，中国人民解放军的政治工作，以马克思列宁主义、毛泽东思想、邓小平理论和“三个代表”重要思想为指南，贯彻落实“科学发展观”以及习近平主席关于国防和军队建设的重要论述。马克思主义特别是党的创新理论博大精深，内涵丰富，为外军政治性工作研究提供了科学的世界观和方法论。

2. 坚持理论与实际相统一

坚持理论与实际的统一就是要坚持理论和实践的辩证统一，即理论和实践的具体的历史的统一，说是“具体的统一”，因为实践总是一定时间、地点、条件下的具体实践。不能以教条主义的理论去机械解释特定情况下的实践活动，也不能以经验主义的方式将此时此地的实践经验套用到彼时彼地的具体实践。说是“历史的统一”，因为实践具有社会历史性，主观认识必须同不断发展着的客观实践相适应。这是辩证唯物主义认识论的内在要求。对外军政治性工作的研究必须坚持理论与实践的统一，特定理论在特定时期对外军政治性工作可能发挥积极的推动作用，但这种理论在变化了的时间、变化了的场所和变化了的对象情境下就可能发挥不了积极作用。同样，随着社会的发展和进步，以前被认为不适用的理论在指导新情况新问题时可能蕴含着巨大的效力。因此，外军政治性工作研究必须坚持具体理论与具体实践相结合。

3. 坚持具体情况具体分析

具体情况具体分析是认识事物的基础，解决问题的关键。坚持具体情况具体分析是马克思主义的一个重要原则，是马克思主义最本质的东西和活的灵魂，也是我们一切工作中必须遵循的基本原则。从“实事”出发，从客观实际出发，需要遵循客观规律性，需要发挥主观能动性，从客观事物中探求规律性，取得主观能动性和客观规律性的高度统一。具体情况具体分析，还因为矛盾的特殊性和普遍性在一定情况下可以互相转化，在一定条件下又可以相互结合。因此，必须对不同事物的矛盾作具体分析，对同一事物的不同阶段的特点作具体分析，对同一矛盾的不同方面作具体分析。外军政治性工作内涵丰富，方法多样，但它们都是基于不同外军的实际情况，服务于不同外军战斗力提升的需要。对其研究必须实事求是，有的放矢，不能忽视其有益成分供我军学习借鉴，也不能随意拔高和任意夸大外军开展政治性工作的作用和效果。

（二）方法

方法是指人们面对实践中的矛盾与问题时，依据现有条件，运用思维的智慧，寻找出解决矛盾与问题的手段。“工欲善其事，必先利其器。”方法是开展各类研究活动的手段，同时，方法本身也是研究的对象。确立外军政治性工作的研究方法是开展外军政治性工作研究的内在要求，也是衡量外军政治性工作研究发展水平的一个重要尺度。

1. 运用阶级分析法

作为军队政治工作学的有机组成部分，外军政治性工作学科是社会科学，也是政治科学。马克思主义政治观的基本点就是科学地揭示阶级关系。自军队诞生之日起，它就与阶级、阶级斗争，与国家、政党，一句话就是与政治紧密联系在一起。军队政治工作，就是一定阶级或政党在军队中贯彻和实现其阶级意志的工作。同样，外军政治性工作，必然也体现了一定阶级或政党的意志。因此，对外军政治性工作的研究，必须贯彻阶级分析的方法。具体地讲，要依据马克思主义关于阶级和阶级斗争的思想，认识和理解战争的根源、战争的性质、军队与阶级和国家的关系、军队的职能和宗旨、军队的思想政治建设和组织建设等一系列理论问题，并把这些理论再应用到研究外军政治性工作的实践中去。阶级分析的方法是外军政治性工作研究的基本方法。如果舍弃了这一方法，就会模糊甚至抹煞外军政治性工作的阶级属性，混淆各个不同阶级的性质，走偏外军政治性工作研究的方向。当然，外军政治性工作所涉及的问题，并不都具有阶级属性；阶级分析的方法，也并不适用外军政治性工作领域里所有的人和事。

在外军政治性工作研究中运用阶级分析的方法，主要是为了有效认清外军政治性工作的本质，把握外军政治性工作研究的方向。

2. 运用文献研究法

列宁曾说，“要看某种现象在历史上怎么产生，在发展中经过了哪些阶段，并根据它的发展去考察这一事物现在是怎样的”。外军政治性工作研究同其他科学研究活动一样，总要在前人和他人已有的科研成就的基础上进行。外军政治性工作作为一项社会实践活动，在古今中外的文献中，都有大量的记载和总结。这些文献，既可给研究提供理论知识和方法，又可以为研究者提供丰富的事实材料或科学研究的半成品。因此，从历史文献或现实文献中直接进行外军政治性工作的研究，对于建造外军政治性工作的理论大厦具有重要意义。外军政治性工作研究的实践也证明，对外军政治性工作有关文献资料和其他各种有关信息，分门别类地进行分析和提炼，经过由此及彼、由表及里、去粗取精、去伪存真的加工过程，是深化外军政治性工作研究不可或缺的重要方法。同时，文献研究法还可与其他研究方法结合进行，或贯穿到其他各种研究方法之中去，往往会取得更有说服力的研究成果。

3. 运用比较研究法

比较研究法，是用以确定若干相关事物现象的相同点和差异点，来正确认识与把握外军政治性工作本质和规律的一种逻辑方法。比较研究的目的，在于判明研究过程同其他已知的类似过程的异同，进而探明研究过程的指导规律。比较研究，通常分横向比较与纵向比较两大类型。横向比较主要是我军政治工作同外国军队政治性工作的比较，不同外国军队之间的政治性工作的比较，同一外军不同军兵种之间的政治性工作的比较；纵向比较主要是外军不同历史时期政治性工作的比较，外国不同政府或政党在军队开展政治性工作的比较等等。横向比较与纵向比较可以交错进行，在横向比较中穿插纵向比较，在纵向比较中穿插横向比较。譬如，把我军政治工作同西方军队的政治性工作进行横向比较时，就可以同时进行中外军队政治工作传统的纵向比较。有比较才有鉴别，有鉴别才能认识真理。除纵向和横向比较外，比较方法还可推而广之，扩大比较研究的广度和深度，如内容的比较、方法的比较、作风的比较、手段的比较、目的的比较、体制编制的比较、地位作用的比较、方针原则的比较，以及经验与教训的比较，等等。

4. 运用综合研究法

对外军政治性工作的研究具有高度的综合性，涉及的知识体系除了军队政治工作学的主体之外，还有大量的管理科学、领导科学、思维科学甚至自然科学和技术科学的知识渗透其间。近年来，随着心理战越来越为各国军队所重视，心理学和心理战知识已成为外军政治性工作从业人员必不可少的知识技能。这种学科知识之间相互渗透、相互交叉和相互作用的状况，必然带来学科之间研究方法的相互渗透、相互交叉和相互作用。因此，结合不同学科进行综合研究的方法成为外军政治性工作研究中不可缺少的研究方法。所谓综合研究的方法，就是同时运用对立统一的两种或两种以上方法研究问题的做法。综合研究的方法内容很多，如归纳方法与演绎方法的结合，静态研究与动态研究的结合，定性研究与定量研究的结合，宏观着眼与微观入手的结合，系统方法、信息方法与控制方法的结合，等等。

5. 运用预测研究法

对外军政治性工作的发展趋势作出科学的预测，是外军政治性工作研究的一项重要任务。预测研究之所以能成为一种科学的研究方法，是由事物规律的可循性和人们具有超前反映事物的能力决定的。历史以现实为归宿，未来以现实为源头。任何事物的发展都并非是无源之水、无本之木，总是以一定的现实为基础的。外军政治性工作作为一种社会实践活动，其理论要对这种社会实践活动进行科学指导，就必须认清实践的发展轨迹，预测到可能的变化和发展。正确运用预测方法，必须在深刻洞悉现实实践的基础上进行。如果对历史一无所知，对现实一知半解，就不可能对未来做出正确的预测。外军政治性工作的预测研究，基本上是一种宏观性研究，只有遵循尊重历史、立足现实、着眼未来的原则，把求实态度与创新精神结合起来，才能保证预测的准确性和科学性。

五、外军政治性工作研究的目的意义

（一）研究外军政治性工作，是学习和借鉴外军建设有益经验的需要

政治性工作不是哪一支军队的专利，而是普遍存在于各国军队的一项社会实践活动。多数外国军队，特别是西方发达资本主义国家军队虽然没有“政治教育”之名，但都有适合其国情、军情的精神教育、精神指导、新闻工作、社会工作等军队思想政治教育之实。克劳塞维茨曾说：“物质的原因和结果不过是刀柄，精神的原因和结果才是贵重的金属，才是真正的锋利的刀刃。”美国前国防部长温伯格则断言：“任何军事力量归根结蒂靠的是人。任何军队，不论装备如何精良，最主要的莫过于人。”① 显然，强调精神因素在战争中的作用，是各国军队的共同特点，而精神能量的激发则依赖政治性工作的有效实施，纵观其中，不乏许多成功做法，值得我们学习研究。

当前，新技术变革已经在世界范围内蓬勃展开，在这场变革中，包括政治工作的创新，世界各国的发展是不平衡的，发达国家在许多方面处于领先地位。因此，必须研究外军建设中富有成效的实践活动，特别是政治性工作领域中的有益做法，借鉴其经验。实践证明，任何成功的经验，都是建立在学习借鉴他人和自我开拓创新基础上的。推进政治工作改革创新也应如此。外军政治性工作作为人类思想文化的一部分，具有阶级属性和自然属性两重性。譬如，几乎所有国家的军队都进行爱国主义教育，这是军队作为国家武装力量完成肩负使命的一般要求，反映的是自然属性；而爱国主义教育的内涵，却由于国家和军队性质的不同、内外政策不同而有本质区别，这反映的是阶级属性。学习、借鉴不是照抄照搬，而是汲取精

---

① 刘刚、翟吉华、花永庆．外军政治工作概论［M］．北京：海洋出版社，1988：328.

华、去其糟粕，在保持我军鲜明政治特色和优势的基础上，积极吸收外军政治工作的一些有益做法，从而使我军政治工作的视野更加开阔，不断得到创新和发展。

（二）研究外军政治工作，是加强和改进我军政治工作的需要

新形势下加强和改进我军政治工作的总体要求是：坚持以马克思列宁主义、毛泽东思想、邓小平理论、“三个代表”重要思想、科学发展观为指导，深入贯彻习近平总书记系列重要讲话精神，紧紧围绕军队政治工作的时代主题，大力弘扬优良传统，积极推进改革创新，坚持依法治军、从严治军，充分发挥政治工作对强军兴军的生命线作用。要贯彻和落实新形势下我军政治工作的总要求，我军政治工作只能加强不能削弱，只能前进不能停滞，只能积极作为不能被动应对。因此，必须加强和改进我军政治工作，提升政治工作的有效性。

外军，特别是西方发达国家的军队建设，积累了一二百年的市场经济条件下解决军队建设中所遇到的矛盾和问题的经验教训，诸如战时动员、心理素质训练和战后心理调整等，以便使部队战斗力保持在一个相对较高的水平。众所周知，战争的残酷决定了军人必须具备高昂的士气、坚强的意志和团结的群体精神，而这种精神力量，要靠长期的、艰巨的思想政治教育才能形成。有了这种精神力量，武器和人的结合、人心和人力的结合、个体和集体的结合才能成为现实。这就是军队和战争相互关系的理论为军队政治工作提供的依据。纵观古今，横看世界各国，概莫能外。通过学习比较，可以更好地弘扬我军政治工作的优良传统，更好地推进我军政治工作的改革创新，在依法治军、从严治军的过程中牢固树立官兵的“生命线”意识，确保我军始终是党绝对领导下的革命军队，始终保持了人民军队的本色和作风。

（三）研究外军政治工作，是做好信息化条件下军事斗争政治工作准备的需要

外军在信息化条件下开展政治性工作积累了丰富的经验和成果，值得我军在“建设信息化军队，打赢信息化战争”中学习和借鉴。在信息化条件下开展政治工作，需要积极适应时代要求，牢固树立与信息化建设相适应的新观念。只有加强对外军政治工作的研究，才能做到知己知彼，提高政治工作对敌斗争的针对性，才能借鉴和吸收外军政治工作优长，使自己不断得到充实和加强。譬如，外军在开展政治性工作过程中十分注重树立“效益优先”的观念。有人把西方军队思想政治工作的特点概括为“四句话”，即：占用正课时间少，方式方法灵活，注重具体实用，不搞形式主义。毋庸讳言，这些做法对我军有效开展政治工作具有一定启发意义。

此外，外军十分注重强化官兵依法办事的意识。外军特别是美军治军条令条例比较健全，官兵训练和生活的方方面面都在法规监管之中。但我军在制定法规制度方面存在着“原则有余具体不够”的问题，在实际工作中落实难度较大。在这方面我们可以借鉴外军有关做法，进一步细化和完善有关法规制度。现代战争所涉及的知识领域已十分广泛，仅从政治工作角度看，就涉及国际法、战争法、心理战、舆论战、宗教、国际政治和国际关系等方面知识。部队武器装备的科技含量在不断提高，技术性能越先进，对人的科技素质要求也就越高。在信息化条件下开展军事斗争政治工作，迫切要求我们不断探索外军政治性工作的理论与实践，从而改进和提升我军政治工作的方式方法，发挥政治工作的作战效能。

第一章

外军政治性工作概述

军队政治工作，实质上就是一定的阶级、政党和国家，为了从政治上领导和控制军队，最大限度地提高军队战斗力，使其能有效地为己所用，而在军队中所进行的各种政治性实践活动，是政治工作在军事领域内的具体化。任何国家的军队不可能只有政治而无政治工作，政治工作是战斗力生成的重要因素。纵观西方发达国家的军队，他们虽然没有类似于我军的政治工作体制，没有专门的政治工作机关和专职的政治工作队伍，但他们开展相应于我军的思想政治教育、发挥思想工作和组织工作等“政治工作”的作用是客观存在的事实，而且目标具体，内容规范，方法灵活，形式多样，在不少方面开展得还很有成效。

借用我军“政治工作”术语，我们在表述上使用“外军政治性工作”，对外军，主要是西方发达国家在军队开展的思想政治类教育活动进行梳理和描述，对其功能性内容进行合理归纳。“知己知彼，百战不殆”，研究外军政治性工作正是这样一个知彼的过程。我军与西方发达国家军队的性质、宗旨不同，政治工作的阶级属性也不一样，但恰恰是这种不同，要求我们更深入地去了解外军政治性工作的内容、特点和规律。马克思主义认为，各民族的精神产品是人类社会共同的财产。我们通过实事求是地研究、分析外军政治性工作的一些有益做法，不但可以进一步探寻外军建军治军的成功奥秘，而且可以开阔我军政治工作的视野，促进我军政治工作的创新和发展。

第一节　外军政治性工作的产生与发展

“历史从哪里开始，思想进程也应当从哪里开始，而思想进程的进一步发展不过是历史过程在抽象的、理论的前后一贯的形式上的反映，这种反映是经过修正的，然而是按照现实的历史过程本身的规律修正的，这时，每一个要素可以在它完全成熟而具有典范性的发展上加以考察。”[①] 外军政治性工作的特点及其背后所涵盖的具体内容和本质特征，无不与本国的政治制度、经济制度、意识形态、宗教信仰、文化传统以及军队自身的发展史有着内在的本质联系。对外军政治性工作的研究有必要追溯其产生和发展的过程，分析不同历史时期政治、经济、技术、思想和文化对外军政治性工作产生与发展的影响。

一、外军政治性工作产生和发展的政治基础

公元前3000年，在两河流域（底格里斯河和幼发拉底河中下游）定居的苏美尔人建立了西方有文字记载最早的文明——奴隶制城邦。城邦间为争夺水源不断打仗。特别是其中两个相隔18英里的城邦拉格什与温马，一代接一代争斗不已。公元前2525年，拉格什击败温马，称霸苏美尔。不过，这一时期尚未形成真正意义上的军事组织，也不存在明确的政治目标，打仗主要是为了争夺生活资料。大约在公元前15世纪，古希腊进入奴隶社会，涌现出了上百个城邦制国家，出现了以掠夺征战为职业的军队，政治性工作的初始形式随之产生。古希腊城邦制军队实行“军事民主制”的政治形式，提倡好勇斗狠、顾全大局的英雄精神，留下了脍炙人口的“希腊英雄传”。

① 马克思恩格斯选集：第2卷［M］．北京：人民出版社，1951：102.

公元前 510 年，古罗马共和国建立了自己的正规军队，其统帅尤里乌斯·恺撒善于运用政治目标动员和激励军队。他在战前宣布：“立军功者可以分到一份土地和财产，赏赐的多寡与军功的大小成正比。”① 这种以具体物质利益为取向的价值追求成为当时军事行动中的思想动力。此外，军队“政治性工作”注重灌输“英雄主义”，即以“战神”“狼性”为崇拜偶像，培育“爱荣誉、不怕死、顽强的胜利意志”②；注重宣扬“罗马精神”，即关心实利、崇尚武力、推行帝国主义和国家主义。公元前 74 年，罗马诞生了西方世界第一支大规模的新型军队——斯巴达克奴隶起义军。起义领袖斯巴达克为凝聚这支军队提出的政治口号就是“为自由而战”。他对起义军说，“我们与其在角斗场上为观众卖命，还不如为争取自由而斗争。宁可为自由而死于战场，决不为敌人的娱乐而丧生于竞技场”。这支军队最多时达到 12 万人，他们在亚平宁半岛转战三年，上演了古代世界反抗暴政的可歌可泣的悲壮一幕。

自公元 476 年西罗马帝国灭亡到 14 世纪初，欧洲进入封建社会，国家及其军队主要受封建领主和宗教神权控制。封建时代的西方军队政治性工作，最突出的特点是随着“宗教战争”的发生，出现了宗教性的军队组织，政治性工作的目标打上了深深的宗教烙印。查理大帝（公元 768——814 年）在创立法兰克王国过程中采取的举措之一就是统一军队的精神信仰，把天主教定为国教。他在出征途中随身携带宗教器物，并规定在礼拜日所有人都要去礼拜堂做礼拜，在节日里也应“摒弃俗物，敬事上帝”③。公元 1095 年 11 月，罗马教会正式宣布发动第一次十字军东征，号召所有人拿起武器，“把圣地从异教徒那里拯救出来，把那些邪恶的种族消灭干净!”为了给这场侵略战争涂抹上正义色彩，教会在宗教的掩护下，对军人进行了大量诱惑性的战争鼓动和宣传，说参加远征的人如果在途中或战争中丧生，“他们的罪过就在那一瞬间获得赦免”。④ 这种对宗教的狂热追

---

① 佟明忠．中外军队政治工作思想通史［M］．北京：军事科学出版社，1997：162.
② 佟明忠．中外军队政治工作思想通史［M］．北京：军事科学出版社，1997：163.
③ 佟明忠．中外军队政治工作思想通史［M］．北京：军事科学出版社，1997：201.
④ 佟明忠．中外军队政治工作思想通史［M］．北京：军事科学出版社，1997：204.

求顺应“神的旨意”，成为教会进行军队政治动员的有效手段，为东征的十字军提供了巨大的精神源泉。

进入资本主义时代后，西方军队的政治性工作进入了新的阶段，它服从国家目标，服务军队改革、提升军队战斗力，以便在宗教纷争和利益争夺中赢得先机。16—18 世纪的欧洲大地烽火连天，战事不断，这期间欧洲各国现实的紧迫任务就是拥有一支强盛的军队。瑞典国王古斯塔夫二世·阿道夫是军事改革的先锋，他实行普遍征兵制，精简军队编制，统一军人制服，改善武器装备，将炮兵变成独立兵种，并使其与步兵、骑兵和后勤兵密切配合，采取灵活的线式战术。他在历史上首次将“职业化”“正规化”和“现代化”引入了军队和战争，其军事创新成为欧洲军队的标准和楷模，被誉为欧洲近代军事之父。1645 年 2 月英国内战时期，在克伦威尔倡议下，英国议会通过《新模范军法案》，决定组建一支由国家统一控制和指挥的新型军队。该法案把长老派军官清除出军队，为改组议会军奠定了政治基础。克伦威尔重视军队的精神教育，设置了随军牧师团，并配备了宣传员，给士兵发《圣经》《士兵教义》，激励士兵为“上帝的事业”而战。“新模范军”开创了西方国家军队政治性工作的新纪元。

“政治性工作”在美国独立战争中也发挥了积极作用。战争初期，大陆军不满 2 万人，既没有接受过科学的军事训练，又十分缺乏军事装备，大陆军成员来自不同背景的各个阶层，被称为不堪一击的“乌合之众”，而英军却有 10 万之众，且训练有素。大陆军迫切需要一种为官兵普遍接受的政治目标来凝聚军心。以“民主、自由、人权”为主旨的《独立宣言》的发表对大陆军来说具有划时代意义，它反映了北美人民的政治愿望，是大陆军政治目标的集中体现。总司令乔治·华盛顿就把部队集合起来宣读《独立宣言》，要求官兵“拿起武器，保卫全部生命所依存的宝贵的天赋自由”①。有了明确的政治目标，加之后来普鲁士退役军官斯托伊本的科学训练，大陆军官兵纪律性大为改观，战斗力大大提高，最终推翻了英国的殖民统治，赢得了民族独立。19 世纪初，拿破仑在军队政治工作方面也提出

---

① 佟明忠．中外军队政治工作思想通史［M］．北京：军事科学出版社，1997：247.

许多创造性的思想，他认为，“世界上有两种力量——利剑和精神。从长远看，精神总能征服利剑”，“战场上的胜利有四分之三取决于精神因素，有四分之一取决于其他条件”①。他把进行政治性工作，提高官兵政治素质，激励官兵战斗精神看作是战争胜利之本。军队中狂热的信仰、爱国的情绪、民族的光荣等等都成为拿破仑军队政治性工作的手段或目标，吸引着青年参军入伍，不断增强部队的战斗力。

在经历过两次世界大战的“洗礼”后，西方国家军队政治性工作开始走向成熟，其主要标志是军队政治性工作的地位已经确立，形成了一个比较成熟的思想理论体系和相对合理的工作体制，在军事生活的各个领域和各个层级愈来愈显示出其特殊作用。以美军为例，它将政治性教育的目标主要划分为两个层次，即总目标和具体目标。关于总目标，美国政治学博士斯蒂芬·韦斯布鲁克在1981年曾把其归纳为三条：“保证文职政权控制军队”；“促进国家一体化”；“提高战斗力”。应该说，这一总目标内容是非常明确具体的，它反映了军队政治性工作的本质特征要求。关于具体目标，则依据军队具体任务的变化和形势的需要加以确定和调整。如，第一次世界大战时期美军政治性工作旨在解决士兵不愿服役，提高部队士气；第二次世界大战时期确定的目标是维系军心，提高部队凝聚力及军人责任感等，基本上反映了美军任务的变化及时代的特点。

数十年来，西方国家军队的政治性工作出于对国家利益的维护，竭力为其军队在世界各地的军事行动和干涉行为寻找依据，成为国家推行干涉主义、扩张政策的工具。

二、外军政治性工作产生和发展的经济基础

战争从属于政治，但往往起源于经济，起源于利益之争。在西方社会，弱肉强食是通行的自然法则，战争的目的是夺取金钱、土地、城邦或资源。从古希腊、古罗马为了财富和奴隶四处征战，到西班牙人为了满足

① 齐键、周深远、刘德明．外国军队政治工作．北京：解放军出版社，1989：35.

自己对于黄金和领土的贪婪而建立的帝国，再到近年来以美国为首的西方世界为了资源和利益在世界各地发动局部战争。经济利益成为战争的根源，也成为西方军队政治性工作产生和发展的重要动因。

地理环境和经济条件对古希腊军队政治性工作产生了直接影响。希腊半岛的伯罗奔尼撒地区群山环绕，土地肥沃，适于农业。诞生于这一地区的斯巴达军队思想消极保守，施行全民军事政治工作，所有公民都要编入军队，接受军事教育和政治训练，政治性工作的重点是“培养保家卫国的尚武精神”。[①] 但半岛的其他地区则呈现出山多平原少、土地贫瘠的自然特征，春夏季少雨干旱，不适于农耕。在无法获得第一类自然资源满足生存需要的情况下，各城邦不得不把航海和工商业作为经济发展的重点。在此基础上产生的雅典军队瞄准大海，注重对外交往和经济拓展，试图从黑海和地中海沿岸地区获取粮食和其他生活必需品。因此，雅典军队的政治性工作的重点围绕海军战略而展开，保护当时早熟的商品经济和海外贸易，培养“具有一定知识和文化教养，并有完善辩才，能从事奴隶主政治的活动家和开拓疆土的军人”。[②] 斯巴达军队与雅典军队大不相同，因为他们各自所依赖的经济基础大不相同，前者以农业立国，后者以工商业立国，直接影响了军队的战略战术和政治性工作。

进入中世纪之后，西方社会新旧制度并存冲撞，国家兴起衰落，民族征战讨伐，经济中心逐渐从地中海转移到大西洋沿岸。军队的政治性工作呈现出显著的时代特点，譬如，“日耳曼军队以战争和劫掠现成财富作为其最大的政治”，[③] 掠夺已生产出的现成物品成为军队唯一的宗旨。日耳曼军队避讳私有财产，主张所有劫掠物资“除必要的奖赏之外，都是归于公有的部落生活。”[④] 史书记载，带有浓厚草原游牧民族特点的奥斯曼土耳其军队重现世、重眼前利益，穆罕默德二世在攻打君士坦丁堡时鼓动部队说，“将士们，我给你们一座宏伟而人口众多的城市，古罗马的首都，世

---

① 佟明忠．中外军队政治工作思想通史［M］．北京：军事科学出版社，1997：120.
② 佟明忠．中外军队政治工作思想通史［M］．北京：军事科学出版社，1997：122.
③ 佟明忠．中外军队政治工作思想通史［M］．北京：军事科学出版社，1997：190.
④ 佟明忠．中外军队政治工作思想通史［M］．北京：军事科学出版社，1997：190.

界的中心，任你们劫掠，你们将成为世界上的富翁！”① 公开以抢劫的许诺来鼓舞军心是其政治性工作的特色。再如，历时200余年的十字军东征，吸引军队将士的一个重要因素就是教皇乌尔班二世所宣称的“东方到处流淌着奶和蜜”。“那里的穷人也可以丰衣足食，耶路撒冷是地球的中心，比世界上任何地方都肥沃得多，简直是第二天堂。”这种旨在改变穷困命运，追求财富梦想的现实目标成为十字军成员的精神源泉和内在动力，也成为军队政治性工作的重要内容和有效手段。

从15世纪开始，欧洲新兴资产阶级为了商品经济的发展和资本原始积累的需要，开始寻找通往中国和印度的海上通道。经过迪亚士、麦哲伦、哥伦布和达伽马等人的探索之后，最终找到了通往亚洲的新航路。新航路的开辟，锤炼了欧洲人的冒险和拼搏精神，打破了以往世界不同地区相互隔绝和孤立发展的局面，但随之一场持续了数百年的殖民掠夺、殖民扩张和侵略活动也从此开始。1492年，哥伦布登陆古巴，宣布这些地盘归西班牙所有。西班牙殖民者依靠强大的军事实力在此建立殖民政府，经营牧场，开采矿山。军队政治性工作受到狂热的重商主义思想的影响，官兵大肆敛财，攫取的财富在西班牙国库里堆积如山。大帆船满载金银、糖料、胭脂红、兽皮和其他物品源源不断地返回国内。“据统计，1521—1524年间，西班牙平均每年从美洲运回黄金2900千克，白银30700千克。1545—1560年间，每年运回黄金5500千克，白银24600千克。到16世纪末，西班牙占有了世界贵金属的近83%。”② 17世纪英国发生资产阶级革命，产生了英国历史上第一支正规军——新模范军。其统帅克伦威尔在军队中开展的政治性工作就是以领土扩张和物质引诱为重要特色。为了鼓动士兵入侵爱尔兰，克伦威尔把爱尔兰的土地事先分割并以“债券”的形式分发给官兵作为薪饷，拨给军队的土地债券达到197.3476万亩。③ 官兵是为了在爱尔兰获得土地参军打仗，并以此为起点走上了对外征服、侵略和掠夺的道路。

---

① 佟明忠．中外军队政治工作思想通史［M］．北京：军事科学出版社，1997：211.

② 吴修申．西班牙靠海外扩张称霸［N］．环球时报，2005-01-10（23）.

③ 佟明忠．中外军队政治工作思想通史［M］．北京：军事科学出版社，1997：229.

在美国内战中，北方联邦军队的许多士兵出于经济原因而选择参军，与爱国意愿关系不大，例如，德意志移民。据统计，参加联邦军队的德意志移民中最常见的职业分别是：矿工、木匠、铁匠、鞋匠、油漆工、伐木工人等，失业的工匠和劳工通常为了金钱而参加战争，“除了他们的薪水，他们的生存，他们在美国获得认同的期望，他们并不知道为什么而战”①。他们找不到其他工作，而参军的薪水又极具吸引力。宾夕法尼亚第47军团的弗朗兹·史温泽就是这样的例子。他在1861年10月9日写给妻子的信中说道，“我参加战争是为了保障你们的生活。我不害怕死亡，如果我不去，生活会更加困难。”② 生存与金钱是参军入伍的动力之源，也是达成当时政治性工作基本目标的依归。1862年5月，林肯颁布《宅地法》，按照“美国方式”解决土地问题，规定：只要没有参与过南方叛乱，任何人均可用10美元的登记费申请领取西部160亩的国有土地，经营5年之后即可享有其所有权。林肯推行的一系列政策顺应了民心，凝聚了军心，在南北战争中，西部农民为联邦军队输送了半数以上的士兵，并提供了充足的粮食，对北方取得战争的胜利起了重要的作用。

二战中，法西斯军队的政治性工作同样打下了经济和物质利益的烙印。希特勒在《我的奋斗》中明确指出，“不能用和平方式取得的东西，就用拳头来取”，“用德国的剑为德国的犁取得土地，为德国人民取得每天的面包”，夺取新的“生存空间”。日本军国主义者美化战争，崇拜战争，提出了“战争是创造之父，文化之母”的宣传口号，企图依靠侵略战争走一条“发家致富”的道路。军国主义时期的日本施行着前内阁总理大臣山县有朋提出的“两条线”理论，即“守卫主权线”和“防护利益线”。日军在华设立的“南满洲铁道株式会社”（简称“满铁”）就是“防护利益线”的特殊机构，是日本对中国推行殖民政策的先锋队。它广泛搜集和研究我国的政治、经济、军事情报，为日本扩大对华侵略服务；它同时也是

---

① 梁婷．为何而战——试析美国内战时期德意志移民参加联邦军队的原因［J］．神州，2011（11）：08.

② 梁婷．为何而战——试析美国内战时期德意志移民参加联邦军队的原因［J］．神州，2011（11）：08.

一台经济掠夺机器，疯狂攫取中国东北地区的经济权益。从 1907 年至 1931 年，“满铁”付给日本政府、股东的红利、公司债利息和公债金共约 8.3 亿日元。“满铁”完全成了殖民主义的“吸血线”。丰厚的回报是日军政治教育者奉战争为“父母”的根本物质动因。

二战之后的数十年来，外军政治性工作的手段和方式不断改进不断完善，但其服从于局部战争需要、服务于经济利益追求的动因并未改变。以美国对伊拉克战争为例，其内在逻辑实际上就是以美国为首的西方世界觊觎伊拉克的石油资源。据报道，伊拉克已探明的石油储量仅次于沙特阿拉伯，居世界第二，而海湾地区作为世界上最重要的石油资源供给区，是其他地区无可替代的。美国推翻了萨达姆政权，实施了对中东地区的控制，就有望实现其长期、全面、稳定控制这一世界上最重要的能源供给区的战略意图。美国智库“战略预测公司”网站（stratfor. com）曾毫不讳言地指出：“美国将成为阿拉伯世界里的英国和奥斯曼帝国霸权的继承者。”“石油将成为这一霸权的控制杆。如果美国确立了对伊拉克这一世界上第二大石油供应国的控制，石油价格将会戏剧性地下降，阿拉伯国家将会被剥夺目前它们在欧佩克（OPEC）内部在石油政策方面的影响力。”①

三、外军政治性工作产生和发展的军事技术基础

外军政治性工作的产生和发展与军事技术的改进和创新存在着密切的关联。伴随着军事新技术的问世，外军政治性工作不断进行着自我革新和自我完善。从公元前 26 世纪最早的战争古代苏美尔城邦拉格什—温马之战，一直到 14 世纪初，通常被称作是西方冷兵器作战时期。这一时期“政治性工作”主要聚焦于扩张和反扩张，“政治性工作”主要是为了提升“骑兵突击、弓箭兵阻击”等作战效果。

随着历史进入近代，由于工业革命的开始，新的科学技术成果开始大量应用于军事，这使得武器装备发生了巨大的变化。火器的出现使炮兵成

---

① 褚思真. 用“倒萨”转嫁危机［N］. 社会科学报，2003－4－3（7）.

为受到重视的新兵种，战争中的线式战术逐步取代传统的方阵。从13世纪末到14世纪，西欧先后造出了火绳枪、手榴弹、多管枪、发烟弹、炸弹、炮车、燃烧弹，16世纪造出西班牙火枪、左轮手枪、来复线手枪。在15世纪初的胡斯战争中，开始大量使用轻炮兵。在1512年的拉芬拉作战中，炮兵开始担负决定性任务，在军队中的地位日益提高。新的科技革命的发展，新式武器装备的变化，给作战模式和方法带来了新变化，“政治性工作”的着力点是最大限度地发挥各类火器，特别是炮兵的优势和决定性作用，强调战略战术的灵活运用。

随着时间的推移，海军和制海权越来越显重要。西班牙自1492年起，依靠无敌舰队，完成了许多征服大业。1571年，由威尼斯、西班牙和罗马教皇组成的神圣同盟联合舰队同奥斯曼土耳其帝国舰队在希腊勒班陀附近海域进行了大规模海战，宣告了桨船时代的结束，风帆战船和炮舰时代的到来。1618年至1648年，欧洲各国因为宗教纷争、利益争夺而发生了旷日持久的全欧大战，史称“三十年战争”。从1652年开始，英国同荷兰、法国等进行了多次海战，确立了海上霸主地位。俄国先后同土耳其、瑞典为夺取黑海、波罗的海出海口进行战争。在海战中，舰队、分舰队和总队三级体制开始形成，以炮战为主的纵队攻击取代了单舰格斗，成为海战的主要作战方式。军队的“政治性工作”顺应军事和政治需要，服务海洋和海权之争。

“三十年战争”结束后到20世纪初，是西方火器作战的鼎盛时期。火枪、火炮经过不断改进，威力不断增加，逐渐成为战场上的主要角色，作战方式有横队战术向散兵、纵队战术过渡。从20世纪初到80年代末，是西方机械化作战时期，其间伴随着列强诸国谋求和建立核威慑优势。科技革命的成就，把速射机枪、坦克、飞机、潜艇、航空母舰等一大批自动化、机械化武器装备推上了战场，步兵发展为机械化（摩托化）部队，陆军航空兵、装甲兵、防化兵、战略火箭军等新的军兵种相继出现，海军导弹潜艇、导弹核潜艇和携带导弹的海军航空兵成为海军的主要突击力量。相应地，“政治性工作”进入成熟阶段，在提升部队战斗力方面发挥了巨大作用。

1991 年海湾战争后，军事技术的发展步入信息化战争时期。从 20 世纪 80 年代开始，以美国为代表的西方发达国家开始步入信息社会。与此相适应，信息化的军事形态也逐渐孕育而成。军事高技术尤其是信息技术的快速发展，有力推动了武器装备的“跨时代跃升”。美国已经初步建成信息化武器装备体系，其他很多发达国家的主战装备也已基本实现信息化。综合电子信息系统、信息战装备、信息化弹药、信息化作战平台等信息化武器装备体系的发展，导致武器系统智能化、作战系统一体化，从而大大提高了战场感知能力、远程精确打击能力和突防能力。随着机械化军队向信息化军队演进，军队规模缩小，指挥层次减少，指挥体制扁平化，部队编制小型化、一体化，空间战部队、信息战部队等新军兵种部队正在建立或酝酿建立。“政治性工作”无论从指导理论、方针政策，还是教育内容、方式方法等都顺应时代要求，取得创新发展。

四、外军政治性工作产生和发展的军事思想基础

希腊半岛和爱琴海地区是西方文化的源头，也是西方军事理论最早的发源地。这一地区历史上爆发过的无数战争为军事思想的诞生提供了土壤，同时也产生了叱咤风云的军事理论实践家。公元 579 年，东罗马皇帝毛莱斯用拉丁文写下《战略学》。公元 900 年，李奥六世完成著作《战术学》。这两本经典之作，在著名军事理论家富勒看来，是东罗马帝国得以长久维持的最重要原因，“一直到十九世纪为止，在西欧都不曾产生过如此优良的军事教范”。进入近现代之后，随着欧洲工业革命的兴起，新式武器装备的出现，新的军事理论家以及指导军事实践的新的军事理论不断问世。他们总结战争，引领战争，指导战争，为军队“政治性工作”的开展提供了军事理论依据。

尼科洛·马基雅维利（1469—1527）是意大利佛罗伦萨的政治家和军事家，其军事思想主要体现在《君主论》和《兵法》等著作中。恩格斯称赞他是“第一个值得一提的近代军事著作家”。他抛弃了中世纪经院哲学和教条式的推理方式，不再从《圣经》和上帝出发，而是从人性出发，以

历史事实和个人经验为依据来研究社会政治问题。在马基雅维利看来，“所谓军事无非是正确下达命令，不折不扣地执行我所叙述的那些行动的技艺。一支军队之所以称得上训练有素，就是因为它在各种演习中掌握了很好的技能和熟巧”。他主张富国强兵，民族独立；主张用国民军取代雇佣军，因为雇佣军耗费巨大，且作战不力；强调统帅在军事上的重要性，并且应与人民共患难。马基雅维利认为，“一切国家无论是新的国家、旧的国家或者混合国，其主要的基础乃是良好的法律和良好的军队，因为如果没有良好的军队，那里就不可能有良好的法律”。就治军理念而言，他坚持军团编制和纪律约束是最重要的两个要素。

约米尼（1779—1869）是法国将领、军事理论家。虽然从未进过军事学校，但他自学成才，军事知识渊博非凡，被世人誉为战争艺术大师。在军事思想方面，马克思和恩格斯评价他是“全世界公认的权威人士”和“最好的作家”。他撰写的军事理论著作很多，其中以 1838 年出版的两卷本《战争艺术概论》最为著名。约米尼认为，战争主要关系到调兵遣将、攻城略地，而非消灭敌军，只要时刻保持战略主动权，如果可能的话控制战局，就能赢得战争。在此过程中，精神因素发挥着重要作用，精神力量能产生物质效应，是取得战争胜利的决定性因素之一。他指出，战争胜利的基本原则是可以被发现的，这些原则不受时间、地点和武器装备的影响。他关心战争的目的、战争的合理性和必要性，关注“美德”和“荣誉”。他强调，“必须使军官和一般干部都能相信，自我牺牲精神、英勇精神和责任感，都是美德；如果没有这种美德，那么任何军队都不会受到尊重，都不可能得到荣誉。”约米尼思想对 19 世纪上半叶西方大国日益壮大的职业军官队伍产生了深远影响。

克劳塞维茨（1780—1831）是德国军事理论家和军事历史学家，其代表作《战争论》探寻普遍有效的原则，论述战争的性质，被誉为西方的《孙子兵法》。在书中他对法国革命和拿破仑战争进行了总结，坚信人类的理性能够发现战争的控制理念，并为拿破仑的胜利所深深吸引。克劳塞维茨认为“战争本身取决于交战者为之效力的国家的政治目的”，战争的目的在于通过暴力手段强迫对手屈服于自己的意愿。他深刻揭示了战争与政治的关系，强调政治是战争的母体。在任何情况下，都不应把战争看成独立的东西，而要看作是政治的工具，是为政治服务的。他指出，要实现政治意图，消灭对方的武装力量即可，而无需攻占对方的领土或战略要地，消灭敌人的军队是“战争的长子”。此外，克劳塞维茨在《战争论》中比较辩证地阐述了物质、精神因素在战争中的作用，认为战争中不仅要反对敌方的物质力量，还要反对精神力量。精神要素在战略五大要素（精神要素、物质要素、数学要素、地理要素和统计要素）中属于第一类要素，“是战争中最重要的问题之一，贯穿在整个领域。”“在战斗过程中，精神力量的损失是决定胜负的主要原因。”

艾尔弗雷德·塞耶·马汉（1840—1914）是美国军事理论家和史学家，代表作《海权对历史的影响》，书中的“海权说”奠定了马汉在近代军事思想史上的地位。马汉认为，“争夺海上主导权对于主宰国家乃至世界命运都会起到决定性作用”。“海权说”主要观点包括：制海权对一国力量至为重要，因为海洋的主要航线能给国家带来大量商业利益；海军对战争胜负起着重要作用，必须建立强大的海军舰队以确保制海权；海上作战中要消灭敌人，就必须要集中优势兵力，采取灵活作战的方法。马汉认为，“制海权，特别是在与国家利益和贸易有关的主要交通线上的制海权，是民族强盛和繁荣的纯物质因素中的主要因素”，要打赢战争，“必须具备两个条件：首先须顾及国家之安全；其次须拥有一个足与敌国在现有状况下争取制海的海军。”马汉“制海权”观点盛行世界百余年，葡萄牙、西班牙、荷兰、英国乃至当今美国在世界上的优势力量无不基于其海权优势。

杜黑（1869—1930）是意大利军事理论家，其代表作《制空权》的问世，被认为是继马汉之后又一部军事理论上的力作。1903 年 12 月，莱特兄弟的飞机研发成功。杜黑敏锐地感觉到“天空即将成为战场”，“不久就会看到，制空权比制海权更重要”。他提出要重点发展空军，立足于“空中进攻，地面防御”的形式来赢得战争胜利。杜黑的“制空权”理论对两次世界大战之间各国的空军建设，尤其对轰炸机的发展曾有过重要影响。其主要观念包括：制空权对战争胜负更具决定性意义，因为空军在夺取制空权后，即可袭击敌人的国家中心和经济中心，独自取得战争的胜利；强大的空军是拥有制空权的首要条件；在作战中要遵循集中力量消灭敌人空军的原则。他强调由于空中武器的出现，空中成了决定意义的领域。在未来的战争中，陆军和海军必须利用空军才能取得战争胜利。独立空军作战的第一原则是“独立空军永远应集中使用”，“基本原则是在可能的最短时间内造成敌方最大的损失”。

鲁登道夫（1865—1937）是德国著名的军事理论家、军国主义分子，以《总体战》闻名于世。该书系统阐述了总体战理论，认为战争凌驾于政治之上，要求国家生活的各个方面在平时就应服从战争准备的需要，主张采取一切手段甚至是极端残暴手段进行战争。他认为，现代战争是总体战，涉及的不只是军队，还有人民；民众、民族的精神统一对总体战的实施具有重大意义；总体战需要一支强大的军队。鲁登道夫强调，“军队植根于人民，军队是人民的不可分割的组成部分；在总体战中，军队的状况决定于人民的体力、经济力量和精神面貌。精神上的联系归根到底决定生存斗争的结局，只有具备这种精神联系的人民方是进行总体战的军队的支柱。”总的来说，“总体战”理论建立在军国主义的基础上，要求实行国民经济军事化、平时经济战时化，建立独裁式的战争指挥体制，集中全民族的物质和精神力量打一场速决战。

莫里斯·简诺威茨（1919—1988）是美国著名政治学家、军事社会学家，被西方学者公认为是军事社会学学科的创立者。他运用社会科学特别是社会学和政治学的方法，对科学技术、武器装备、国际关系、战略环境等要素对军队的编制体制、职业结构、职能作用、对外关系，以及军人的心理、士气、精神等层面所造成的冲击和影响，进行了独到的、深刻的、具有前瞻性的分析，涵盖军地关系、军内控制方式、战斗力促成因素、组织控制手段、军队之政治倾向等诸多层面。他在论述军人与政治的关系时毫不隐讳地说：“按照美国的传统，军人必须是非党派的。所谓非党派并不是说军士和军官这些职业军人可以对政治制度的事情漠不关心。相反，要求职业军人积极献身民主政治的基本思想和基本法则。军队中进行的任何教育都必须符合这一要求。”他在《军人的政治教育》中强调，政治教育要使士兵统一认识并服从国家利益，通过各种方法和手段使思想教育和政治教育为这一目的服务，充分显示了美军政治性工作的本质。

20 世纪 80 年代之后，新的军事理论层出不穷。美军提出“空地一体作战理论”，苏军则将“大纵深战役”发展为“大纵深立体战役”理论。1991 年海湾战争标志着信息化战争的来临。以美国为首的西方国家掀起了一场经久不衰的军事理论创新热潮，提出了“信息优势”“信息威慑”“信息保障”等新概念以及“国家安全泛化论”“合作双赢战略”“总体力量论”“全能军队”“非线性作战”“非接触作战”“非对称作战”“全谱行动”“网络中心战”等新观点、新理论。此外，还有俄军的新军事学说、印军的“冷启动”作战理论、日本自卫队的“先制”理论等。它们集中体现了信息化战争时期军事理论的新特点。培育军人的信息素养、培育信息化军事人员逐渐成为教育训练的主要内容，“信息制胜”意识和创新意识不断增强，“机械化军事思维定式”逐步让位于“信息化军事思维”。在海湾战争、科索沃战争、阿富汗战争、伊拉克战争、利比亚战争等高技术局部战争中，以争夺“信息优势”为主旨的信息战已成为重要的作战样式。自 2014 年 8 月 5 日之后，美国国防部为了谋求其持续的全球领导地位，在全局层面制定长远制衡战略，在作战层面积极推行新的“抵消战略”①，在局部层面充分发挥美、日、澳军事同盟的“现实抵消”作用。这些作战理论和作战样式同时也推动着以美国为首的西方国家军队政治性工作与时俱进的发展。

五、外军政治性工作产生和发展的文化基础

外军政治性工作是外军军事文化的组成部分，而军事文化的形成和发展无不受到外军民族文化传统、个人价值理念和宗教文化的影响，它们为外军政治性工作提供了土壤和养分。

① http：//www. globalview. cn/html/military/info_ 6712. html. ［2015 – 12 – 10］.

（一）民族文化传统

“人性非善”观念。西方传统理论对战争的理解往往会从人性本真欲望的角度去认识和理解，认为人性非善，脱离道德约束的“权利欲望”是人性固有的特征。“权利欲望”决定了世界利益对抗和利益冲突的本质。因此，战争本身是符合人性的，他们对战争更多地是持有肯定和颂扬的态度。《荷马史诗》描述诸神和英雄们之间的战争基本上围绕追求荣誉、权利、财富、爱情等人性欲望的满足而发生和展开的。在荷马看来，战争是人性欲望满足的常用手段，战争的起因和目的都以此为中心。古希腊伟大的历史学家修昔底德在其鸿篇巨著《伯罗奔尼撒战争史》中描述的战争起因就是人类本性中的一种东西，即贪婪，特别是对权利的贪婪。在古罗马，“人们判断一位将领的荣誉时，要看他凯旋时带回金银的数量。”① 即使打着“圣战”旗子的中世纪十字军东征，他们战争行动的动力也是“东方到处流着‘奶和蜜’”。这种理念自然反映在公民的国家利益观上，对军人的价值理念产生重要的影响。

“平等自由”思想。平等自由的个人权利是人的最基本权利，不可剥夺。社会与国家的最高使命就是保护个人的这种权利，这是整个西方社会所公认的政治原则，是以美国为代表的西方价值体系的思想基础。早在1620年11月11日，41名清教徒在“五月花号”船上签订“五月花盟约”时就宣告：在新大陆追求自由与幸福应该由一定的政府来领导，而建立的新政府必须以正义、平等为原则。清教徒们自认为都是蒙受了上帝的恩惠，与生平等。这种思想使他们能在200多年前建立起近代世界上第一个共和国，使得人人自由平等的制度在美国确立起来。② 1776年的美国《独立宣言》昭告世人：“我们认为这些真理是不言而喻的：人生而平等，造物主为他们赋予某些不可让渡的权利，其中包括生命自由和追求幸福的权利，为了保障这些权利，政府便在人们中间成立起来，由被统治者同意而

① （法）孟德斯鸠．罗马盛衰原因论［M］．北京：商务印书馆，1962：39.

② 邓凡艳．Individualism与个人主义［J］．湖南大学学报：社会科学版，2005（5）：102—108.

取得正当权利；任何政府形式一旦变得有害于这些权利，人们就有权加以变更或废除而另设政府，把新政府的基础放在他们认为最能促进自己的安全和自由原则之上，并按照符合这一目的的形式组织新政府。”①

“天赋使命”意识。基督教的“天赋使命”在西方人，特别是美国人心目中留下了深深痕迹。早在19世纪20年代，法国政治思想家托克维尔就说过：“全世界还没有一个国家像美国那样，基督教对其国民的灵魂产生如此重大的影响。”他们相信，作为上帝最优秀选民的美国人，有一种在宗教上、道义上和文化上的“义不容辞”的使命感；美利坚民族是救世民族，其使命就是把上帝的福音传到整个世界。②“天赋使命观”赋予了军人强烈的民族优越感、使命感和责任感，激励官兵为使命而战，为责任献身。美国“国父”华盛顿在独立战争期间反复向士兵灌输“守在你自己的位置上，直到死亡或者胜利！”这种观念成功地把“使命”和“责任”渗透到士兵的骨髓。综观美国发展史，“优越感”“救世主精神”“自命不凡的使命感”始终充斥着美国国民的精神世界。美国前国务卿奥尔布赖特的一段话就是最好的注脚，她说：“对美国外交的考验就是对我们领导地位的考验”，美国的对外政策应“反映出我们作为全球最主要自由捍卫者的地位”。③

“以力致利”准则。“以力致利”的价值准则是西方国家对外关系交往的基石，也是确保军队政治性工作有效性的支撑。无论是古代波斯、希腊，还是马其顿、拜占庭，以及后起的法兰克王国，凡是在西方古代史上拥有过辉煌，独领过风骚的国家，无不是“以力致利”思想的实践楷模。索伦终其一生在文明的兴起衰落中，发现其生存法则：“一个文明之所以能够成长壮大，是因为在这个文明内部孕育着强烈的帝国思想和征服欲望；而这些理想和欲望一旦消失，则整个文明必将干枯、死亡。要么征服，要么被征服，这是所有文明的生存法则。”④ 罗马人凭借军事实力使地

① 不列颠百科全书：第八卷．北京：中国大百科全书出版社，1999：226.

② 韦慧华．透析美国传统文化对美军军心士气的影响［G］//美军政治性工作研究论丛（第二辑）．北京：解放军出版社，2008：86.

③ 奥尔布赖特．对美国对外政策的考验［J］．美国《外交》杂志，1998（11—12）．

④ 转引自林国荣．罗马史随想［M］．北京：三联书店，2005：59.

中海成为内湖；日耳曼人凭借顽强的意志和强壮的体魄取代了罗马帝国。20 世纪初，美国总统罗斯福就曾公开宣称，所有伟大的、好支配人的民族都是善战的民族。在美国立国 200 多年的历史中，海外用兵 200 多次，差不多每隔一代人就发生一次比较大的战争，从中获取巨大利益。俄国也是人类历史上极富侵略性和扩张性的国家。从公元 14 世纪初的莫斯科公国建立开始，到 18 世纪初彼得一世统治的 400 年间，俄国的领土向外扩张了 400 倍，欧亚大陆上的许多国家随着俄国版图的扩张而消失。①

（二）个体价值理念

个人主义、实用主义和自由主义是西方国家个体价值理念的集中体现，它们渗透到政治、经济、文化和社会生活的各个领域，也同样渗透到军队这一特殊群体之中，沉淀在军人的思想意识里，使军人成为捍卫国家荣誉和利益的中坚力量。

个人主义强调对个人价值、尊严、权利和自由的推崇，鼓励个性张扬、提倡个人奋斗，突出个人作用，保护个人利益。② 个人主义的价值体系包括三个基本方面：一切价值都以人为中心；个人本身就是目的，具有最高价值，社会存在只是达到个人目的的手段；一切个人在道义上都是平等的，任何人都不能被当作他人谋求利益的手段。个人主义造就了西方文化的多元性以及西方人对自我意识的强调。以美国为例，美国是世界上最大的移民国家，就像是一个大熔炉，囊括了来自不同国家地区，不同宗教信仰，不同语言肤色的人群，美国社会的价值体系强调个人的独特性与唯一性，对所有不同的文化展现出极大的包容，尤其推崇个人奋斗和独立、创新、冒险精神，崇尚个人英雄主义行为。美军在此基础上又将个人主义赋予了军人荣誉和军人价值观的内涵，强调个人的自由和荣誉只有与国家、军队的荣誉融为一体才有意义。美国艾森豪威尔将军指出，“荣誉不

---

① 潘杨．浅谈俄罗斯军队战斗作风的生成途径［G］//外军政治性工作研究论丛（第六辑）．北京：解放军出版社，2012：166.

② 严燕子．美军军事文化基本特征探析［G］//美军政治性工作研究论丛（第四辑）．北京：解放军出版社，2010.

仅仅意味着对社会和国家的诚信与责任，更包含着个人一种生生不息的进取精神和尊严感，与美国野性冲动般的个人主义及民主价值观可谓是琴瑟和鸣。”①

实用主义是西方社会的主流思想，强调务实、高效、不断积极进取，是指导西方社会的一种重要价值观念。实用主义的根本原则就是一切以效果、功用为标准；核心价值就是千方百计地维护自己的利益，以最小的代价实现利益最大化。18 世纪英国著名首相帕麦斯顿曾说：我们没有永久的盟友，也没有永久的敌人，只有永久不变的利益。此名言道出了西方国际关系准则中的利益因素，即谋取最大限度的经济利益和政治实惠，这正是实用主义的典型表现。实用主义价值观毫无疑问地渗透到了西方军队的方方面面，对军队政治性工作产生着根本性的影响。美军就是这样的例子，它把实用主义作为军事文化转型的思维方式，强调军事教育训练的要旨就是以任务为导向和牵引，完成战争中的任务，捍卫美国的国家利益，实现美国独霸世界的梦想。事实上，美军政治性工作的一个重要特点就是讲求实用，追逐功利，倡导只要有利于美国国家利益和民主制度，就应“主动地、像传教士那样地去发挥他们的救世主作用”。

自由主义是一种意识形态，强调生命、自由和财产等个人基本权利不得侵犯。自由主义是西方文化的基础，也是美国立国的重要思想，被视为美国文化最突出的标志。美国《独立宣言》《美利坚合众国宪法》《人权法案》都确认了这种自由观念。美国学者弗朗西斯·福山认为，20 世纪发生的两次世界大战以及随之而来的革命和大动荡，“迫使处于人类文明先锋地位的欧洲和北美的各个社会更加充分地实现他们的自由”。他认为，在 20 世纪，世界历史发生的根本变化就是“经济和政治自由主义”的胜利。美国一直标榜自己是世界最自由的国家，是“自由世界堡垒、自由世界希望”。为了保卫这种民主制度和美国价值观与生活方式，就要为“自由世界而战”。美军在各种规章和条令中强调：要捍卫美国的价值观和自由原则，必须忠于国家和军队的各种制度，维护军队的团结和战斗力。美

① 斯蒂芬·E·安布罗斯．责任、荣誉、国家——西点军校史［G］．广州：暨南大学出版社，2006：03.

军有义务和责任将美国的政治制度、价值观念和社会模式推广到全世界。

（三）宗教文化

宗教对西方军队的影响由来已久。在古罗马，将帅们非常重视占卜师，在他们准备进行远征或者率领士兵投入战斗前，他们都会让占卜师给出吉兆，让士兵们相信众神预示他们会取得胜利。例如，古罗马杰出统帅盖乌斯·马略领兵打仗时总会带着一个叙利亚女巫。“每当关键时刻，他总是假托女巫之口，来激励士兵的作战勇气，并预言战斗的胜利结局。”[①] 对于罗马人这种做法，马基雅维利在其巨著《李维史论》中给予了高度评价，认为这是罗马得以强盛的原因之一。占卜师之所以有如此巨大的作用，是因为罗马军队巧妙运用宗教的力量进行宣传鼓动。当时的士兵文化水平普遍较低，他们对于预言、征兆，有着信徒般的迷信，坚信能从来自众神的胜利预言中取得战争的胜利，从而极大地提升了士气。

现代西方大多数军队均承认正当宗教的合法性，利用官兵的宗教信仰激发战斗精神已成为普遍做法。宗教活动是美军军营生活的一部分，军营中设有风格各异的教堂。由于牧师深入官兵生活的很多方面，与士兵接触面广，因而被称为军人的“精神顾问”和沟通军人与社会联系的“纽带”。随军牧师利用士兵对宗教的虔诚信仰，宣扬美国的军事政策完全符合“上帝的意志”，诱劝士兵按照“上帝的意志”恪尽职守，服从领导。他们利用自己“上帝使者”的身份广泛接触士兵，深入了解士兵的思想情绪，用“上帝的语言”来打动士兵。平时，随军牧师主要向士兵灌输宗教思想；战时，他们深入前沿阵地，利用战斗间隙进行宗教活动，以鼓舞士气，强化信念。

俄罗斯东正教对军队的影响古已有之，继承前苏军衣钵的俄军不断加强与东正教会的合作，于 2010 年在俄军中正式实施随军神甫制度。目前，俄军随军神甫编制约 400 人，信教军人占总员额的 30%，[②] 宗教活动成为

---

① 佟明忠．中外军队政治工作思想通史［M］．北京：军事科学出版社，1997：175.

② 李赫明．俄军作风建设及发展趋势［G］// 外军政治性工作研究论丛（第六辑）．北京：解放军出版社，2012：178.

军营生活的一部分，为此，俄军在军营中建设了教堂等设施。宗教活动对培育俄军军人的伦理道德、思想品质、团队精神和协作意识等起到了不可忽视的作用。2012 年 1 月 24 日，俄罗斯联邦武装力量兵员工作总局局长谢尔盖·契瓦尔科夫在第二届随军神甫集训会议上表示，“随军神甫在军人信仰方面所做的工作，是我们以为很多工作都无法触及的领域”。

除了美俄之外，其他国家的军队也注重发挥宗教的特殊作用。印度素有“人种和宗教博物馆”之称，丰富的宗教资源成为印军进行道德教育的重要依托。在印军的部队训词中，很多都来自宗教教义。印军要求“每一个士兵必须是虔诚的教徒”，号召士兵“为信仰而斗争乃至献身”，利用教徒的虔诚心理，消除人们对死亡的恐惧，维护和提高战斗力。印军每个营都设有讲经堂，连队设有 1 名宗教军士，还在战斗间隙举行各种宗教仪式。当今的日本自卫队在精神上仍以“大和魂”为支撑，崇拜天皇，崇尚神道和武士道，宣扬为天皇战死即可成为“英灵”“军神”等等。宗教在德国军队中也占有重要地位，主要以“人生意义作业”、祈祷仪式、宗教会议、业余生活等形式举行宗教活动。总之，西方军队大多有着浓厚的宗教文化，宗教礼仪的许多要求与军队政治性工作的要求确有契合之处，可以用来有效地服务和管理部队。

第二节　外军政治性工作的主要内容

虽然外军的政治理念、民族传统、宗教信仰、文化背景、编制体制、军事思想、战略战术各有特点，但在政治性工作的内容上却具有共性的一面，表现在以下几个方面。

一、外军精神教育工作

精神教育是外军为保证军队始终为国家政权或执政党服务而开展的政

治教育活动，是外军政治性工作的核心内容，其目的是从政治上、思想上控制军队、提升军队的战斗力。西方军队围绕“精神教育工作应如何开展”等问题出现过三种不同的理论指导原则，即“军人定位教育”（Military Orientation）、“柔性精神教育”（Mild Indoctrination）和“尚武意识教育”（Militant Ideologue）。“军人定位教育”由乔治·马歇尔将军在二战前提出：一是增强士兵的军人意识；二是告知士兵当前所要达到的政治目标。“柔性精神教育”的倡导者是美国国防部武装部队精神教育处前主任约翰·布鲁格。他认为，“美国的生活方式、价值观、动力和信念都需要高度重视”，“为训练教育士兵，应让他们正确理解以下问题：我们为何驻扎在这里？我们的敌人是谁？我们应如何反制敌军的宣传和破坏？”“尚武意识教育”是冷战产物，强调“加强官兵的意识形态教育，因为大多数士兵在家庭和学校所学不足以让其充分理解本国传统和共产主义威胁的本质”①，等等。

外军精神教育工作遵循理论指导原则，其实践活动伴随着时代的发展、任务的变迁、目标的更迭而不断发展变化。不过，万变不离其宗，外军精神教育工作的主要内容可以概括为：政治素养培育、爱国主义教育、军人价值观灌输、战斗精神培养、历史传统教育、军人职业道德教育、宗教信仰引导、心理调适训练等。对西方国家军队来说，精神教育的核心内容是宣扬以资本主义私有制为基础的政治制度和以个人主义价值观为核心的意识形态体系；宣传国家利益至上，鼓吹军队在国家中的作用，向官兵灌输民族主义思想，强化军人的国土意识；注重军人职业道德的养成，强化军人的职业职责意识；利用宗教活动灌输军队建设思想，稳定军心，鼓舞士气；重视官兵的心理调适，并将其融入精神教育的整个过程，等等。

二、外军军事宣传工作

现代信息化全球化国际环境下，掌握和运用舆论工具的能力是一个国

---

① 李丛禾．外军政治性工作文献专题导读［M］．上海：世界图书出版公司，2015：11.

家或一支军队“软实力”的重要体现。西方各国军队无不重视军事宣传工作，它主要包含着两个维度：一是对外的维度，即基于对自身军队形象的塑造和军队软实力的提升而从事的对外军事宣传工作；另一个是对内的维度，即为了满足本军队人员的精神生活需要，以提高军队战斗力为根本标准而从事的一系列对内军事宣传活动。

外军军事宣传的方式随着技术和时代的发展不断变化和改进。近年来，世界各国军队将互联网视为影响国际舆论、角力军队软实力的重要阵地。早在2006年，美军就成立了网络媒体战部队。2010年10月，美军网络司令部正式投入运行。截至2010年底，俄罗斯、日本、以色列、法国、德国、印度和韩国等国家军队也都相继成立了自己的网络媒体作战部队，其战斗人员多数都兼具新闻记者和网络专家的双重身份。外军建立网络媒体战部队，其目的就是要及时追踪网络舆情，对那些不利于国家和军队利益的报道和信息做出快速反应，纠正、反驳或删除“不利信息和舆论”，同时制造、提供、引导和传播有利于己的舆论或信息。负责组建“网络媒体战部队”的美军公共事务部长助理道兰斯·史密斯强调，网络媒体战部队不仅对有关的宣传报道“纠错”“遮丑”，而且要开发信息产品提供给民间和军队受众，实现“信源优化”。网络媒体战部队把符合并有利于美国国家和军队利益的各种信息及时、适时、准确地传送到全球每一个角落，使目标受众在不知不觉间接受引导和影响，增强民众对军队的支持和信任，同时起到军事震慑的作用。

三、外军军事文化工作

广义的军事文化是指军队通过长期军事实践活动而共同创造、分享和恪守的价值观念、思维方式、知识体系以及传统习惯等精神成果的总和。[①] 军事文化对凝聚军心士气、锻造军队软实力、塑造军人的信仰和追求、激励官兵有效履行使命，有着重要作用。本书所涉及的外军军事文化工作主

---

① 吴志忠．外军军事文化建设的特点［J］．军队政工理论研究，2013（2）：114.

要聚焦西方军队的具体文化领域建设，包括军营文化建设、礼仪文化建设、联合文化建设以及战地文化建设。

军营文化建设是世界各国军队都十分重视的一项重要工作。许多国家的军队都设立了专门机构负责军队的文化工作，并且有比较完善齐全的文化活动设施和明确的活动任务。各国军队文化活动的方式方法多种多样，充分体现出军营文化的特色，譬如有娱乐文化、环境文化、军乐文化、媒体文化、酒吧文化、阅兵文化、图书馆文化，等等。军事礼仪文化是军队在建设和发展过程中所形成的一套独特的价值体系，蕴含着一支军队的整体价值观念和管理思想。各种“有形”的礼仪不仅体现军队特有的精神风貌和文化，而且发挥“无形”的作用，强化军人对自己身份的认同感和责任感。联合文化是“随着联合作战的发展而形成的、保障军队赢得联合作战胜利的一种军事文化”①，“直接功能是化解军种组织冲突，本质是反映和引导军事组织重构。”② 1991 年，美军颁布联合出版物《美国武装部队的联合作战》；1993 年创立《联合部队季刊》，“标志着联合文化的问世”③。美军联合文化体现了“合众为一”的鲜明属性和显著特征，主要包括：统一的联合价值观培育；聚焦部队道德素养的联合品格塑造；强化成员间合作关系的团队精神构建；瞄准学习型机构建设的联合知识共享以及满足复合型人才需求的联合技能培养。④ 外军联合文化建设主要体现在塑造联合文化的浓厚氛围、构建联合文化的核心价值、探索联合文化的思维方式以及拓展联合文化的实践途径等方面。战地文化工作是军事文化建设的重要组成部分，是平时文化工作的延伸和发展，是军队在作战过程中鼓舞士气，提升战斗力，进而赢得战争胜利的重要保证。以美英为代表的西方军队无论在战地文化设施，还是在活动方式上，都力图与信息化战争的特点相适应，充分利用广播、影视、报刊、网络等现代科技手段开展战地文化工作。

---

① 李瞰．联合文化：超越军种的时代强音［N］．解放军报，2011－08－04（010）．

② 马健．构建我军特色联合文化正当其时［N］．解放军报，2012－06－21（010）．

③ Joint Force Quarterly summer 1995，“JFQ itself symbolizes the emergence of joint culture.”

④ 李庄前．美军联合作战文化建设探析．军队政工理论研究，2015（3）：121—123.

四、外军人事管理工作

军队归根结底是由人组成的，健全有效的人事管理机制是军队战斗力生成的基础和依托。美军在《2010 年联合构想》的国防发展计划中指出："这一构想始终认为，人是最根本的力量源泉，无论是战争还是和平时期，胜利最终取决于美国武装力量的每一分子。"俄罗斯在《2015 年军事建设构想》中，德国在为期 15 年的《联邦国防军未来建设计划》中，也都强调人比武器重要，要求以人为中心全面加强军队队伍建设。一般来说，西方军队人事管理机构的职能范围较广，既有政工内容，也有军事工作；人事管理的对象比较宽泛，既涉及军官，也涉及士兵，既涉及现役军人，也涉及文职人员和后备役人员；管理的内容也比较繁杂，既包括选拔、培养、任用，薪酬待遇、生活福利、退休退役，也包括训练、教育、士气和娱乐等许多方面，制度化和法制化是西方军队人事管理工作的重要特点。

美军在 20 世纪 70 年代取消义务兵役制实行募兵制之后，大胆借鉴企业管理的先进理念和做法，引入企业管理中的项目规划、成本核算、科学流程等概念，抓住岗位配置和薪酬待遇两大杠杆，撬动提升各类国防资源的综合效益。1986 年，美国国防部通过具有划时代意义的《戈德华特—尼科尔斯国防改组法》，其中一章专门阐释军队人事政策，要求对各军种军官和联合军官实施更加严格的职业管理，确保造就出优秀指挥官。该法以及其他一系列法律政策的实施，确保了美军能着眼长远将"正确的人在正确的时候放到正确的岗位上去"。《俄罗斯联邦国家安全构想》提出，必须采取切实措施加强军队人才的社会保护。美、英、法、德、意等国军队，为了防止优秀军官流失，在提高军官工资和生活待遇的同时，还设立了超期服役奖金和津贴。物质待遇、教育培训、法规条例和激励措施成为吸引和保留各类人才的重要手段。

五、外军心理攻防工作

心理攻防包括心理攻击和心理防护，是心理战中对立统一的两个方面，是信息化战争条件下的另一种“战争”，有专家指出，“现代心理攻防战，已成为一体化战争中区别于陆战、空战、海战的第四种作战形式。而且，这种战争始终影响并伴随着整个战争及其全过程”。在现代信息化战争新形式下，西方各军事大国均加大人力、物力和资金的投入，积极开展心理攻防的研究工作，因为心理攻防能力的强弱已经成为影响战争进程和结局的重要因素。

战争实践表明，战斗人员必须能够灵活、准确、协调地控制技术装备，快速而准确地判断和处理各种信息，但精神高度紧张，心理压力和脑力消耗巨大，心理认知负荷极度增加，极易造成精神障碍。有关战史研究揭示，美军在朝鲜战争、越南战争中，因战争应激反应而严重影响作战能力，真正能使用武器作战的士兵仅为25%。第二次世界大战期间，美军大约有100万人遭到心理杀伤，导致精神恐怖症，其中有45万人因患精神疾病而退伍，占美军因伤病退伍人员总数的40%；在第一次海湾战争中，由于美军对伊拉克实施强烈的轰炸和强大的心理攻势，引起伊军惊恐万状，在多国部队发起大规模地面进攻之前，已有6架直升机逃离伊拉克，整建制团集体投降。伊拉克不仅输在了武器装备的落后上，更输在了心理崩溃和意志丧失上。因此，心理攻防工作在现代战争中发挥着越来越重要的作用。

六、外军法律事务工作

军事法律事务工作是国家司法制度必不可少的组成部分，同时也是军法制度的重要组成部分，其目的在于保证军事法律规范的正确贯彻执行，维护国家的军事利益、军队的秩序和纪律，以及军人的合法权益。世界大多数国家的军队都建立有门类齐全、结构严密的军事法律体系，使军事领域的各个方面都有法可依，有章可循。完善的军法体制也是对军队实现有效管理的先决条件和制度保障，确保了国防和武装力量建设的法制化和正规化。外军法律事务工作涵盖的范围较广，从宏观角度讲，有军事检察、军事审判和法律援助；从具体涉及的任务看，包括建立健全系统的军事法规体系；提供各项专业法律服务和法律帮助，运用法律手段解决部队和官兵遇到的重大涉法问题；做好经常性法律咨询工作，开展经常性法制教育，增强官兵的法制观念和法律意识，等等。

西方军队法律事务工作的一个突出特点就是服从服务于军队战斗力的提高和作战需要。以美军为例，其死刑罪名的规定就要远远重于国内普通法。虽然美国社会盛行司法个人主义，注重对个人权利的保护，大部分州因而都取消了死刑，但美国军事司法始终强调军队作为特别的群体必须有特别的法律措施，反对在军队中取消死刑。美国法典法则中的 14 种可能被判处死刑的情形，大部分都是出于对维护指挥官的权威、畅通部队的指挥、提升部队战斗力的需要。如企图伤害和故意违抗首长、兵变叛乱、敌前辱职、胁迫警卫、资敌间谍以及谋杀等情形都可能被判处死刑。此外，同样的罪行在战时与平时获得的判罚也有区别，如法典第 85 条规定的军人逃亡罪，战时犯逃亡罪或者逃亡未遂的，应当判处死刑或者死刑以外的其他重刑；但是平时犯逃亡罪或者逃亡未遂的，应当判处死刑以外的其他重刑，充分体现了战时从严的原则。

七、外军军人社会保障工作

外军军人社会保障，是指西方国家和社会依照法律法规保护军人的基本权益，提高军人社会地位和生活质量，增强军人职业的吸引力和安全感，从经济、政治和社会等各方面予以保障的一项社会制度，主要包括薪酬福利、退役退休、社会保险和军人家庭等方面的制度。由于军人的社会保障关系影响到该国整个部队的士气和战斗力等重大问题，因此受到世界各国的普遍重视。

西方国家军队基本都有一套比较成熟的做法确保军人的社会保障。比如，军人工资的标准水平一般要高于政府官员或公务员工资的标准水平。军官薪金一般比政府同级公务员高 17% ~30%，如日本自卫队高 17%，法军高 25% 等。为了维护军人的合法权益，广泛建立从事军人社会保障的外围组织，俄罗斯政府在社会上建立了一些专门从事退役军人社会保障的协会、基金会和中心等。这些社会团体在国家财政困难的情况下和军人社会保障力所不及的范围内，给予军人及其家庭成员包括经济资助和社区支援在内的多方面援助。为了使军人退役后能得到恰当的就业安置，各国通常成立专门的职能机构。如美国的退役军人事务部、退役军人职业与训练处，日本防卫厅人事局及各级司令部的就业支援业务课等，专事军人就业管理工作。总之，外军认为，提高军人的社会保障水平，有利于军队吸引人才，增强军队凝聚力，激励军人尽职效力，赢得未来战争的胜利。

八、外军战争行动中的政治性工作

外军战争行动中的政治性工作，是指外军为战争行动营造有利的政治环境，巩固己方军心士气，激发部队战斗力，动摇敌方对抗意志，配合战争行动进程并最终达成作战目标而开展的一系列政治性工作，是外军战争行动的重要组成部分。冷战结束以来的历次局部战争表明，高精尖武器装备广泛应用于战场，并没有改变人的因素是战争胜负的决定因素这个基本原理。外军战争行动中的政治性工作，就是为了发挥人的“软实力”作用，争取和扩大战争支持及政治影响力，包括战时宗教支援、社会支援、法律支援以及其他专项支援。

战时宗教支援，就是神职人员在战时从事与宗教有关的活动，以保证政府对军队的政治控制和精神影响，有助于作战计划的制定和实施。美军的战时宗教支援工作先由相应牧师委员会向战区指挥官提出有关宗教事务的专业性建议，然后由随军牧师和随军牧师队按照指挥官的要求组织实施。在战争动员阶段、部队配置部署阶段、作战行动阶段以及战争结束后过渡阶段，随军牧师均发挥着不可或缺的作用。其他西方国家的宗教支援工作也各具特色。譬如，英军要求牧师在战时开展五项工作：主持战地宗教仪式活动；配合心理医生，为官兵提供心理疏导；解释军事行动的正义性、必要性；协助维护部队稳定，解决军人战时思想问题；履行随军牧师义务，永远与士兵在一起。

外军战争行动中的社会支援或民事工作是外军旨在搞好战区军民关系

的一系列活动的统称。工作对象主要是部队驻地的平民和各种政府与非政府组织，主要任务是减少战地居民对军事行动的干扰，基本目标是增强己方军事行动的效能。从近几年美军颁发的相关条令看，“民事—军事行动”已成为美军民事行动中社会支援的一个总括性概念，强调军民联动特性，涉及大量琐碎却又十分重要的工作，既要进行不同文化间的交流与沟通，也要提供和实施人道主义援助；既要配合军事作战行动，也要协助驻在国或地区制订应急计划和重建计划。民事行动已成为以美军为代表的西方军队实施联合作战行动的重要组成部分，是其政治作战的重要样式。

军事行动与法律支援密切相关，它们都是维护国家利益的重要手段。西方国家军队常常将法律与军事行动结合在一起，或者以法律作为军事行动的借口，或者以法律巩固军事行动的成果。战争行动中恰当运用国际法和战争法的原则和规则既能促进战争目标的有效达成，也能树立依法作战的良好形象。西方军队普遍重视战时法律支援，形成了一套相对成熟的处置机制和方法措施：充分利用和制造国际法原则和规定，宣扬战争的“正义性”；先行实施法律威慑，防范敌方发动违法作战行动；执行审查程序，依法选择打击目标；平衡“军事需要”与“人道要求”，尽力减轻战争或武装冲突对人的损害；反向利用战争法搜集证据，对敌进行法理攻击。

外军战争行动中涉及政治性工作的专项教育工作包括被俘教育、战场法纪教育、战区社情教育、战俘管理等。有效开展战前被俘教育，能使参战官兵感受到政府和军方对其人身安全和个人权益的重视，激发参战热情，被俘教育主要涉及行为准则教育、生存技巧教育以及归国待遇教育等；战场法纪教育，是外军针对战时官兵可能出现的纪律松弛、违法乱纪、违犯人道主义原则等开展的战地纪律教育工作；战区社情教育就是要求参战人员对战区所在地的政治、经济、文化、宗教、民俗等有一定了解与认知，从而避免给军事行动带来不利影响；战俘管理主要包括战俘的收容、登记、审查、救治、押运、移交、接收、羁押、管理和遣返等所涉及的工作。

九、外军非战争军事行动中的政治性工作

非战争军事行动，是指在战争之外使用军事手段进行的一系列以慑止战争、促进和平、维护国家安全和减免灾害为目的的军事活动。从军事角度上讲，非战争军事行动是和平时期锻炼军队的良机，可以检验部队的快速反应、协同作战和后勤保障能力，进而推动核心军事能力的生成和提高。在非战争军事行动中开展的理论宣导、思想教育、宗教抚慰、心理干预、法律服务和舆论掌控等工作均属于政治性工作的范畴。本书主要聚焦西方主要国家军队反恐军事行动、维和军事行动和人道救援军事行动中的政治性工作。

反恐军事行动是世界各国共同面临的重大现实课题，是各国武装力量担负的一项经常性、长期性任务。西方主要大国组建有机动高效的反恐分队，如美军特种部队中的“三角洲”部队，俄军中的“阿尔法”小分队，法军中的“黑衣人”分队，英军素有“红色魔鬼”之称的特别空勤团等。在反恐军事行动中，西方主要国家始终高举道义和法律大旗，以实用主义标准执行《联合国宪章》《国际武装冲突法》、联大决议中对己有利的有关条款以及各自国内的反恐法规，试图维护其非战争军事行动的正义性和合法性。为了赢得反恐军事行动的主动权，他们会千方百计掌控舆论导向，争取国际社会及国内民众支持，同时充分发挥心理攻防在行动中的作用。

维和军事行动是联合国的一项重要创举，是实践多边主义、实现集体安全的有效手段，是一种介于外交游说和武力强制之间的“第三种方式”，其目的是维护和恢复冲突地区的和平。外军在维和行动中开展形式多样的政治性工作，以达到各自不同的目标。美、俄、英、法等传统大国将参加维和行动作为维护和拓展战略空间、巩固和争夺国际安全事务主导权的重要平台；德国、日本、印度等新兴大国则将参加维和行动作为国家“崛起”战略的重要组成部分，旨在推动国家振兴与发展。随着维和行动由单一军事职能逐步转变为军事、政治、经济和人道主义等多元化职能，维和部队不仅要了解维和军事行动的目标、原则和特点，而且要熟悉所在地区

的政情社情、地理地貌以及文化习俗，确保非战争军事行动的顺利实施。

人道救援是基于人道主义而对受助者做出物资或物流上的支援，主要目的是拯救生命，舒缓不幸状况，维护人类尊严。派军参加人道救援行动，不仅可以彰显派遣国关切人道事务、勇于承担国际责任的正面形象，还可提升国家的国际影响力，拓展国家的战略利益。就政治性工作而言，西方军队在参与人道援助行动中充分运用“软”“硬”手段，努力改善军队形象，竭力展现“巧实力”。他们注重舆论宣传，展示己方在人道主义救援中所做出的贡献；加强与行动地域民众的沟通联系，确保人道救援取得期待的效果；借人道救援强化军队的练兵意识，使军人在参与救援行动中增强履职能力；把参加人道主义援助作为一种“政治投资”，从中获取重大的“政治收益”，等等。

第三节　外军政治性工作的基本特点

政治性工作是普遍存在于各国军队的一种社会实践活动。西方军队虽然没有专门的政治工作机关和政治工作干部，但政治性工作并未缺位，相反倒是开展得有声有色，富有成效。它一般融汇于具体的业务工作之中，通常在军事活动的总体架构下，统一由各级领导和参谋业务部门按照职责分工组织实施，具有比较显著的特点。

一、从政治性工作的理念看，尊重个体价值，关注官兵现实需求

美国心理学家亚伯拉罕·马斯洛认为，个体成长发展的内在力量是动机，而动机是由多种不同性质的需求所组成的，为此他提出了“基本需求层次理论”。该理论将人的需求分为五种，像阶梯一样从低到高，按层次逐级递升，分别为：生理需求、安全需求、社交需求、尊重需求，以及自我实现的需求。西方国家军队政治性工作关注个体价值，围绕官兵合理需

求开展工作，在此过程中实现政治性工作的效果。

（一）坚持人本管理，重视官兵对个体价值的需求

人本管理是管理学概念，是达成“基本需求层次理论”的重要依据之一，其核心思想是根据员工的能力、特长、兴趣、心理状况等综合性情况来科学地安排工作，使员工能够充分地发挥积极性、主动性和创造性，为达成企业发展目标做出最大的贡献。西方军队由于普遍信奉个人主义价值观，青年官兵有自己的向往、追求和爱好，因此军队盛行以人为本的管理模式，普遍把个体本位的价值观作为政治性教育的基点，同时也满足了官兵追求个体价值的需求：

一是尊重官兵的个体人格和生命价值。官兵享有法律法规所明确的各项权利，个人尊严和人格不容冒犯。德军要求其各级指挥官必须充分考虑部属和下级的个性、情感和愿望，发挥每个人特长和实际经验，正确公正地评价部属的成绩与不足，尊重部属的个性和要求，对部属要友善、关心、谅解、信任和公平。俄军强调战时要最大限度地减少人员伤亡，在宣传鼓动时尽显人性色彩。例如，第二次车臣战争开始时，俄军不准备让新兵参战，但新兵坚决请战，最后才被允许上战场，体现了俄军管理中的人本理念。

二是大力宣扬个人英雄主义行为。早在越战时期，美军报刊就特别注重宣传越战中的“英雄人物”，刊登长篇文章介绍他们的事迹。海湾战争中，《新闻周刊》两次宣传参谋长联席会议主席鲍威尔的事迹；《陆军时报》和《美国新闻与世界报道》等介绍了施瓦茨科普夫将军在越战中的英雄事迹和在格林纳达行动中的军事才能，称他“拥有丰富的沙漠作战经验”，是一名不可多得的“战将良才”。每年9月，《空军时报》《空军杂志》《空军士兵杂志》等即以大幅版面刊登士兵的照片、简历、事迹，空军广播影视机构对其进行专题采访报道和评论，甚至在互联网上建立这些士兵的专页。外军在部队的政治性教育，特别是“战斗精神”教育的过程中，往往会大量引用过去英模人物的事迹，通过案例、图片、电影等宣传形式，激发官兵的斗志，提升部队的战斗力。

三是注重发扬官兵的个人能动性。西方军队的政治教育课一般不采取灌输式讲授的形式，学员大都可以自由讨论，各抒己见。讨论会在民主的气氛中进行，军官们充当会议主持人，此时他们的身份不是指挥官或教官，而是讨论会的“导演”和“演员”，士兵们可就各种问题发表自己的意见，甚至可以与军官进行辩论。这种教育方式调动了士兵的参与意识，发挥了士兵的主体作用，不仅充分体现了对士兵个体的尊重，而且也极大地发挥了士兵的主观能动性，使他们学有所获，学为所用，掌握履职所需的各类技能。《美国陆军军官手册》明确提出：大多数命令都是委托式命令，只规定要完成的任务，让参与者自行选择完成任务的方法。这使得多数官兵都感到自己的见解得到认可、能力得到发挥、自我价值得到实现，进而极大地调动了个体的积极性和创造性。

（二）维持较高待遇，重视官兵对物质利益的需求

西方军队大多重视军人物质利益，将其视作稳定军心士气的必要前提。美国兰德公司的一项调查表明，物质福利是保持部队士气的“最有效措施”。军人加薪 10%，新兵入伍率一般可提高 39%。美国国防部公布的一项数据显示，2012 年，美军士兵人均年收入 3.22 万美元，普通军官人均年收入约为 6.42 万美元，分别为同期美国国民人均年收入的 1.13 倍和 2.27 倍，这还没有包括美国军人数额颇丰的各项奖励、福利、补助等。美军在募兵广告中宣称参军有三大好处，即所谓的“3S”——服务于国家（Serve the country）、周游世界（See the world）和获得存款（Save the money），对适龄青年具有很强的吸引力。[①] 英军在法律上规定军官的薪金比地方同级人员高 5%，加上住房、交通、执勤等各种补贴共高出约 20%，而且军官的工资每年增长一次，即使退休后生活也基本不受影响。法国军队的军官工资比地方同级公务员高 25%，而且所有补贴都不交所得税。[②] 日本自卫队军官工资比国家公务员高 17%。印度虽然是一个发展中国家，但

① 翟振华．外军是如何培养战斗精神的［N］．解放军报，2005－11－16（12）．

② 石利民、胡效军、孙晔飞．信息化战争中的战斗精神［N］．中国青年报，2005－12－02（08）．

仍坚持把提高军人工资和福利待遇作为激励官兵士气的重要手段，印军官兵工资标准明显高于国家政府工作人员，陆军军官工资高于政府官员38%，海军高43%，空军高49%。[①] 以色列规定，凡应征服兵役者，仍保持原薪金待遇，并由应征者原所在单位支付，其中的2/3 由政府从专门基金中给予补助。俄罗斯政府非常重视军人的福利待遇，连续几次提高相关标准。2012 年颁布的新法案规定，从 2012 年 1 月 1 日起，军人薪金将增至以前标准的 2.5—3 倍，高于金融部门的平均工资；福利和津贴大幅上调。[②]

（三）施行宗教影响，重视官兵对精神寄托的需求

西方政府和军队把民众的宗教信仰巧妙地转化为国民和军人对政府和军队的忠诚和服从，并以此强化官兵的爱国精神，激发部队的战斗士气。美军有 95% 以上的官兵信奉基督教，美军的随军牧师制度是其开展政治性工作的基本制度，是确保美国政府从政治上、精神上控制军队的主要形式。随军牧师平时在军队中开展军人价值观教育、军人伦理教育、军人职业道德教育，到训练场和基层部队掌握和了解官兵思想并从事精神安抚工作，在战时则深入前沿阵地，利用战斗间隙举行宗教活动，减轻官兵战场压力。俄军与东正教会合作伊始，就在军队中实行随军神甫制度，并专门从地方招募神职人员从事军队政治性工作。日本自卫队虽然没有随军牧师，但官兵宗教信仰自由，而且灌输天皇至上思想，进行崇拜偶像教育，强化官兵的精神寄托。印军宗教教员着力宣传“业报轮回”和“解脱”思想等宗教价值观，宣称官兵就算战死沙场也是命运的安排、心灵的解脱，自有来世的回报，等等。总之，西方军队利用宗教的强大影响力，不仅约束了官兵言行，使其自觉服从军纪规范，而且纾解了官兵的心理压力，满足其对精神寄托的需求，实现精神教育目标的长效化。

---

① 翟振华．外军是如何培养战斗精神的［N］．解放军报，2005－11－16（12）．

② 李赫明，龚敬豪．浅议俄罗斯军队作风建设．军队政工理论研究，2012（2）：124.

（四）架设事业平台，重视官兵对个人发展与自我实现的需求

按照马斯洛的观点，追求个人发展与自我实现是高层次的需求。在个人发展中实现自我就是通过自己的不断努力发掘自己的潜力，使自己越来越成为自己心目中所期望的人物。西方军队政治性工作关注对个人发展与自我实现的需求，通过架设院校教育、岗位历练和自我发展三位一体的事业平台，为这种需求的实现提供了可能。

院校教育注重知识和素质的综合培养。美军《陆军领导力》指出，官兵的知识素养包括三个方面：必须通晓战术知识，“精通条令、战术、技巧和步骤”，“通过军事手段的运用，保证预定目标的实现”；必须通晓技术知识，对武器装备要会用、会修、会改进，较高级别领导不但有操作单个装备的技术知识，还要知道如何使用整个技术系统”；必须通晓联合作战知识，了解军种间合作的途径，熟悉联合机构、运作程序及其在国防中发挥的作用。在官兵的素质培养方面，外军并不只局限于某一领域的知识，而是强调综合能力的全面发展。初级院校除设有数学、自然科学、工程学、外语、历史、社会学、国家安全、领导艺术和心理学等文化教育核心课外，还设有军人职业道德教育、公共关系、服从训练等选修课。在高级军事院校，以决策能力和军事谋略为重点，将现代科学技术、国家安全政策、军事战略、政治、外交等有机地融为一体，以提高适应军队和社会发展的综合素质。通过职业军事教育和国民教育等形式，确保“学习经历与作战任务的完美结合”。

岗位历练注重丰富官兵的阅历和经历。一些外军认为，创造公平竞争、机会均等的软环境，使官兵在不同岗位经受锻炼和磨砺，有助于官兵的职业发展和个人进步。以美军为例，指挥官岗位任职具有鲜明特点：一是任期短、轮换快。参联会主席和副主席一任 2 年，可连任 1 次，通常也只有 4 年。级别较低的军官，任职时间更短，特别是担任副职、参谋和部门主管的军官，往往 1 年左右便改任它职；主战单位的主官如陆军营长、师长，空军中队长、联队长，海军舰长等任职时间通常是 2 年。二是岗位经历非常丰富。军官需要在不同单位、不同岗位中不断轮岗，

很少有在本部队直接升职的情况。军官也需要在机关、部队等不同类型单位轮换任职。如现任陆军参谋长雷蒙德·奥迪耶诺上将，先后任职陆军 4 个师、2 个军和若干直属部队。他也当过炮兵团的营主任参谋，担任过国防部的军控顾问。[①] 三是联合岗位任职经历不可缺少。自 1986 年《戈德华特—尼科尔斯国防改组法》颁布后，美军的联合作战理念得到了空前加强，对联合军官的管理也更加明确，联合岗位任职经历成为晋升的硬条件。

自我发展注重在终身学习中拓展能力。除了院校教育和岗位实践之外，西方军队非常重视官兵个体的自我发展，尤其是倡导终身学习，在学习中拓展能力边际。美军《陆军领导力》指出，“终身学习是官兵个体积极、公开地追求知识的终身选择，是对各种思想的领悟理解并在特定领域向纵深拓展，以期超越现有的发展和能力状态”。“终身学习”既要求通过学习和思考获取新的知识，又要求在学习中思考如何在需要时运用这些知识。该条令指出，在现代战争条件下，官兵只在传统的指挥系统中发挥影响力是远远不够的，他们必须在自我发展中掌握现代战争所需的复合型能力。另一方面，“终身学习”也是个人职级晋升的需要。20 世纪 80 年代起，美军推出了人事管理“知识台阶”晋升制。按照美军的晋升体制，在一名少尉成长为将军的 20 ~ 30 年时间里，需要经历七次“台阶式”岗前培训。培训的过程是知识更新的过程，也是“终身学习”中的重要一环。美军条令强调，领导者应鼓励下属抓住机遇去院校或培训机构学习，并为他们提供关于院校培训和职业发展的信息和机会。

二、从政治性工作的内容看，注重强基固本，匡正官兵价值取向

外军政治性工作内容是外军政治性工作任务的具体化，它涉及面广，包容量大，既有精神教育工作、军事宣传工作、军事文化工作、人事管理

---

① http：//www. thepaper. cn/newsDetail_ forward_ 1330490. ［2015 - 12 - 10］.

工作，也有心理攻防工作、法律事务工作、军人社会保障工作，既在战争行动中开展政治性工作，也在非战争军事行动中开展政治性工作。内容围绕目标，目标决定内容，外军政治性工作的不同内容服务着共同的目标，即完成国家或执政党赋予军队的特殊使命。

（一）具有鲜明的政治色彩

西方国家的军队宣称“远离政治”，但其实不然。《美国法典》明确规定，军队是“执行国家政策的工具”。西方学者研究美军后认为，美国军队不可能脱离社会政治生活：一是二战之后美国拥有的一支大型常规军一直驻扎在美国本土；二是军队拥有投票权，投票选举被军人看作是一种社会惯例。军人的所谓不参与政治实际上就是在行动上与政府或执政党保持一致。乔治·巴顿曾说，“我受雇于美国政府，如果我投票反对政府，那就是投票反对总司令。”军队介入了政治，军队政治性工作不可避免地染上了政治色彩。

这种政治色彩集中体现在对军人进行的思想政治教育，包括政治意识教育、爱国教育、国民意识教育、历史传统教育、军人道德教育、宗教教育、法律纪律教育等。美军政治性工作的政治理念首先体现在对美国政治制度和生活方式的宣扬，认为美国的政治制度具有先进性，美国的生活方式具有优越性。这种先进性和优越性成就了美国人心目中对其政治制度和生活方式的信仰，美国军队因而有责任捍卫这种信仰。《美国法典》规定，军人必须自觉维护美国国家利益、社会制度以及生活方式，必须为捍卫美国至高无上的自由而勇于奉献自己的所有。美军政治性工作的政治理念还体现在“美国在全球负有的特殊使命”，体现在领导世界、“将其引向通往天堂之路”的责任，这是美国谋求世界霸权和主导地位的理论依据和精神动力。对日本自卫队来说，政治性工作的“政治色彩”就是要绝对效忠天皇。“忠”是最核心的要素，只有完全克制自己，无条件为天皇献身，才能称得上“忠”。俄军根据军队实行义务兵役制和合同兵役制的特点，教育官兵认清军人在国家社会中的地位、权利和义务，强调军人职责的神圣，像新兵誓词所说的那样，“忠实履行军人义务，勇敢地捍卫俄罗斯的自由、独立和宪法制度，保卫人民和祖国[①]。”

（二）具有明确的价值定位

军人价值观教育是外军政治性工作的重要内容。所谓军人价值观，是军人依据自身的需要和利益评价客观事物和社会现象的意义、选择行为取向的基本观点。军人价值观可分为广义和狭义两种。广义的军人价值观，是军人对一切价值问题的根本看法，它包括军人关于物质世界价值的观念，关于人类社会价值的观念，关于人的价值的观念等等。狭义的军人价值观特指军人对军人价值的根本看法。外军军人价值观具有明确的目标定位，一方面重视反映军人个体的价值追求，如正直、自尊、荣誉等；另一方面更突出国家对军人的价值要求，如忠诚、职责、服从、献身等。外军军人价值观教育着眼于外军战斗力的提升，服务于外国政府或执政党的根本利益，是外军军人的价值标尺和行动指南。

西方军队大多总结提炼有自己的军事价值观或军人价值观。美国武装部队的军事价值观：勇于参战，自我牺牲，英勇无畏，坚持道义，服从合法领导，尊重文人政府对军队的控制，忠于并尊重战友、部队和国家，以及基于成绩获得提升。美军各军种结合各自的任务特点，先后提出了反映本军种特色的价值观，即“军种核心价值观”（Service Core Values），并使用凝炼的文字对其加以表述。美军条令要求美军武装部队所有成员都应将军人价值观“内化于心，外化于行。”[②] 苏联解体后，俄罗斯军队价值观一度混乱，军队形象严重受损。民众对军队的信任度竟然下滑到30%，低于40%的国际预警线，军人失去往日的荣耀。在“重振俄罗斯”的举国呼声中，俄罗斯军队建设被提上重要日程。近年来，俄军围绕“履行军人的天职，勇敢地捍卫俄罗斯”，多方面培育“军人核心价值精神”。印度军队更是将军人“能无怨无悔地为国家繁荣和人民自由奉献生命”作为必须要

---

① 高光智，杨正卫．透析外军培养思想作风的着力点［J］．军队政工理论研究，2011（6）：110.

② JP 1 Doctrine for the Armed Forces of the United States（2013）：“Members of the Armed Forces of the United States must internalize and embody these values of the profession of arms.”

求，提出胜不骄、败不馁的治军理念，强调军人价值观在部队建设和战斗力提升中的作用。

（三）具有清晰的时代印迹

外军不同历史时期的政治性工作大多留下了岁月的痕迹，见证了时代的变迁。政治性工作教育内容的推陈出新和与时俱进无非反映了不同时期军队建设的需要，更反映了国家和执政党的时代利益要求。

从宏观角度看，政治性工作的时代印迹反映在不同时期的国防政策和军事战略上。譬如，苏联解体后，西方世界深感“遏制共产主义扩张”“保卫自由世界”等理论不再有效，于是在20世纪90年代初抛出了所谓的“民主扩展战略”，将“经济安全”“军事优势”和“全球民主化”作为新战略的三大支柱。此时西方军队政治性工作的“崇高使命”就是当好“民主卫士”。1999年4月，英国首相布莱尔提出了所谓的“国际共同体主义”，以人权、民主等政治理由，对他国进行主权干涉和军事干预，“新干涉主义”理论指导下的“人道干涉”在西方军队的政治性工作中大行其道。“9·11”事件震惊世界，以美国为首的西方世界立刻打出了“反恐”大旗，将反恐军事行动向全球延伸，在“消除恐怖威胁”的旗号下实现其更大的政治野心。“民主扩展”论、“人道干涉”论和“反恐行动”论，先后成为西方军队在战争和非战争军事行动中政治性工作的总基调和主旋律。

从微观角度看，政治性工作的时代印迹反映在不同时期部队建设过程中的焦点问题上。譬如，越战之后，美军部队和院校发生的事故和丑闻不断，B－52轰炸机与KC－135加油机在空中相撞；年轻官兵精神颓废，情绪松懈，缺乏进取精神；西点军校和海军军事学院连续发生考试中集体舞弊行为等等。美军认为，这些问题的主要原因都是当事人“正直”品质的缺失，因而在全军部队和院校掀起了军人的品质教育活动，形成了著名的荣誉守则“不说谎、不欺骗、不偷窃，也不容忍有此恶行的人”。近年来，美军部队自杀事件逐年增长，报道说，2012年，美军官兵自杀人数达到349人，比前一年增加48人。同年美军在阿富汗的阵亡人数则是310人。

这显示，美军官兵自杀人数超过在阿富汗的阵亡人数。据统计，现役部队、预备役及国民警卫队中平均 17 小时就有 1 人自杀。军人自杀问题成为影响美军军心士气和部队战斗力的焦点问题，也成为美军政治性工作的阶段性重点。陆军宣布成立“预防自杀”特别工作组，所有人员都必须接受四小时的专题培训课程，观看《超越前线》教育片，启动“心理压力疏导”训练，强调对军人战前、战后和平时心理健康的全程关注，领导、战友、家庭和社会多方参与，构建军人心理防护综合体制。

（四）具有浓郁的民族特色

外军政治性工作的教育内容涉及外军建设的方方面面，有许多共同之处。但政治性工作毕竟是做人的工作，是为了调动和激发人的积极性。因此，各国军队在开展政治性工作时往往会结合自己的民族特点和文化传统，以保证政治性工作的效果，这样外军政治性工作的内容就打下了民族文化的烙印。

西方大多数国家军队在表述军人价值观时，都有勇敢、牺牲、纪律等带有军人职业特征的品德要求，同时又有民族文化底蕴，表现出民族性特征。“高卢雄鸡”一直是倔强、勇敢、好斗的法国人的象征，法国军队在培育军人价值观时特别强调“做不屈的高卢雄鸡”。英国自 16 世纪起，先后击败了西班牙“无敌舰队”和“海上马车夫”荷兰，形成了西至北美、东达南亚、南至非洲、澳洲的“日不落”帝国，因此军队特别强调发扬“日不落”精神，“做真正的不列颠勇士”。俄罗斯横跨欧亚两洲，俄军在政治意识教育中要求官兵发扬“双头鹰”精神（俄罗斯国徽是双头鹰），维护俄罗斯的社会制度和国家利益。

外军开展的宗教教育尽显民族特色：美军主要信仰基督教，配随军牧师；俄军主要信仰东正教；德军主要是天主教，配随军神父或神甫；印军主要是印度教和锡克教，配宗教导师。虽然他们开展宗教教育的最终目标是一致的，但宗教教义的具体内容则不尽相同。例如，印度锡克教教义认为，一个人的生老病死、升迁贵贱等全由神灵和命运决定，个人根本无法抗拒。军人在战斗中什么都可抛弃，唯独经书和神像不能丢掉，这样才能

"前世奉献生命，后世永恒幸福"。在泰国，佛教是国教，不信教的军人不能被提拔为军官，泰军要求官兵为了国家和社会，为了民族利益，要在心中牢牢地树立"佛"的形象，把"佛"的"教导"和"劝戒"作为自己行动的准则。日本自卫队虽然没有宗教教育的内容，但自明治维新起，就一直把效忠天皇和强化神国观念作为精神支柱，把竭尽忠节作为军人的道德之本，把特别能忍耐作为军人的格言，以此培养军人的"武士道精神"。

三、从政治性工作的方式看，遵循教育规律，不拘形式讲求实效

方法是解决问题的条件，是实现目标的保证。教育学理论认为，在思想教育过程中，只有使受教育者产生感情共鸣，才能引导其自觉接受教育内容，并把它内化为自己的品德认识和情感信念。外军在政治性工作过程中，注重研究和把握官兵的心理特点和认知规律，并采取与之适应的方式方法，力求取得最好的教育效果。

（一）依托集成的军政体制，实行隐形化教育

西方国家军队把政治性教育与军事训练、遂行任务融为一体。军官既是军事训练的领导者、组织者，又是政治性工作的领导者、组织者，身兼两任。这种集成统一的做法，缩短了理论与实践的距离，更能适应官兵的认知特点，贴近官兵的内在需要，使显性灌输变为隐形渗透，提升了政治性工作的实效。

美军认为，"教育的目的在于潜移默化地提升军人的价值观和整体素质"，品德教育、心理教育、纪律与法制教育等政治性工作的内容被全方位融入到训练、作战和日常活动之中，广泛渗透到入伍宣誓、院校教育、基地培训、行政管理、文体活动、宗教仪式等方方面面。俄军政治性工作的机制是教育与训练相结合，既符合统一教育大纲要求，又融于军事训练总体规划，由各级指挥员按分工组织实施，具有较强的系统性和集成性。英军为了使思想教育更加贴合部队实际，把具体安排权下放由各级部队的主官负责。其中的人性教育课程包括时事、历史、文学、音乐和摄影等，

其目的在于培育官兵的智力和为共同利益而工作的精神。此外，公民责任教育则是通过参观、访问、听报告或开办“公民意识训练班”等形式，使官兵认清自己对国家承担的责任。日本自卫队重视隐性化的随机教育，把思想政治教育贯彻、渗透到自卫队员训练和生活的全过程。借助隐性的政治渗透，西方军队向其官兵诠释国家利益观和战争观，达到政治性教育的效果。

（二）依托健全的条令规章，实行规范化教育

西方军队普遍把政治性工作纳入整个依法治军、依法管理部队的法规体系中，把政治性工作的具体内容通过制度和法规确定下来，并有相应的条令规章予以约束。如军人职责、行为标准、奖励惩罚以及战争和非战争军事行动中政治教育的内容、时间和具体要求等，都通过法规条例给予明确规定，并长期保持相对稳定，使政治性工作纳入规范化轨道。

美军条例规定，新兵基本战斗训练中的价值观专题教育分为“红、白、蓝”三个阶段。红段叫做基础价值观训练，白段叫做价值观训练，蓝段叫做价值观教育。“红、白、蓝”三个阶段体现出随着新兵的不断成熟，要求也随之不断提高。每段训练结束后都要进行考核，成绩差的，实施“第二次机会”训练计划，再不合格的予以淘汰。俄军每年都根据不同对象编制《部队教育工作大纲》，全军统一按计划对军人开展教育工作，特别是进行爱国主义、军人荣誉感、职业道德和法律法规等专题教育培训。德国军队的规章制度非常健全甚至可以说有些繁琐，光各种正规条令、条例和规定就达250余种，其中《政治养成条例》规范部队的政治教育。日本自卫队制定颁发了《自卫官准则》等许多条令、训令和指示，对士兵的权利与义务、生活值勤等进行规范，对政治性工作的内容和要求予以明确。

（三）依托多样的军事文化，实行熏陶式教育

熏陶，是人们在某种环境、氛围中所受到的思想、性格、品行、习惯等方面的影响。它是一种潜移默化的感染和思想教育。军事文化是人们在军事实践中创造的精神和物质成果的总和，是军事实践活动的生动反映。军人在军事文化熏陶下的所形成的世界观、价值观或道德观是各国军队战斗力建设的思想基础，是政治性工作不可或缺的重要内容。

西方军队重视军营环境和文化设施建设。美国五角大楼里专门设有一个开放的荣誉室，曾获得国防部授予最高勋章的3000多人的名字都被镌刻在荣誉墙上。美军院校都有各自的军史馆，陈列着大量的兵器、军服、勋章、手稿等实物或模型，校园里建有历史纪念碑、大型战争纪念雕塑等。俄罗斯军队历来重视环境氛围营造，军区、院校及部队分别建有本级的博物馆、战史馆、荣誉室等。除了使用这些传统手段营造军事文化的氛围之外，西方国家近年来也不断对高技术军事文化产品赋予了政治教育功能，最典型的莫过于美国军方参与推出的战争主题游戏。战争主题游戏通过游戏规则和游戏过程向玩家潜移默化地传递着特定的价值观念和思想信仰，树立美军正义形象，为美军出兵境外寻求正当理由，要么为反恐而战，要么为捍卫民主自由而战，要么为拯救人类消除“大规模杀伤性武器”而战；在情节编排上极力渲染美军不可战胜的强大实力，要么武器装备胜人一筹，要么战略战术高人一等，美军士兵个个是精英，人人是英雄。游戏中的美军士兵用行动诠释“士兵信条”：我永不认输，我绝不抛弃倒下的战友，等等，通过文字加视频的展示手段给观众呈现强烈的视觉冲击，达到令人印象深刻的政治教育效果。

（四）依托典型人物典型事例，实行示范式教育

俗话说，一个典型一面旗，一个故事一堂课。这句俗语同样适用于外军政治性工作。何为典型？典型就是具有代表性的人或事，其单个形象能反映某一群人或某一类事的特征，在现实关系中超越时代局限，具有永恒性质。西方军队重视运用人格力量和非权力影响，重视发挥典型事例的激励作用。官兵的言传身教或事例的榜样示范成为政治性教育的有效手段。

美军《军官手册》指出，“如果领导者在地上匍匐或者在掩体中缩头缩脑，他的部下也会纷纷效仿。如果你能鼓起勇气主动承担风险，你的士

兵就会同你一起并肩战斗，做出超乎你想象或要求的英雄事迹。”① 以色列军队也强调，“军官唯一的‘特权’，不是‘指挥’士兵上前线，而是身先士卒‘带’他们上战场。”报道说，历次中东战争中以色列军官阵亡率是普通士兵的四倍，正是靠着军官以身作则，使以军在历次中东战争中常常以少胜多，化险为夷，出奇制胜。运用典型人物和典型事例给予官兵引导式教育是美军条令、条例的一大特色。美军野战条令（FM 6 – 22）.《陆军领导力》内容并不多，但正文部分配备了多达 24 个军事案例，或说明某个观点，或阐释某种理念，或弘扬某种精神，或宣传某种行为。案例取材广泛，案源多样，有的出自美国内战或两次大战，有的来源朝鲜战争或越南战争，也有取材于伊拉克、阿富汗等现代作战场景，案例中有战斗场面的描写，也有平叛故事的叙述。所有案例美军官兵并不陌生，不同职级不同背景的军人均可从中镜鉴自我，汲取“养分”。

四、从政治性工作的资源看，依托多管渠道，借力社会综合力量

政治性工作资源是指具有政治性工作信息、功能和价值的，可以被政治工作者开发与利用的，有利于实现政治性工作目的的各种客观存在，包括物质形态和非物质形态。政治性工作资源蕴藏着开展政治性工作的能量，具有政治的、法律的、道德的引导、保证和约束作用。西方军队充分利用不同渠道的政治性工作资源，特别是军队之外的社会资源，以保障军队思想政治教育的效果。

（一）发挥市民社会的教育功能

军队是一个与社会有着广泛联系的复杂系统，在相对和平的环境中，军营与社会之间的距离在缩短，官兵与社会的联系在增强。外国军队特别是西方国家军队，把军队中许多社会性工作都交给民间或民间组织来完成，或者运用开放式的社会化教育来强化部队的政治性工作。借助社会各

---

① 翟振华. 外军是如何培养战斗精神的［N］. 解放军报，2005 – 11 – 16（12）.

种力量对官兵进行政治教育常常会取得较好效果，因为国家和社会环境是培育士气、提升战斗力的根基。

在社会力量参与部队政治性工作的过程中，外军常常邀请地方学者和社会名流讲授国家的历史传统、政治形势和经济文化，使军人了解社会，增强责任意识。另一方面，政治性工作注入社会和时代元素，面向社会开放。譬如，组织官兵到地方工厂、学校、法院、议会和股票交易所等地参观访问，以达到开阔眼界、增长见识的目的。美军善于利用社会组织开展教育。美国的红十字会、基督教青年会、联合服务组织（USO）、退伍军人组织、宗教团体以及各类慈善机构都是美军政治性工作的得力助手，他们的“拥军”过程实际上也是教育军人、提升军心士气的过程。《俄罗斯联邦军人地位法》指出，俄罗斯要“在国内营造一种氛围：尊重和信任武装力量、其他军队、军事组织和机构”。俄罗斯的军事爱国团体、青年和老兵组织、护法机关、教科卫组织、女权机构、“士兵母亲”委员会等团体协助部队在制止违法犯罪、稳定官兵精神心理状态、提高军人及家庭社会保障水平等方面，发挥了积极作用。

（二）发挥大众传媒的教育功能

大众传媒是承载、传递信息和交流思想的载体和工具，可分为印刷媒介和电子媒介。大众传媒的共同特征是：信息传播快，信息容量大，覆盖面广，受众多。利用大众传媒的这种特性将一定的思想观念、政治观点和道德规范有目的、有计划、有组织地施加给社会或社会群体，使他们形成符合一定社会、一定阶级所需要的思想品德，这就是大众传媒的教育功能。借助大众传媒进行思想政治教育是外军政治性工作与时俱进、顺应时代发展的客观要求。

大众媒体“嵌入”部队开展的宣传活动是外军政治性工作的重要资源。美军在执行任务中，注重与地方媒体合作设立临时广播电台、电视台，配备巡回广播车，在对外进行动态性“伴随宣传”的同时，也在对内实施动态性“伴随教育”。“记者采访团”（Reporters Pools）就是这样的例子。海湾战争中，由值得美军信赖的民事记者组成的采访团根据美军战略隐瞒和战略欺骗的需要，为世界公众提供信息，包括不实信息。任何可能削弱士气的报道，如对布什政府的批评、对沙漠中作战艰苦的报道、不准确空袭的例子、渲染军人被俘或死亡的文章等均被明确禁止发布。俄格冲突期间，俄罗斯积极发挥国内外传媒的巨大影响力，掌控了舆论导向，赢得了国内民众和国际社会的同情和支持，同时进一步激发了俄军官兵的斗志。网络的出现也为外军政治性工作的开展开辟了新渠道。作为当代社会深受官兵欢迎的新型媒介，它集所有传媒的优点于一身。利用网络开展政治性工作突破了政治教育的传统形式和方法，是外军政治性工作的重要“阵地”。《美军社交媒体手册》，明确要求美军部队建立自己的社交网站，并声称“每个官兵都是军队的代言人”，鼓励官兵开设博客、发帖、参与网络讨论、评论等活动，与公众、家人“分享美军的故事”。

此外，外军还会在地方传媒直接投放广告，宣传军队成就和军人形象。譬如，每年征兵伊始，美军各军种都在美国各主流媒体推出各自的视频征兵广告，有些着重宣传美军部队的先进技术，旨在展示“军事实力”；有些突出美军官兵的战斗意志，旨在渲染“勇士精神”；有些聚焦军民间的相互扶助，旨在彰显美军部队的“人文情怀”。视频征兵广告不仅使各军种收获了期待中的优质兵源，更重要的是在军内外和民众中间树立了军种各自形象，提高了战备教育效果。

（三）发挥历史传统的教育功能

毋庸讳言，军史传统教育是外军政治性工作的“主干课”和“必修课”，但除此之外，社会历史传统中的教育因子也是外军政治性工作努力挖掘的资源。

一是强化耻辱感的刺激作用。外军不仅注重发挥荣誉对军人的召唤力和吸引力，还善于利用耻辱感激发军人的战斗精神。以军每逢“独立日”“阵亡将士纪念日”“死难犹太人纪念日”等重要节日，都要举行各种纪念活动，宣扬民族业绩，利用“哭墙”“纳粹大屠杀纪念馆”等场所，教育官兵不忘历史。美国为了牢记珍珠港事件的历史教训，1962 年在福特岛东南角建立了以这一事件中死亡人数最多的战舰“亚利桑那号”命名的纪念馆。在纪念馆里，20 分钟影片透过黑白图文、悲怆乐曲和英语解说，娓娓地陈述着二战中那极其惨烈的一幕：1941 年 12 月 7 日凌晨，日本偷袭珍珠港，击沉美军最大战舰“亚利桑那”号，舰上 1177 名将士殉难。二是借助民族英雄和历史事件培育军人的“战斗精神”。李舜臣是朝鲜半岛历史上的民族英雄，他一生忧国忧民，刚直不阿，率军在朝鲜卫国战争中粉碎了日军的侵犯，其“今臣战船，尚有十二”所蕴含的悲壮与绝世勇气激励着一代又一代韩国海军官兵。在美国，用杰出人物命名地名、城市、街道、林地、公墓、公司、机场、学校以及各种场馆的现象非常普遍，它们都是对官兵进行历史传统教育的有益素材。法军通常在国庆节、两次世界大战胜利日、诺曼底登陆日等重要纪念日宣扬历史传统和英模人物，增强法军军人的民族自豪感，特别是激发其“尚勇治气”的精神。

（四）发挥军人家庭的教育功能

军人家庭虽然不直接生成战斗力，但对战斗力的培养、巩固和提高具有举足轻重的影响。无论在平时还是在战时，家庭生活都会影响到军人的服役表现，关乎部队的军心士气。强大的家庭支持是军人履行职责的重要保障，因而成为外军建设不可或缺的组成部分。军人家庭发挥着独特的思想政治教育资源的作用，受到各国军队的普遍重视。

发挥军人家庭的教育功能，关键是要让军人家庭生活保持稳定，免除其后顾之忧。同时，通过一系列的举措使军人家庭感受到作为军属的荣誉感和自豪感，并将其传递给军人，转化为激发士气的能量。美军从 1965 年起逐步建立了健全的家庭支援（Family Support）体系，始终坚持“强大的家庭是强大军人的坚强支柱”（Strong Families Are the Pillar of Support Behind Strong Soldiers）这一理念，利用活跃在社会中的各类组织为军人家庭提供他们需要的服务。例如，全国军人家庭协会的服务涉及军人配偶就业、教育、困难援助等；美国军官协会采取各种办法帮助军人配偶掌握必须的就业技能；三军基督教青年协会为军人家庭提供免费的暂托幼儿服务。美国红十字会、美国金星母亲、美国海军协会、军人子女教育协会等，都是美军“家庭支援体系”建设的积极分子。此外，各军种也有许多各具特色的家庭支援项目和活动。“陆军家庭小组建设计划”对军人执行公务或离别期间向其家庭成员提供支援和帮助；“陆军家庭法律援助计划”则是针对军人子女或配偶吸毒现象的应对方案。美国军人和家属凭借“美国武装部队身份卡”（俗称“狗牌”）可以在购物场所享受到质优价廉的“拥军优惠”。这些措施提高了军人家庭在日常生活中的适应力，缓解了军人在部署期间因为家庭而产生的各种压力，为维持部队士气、提升凝聚力提供了前提和支撑。

第四节　外军政治性工作的发展趋势

外军政治性工作的内容和模式虽然有一套比较成熟的做法，但并不是一成不变的，它们会随着国家政治、经济、文化、科技和社会的发展而不断发展，随着军队在不同历史时期任务的变化而不断变化。可以肯定的是，各国军队必将在继承各自历史传统的基础上，努力使政治性工作顺应时代要求，适应时代发展，通过新技术和新手段的运用，进一步改进政治性工作的方式方法，提升政治性工作的效能，以达到服务军队使命，维护国家利益的目的。

一、适应信息化时代要求，发挥网络媒体在政治性工作中的作用力

信息化是人类社会从工业化阶段发展到一个以信息为标志的新阶段。各种现代信息技术极大地增加了信息的数量，提高了信息的获得性，带来了人类传播方式的革命性飞跃。作为其典型代表的互联网已成为覆盖广泛、快捷高效、影响巨大的大众传媒，成为思想文化信息的集散地和社会舆论的放大器。较之于传统媒体，网络媒体克服了信息的单向传递，使用者不仅是信息的接受者，同时也是信息的发布者和主动参与者。借助互联网上的图、文、声、漫等多媒体手段，可以将一定阶级、政党、团体的政

治观点、思想观念和道德规范作用于受众的感官，并取得较好的效果。

外军政治性工作为适应信息化时代要求，必将充分发挥网络媒体在政治性工作中的作用。以美军为例，从国防部网站，到各军兵种网站，再到各基层单位网站，美军在互联网上形成了组织严密、层级分明的公共事务体系。每一层级的网站各尽其用、各司其职，通过提出一些话题，强调某些问题，影响受众对于事件及其重要性的判断，进而使官兵逐渐形成美国利益高于一切、为民主制度服务的价值观念。无论是平时还是战时，网站都在竭力展现美军的正义、民主、热爱自由与和平，网站开辟的“英雄”“我们为何服役”“集体关系”等专栏，不仅有利于美军官兵形成忠于制度、忠于集体、忘我服役的职业道德观，形成包括无私、诚实、勇敢等在内的个人价值观，而且可以改善美军在公众心中的形象，赢得公众对军队的理解与支持，同时强化美军在国际上的正面形象，在国际舆论中获得加分。其他西方主要国家的军队无不重视对网络媒体的开发和利用，这既是对其政治性工作与时俱进的要求，也是提升其政治性工作效果不可或缺的手段。

二、适应全球化发展要求，提升文化渗透在政治性工作中的影响力

全球化（Globalization）是20世纪80年代以来在世界范围内日益凸显的新现象，是当今时代的基本特征。作为一种全方位的历史进程和叙事模式，全球化缩短了世界的距离，使世界成为一个相互联系、相互影响的整体。全球化为世界政治、经济、文化、科技、军事、意识形态、生活方式、价值观念等的传播和融合提供了前提和基础，同样对外军政治性工作的内容和方式产生根本性影响。

在全球化、信息化的开放社会中，外军，特别是西方国家军队必将利用其文化优势地位，进一步发挥文化渗透在政治性工作中的影响力。西方军队的文化渗透既表现在对越来越注重个体意识的本国官兵所进行的潜移默化的教育活动中，又表现在全球化发展进程中对他国军队和民众所开展的具有明确价值指向的宣传行为中。传统上，西方军队在政治性工作中的

文化渗透式教育主要包括个人主义理念、自由主义精神、实用主义哲学和民族主义情绪；宣扬西方社会的民主政治制度、经济模式和社会规范。新时期新阶段，西方军队在巩固传统文化教育的同时，必将进一步提升文化的渗透力。一方面，利用遍及全球的传播媒介，向各地输出、渗透西方的主流文化和价值观念，对与西方主流意识形态相左的价值观念进行抨击、排斥和诋毁；另一方面，吸收和借鉴他国文化，通过自我文化力的提升确保战斗力的效果。譬如，美军在2010年4月提出“将文化视为一种武器系统”，认为派驻国外的美军官兵不仅需要更多的常规武器，更需要学习驻军所在地的文化，因为文化在对敌作战中同样发挥着作用。为此，美军设立专业机构，修改训练大纲，全面培养官兵的“跨文化交际能力”。文化能力的培育已成为世界各国军队强化部队战斗力的重要手段。

三、适应多样化军事行动要求，增强能力素养在政治性工作中的引导力

多样化军事行动是指国家武装力量为实现一定的政治、经济、军事、外交等目的而采取的多种样式行动。它要求军队既要应对传统安全威胁，又要应对非传统安全威胁；不仅包括在战争状态下参与的各种军事行动，也包括在和平时期参与的各种抢险救灾行动、维护国家权益和社会稳定行动，以及参加国际间的各种维和行动、反恐军事行动、人道主义援助等等。多样化军事行动是当今世界各国军队在履行职能使命中呈现出的新趋势，对军队的履职能力提出了更高要求。因此，政治性工作的重要目标就是引导官兵有效提高自身的能力素养。

美军在1993年的《作战纲要》中首次“要求美军准备以战争手段解决问题的同时，也寻求通过非战争军事行动来维护和实现美国国家利益。”为了适应这种变化，美军在体制机制、法规制度、人员培训等方面都进行了相应的调整和改革，尤其突出官兵能力素质的培养。以美国陆军为例，长期以来，在官兵培养和作风培育中一直沿用“BE-KNOW-DO”模式。所谓“BE（是）”，即官兵应该培养成什么样的人，拥有什么样的品格特征；所谓“KNOW（知）”，即官兵必须通晓哪些领域技能，具备哪些能力素

质；所谓“DO（行）”，即官兵在军事和非军事行动中应该作出何种决定，实施何种行为。美军野战条令 FM 6－22 就是指导“BE-KNOW-DO”能力要素培育的纲领性法规。2011 年 7 月，美国陆军又明确提出了新世纪陆军军人在七个领域的新能力标准，即作战适应能力、外国文化和语言知识、谈判技能、数字化素养、太空知识、武器技术情报能力和现场勘察能力。新标准的提出体现了美国陆军能力建设中顶层设计的适时适变，突出了官兵能力素养在多样化军事行动中的决定性作用，因为美军清楚地知道，“武器是战争的重要因素，但不是决定的因素，决定战争胜负的是人而不是物”。

第二章

外军精神教育工作

精神教育是外军为保证军队始终为国家政权或执政党服务而开展的政治教育活动，是外军政治性工作的核心内容，其目的是从政治上、思想上控制军队、提升军队的战斗力。精神教育普遍存在于外军经常性教育训练工作中，是外军建设不可或缺的组成部分。

第一节　外军精神教育的主要内容

外军精神教育，虽然因国情、军情的差异，在其具体名称、实施机构和组织形式等方面不尽相同，但其目标都是为了树立和强化军人为国家和军队利益服务的信念，激发军队作战士气，保持军队战备水平。就教育内容而言，外军普遍重视官兵政治素养、军人价值观、爱国主义等多方面的培养。

一、政治素养培育

外军注重对军人进行意识形态方面的灌输，提高官兵政治素养，强化他们对国家政治目标的认同。

一是宣扬社会政治制度。美军重视向官兵宣传其社会制度的优越性，使他们坚信美国是伟大、民主、自由、平等的国家。2014 年 10 月修订的新版《士兵蓝本》强调：在世人的眼中，美国士兵是美国的一个象征……代表着自由、民主和稳定。美国军人捍卫《独立宣言》和美国宪法所提出的美国价值观。《美国陆军军官手册》在开篇就指出，“职业军人是保卫美国政体不受武力侵犯，保卫美国人民安全不受外侵内扰的最后堡垒。”委任军官的就职誓言中称，“支持并捍卫美国宪法，反击国内外一切敌人；我将竭诚效忠美国宪法。”美军条令规章明确要求美军官兵拥护美国社会制度和美国政府，捍卫美国民主和生活方式，究其实质，就是对美军官兵进行以资本主义私有制为基础的政治制度及其意识形态的传播和灌输。德国联邦国防军将思想政治教育称为“内心引导”，旨在通过教育使军人具有较强的政治素养，认同德国社会自由民主的政治制度和价值观，增强他们保卫国家制度和社会的奉献意识。俄罗斯军队的政治教育则强调，军人要了解国家的政治目标，武装力量的使命原则上是保卫国家安全，维护居民的和平生活和安全；忠实地履行军人义务，勇敢地捍卫俄罗斯的自由、独立和宪法制度，保卫人民和祖国。

二是培养官兵政治活动能力。美军修订的《作战条令》和《作战纲要》中强调要对官兵进行“美国公民的责任感”“向国家奉献个人的一切”等政治教育。2014 年 10 月颁布的陆军作战构想 2020—2040 年《在复杂的世界局势中赢得胜利》明确指出，美国陆军的目标是形成一流的能力以完成各项任务，维护国家政策制度，并将陆军获得战争胜利定义为“实现符合美国重要利益的可持续发展的政治成效。”① 美军认为，全志愿部队必须了解军事行动的目的和国家的政治目标，认识军队在维护社会稳定中的作用。只有官兵认可了文人治军，才能在政治问题存在分歧时，依然忠于美国民主政府。因此，军人的公民责任意识和政治活动能力对美军完成作战任务影响很大。德军在其《政治养成条例》中规定，军队政治养成的总目标是：尽可能客观地向人们报道有关政治进程的事实和情况，培养人们了解政治情况的意识和做出政治判断的能力；军人具备一定的政治活动能力，引导他们合理使用公民权利，正确履行公民义务。英军同样重视官兵

---

① “Win in a Complex World (2014)”. [EB/OL] . http://www.tradoc.army.mil/tpubs/pams/TP525-3-1.pdf.

政治活动能力的培养，通过院校和社会教育使他们明白民主政治制度的社会价值，了解国家的政治目标和军人的责任，更好地为国家和人民服务。英军联合条令出版物指出，军队与英国人民、英国皇室之间是一种圣约，要为保卫国家做出牺牲，以国家和人民的利益为先，捍卫人民的权利和自由。

三是加强时事形势教育。美军将时事形势教育作为精神教育的一项经常性内容，通过各种媒介向官兵及时传播世界政治经济形势、美国的周边环境和不断变化的安全态势、美国面临的潜在威胁以及国家对外政策等，使官兵的态势认知与世界局势的变化同步。譬如，《在复杂的世界局势中赢得胜利》详细分析了当前美国面临的时事局势，认为俄罗斯正在努力扩张其领土，维护其在欧亚大陆的势力；伊朗则通过扩大宗教冲突增强其中东地区的影响力，对美国在该地区的利益及其盟友构成了多重威胁等等。同时，美军还经常向官兵传达军政领导人以及相关领域专家学者对时事形势的立场态度、分析评论及战略决策等，以加深他们对形势及应对策略的认识。印军规定，军官要经常对部属进行国防形势教育，特别是宣传来自巴基斯坦和中国的威胁，要求官兵随时做好保卫印度、勇敢献身的精神准备。同时向官兵介绍印度的建设成就和印度的各项政策，号召他们效忠印度当局。俄军新兵入伍后的第一课，就是接受“俄罗斯在当今世界中的地位及其军事技术优势”“军人违反刑法和军纪所应承担的责任”等国情时事教育以及入伍宣誓教育，以认清使命、明确责任、坚定信念。

二、爱国主义教育

爱国主义是维系国家统一和民族团结的重要思想基础，也是凝聚军心、鼓舞士气的主要精神支柱。爱国主义教育突出军人的国家意识和国家认同，在西方主要国家军队的精神教育中占据十分重要的位置。

《美国法典》规定陆、海、空军指挥军官及其他担负职权的人员应该遵循模范的行为要求：率先垂范，展示自身良好的品德、荣誉、爱国精神以及服从意识。[①]《士兵蓝本》在解释军装的含义时强调：美国人民在军人身上看到的是爱国心和无私奉献精神，并视他们为英雄，美国也以他们为荣。美国《国防教育法》向民众和军人灌输的也是国家利益高于一切的思想。由此可见，无限忠诚的爱国主义教育是美军战斗力生成的重要基础。伊拉克战争中，美军在全球反战声浪迭起的情况下，仍努力效忠总统，达成统帅部的战略意图，支撑他们的精神支柱就是对国家的忠诚。

以色列国防军的爱国主义教育贯穿官兵的整个服役期，犹太民族的沉重历史赋予了以军非同寻常的国家和民族向心力和凝聚力。以军的爱国精神源于其民族特性，更源于其富有成效的部队教育。通常，在为期半年的新兵训练中，新兵需长途跋涉近80公里抵达位于死海之滨的爱国主义教育基地马萨达古要塞，并庄严宣誓："马萨达不会再陷落！"因为历史上马萨达是犹太民族为了自由、不愿向罗马征服者屈服的象征。此外，国防军总参谋部设有专门的教育和青年部，指导下辖的教育单位负责全军官兵的爱国主义和国防教育活动。

俄军精神教育的重中之重是对官兵进行爱国主义和国际主义教育。1992年6月，俄国防部下发了在部队中广泛开展爱国主义教育的命令，并将爱国主义教育内容纳入了俄军训练大纲，使教育更具系统性和规范性。俄罗斯总统普京强调俄罗斯的国家思想就是爱国主义，其他思想都不用考虑。他曾在多个场合表示要加强军队的爱国主义教育，要传承苏军的光荣传统。在俄军看来，俄罗斯民族精神的核心和军队力量的源泉就在于官兵赤诚的爱国精神。

日本自卫队开展爱国教育的目的是增强官兵的使命感，培养效忠国家、效忠天皇的自卫官精神，使他们产生对"大和民族"以及"大和传统"的自豪感，以强烈的责任感和坚强的意志守卫国土，报答国家和人民的重托。

---

① 参见《美国法典：第10卷武装力量》第3583、5947以及8583条（2011年1月修订版）.

三、军人价值观灌输

军人价值观反映了社会对军队的根本要求，引领着军人的理想、信仰和行为。它是军队建设的基石，是军队凝聚力、战斗力生成与保持的基础，是军队完成使命的保证。

美军各军种、军事院校均提出了切合自身实际、富有自身特点的价值观。譬如，美国陆军把核心价值观表述为“忠诚、职责、尊重、无私奉献、荣誉、正直、个人勇气”。《美国陆军基本训练操作说明》在《陆军核心价值观》一章中强调：利用一切机会加强陆军七项核心价值观教育。士兵不仅必须了解并能背诵核心价值观的定义，而且还要在实际生活中践行核心价值观。空军追求“诚实至上、无私奉献、追求卓越”。海军和海军陆战队的核心价值观则为“荣誉、勇气、奉献”，同时宣扬“海军是海洋的主人”“海洋中的利刃”。海岸警卫队倡导“荣誉、尊重、忠于职守”。西点军校则把“责任、荣誉、国家”作为学员价值观标准。在联合部队建设中，美军强调“职责、荣誉、勇气、正直和无私奉献”的价值理念，并把它们视为美军军人的“名片”（Calling Cards），要求武装部队所有成员都将它们“内化于心，外化于行。”①

英军在《国防工作怎样开展》的报告中明确指出，军人（包括预备役人员）必须遵循《英国武装部队军纪条例》，无论是平时或战时，都要展示出最高标准的专业能力、个人行为和自我约束。② 英军强调“勇气、纪律、尊重、正直、忠诚、无私奉献与自豪”的价值观；俄军提出军人应该为振兴俄罗斯担当使命，其核心价值观概括为“荣誉、责任、形象、纪律、勇敢”；德国《军人法》指出，军人是穿军装的公民，应践行以“忠诚、纪律、服从、勇敢、团结、奋发”为主要内容的核心价值观；日本自卫队倡导“忠节武勇、奉公灭私、忠于职守、严守纪律、积极向上”的价

---

① 李庄前．美军联合作战文化建设探析．军队政工理论研究，2015（3）：121—123.

② “HowDefence Works（2014）．” https：//www. gov. uk/government/uploads/system/uploads / attachment_ data/file/420016/20140930_ 24153_ How_ Defence_ Works. pdf.

值观；法军概括其价值观为“自由、平等、顽强、坚韧”。

外军价值观虽然在表述上存在一些差异，但具有共同的特征：

一是政治属性鲜明。外军在表述军人价值观时字面上似乎不涉及政治主题，但究其实质，都服从服务于国家政权和政治制度需要。例如，美军倡导的“忠诚”“荣誉”“国家”等价值观无一例外地表明军人必须忠于国家，要为保卫美国的政治制度和生活方式做出牺牲。日本自卫队的“忠节武勇”实际上就是日本历代统治阶级操纵和利用的武士道精神。“忠”是最核心的要素，就是无条件为天皇献身。日本通过这样的价值观灌输对军人的思维、意志、情感进行教化和管理，达到控制军队，为其阶级政治服务的目的。

二是价值指向明确。外军价值观一方面重视反映军人个体的价值追求，如正直、自尊、荣誉等；另一方面更突出国家对军人的价值要求，如忠诚、职责、服从、献身等。为更好地凸显国家和社会对军人的价值要求，不少国家军队在表述军人价值观时，还有引领军人根本价值指向的语言。如俄军强调“为重振俄罗斯担当使命”，法军强调“振兴法兰西”，以军强调“战败即亡国”等，意在实现军人价值观与国家根本利益要求对接。

四、战斗精神培养

战斗精神是战争中精神力量的核心要素，能够牢固粘合人员与武器，激发并增强战斗力，是战争胜负的决定性因素。因此，古今中外军队都高度重视培养官兵的战斗精神。

美军所称的“Warrior Ethos”，即为战斗精神。美军认为，“战斗精神是美国军人身上所体现的专业态度和信念，反映了军人致力保护的美国经久不衰的价值观，它也是美军战时和平时赢得胜利的基础”。[①] 战斗精神在美军各军种中的表述略有不同，以陆军为例，体现为《士兵信条》中的12

① “INTRODUCTION TO THE WARRIOR ETHOS.” http：//www.mc.edu/rotc/files/5813/1471/5888/MSL_ 101_ Values_ _ Ethics_ Sect_ 01_ Intro_ to_ the_ Warrior_ Ethos.pdf.

句话，即“我是一名美军士兵。我是一名勇士，团队的一员，我为美国人民服务，并践行陆军价值观。我将永远把使命摆在首位。我永不认输。我永不当逃兵。我绝不抛弃倒下的战友。我遵守纪律，身强体壮，意志坚定，训练有素，精通战斗任务和操练技能。我将一直保养好武器、装备和自己。我是一名专家和职业军人。我时刻准备被调遣、投入战斗，在近距离作战中消灭美国的敌人。我是自由和美国生活方式的捍卫者。我是一名美军士兵。”美国《陆军领导力》指出，“战斗精神体现了美军官兵的职业态度和信念；反映了官兵对国家、使命、陆军和战友的无私承诺。”2013年8月，美军陆军部颁布训练通告《战斗精神和军人战斗技能》，对陆军战斗精神做出了更为明确的解释：为了最终的胜利，军人必须在任何环境下不惧逆境，坚持到底；美国军人必须忠于国家、忠于使命、忠于部队、忠于战友，不知疲倦，无私奉献；把握战斗的精髓，了解陆军价值观和战斗文化。这种精神能帮助军人从混乱中取胜，克服恐惧、饥饿、物资匮乏以及身心疲惫等恶劣条件，成功完成使命。① 战斗精神从本源上讲，是军人的心理和意志投射到行为中的一种精神状态，正如美军《军官专业发展和职业管理》所强调的那样，军队的一切都始于战斗精神，它能使军人不惜一切努力在各种恶劣条件下取得胜利。

英国国防部在2014年11月颁布的联合条令出版物JDP0－01（第5版）中引用陆军元帅韦维尔的话写道：对一个领导者来说，任何教育方法、任何激励措施、任何常识能力都会显得毫无价值，除非他具备最本质的东西——战斗精神。② 英军认为，战斗精神对军人来说是至关重要的，它主要包括军人的主动性、勇气和坚定的决心，能使军队在最艰难的环境下获得成功。战斗精神还体现着军队的理想和职责，是团结凝聚军中人员的粘合剂。俄军战斗精神的显著特点是崇尚进攻、英勇无畏。培养士兵勇猛拼搏的精神是俄军日常训练的重要组成部分。在俄军训练教程中，仍然

---

① “The Warrior Ethos and Soldier Combat Skills (2013).” https://fas.org/irp/doddir/army/tc3－21－75.pdf.

② MOD [UK]. “Joint Doctrine Publication 0－01 UK Defence Doctrine (2014).” https://www.gov.uk/government/uploads/system/uploads/attachment_data/file/389755/20141208－JDP_0_01_Ed_5_UK_Defence_Doctrine.pdf.

保留着刺刀冲击、白刃格斗的战术练习，以此培养士兵的血性，锻造其钢铁意志。以军认为，战斗精神是团队成员完成团队被赋予的任务时的积极性和持续性，是集体意识的一种表现，也是个体品质的外在反映。以军军官最重视以身作则和率先垂范，认为它所产生的榜样力量能极大地激发官兵士气，形成强大的团队合力和战斗精神。

五、历史传统教育

传统教育是增强官兵荣誉感、归属感的重要途径，也是凝聚军心、激励士气、培养官兵团队精神的有效手段。外军一般通过三个方面来开展部队历史传统教育。

首先，进行军史战史教育。外军在开展传统教育时，往往通过宣传本国军队的“光荣历史”来激发官兵的斗志和献身精神。美军认为，军队的光荣历史和优良传统，是培育军人战斗精神的重要资源。美军国防部和参谋长联席会议均设有军史办公室，各军种部设有军史局、各级司令部分别设有军史处、科、组、专职军史员，负责研究、编写或记载历史材料，宣传本部队历史。美陆军条令规定，步兵连、骑兵连、炮兵连等都应建立本连的历史档案记录，每年补充一次，并设有一名历史记录官负责此项工作；相当于团一级的部队建立军史室，展示本单位经典战例、战斗英雄以及历届指挥官简介等方面的文字、图片和影像材料等，旨在弘扬传统，教育官兵。

英军建立团队中心展览部队历史、战绩以及各种有教育意义的实物，以激发官兵的荣誉感。英国联合条令出版物 JDP0 - 01 强调：部队的传统精神、专业声誉和认同感能增强团队凝聚力，军装、博物馆和军种特色反映了部队的优秀传统和良好习惯，是促进和维持团队精神的重要因素。通过军队历史传统教育，军人能感受到国家和军队的卓越声誉和荣耀，意识到自己是这种传统的一部分，从而增强严格要求自己的自觉性。印军也重视各种形式的军史战史教育，各联队都有自己的队徽和队旗，经常对官兵宣讲自己的光荣史，还常常把退役人员请回部队，向官兵讲传统、叙历史，使他们更好地了解本部队的优良传统和光荣历史并为之自豪。日本自卫队为了向官兵进行传统军事教育，在各部队建立资料室、战史室和纪念馆。通过陈列“元勋”“军神”的遗物、遗像，特别是第二次世界大战中日军敢死队员的绝命书、照片、遗骨、血衣以及枪械武器等，在自卫队中宣扬旧日军的“赫赫战功”和“武士精神”。

其次，宣传传统战斗文化品牌。美国建国时间不长，美军却总是不遗余力地挖掘其军队历史，打造出广为人知的战斗文化品牌。例如，美军许多负有盛名的师、团沿用的是美国内战时期的光荣称号；华盛顿、艾森豪威尔、麦克阿瑟等美军名将群像则是西点军校最闪亮的名片。又比如，在美军杰克逊堡训练中心，所有训练场边都立有一块高约 2 米、宽约 1 米的大牌子，红底白字地写着践行价值观的典型人物的事迹。每天部队开始训练前，教官都要带领士兵列队在“价值牌”前，集体朗读英雄事迹。这种文化品牌营造了荣誉感和英雄主义的氛围，久而久之就会内化于官兵之心。

历次中东战争中，以色列军官的伤亡率都要远远高于士兵，这是因为战场上军官总是冲锋在前。以军军官“跟我来”而非“给我冲”的传统口号堪称一种战斗文化品牌，它极大地增强了以军官兵的团队精神和部队的凝聚力。日本自卫队在传统教育上也注重别具一格的军队品牌。例如，自卫队基地的餐饮店会对外出售一种非常简单的盒饭——“太阳旗便当”，精致的长方形木盒里铺着一层薄薄的白米饭，中间有一颗腌制的红色梅干，这是二战后期日本食品匮乏的情况下政府号召民众吃的一种食品。这种含有日本国旗图案的便当就如同日军历史文化的载体，时刻提醒着军民：勿忘日本军队曾经的历史和传统。英军恪守和发扬中世纪以来“骑士精神”的精髓——忠诚、责任、勇气。这种长期传承的文化品牌为英军官兵荣誉感和责任感的培育提供了强大的精神力量。

最后，纪念传统节假日。美军利用各种具有纪念意义的时机和场合，进行军队传统教育，塑造美军光荣形象。例如，利用独立纪念日、退伍军人节等节假日、纪念日举行庆祝集会，表彰有突出贡献的官兵等。德国联邦国防军经常利用升旗仪式、向新兵授枪仪式、参观历史遗址、瞻仰纪念碑、新舰艇下水等时机向官兵进行传统教育。每年 11 月 11 日是英国以及英联邦国家纪念战争烈士的重要节日——“阵亡将士纪念日”。最初，这个纪念日由英王乔治五世于 1919 年 11 月创立，旨在纪念第一次世界大战于 1918 年 11 月 11 日 11 时停火，后来纪念范围涵盖了其他战争中牺牲的勇士。印军各军兵种都设有自己的纪念节日，即使医务、军械等专业勤务部队也不例外。印军要求，在节日和纪念日，上级军官要亲自到所属部队作报告，宣传本部队的“光荣历史”“光荣传统”。

六、军人职业道德教育

一般而言，不符合道德规范的行为会销蚀和瓦解军队的士气和凝聚力，会损害官兵的团队协作精神和完成任务的信心。世界各国军队无不重视道德的力量，普遍把职业道德教育作为军人精神教育的重要内容。

美军条令《陆军领导力》明确指出，陆军道德准则的目的是保持军队的战斗力。美军强调，作为美国社会一份子的军队领导人必须遵循共同的国家价值观和宪法规定；在执行军事任务时，必须遵守军人特有的职业道德，以确保在不确定态势下军队的发展潜力。可以看出，职业道德在美军官兵能力素质构成中占有重要地位。美军军官就职誓言说：“支持并捍卫美国宪法，反击国内外一切敌人；我将竭诚效忠美国宪法”。军官委任书的开始句则是：“出于对……的爱国、勇气、忠诚及能力之特别信赖和信心，我谨任命其为……”。此誓言和任命书实际上就是美国武装部队传统的理想准则，它们为美军军人职业道德奠定了基础。此外，美军还颁布了《品格指导纲要》《行动准则》《品格指导手册》等指导性条令，对美军官兵在平时和战时的思想、品格、行为等作出了明确和具体的规定，以此来提高官兵的职业品德素养。

日本自卫队把军人职业操守教育分为“作为善良国民的德操”和“作为军人必备的德操”两部分，两者都以‘耻文化’为精神内核”。[1] 自卫

---

① 张丙辰．美、日及台军政治工作专题研究［M］．北京：蓝天出版社，2008：143.

队精神教育的一个重要目标就是培养“道德完美”的理想军人，即热爱祖国、服从命令、不参与政治、注重礼义廉耻、勇敢顽强、坚韧不拔、坚决完成任务。印军围绕“荣誉、责任、智慧、灵魂、克制、自尊”的价值理念，开展军人职业道德教育，既有效地激发了官兵为国献身的精神，也为军官走上职业化道路提供了强大的职业精神动力。英军作战条令指出，英军指挥官有责任通过以身作则、训练和教育等方式确保其下属保持最高的道德伦理标准。一项针对挪威军官优秀品德的调查指出，挪威军官在其领导力培养中最重视的职业品德共有12个要素，依次为：领导力、正直、毅力、勇敢、开阔的视野、公平、公民责任、自律、热爱学习、社会资源、有主见、创造力。[①]挪威等国军队与西方其他传统强国军队对军人的职业道德教育虽有一定差异，但对军人职业操守的基本要求并无不同。

七、宗教信仰引导

宗教作为社会意识的一种特殊表现形式，影响着诸多国家的政治斗争和军队建设。宗教教育是外军精神教育中的一大特色和重要内容，对加强外军思想政治建设，提高部队战斗力起着至关重要的作用。

美军在部队中设置宗教机构，配备随军牧师开展宗教活动，掌控军人思想，鼓舞官兵士气。美军野战条令FM16－5明确指出，美军牧师主要负责组织官兵做礼拜和传教布道、私人谈心、为个人和团体提供忠告和建议、道德品格指导、鼓励军人参与宗教性交友互助活动以及个人奉献等。平时，牧师主要为官兵提供宗教服务、讲授伦理道德课程，把官兵对上帝的奉献意识与对国家和军队的奉献精神相结合，使他们把为国效力看作是对上帝奉献的具体表现，极力诱导士兵按照“上帝的意志”忠于国家、恪尽职守。战时，牧师深入到前沿阵地，利用战斗间隙举行宗教活动，散发慰问品，有时开展个别谈话，鼓舞士气。美国陆军牧师团网站这样定义牧

---

① http：//ac. els-cdn. com/S1877042815032504/1 - s2. 0 - S1877042815032504 - main. pdf? _ tid = 7760d5a2 - 10fe - 11e5 - 824b - 00000aacb35d&acdnat = 1434112261_ b43253850e042c8d30d6ca61c9b33c67.

师的职责：教养生者、照顾伤者、致敬逝者，这正是陆军条令 FM1 - 05《宗教支持》中所明确的随军牧师的核心职能。不过，美国国防部指令第 1300. 17 号指出，美军指挥官允许官兵参与宗教活动，但前提是这类活动不会对军队战备、部队凝聚力、军事标准或纪律造成负面影响。[①] 可见，美军的宗教活动实际上是利用牧师"上帝代言者"的身份对军人进行精神引导，坚定官兵为国家目标和政治利益服务的决心。

俄罗斯随军牧师制的发展沿革比较复杂。1917 年前，俄军为了加强对官兵的教化，充分利用了东正教会神职人员；苏联时期，宗教意识形态被强制打压，军队转向政治工作来开展精神教育；苏联解体后，要求恢复随军牧师制的呼声增强。俄罗斯决定自 2009 年 12 月 1 日起，在军队中设置负责军人信徒工作的助理指挥职务。随军牧师制恢复，东正教再次成为俄军日常生活和战斗训练中不可或缺的部分。在军人宣誓、部队升旗、节日庆典、部队出征等活动中都有神职人员参加，他们为军人祝福和洗礼。一些部队在营区内设立了小教堂，开通与教会的信任电话。牧师还会深入官兵生活的多个方面，随时关注他们的思想问题，及时提供咨询建议。俄军认为，在稳定官兵精神状态、营造军营良好的道德氛围上，神职人员发挥了不小的作用。

宗教教育在德军精神教育中也发挥了不可忽视的作用。德军牧师通过组织祈祷仪式、宗教会议、个别谈话以及体育比赛等各种活动对官兵进行思想感化、精神引导。英军条例规定，指挥官必须亲自组织部队中的祈祷仪式，军人及其家庭成员参加祈祷。在唱完圣歌、做完祈祷、朗诵完圣经后都要奏国歌，以培育军人的爱国主义情怀。军队内部设立的教堂必须要悬挂英国国旗和部队军旗。[②] 英国陆军牧师主要为英军及其家庭提供三个方面的宗教援助：给各个级别的陆军官兵提供公开或私人的精神支持；对驻扎在国内外的英军进行教牧关怀；通过正式的教育、建议和言传身教给官兵以道德品格引导。

---

① 参见美国国防部指令第 1300. 17 号 . http：//www. militaryatheists. org/regs/DODD1300 - 17pv1988. pdf.

② 孙明春 . 英军随军牧师制度简介［J］. 解放军国际关系学院学报，2009（3）.

八、心理调适训练

随着作战环境和作战节奏的变化，外军越来越重视官兵的心理调适训练，并将其融入精神教育的整个过程。西方国家军队或建立心理训练机构和组织，编制专业的心理工作人员，把军人的心理训练纳入军事训练大纲；或依托宗教人员，把心理服务贯穿于日常训练生活中；或整合部队和社会资源，调节官兵心理，为他们营造积极向上的集体氛围。

首先是注重军事心理训练、锻造坚强的品格意志。美军作战条令手册525—3—1中指出，军人的毅力和意志是完成任务的必要条件，在恶劣环境下的高强度作战要求军人具备面对困境、甚至失败的恢复能力，这就需要军人拥有出色的体能、高尚的道德品格以及强大的心理承受能力。陆军规定新兵每周训练6天半，这不仅是为了增强新兵的体能，也是为了提升他们的心理适应力。训练中，近似真实的战场环境使士兵有身处战场的体验，这种长期的高强度刺激可以使官兵逐步接近和达到心理负荷的极限，从而增强心理承受力。譬如，美军海豹特战队员总是相信自己是不可征服的，因为他们都是经历过“地狱般训练的勇士”，在逆境中生存的坚强意志能使他们立于不败之地。

英军强调将心理训练融于体能训练之中，以此来增强官兵的心理素质、培养其钢铁意志。如英国海军陆战队在进行水下爬管训练时，首先是在无水干管中爬行，体验在狭小空间行动的心理反应，然后从浅水中通过，最后进行高难度的深水高速通过。训练过程中，队员们经历兴奋、紧张和恐惧，在成功完成任务恢复平静后，就会更加自信和勇敢。以色列国防军历来重视官兵的心理训练。训练中设置近似实战的“死地”环境，目的是增强部队的实战能力，同时锻炼和提高官兵的战斗意志、战场认知力、判断决策力以及心理适应、心理承受和自我调控的能力。

其次是提供心理服务、稳定军心。职业的特殊性意味着军人必须承受大于常人的精神压力，因此这个群体更容易产生心理问题。美军认为，情绪调控能力强的军人在面对复杂多变的战斗环境时更能保持自身的战斗力。美军配备有精神保健军官和随军牧师从事心理咨询和服务工作，他们大部分时间与士兵在一起，了解官兵的心理动态，及时消除其心理问题和障碍。《随军牧师手册》要求牧师随时掌握士兵思想现状，调查部队的士气、心理状态，并提出建议供指挥官决策参考。伊拉克战争中，美军还派遣了200多名心理医生奔赴前线，为官兵提供心理咨询和疏导，为稳定军心、鼓舞士气发挥了很大作用。

俄军认为，官兵健康的精神心理素质与战略技术、军事技能同等重要。俄军团级（含团级）以上单位均编制了心理服务军官，并设置了心理服务工作机构。心理军官通过调查、测试、个别交谈和资料分析等方法掌握官兵思想动态和心理状况，并进行针对性的心理辅导和思想引导。韩军也比较重视官兵的心理疏导工作。由于韩朝一直处于紧张的军事对峙状态，在前线部队服役的韩国士兵长期处于封闭状态，压力过大，频频出现老兵虐待新兵等损害部队士气的军营暴力问题。为了保持战备水平，韩军规定，驻守在朝韩双方军事分界线的部队每半年轮防一次，以疏解士兵精神压力和紧张情绪。

第三是构建积极的社会关系、增强部队凝聚力。美军认为，军人的心理反应，既与自身素质有关，又与社会心理氛围有关。良好的人际关系具有正向协调的特征，能激发官兵乐观向上的心理力量，反之则容易引发他们消极颓废的心理。因此，美军心理调适教育中鼓励官兵构建良好的人际关系，注重塑造融洽的社会心理氛围。一方面鼓励军人之间的互相倾诉、团结友爱；另一方面积极构建军人与其家人、朋友及其他社会关系沟通联络的平台，以缓解官兵的精神压力，实现集体心理氛围对他们的正向激励。

日本自卫队面对艰巨繁重的灾难救援等任务时，许多官兵心理压力骤增，出现焦虑、恐惧、厌倦、抑郁甚至轻生等消极心理反应。鉴于此，自卫队在配备心理服务专业队伍、完善心理服务机制的同时，大力倡导自卫队员的家人朋友、社会团体用写信、慰问等方式表达他们对军人的支持和关心，舒缓执行任务人员心理上的紧张情绪。德军提倡随时随地为官兵提供心理服务，并为此建立了社会心理保障体系，其中包括心理学家、社会工作者、牧师、军医、精神科医生和军事指挥官等。这个综合性的社会群体有助于广大军人构建建设性的人际关系，促使他们对部队军事任务做出积极的心理响应。

第二节　外军精神教育的基本特点

军队精神教育反映了特定国家的社会政治制度、经济制度、意识形态、宗教信仰和文化传统，体现了军队自身的价值定位和发展方向。外军在开展精神教育工作中大多已形成一套比较成熟的做法，且特点鲜明。

一、注重文化自觉与军队教育相结合

文化是民族之根、国家之魂，是军队的精神旗帜。世界上任何一种文化，不管形态如何，其本质都是一种意义指向、价值追求。对军队来说，这种意义指向和价值追求为官兵提供了行为活动的精神支撑。

综观美国传统文化，“救世主精神”和“天赋使命观”是贯穿其中的主线，也是美军国防精神的重要内核。随着美国实力的不断增长，其“天赋使命观”逐渐转化成了称霸世界的使命观。美军作为美国谋求世界霸权的工具，存在的唯一目的就是维护“国家利益至上”的准则。不难看出，美军的政治素养培育、军人价值观以及爱国主义教育等精神教育工作都深深烙上了美国传统文化的印记，逐渐成为美军官兵的行为习惯和文化自觉。

德军的精神教育突出体现了德意志民族文化对军人及部队教育的深刻影响。这种文化所蕴含的铁血色彩、严谨、忠诚和秩序，正是德国联邦国防军价值观“忠诚、纪律、服从、勇敢、团结、奋发”的源泉，也是德军官兵践行“文化自觉”的要义。德国诗人海涅曾经说过，德意志民族不是一个随意行动的民族，一旦选择了一条道路，就会坚韧不拔地把这条路走

到底。德国军人血液里流淌的高昂斗志、视死如归的精神就是其真实的写照。

犹太民族是一个苦难深重的民族，以色列自称是“输不起的民族”，实施全民国防体制，要求军人24小时佩枪，警告全体国民要保持忧患意识和高昂的战斗精神，以保卫国家的生存权和发展权。以军久负盛名的战斗精神和战斗效力源于历经磨难的犹太民族“战败即亡国”的“文化自觉”意识。颠沛流离的民族历史转化为一种无与伦比的爱国心，同时也孕育了以军官兵“忧国献身、勇敢顽强、知识智慧、共济互助”等价值追求。

二、注重任务需求与军事训练相结合

军事训练作为和平时期军队最基本的实践活动，不仅是提高战斗力的基本途径，同时也具有特殊的思想教育功能。近年来，外军越来越重视以任务需求来牵引军事训练，并将精神教育融汇其中。

美军强调以差异化的任务样式开展不同类型的军事训练，以加强战斗精神培育，提高战场适应能力。伊拉克战争期间，赴伊拉克的轮换部队，启程前会到美国本土国家训练中心接受实战演练。该中心模拟信息化条件下的实战环境，将战斗精神要素培育与任务牵引下的军事训练有机融合、相互促进，增强官兵在伊拉克战场上的顽强斗志和必胜信心。为了应对信息化条件下的多样威胁，应对常规与非常规的作战行动，应对国内抢险救灾、民事支援和国际人道主义援助、维和、反恐等非战争军事行动任务，美军诸军兵种每年进行近千次各类演习，训练环境酷似实战，使军事训练成为官兵磨砺战斗意志的利石、凝结团队精神的纽带。

英军注重从可能发生的冲突出发，进行有针对性的实战演练，以消除对陌生战场环境的紧张感和恐惧感。譬如，英国军方在英格兰东部建造了一个面积达1.2万公顷的逼真阿富汗村庄，由在英阿富汗人扮演阿富汗士兵、警察和当地居民。英军士兵在赴阿富汗前线前在仿造的村庄内接受关键性的训练，包括熟悉阿富汗文化、学习与当地人接触、会见部落长老等。通过感知真实的场景和环境，军人得以各方面尤其是精神上做好充足的准备。再如，英军认为北极丰富的油气资源很可能使其在不久的将来成为众多国家战略利益的冲突地区。为此，英国皇家海军陆战队在挪威北部北极圈内开展极寒训练，在提高官兵军事技能的同时，增强他们在恶劣环境下的心理承受力。

三、注重制度保障与人本关怀相结合

外军普遍重视法律法规的建设，强调条令条例对军队精神教育的重要性。完备的管理体系、详实的法规制度以及周到的人本关怀为外军精神教育工作提供了机制保障。

（一）明确教育职权和分工

美军精神教育工作主要由国防部人事和战备副部长办公室统领负责，人事与战备副部长负责监察美军人员的战备状态和人事管理；国防部负责公共事务的助理国防部长办公室也承担美军精神教育的职责；直属国防部的国防媒体局则承担为军队人员提供各种信息产品和教育训练的任务。此外，美军还设有宗教服务机构和军史研究与教育机构共同开展精神教育工作。这些机构各司其职，相互协调。随军牧师、军事指挥官和士官是外军精神教育三位一体工作机制的主要成员。

俄联邦武装力量军人工作总局是俄军精神教育工作的主要领导机构，直接对国防部副部长和部务秘书负责；旅级以上部队指挥机关设立信教军人工作机构协同工作。俄军从事精神教育工作的人员主要包括牧师以及团、营、连三级负责政治工作的副团长、副营长和副连长。印军的精神教育工作由分散在国防部、各级司令部和参谋局的部门或机构共同负责。每个营都设有讲经堂，配备专职宗教教员；连队编制一名专门的宗教军士。教员和军士开展宗教鼓动、宗教宣传以及心理咨询和辅导等活动。

（二）规范教育内容和程序

美军发布的精神教育相关法律法规超过 100 多种，详细规定了教育管理的相关事项。其中有《国家安全法》《国防部组织法》《战争动员法》《美国法典》《统一军事司法法典》等纲领性文件；《海军陆战队作战条令》《美国陆军训练构想 2012—2020》等条令条例出版物；国防部指令、指示等。另外还有许多围绕军人道德和职业操守的细则，如《品格指导纲要》《品格指导手册》《行为准则》等，指导约束官兵的言行。美军各军种也制定有符合军种实际的条例法规，规范各自的精神教育工作，如《美国空军核心价值观条例》以及《海军战斗精神条例》等。

日本自卫队制定颁发了《自卫官准则》等法规制度，指导自卫队精神教育的各项内容和要求。除了在精神教育课上灌输各项规则和指令之外，自卫队还汇编了《队员必携》《军人须知》《自卫官手册》等各式各样的小册子发给官兵。其中，《军人须知》明确指出：爱祖国、爱民族是军人的精神基础。德国军队的规章制度极为健全甚至有些繁琐，在精神教育方面亦是如此，《政治养成条例》是德军进行精神教育的基本遵循。外军在这些条令法规的指导下，由规定的机构和人员，按照要求组织精神教育，实现教育目的。

（三）尊重生命价值，重视人本关怀

在精神教育过程中，外军注重官兵的个体价值，重视以人为本的教育和管理。自有俘虏以来，“营救”就成了任何一支军队中特别激励士气的工作，美军尤其如此。伊拉克战争中美国女兵林奇获救曾被世界媒体热炒，尽管事实真相受到诸多质疑，但事件本身已经完成了美国标榜自己尊重每个军人生命的需求，对任何一名美军士兵“不抛弃不放弃”的承诺。毋庸置疑，这种完美的战俘营救神话成为军队士气和凝聚力的助推器。此外，新闻报端时常出现，美国总统在白宫接见伤残官兵或亲自迎接阵亡将士灵柩。总统对士兵的尊重和关怀经媒体渲染之后，大大增强了美军官兵的荣誉感和归属感，实现了精神教育的最大效果。2011 年，以色列政府曾用 1027 个巴勒斯坦囚犯，换回了被哈马斯关押近五年的士兵吉拉德·沙利特，创下了二战以来最悬殊的战俘交换比例，极大地激发了以色列官兵的爱国热情和报国之心。

四、注重精神鼓励与物质刺激相结合

外军认为，官兵的服役意愿与服务国家的义务感在很大程度上取决于他们的需求是否得到满足。外军建设的实践表明，精神鼓励和物质刺激可以提升军心士气，增强战斗力。

（一）加强荣誉观培养，激发官兵士气

许多国家将“荣誉”纳入其军人价值观，作为精神教育的内容之一。美军认为，军人的荣誉感是激发战斗精神的前提。在美军各军种价值观表述中，荣誉是其共有的核心要素。西点军校新学员一入学，首先就得接受16个小时的荣誉教育。此后这种教育贯穿于学员的整个学习生涯，旨在让他们认识到荣誉就是军人的生命。日本自卫队特别强调军人的荣誉感，要求军人战斗到死，绝不投降。在绝望的情况下，士兵应当把最后一颗子弹留给自己或者冲入敌阵实施自杀式攻击。如日本海军自卫队特别陆战队，一直以来都是把牺牲生命保卫日本海洋权益作为最高荣誉。这种为荣誉而战的信念是日本自卫队战斗力生成的重要利器。

为了培养荣誉感，外军纷纷建立自己的勋章体系。美军的勋章体系以复杂著称，有国会荣誉勋章、优异服役勋章等10多种，纪念章20多种。其中，国会荣誉勋章只授予战斗行动中的杰出个人，所有美国军人均应向其获得者表示敬意。此外，凡参加军事行动满30天者，均可授予纪念章，如越战、伊战等参加者都有纪念章。俄罗斯军队和政府给军人颁发的各类勋章和奖章多达50多种，有圣格奥尔基（乔治）勋章、祖国服务勋章、朱可夫勋章、英勇勋章等等，另外还有各种奖章。俄军还颁布了一系列法律法规、出台相关政策，制定《军官荣誉准则》，将军人荣誉奖励制度化，从精神上激发官兵的爱国心和战斗精神。

（二）改善物质生活，稳定军心士气

外军在强调精神激励的同时，重视改善官兵的福利待遇。美军认为，

仅凭爱国心不足以吸引优秀人才参军入伍、安心服役，优厚的福利待遇是稳定军心士气最直接有效的方法之一。美国法律规定，军人工资每年都要根据物价上涨指数进行调整。譬如，与 2014 年相比，2015 年美军军人工资标准整体提高 1%。以军龄 16 年的基本薪金为例，少将（0－8）月薪 12293 美元，上校（0－6）8823 美元，上尉（0－3）6365 美元，准尉（W－4）6094 美元，上士（E－6）3672 美元。[①] 除了基本薪金外，士兵还能享受 10 多项补助、津贴，家属也能享受医疗保健、家庭支援方面的福利。美国国会还通过法案，规定参战官兵及其家庭可享受大幅减免税优惠政策。

印军也为官兵提供了很好的福利待遇，参加营地训练每天有生活补助；从驻地到训练场有差旅补助；节假日参加训练领取双倍薪金和补助；本人和直系亲属享受免费医疗；军官服役 20 年、士官和士兵服役 17 年后可享受退休金等。韩国政府计划在 2016 年，将士兵的月薪提升 15%，2017 年继续提升 10%，提高至 2012 年月薪水平的两倍。政府此举的目的是提高士兵的服役热情，保证韩军的战备水平。除了提高士兵薪水、津贴之外，从 2013 年 3 月起，韩国军人在使用“爱国卡”休假、外出及在外过夜时，还享有意外伤害保险。对于贷款上学后又到部队服役的士兵，在其服役期间，可以暂不缴纳贷款利息，等等。

五、注重军内教育与军外教育相结合

信息技术的发展给人们的生活带来了深刻变化，也使军人与社会和家庭的联系更为紧密。面对军地双方越来越多的交流互动，外军一方面继续巩固军营内的官兵精神教育，另一方面挖掘军人家庭、社会的教育功能，将军内教育和军外教育有效结合。

（一）营造良好军营氛围，为精神教育奠定坚实基础

良好的军营氛围和稳定的官兵关系对于保证精神教育的效果具有重要

① https：//www. navycs. com/charts/2015 – military-pay-chart. html.

作用。在教育过程中，外军重视军官的艺术性领导和宗教人员的心灵指引。美国陆军前参谋长麦克斯韦尔·泰勒曾说，“仅次于完成其任务，军官的职责就是提高士兵的士气，增强他们的体质，提高他们的职能。”美国《陆军军官手册》指出，一个拥有完成作战任务成绩最好、生病率和伤亡率最低记录的军官往往是最爱护士兵的军官。为了建立稳定和谐的官兵关系，外军普遍强调军官必须以身作则，不能出现亲疏有别；强调要构筑官兵之间的相互信任，正确处理士兵中出现的问题等等。与此同时，随军牧师或其他宗教人员通过宗教活动及时掌握官兵思想，调节军营内部矛盾，为官兵进行心理安慰和思想诱导，协助指挥军官维系士气，凝聚军心。

（二）关心军人家庭建设，为精神教育提供稳定保障

军人家庭虽然不能直接生成战斗力，但对稳定军心、提升士气影响巨大。譬如，美军重视构建高效有力的家庭支援体系：一是保障军人家庭福利待遇，减轻其经济负担，提高其生活质量；二是开展军地互动活动，加强地方社会与军人和军人家属之间的沟通联系；三是保障军人与其家庭之间的亲情纽带得以维系，确保官兵得到家人精神上的支持。韩军认为，和谐幸福的军人家庭是激发官兵士气，保证军人安心服役的重要因素。2008年10月，国防部与保健福利家庭部签订了《针对军人家属提供专业支援服务的业务协议》。根据这一协议，各地区家庭支援中心与部队密切合作，给军人家属提供文化、教育、咨询等方面的“军人家属幸福支援服务”，收到很好的效果。

（三）整合社会资源，为精神教育搭建多样平台

外军重视动员社会各种资源，借助其开放性特点为军队精神教育服务：一是利用民间资源开展军队思想政治教育，如参观地方博物馆、纪念馆和历史遗迹等；二是利用社会组织协助军队做好军人家属工作，如红十字会、基督教青年会、联合服务组织、退伍军人组织、宗教团体和慈善机构等；三是动员民众劳军，如伊拉克战争期间，美军号召全社会以慰问

信、纪念品、礼物等形式表达民众对前线官兵的关注和支持。日本在 2014 年的《防卫白皮书》中强调，自卫队不可能独立完成名目繁多的任务，他们必须依靠民众、政府及其他组织。自卫队的军营和基地遍布日本各县区，与驻地社区均建立了良好和谐的关系。

第三节　外军精神教育的方法途径

为了实现凝聚军心，提升战斗力的目标，外军努力探索实用性强、效率高的精神教育途径。总的来说，各国军队的教育方法各具特色，不拘一格，其中也不乏一些比较成熟、又具普遍性的做法。

一、系统规范的院校教育

军队院校承担着输送军队未来发展所需专业人才的任务，因此外军非常重视院校教育中的精神教育环节，突出体现在两个方面。

一是将精神教育目标与院校培育目标有机统一。美军院校教育的总体目标是为美国培养“有优良品德的领导者”。西点军校 2014 年 11 月的新版《教职员工手册》强调学校的使命是：教育、训练和鼓励学员成为具有优良品德的领导者，践行“责任、荣誉、国家”的价值观，成为优秀的美国陆军军官，服务国家。该校发布的《为不断变化的世界培养未来的陆军军官》报告中特别指出，良好的教育水平、出色的军事技能、强健的体魄和高尚的道德水平是学员培养战略计划的四个方面，缺一不可。[①] “责任、荣誉、国家”的校训贯穿于学员的整个学习过程。美国空军学院《2015 年战略计划》也强调学校使命为：致力于培养有良好品德的空军军官，使他们率先垂范践行空军核心价值观；以“正直”为基础，时刻向学员灌输为

---

① “Educating Future Army Officers for a Changing World”, http：//www. usma. edu/strategic/SiteAssets/ SitePages/Home/EFAOCW. pdf.

国家无私奉献的精神理念；通过学术、军事和体能训练，把学员锻造成具备适应力、创新力的航空、航天和网络空间的领导者。[①] 美国海军学院的使命则是，培养德智体全面发展的未来海军军官，培育他们责任、荣誉和忠诚的价值观，能献身海军事业，具有头脑和品格的发展潜能，能履行最高指挥职责、公民职责和政府管理职责。

印度海军学院被称为印度海军“领导者的摇篮”，致力于培养具有忠诚、勇气和爱国心的德才皆备的海军军官，使他们成为值得国家信赖、能献身印度海军事业的领导者。学校课程设计与时俱进，适应现代科技发展，同时注重训练学员的自律能力、抗压能力以及敏锐的思考能力和反应能力。

二是设置切实可行的精神教育类课程。美国西点军校将思想道德教育、文化教育、军事教育和体育教育有机融合，形成系统科学的教育计划体系。西点军校《2013—2018 年学术课程战略计划》规定，通过必修课和选修课相结合的课程设置、灵活多样的教育手段以及丰富创新的学习计划、讨论会等活动培养学员的综合能力，促其成长为素质高、战斗力强的美军军官。[②] 美国空军院校采用课程“编织法”将价值观教育纳入教学中。具体做法是：首先开设一个短期介绍性课程，介绍核心价值观定义及意义，然后将学员生活中容易碰到的价值观问题有计划地融入授课内容中，最后用讨论分析的方法去解决问题。

俄军院校教育的一项重要任务是条令条例教育，培育学员爱国主义精神，提高他们的道德水平和心理素质等。其中，爱国主义和国家安全教育是院校精神教育的重点。德军为使未来军官成为合格的军事人才，在各级军事院校设立政治教育课程，主要包括：政治养成教育、政策问题、世界政治、国家制度、军事国际法等，为军校学员培养良好的政治素养打下基础。

---

① “United States Air Force Academy Strategic Plan 2015”, http：//www. usafa. af. mil/shared/media/ document/AFD – 100322 – 020. pdf.

② “Academic Program Strategic Plan 2013 – 2018”, http：//www. usma. edu/strategic/SiteAssets/SitePages/ Home/2013 – 2018%20Academic%20Program%20Strategic%20Plan. pdf.

二、集成有效的部队教育

西方军队的精神教育工作通常融合在军事训练总体架构之下，分散在总体计划和各项具体业务工作之中。

一是在行为规范培养中开展精神教育。美国国防部和各军种定期编写教材，统一规范部队的品德教育。例如，美国陆军编有《士兵蓝本》《道德箴言》《人的自我修养》等精神教育教材。其中，《士兵蓝本》专门为陆军新兵编写，通过系统学习，新兵能了解美国陆军价值观、文化、历史、组织结构以及训练要求等；《道德箴言》和《人的自我修养》则属于《我们的道德传统》系列教育计划，用于对参加基本战斗训练和高级单兵训练的士兵进行品德指导教育。此外，部队还会对士兵开展伦理学训练，介绍军人应该具备什么样的道德准则，应该怎样树立和培养军人的道德情操。

俄军的精神教育采取正课集中教育的形式，针对义务兵、合同兵、军官和文职人员等不同教育对象确定教育时间，每周授课 1 ~2 次，每次30 ~60 分钟。以色列军队的公民教育则以系列教育课的形式进行。每项军事训练计划都留出若干天用于系列教育课，上课地点设在军营以外、大城市附近的专门学校里，按课程表实施。日本自卫队规定各部队每周必须安排两小时的精神教育课，每年必须进行约 100 小时的精神教育。德国军队《政治养成条例》对军官和士兵有不同要求，军官要在 21 个月的军官培训中，完成 405 个小时的教育任务；而士兵在 15 个月的服役期内，接受的教育不少于 60 个小时。

二是在实战化训练中融入精神教育。实战化训练和演习有助于找出和改进部队训练中存在的问题，提高战术水平；有助于及时检视和提高官兵的实战意识和战场适应能力。因此，外军重视实战化训练中的精神教育工作。美军针对局部战争中反映出来的伦理道德方面的问题，加强精神教育。如在伊拉克战争爆发后，驻伊美军接受了为期 30 天的“战场道德标准培训”，目的是突出职业军事价值观以及在战斗中遵守纪律的重要性。

法军把军事训练和考核视为培育部队战斗精神的最佳途径，认为严格的高强度演习和训练有助于提高军人的战斗意识。法国空军飞行员每年都要参加5～6次大型演习和一些经常性的对抗训练，每隔一年还要接受北约对其作战、训练水平的系统考核和验收。外军还经常举行一些各军兵种协同的联合作战演练，希望通过军事科目的共同训练来培养官兵的团队精神、对战友及部队的信赖感和忠诚度，增强部队的凝聚力。

三是利用新型训练平台嵌入精神教育。电子军事游戏既是大众娱乐产品，又是军事训练平台，更是外军实施精神教育的好帮手，有助于培养玩家的价值观与战争观。“美国陆军”“三角洲部队”等电脑游戏已经被美、英等国军事院校指定为培训教材。这些游戏的主角通常设定为美军，敌人则定位为一个“流氓国家”，这种角色绑定把美军军事行动的“正义性”、美军的团队精神、美军实力的强大等观念隐蔽地渗透给玩家，潜移默化地塑造着玩家对美军的情感认知和美国作为“正义”国家的认同。以“美国陆军3”为例，这款游戏加入了荣誉评分系统，忠诚、职责、尊重、无私奉献、正直、个人勇气与荣誉感等价值观都融合在游戏行为中。如“无私奉献”反映的就是玩家角色（美军）即使冒着受伤的危险，也要帮助受伤的战友等。美军学者指出：“‘美国陆军’宣传了美国陆军的精神特质并以此宣传美国外交政策的合理性和合法性。”究其本质，电子军事游戏作为一种文化产品，既起到了军事训练的作用，又承载了军队精神教育的功能。

三、潜移默化的精神熏陶

为了不给官兵造成精神教育古板枯燥且政治性过强的感觉，外军还会借助仪式庆典、节假日活动等方式来进行潜移默化的渗透教育。

（一）仪式庆典

外军认为，礼仪不仅能体现军队特有的精神风貌与文化，还能发挥无形的精神教育功能。美军非常注重继承和发扬传统礼仪的作用，以“润物细无声”的方式影响官兵。升降国旗、军旗、队旗，奏唱国歌、军歌、队歌是美军精神培育的重要形式，美军每天都要举行升降国旗仪式，以此表示对国家的无限效忠。每逢入伍、晋升、参战等时机，美军都会举行隆重仪式，其间，军人都要举手宣誓。海军航母在返航、出访或参加大型庆祝活动时，舰上官兵会在甲板上排列组合成本舰舰名、口号或其他最能表达官兵心愿的字样；空军在为飞行员举行葬礼时，战机编队从墓地上空飞过，但会比通常情况少一架飞机，以此来表达对牺牲飞行员的敬意。

德国特别重视在一些特殊场合对官兵进行爱国爱军教育，以激励军人的使命感。如新兵入伍宣誓、授枪仪式、军官士官晋升、士兵退役、新舰下水等等。这些礼仪无不强化着军人的身份认同感和使命感。以色列新兵入伍宣誓仪式通常在“哭墙”或马萨达等历史遗址举行，在庄严肃穆的气氛中，新兵通过掷地有声的誓词完成从老百姓到军人的身份转变。各种仪式也是韩军院校对学员进行精神教育的有效途径。在海军军官学校的升旗仪式上，全体学员首先要高声咏诵校训和韩国海军志向；接着，又用沉默的方式缅怀海军先烈；最后，所有学员向后转，面朝大海齐声高唱国歌。每年，日本首相都会到防卫大学视察“训示”，参与毕业生的毕业典礼。防卫大臣、陆海空自卫队参谋长、部分国会议员、各国驻日武官、毕业生亲属等也会出席。庆典仪式极大地激发了学员的荣誉感和自豪感。

（二）节日纪念日活动

外军善于利用国庆节、独立日等时机举行一些纪念活动，对官兵进行渗透性教育宣传。为了缅怀为国捐躯的将士，美国总统通常会在“阵亡将士纪念日”到弗吉尼亚阿灵顿国家公墓献花悼念无名士兵，并发表讲话，美国国防部长也会出席仪式；美军仪仗兵会在“无名烈士墓”等纪念建筑前 24 小时守灵，还有士兵专门进行公墓清洁整理工作。以军则在“独立日”“阵亡将士日”“死难犹太人纪念日”等重要纪念日，举行各种活动，激发官兵的爱国主义精神和战斗精神。在俄罗斯，每逢“突破封锁日”“解围日”和“胜利日”，圣彼得堡全城都要举行各种形式的纪念活动。俄罗斯“祖国保卫者日”是俄军的法定假日，“祖国保卫者日”前夕，国防部长要签署命令，向全体官兵和老战士祝贺节日。

四、特色鲜明的宗教活动

西方军队大多允许宗教信仰自由，宗教成为官兵基本的精神信仰和道德源泉，对军人个人道德品质和军队军心士气有着重要影响。神职人员则是军事指挥官的得力助手，对部队的政治、宗教、道德和士气教育，发挥着重要作用。

美军随军牧师制历史悠久，宗教对美军精神教育的影响很大。一是利用宗教宣扬为侵略政策服务。随军牧师利用军中教徒对宗教的虔诚，把其宗教信仰巧妙地转化为对政府的服从意识，使他们自觉地把服务国家的信仰“神圣化”。二是提供宗教服务增强部队战斗力。随军牧师在军事指挥官规定的时间和地点，为部队官兵提供主日礼拜、祷告、弥撒、祝福等宗教服务，使官兵的精神得到放松，找到心灵的所谓“宁静家园”，安心服役。另外，在战场上，美军要求牧师必须出现在最危险的地方，与前线战士在一起。牧师的陪伴对那些虔诚的教徒士兵来说，无异于同上帝在一起，能极大地鼓舞士气，激发战斗力。三是利用牧师的特殊身份了解官兵心理状态，缓解他们的压力。对许多士兵来说，随军牧师比指挥军官更有亲和力，在出现问题时，他们更愿意向牧师求助。这样，牧师就可以及时掌握士兵的思想动态和心理困扰，他们在给士兵提供心理疏导的同时，可以有的放矢地为军事指挥官提供关于部队士气的咨询建议。

东正教对俄军官兵影响巨大。俄军非常重视宗教力量对官兵的引导作用，认为经过心理帮助和精神慰藉的官兵作战警惕性、自我防护能力、对自己及战友生命的责任意识普遍增强。印度是多民族、多宗教的国家，宗教活动在印军官兵的精神教育中作用不容小觑。印军的部队训词中，有不少都引自宗教教义，一切违犯宗教教义的行为都要受到谴责和惩罚。宗教军士通常是军事素养和政治信仰兼具的军人，是印军军官对士兵实行政治、宗教、道德教育的最佳助手。祭师则是印度专职的神职人员，他们向所有的军人灌输宗教思想，宣传为信仰而死，灵魂就会进入天堂，号召士兵为信仰献身。

五、深入人心的媒体平台

外军利用报纸、广播、电视、互联网等多种媒介塑造军队形象，宣传国家政策、军队使命、军人价值观等等，以官兵喜闻乐见的形式开展精神教育。

一是发挥传统媒介教育阵地的作用。美军历来注重通过舆论宣传，塑造自身形象，增强部队向心力和凝聚力。国防部旗下的各类报刊杂志上的报道和专刊、无线广播和电影电视节目，都是美军官兵了解时事、理解政府政策目标很好的渠道。比起正式的精神教育，这种寓教于乐的方式更受官兵欢迎。俄罗斯军队规定官兵每天必须收听收看新闻广播和军事节目，组织部队阅读报刊；新的军事法规颁布时，《红星报》《军事通报》《军队》等军事报刊杂志都会全文刊登，或出版特刊和单行本，使广大官兵能够及时了解。以色列国防军的军中广播电台全天候广播各种时事军事新闻；军队周报《军营之声》是以色列最具影响力的新闻媒体之一。

二是利用各种军事类网站进行教育和训练。外军非常重视运用网络、社交媒体等新型媒介对官兵进行精神教育。美国国防部网站对国防部的简介中特别强调，“我们灌输价值观”。美国陆军充分发挥网络在线工具的训练和教育作用。譬如，陆军知识在线（AKO）为官兵提供训练课程，其中一项重要的训练项目就是陆军的七大价值观。美军认为，核心价值观的训练是一个终生的过程。在官兵对价值观有了基本了解后，还应该通过定期网上训练巩固加强这种理解。英国空军网站在首页显眼位置呈现其军人价值观，明确指出，空军官兵必须追求卓越、具有责任感和奉献意识，最重要的是，必须践行空军的集体价值观，为能服务国家而倍感自豪。另外，网站还开辟有“价值观与战略”栏目，其中第一条就是英国皇家空军的战斗精神、价值观以及标准，并有相应的 PDF 文件可供下载学习。

三是发挥各类社交媒体的教育功能。社交媒体在信息互动、指令传达、舆论引导以及国家和军队形象塑造上体现出来的战略价值备受关注。

近年来，外军开始利用社交媒体对其官兵进行精神教育，允许官兵在不违反安全政策的前提下使用脸书、YouTube、推特和 Flickr 等社交媒体。外军认为，社交媒体是部队官兵与家人朋友联系沟通的新渠道，能起到稳定军心的作用。美军著名的家庭战备小组在脸书上建有平台，为士兵及其家属提供他们感兴趣的最新活动，使军人与家属之间的纽带更紧密。社交媒体也是军内上下级之间良好沟通的媒介。军官参与社交媒体有助于营造良好的氛围，在与士兵分享信息和思想的过程中，能融洽关系，增强部队凝聚力，同时又能发现问题并及时加以纠正。此外，社交媒体还是价值观传播的重要平台。如美军善于利用社交媒体实现其价值观灌输，并通过各种互动和交流向官兵宣扬战争的正义性和合法性，以坚定他们为国家利益而战的决心。

第三章 外军军事宣传工作

古今中外，任何一支军队都会进行相应的宣传活动。这项工作虽然在不同军队之间各自存在特殊性，但作为军队一种共有的社会实践活动，则有其共同的属性。譬如，军事宣传工作具有维护与巩固特定阶级和社会政治集团对军队的思想控制、组织保证与促进军队武装斗争目标的实现的一般社会职能；任何军队的宣传工作都是一定意识形态的传播、灌输活动，从属并服务于一定阶级的经济利益和政治目的。

外军军事宣传工作主要体现在两个维度，一个是对外的维度，即外军基于对自身军队形象的塑造和军队软实力的提升而从事的一系列对外军事宣传工作；另一个是对内的维度，即外军为满足自己军队人员的精神生活需要，以提高军队战斗力为根本标准而从事的各种对内军事宣传活动。外军军事宣传工作是外军在军队中的舆论工具，也是外军完成各项军事任务的重要舆论武器。尤其是在全球化、信息化的国际环境下，掌握和运用舆论武器的能力是一个国家和军队软实力的重要体现。克劳塞维茨在《战争论》中曾深刻阐述精神因素对战争胜负的作用。他认为，战争就是交战双方的“精神力量和物质力量通过物质力量进行的一种较量”。[①] 在某种程度上，软实力是硬实力的倍增器，离开了强大的软实力，硬实力就会失去基础，失去魂魄。当前，世界主要军事国家在加强军事“硬实力”建设的同时，越来越重视军事“软实力”建设。军事宣传工作作为军事“软实力”建设的重要方面，必将会受到各国军队的普遍关注。

---

① ［德］克劳塞维茨．战争论（第一卷）．北京：解放军出版社，2005：87.

第一节　外军军事宣传工作的组织机构

外军军事宣传工作是一项上至军事首脑机关，下至基层作战单元的普遍性工作。其组织机构往往与外军军事组织整体框架的结构形式相适应，譬如，以美军为代表的西方军队的编制体制往往呈现扁平化特征，因而其宣传工作的组织机构往往也具有这一特点。外军为开展好宣传工作，在部队设有专门的宣传事务机构，形成自上而下的工作网络。各国军队的编制体制不同，运转方式各异，但从总体上看，军事宣传的最高组织机构作为国防部的一个部门而专门存在，最小的组织单元在军队基层中有所体现，并发挥着重要的作用。

一、美军军事宣传工作的组织机构

公共事务机构是美军开展军事宣传工作的组织机构，其法规依据是《美军公共事务条令》。公共事务部长助理（文职）是美军公共事务的最高领导，其办公室设在国防部长办公厅（OSD）辖下，负责国防部公共事务，兼任国防部首席新闻发言人。各军种总部均设有公共事务处（海军为信息处），管理本军种的宣传、公关与新闻工作。作为国防部长和副部长的重要助手和顾问，公共事务部长助理主要负责国防部的媒体关系和公共信息发布，负责美军的内部信息、社区关系、媒体关系工作，提供视听信息培训和各种视听服务。公共事务部长助理通过公共事务国防部长助理办公室统领美军公共事务。自艾森豪威尔总统于1959年设立第一任国防部长公共事务助理起，美国军方对外发出的每一张图片，发送的每一个声音，播放的每一个影像，都要经过这间办公室。办公室设有四个管理局，即社区关系局、国防信息局、计划局、美国军队信息局。美国军队信息局又下辖多个美军信息权威的媒体机构和公共事务人员培训学校。

美军公共事务的社区概念涵盖很多方面，社区关系优化与否直接关系到军队形象、影响到公众舆论。因此，社区关系局主管整个美军的社区关系，在监管美军公共事务社会关系履行情况的同时，最为核心的任务就是与美国最大的退伍军人组织“美国军团”以及“海外战争退役军人协会”等打好交道。在需要军人出面的全国性事件、集会中安排军方发言人或审批军方代表。

国防信息局负责军队“公共信息”的发布，主要包括必须以国防部名义发布的重大信息、五角大楼自身产出的新闻信息、对全军各层级信息发布权的统筹核准。国防信息局位于公共事务信息发布的顶层，其领导权倍受关注。国防信息局制定处理媒体关系的指导性原则，即在不违反安全、正确、适当和政策四大原则的前提下，主动与新闻界建立良好的关系，及时向媒体提供军队活动信息及相关服务，从而让新闻报道有利于军队任务的执行。

计划局相当于企业公关方案策划，主要关注美军的全球性公共事务活动，目光聚焦于那些媒体关注、全球瞩目的美军事件或人物，或长线投入或短线出击，制造话题、塑造人物、掀起运动。在公开信息中出现的美军口号、形象、标识等都是经过其精心设计后才出现的。计划局的另一任务是密切保持公共事务部长助理办公室与联合司令部和特种司令部公共事务办公室之间的联络，确保各部门通盘协作。

美国军队信息局成立于1977年，是美国国防部内部信息传播的主体机构，也是公共事务部长助理办公室下辖的规模最大的机构。该局以“让美国军队知晓天下信息”为己任，尤其强调让美军官兵及他们的家属知晓国防部不断更新变化中的目标、任务、政策和标准。美军信息局尽可能利用一切可资利用的传播媒介，向外部传递内部信息，时刻监管政策落实和程序履行等情况。其职能部门主要包括军内媒体、公关人员培训、国防部内部信息和媒介技术支援。军内媒体是信息局的主体，由美军广播电视服务部、美军新闻出版服务部、国防视觉信息服务部组成。

美军各军种部也设有公共事务机构。陆军部、空军部公共事务主任和海军部信息总长作为公共事务组织的第二级，接受公共事务国防部长助理的领导，向各军种部部长负责。其中，陆军部公共事务主任和海军部信息总长均由一名准将担任，空军部公共事务主任为一名上校。军种部的公共事务部门通常负责本军种的公共事务政策、计划的制订和实施。如陆军公共事务主任直接向陆军部长负责，同时也接受陆军参谋长的领导，其主要职责包括：负责陆军公共信息安全检查事务；负责审查陆军部长办公室和陆军参谋长办公室对外发布的信息；负责陆军部长办公室和陆军参谋长办公室的公共事务计划；对授权陆军乐队发行商业唱片的规定执行情况进行监督；批准陆军部级别的公共事务奖励；制作及时的新闻、信息节目和有线的娱乐节目，供“士兵”电台、电视台及杂志使用，等等。军种部公共事务组织机构依据公共事务工作类别和军种驻地需要设有不同的科室部门，对本军种公共事务部门施行领导指挥。如陆军部公共事务办公室共有 8 个分支机构，其中陆军公共事务中心负责所有有关公共事务的条令、训练、人员培训、组织、物资及士兵/文职支援事务。

美军军种部以下各级公共事务组织机构的建立为基层执行文化宣传任务做出层级设置上的区别。陆军最高机构为陆军部公共事务办公室，下设战区陆军、战区陆军地区司令部、军、军支援司令部、师、旅公共事务办公室；空军最高机构为空军部公共事务办公室，下设各大司令部、部分空军、大队和基地的公共事务办公室；海军最高机构为信息总长办公室，下设舰队和岸上公共事务办公室，海军陆战队公共事务部与海军新闻办公室共同工作；海岸警卫队的公共事务参谋长则通过海岸警卫队副司令向司令负责。各军种公共事务人员则由部门领导（如公共事务办公室主任）、公共事务军官、公共事务军士、公共事务专业士兵和陆军公共事务文官五类人员组成，其中公共事务军士属于指挥人员而非技术人员。

二、其他国家军队宣传工作的组织机构

俄罗斯国防部下属的军人工作总局设有信息保障局，负责军事新闻宣传工作的协调与管理。该局编制 45 人，局长为少将军衔，下设信息处、情报处、调研处、联络处等 4 个处，分别负责根据国家宣传政策制定军队一

个时期的宣传方针，组织军队重大事件、重要活动的新闻发布，管理军队所属的新闻单位；开展心理战，战时反宣传，平时防止军事新闻宣传的失泄密；收集分析各个媒体有关军事新闻宣传的动向，了解部队官兵和社会群众对军事新闻宣传的需求，以研究应对策略；负责与社会大众媒体的联络，组织新闻发布会，向媒体介绍军队建设情况，协调社会媒体做好军事新闻宣传。莫斯科、北高加索、伏尔加河沿岸——乌拉尔、西伯利亚、远东等军区以及海军、空军、战略火箭兵、空降兵、航天兵等兵种，都有垂直的新闻宣传管理机构。在各军区司令部一般设有 5 人组成的新闻办公室，负责分析整理本军区范围内的军事新闻宣传形势，不定期地召开社会媒体参加的新闻发布会，介绍部队建设情况，引导社会舆论。

日本自卫队在防卫厅设有专门的宣传教育机构和国防意识宣传机构等。防卫厅设置的宣传课由 20 人组成，它是日本陆海空三军最大的宣传机构。另外，宣传课在三军参谋部和集团军还编有宣传班。同时，宣传课还广泛利用军内外的“积极分子”开展工作，其人数有 1 万人，其中 4000 人在部队负责宣传工作，6000 人在地方进行宣传工作。此外，整个日本社会都注重民族精神的培养，从事思想教育的组织机构遍布全国，自卫队有 150 多个外围组织，成员达 22.5 万人，在对部队进行精神教育方面发挥着重要作用。

英国的军事宣传机构与文化教育训练机构归置在一起，由陆军军务部的训练局和海、空军人事部训练局分别负责本军种的军事宣传工作。为使军事宣传更加贴近部队实际，英军把宣传教育工作的具体安排下放到各级部队，由各级部队的主管军官负责。三军均通过专职的文化教育部门和专职的军官教育队伍，负责部队的文化教育和宣传工作。

法军的军事体制中没有专门的宣传教育机构，其军事宣传职能主要通过国防部下设的三军参谋机构承担，具体事务由三军战略训练和行政管理参谋长负责。陆、海、空各军种，设有相应的宣传教育机构。目前，法军从事宣传教育工作的专职或兼职军官及文职人员有数千名，他们开展军事宣传和文化教育，组织官兵的业余生活和体育活动等。

以色列军队负责军事宣传工作的部门主要是国防部的教育局，下设有教学处、演出处和宣传处。演出处主要通过剧团和民间音乐传播共同文化；宣传处重点是进行思想理论教育，促使每个军人认清自己的身份，明确自己的职责。以军各大单位都设有负责公民教育的处或科，每个营级单位（或主战连）都设有受过专门训练的教育军官，负责本单位的公民教育活动。

第二节　外军军事宣传工作的主要内容

外军军事宣传工作注重渗透于其他工作之中，实现政治工作与文体娱乐的一体化。在思想宣传和精神灌输中，外军，特别是西方发达国家军队十分注重通过报刊、广播电视、电影、文化娱乐、体育活动、宗教、社交，以及各种日常活动，对官兵进行潜移默化的思想渗透。同时，在宣传教育的方式上，外军重视心理学、伦理学、美学等理论的运用，讲人性、讲人情、讲人格，努力使军事宣传工作取得最大的效果。

一、通过军事宣传，战时争取人心

自有战争以来，人们就开始运用各式各样的手段进行对内和对外的军事宣传，从而在战时争取人心。一般而言，成立和运作专门的战时宣传工作机构是各国的普遍做法。两次世界大战期间，各参战国都认识到，没有亿万民众的积极参加，取得战争的胜利是不可能的。但由于是帝国主义战争，它与人民群众的根本利益是相矛盾的。因此，为了吸引工人、农民参战，也为了激发官兵的作战热情，西方主要资本主义国家适时成立了各自宣传工作机构。英国外交部设立了军事宣传局；法军总司令部第二部设立了对敌宣传勤务组织；德国建立了由戈培尔领导的帝国宣传部，在作战部队建立了专门的宣传分队；日本则由教育部和隶属内阁办公厅的情报处负责宣传鼓动工作；意大利的国内宣传由宣传部负责，并在全国建有若干群众组织，国外宣传由法西斯党的外国部和隶属于外交部的侨民工作特别局负责实施。

美国正式、有组织地进行对外宣传和文化活动始于第一次世界大战。美国参战后，时任美国总统的伍德罗·威尔逊于1917年设立了公共信息委员会，又称克里委员会。该委员会的主要职责就是在战时向各国宣传美国参战目的，发布战争实况，协调政府的宣传工作，并充当政府与报界间的联系人角色。在战争期间，克里委员会还印制了大量的图书、传单和电影海报等，散发出版物的总数达7500万份。它还常常与军事情报局合作，利用大炮、气球和飞机向敌人前线散发传单，对敌人实行宣传战，这对于瓦解德军士气和加速战争的结束起了极其重要的作用。①

二、加强国防政策解释，促进相互理解

无论是热战还是冷战，军事宣传的作用往往是对敌对国家实施心理瓦解，对友好国家或者盟友释疑解惑、促进理解。譬如，太平洋战争爆发后，为了配合战争的需要，有效地对德、意、日等法西斯国家实施心理战，罗斯福总统将美国政府负责对外新闻、文化活动的机构合并，成立战时新闻处。其主要职能就是进行对外军事新闻和宣传活动。战时新闻处被赋予的任务是："有计划地阐明并实施情报计划，以促进海内外对战争状况和战线的进展、政府的战时政策、行为和目标等的广泛和明智的了解。"② 二战期间，战时新闻处运用心理战略，配合美国的军事行动，为摧毁法西斯士气，赢得战争胜利发挥了很大作用。再譬如，二战结束后，雅尔塔体系建立，世界进入以美苏为首的两大阵营对立的冷战阶段。艾森豪威尔更是提出公共事务机构要担负对外解释宣传美国的政策的任务，其实质就是维护美国国家利益，在意识形态领域里与苏联等社会主义国家进行对抗。

---

① 韩召颖．输出美国：美国新闻署与美国公共外交．北京：人民出版社，2000：47.

② 罗伯特·福特纳．国际传播——全球都市的历史、冲突及控制．刘利群译，北京：华夏出版社，2000：139.

在当今信息化社会，国与国之间的相互依存不断加剧，这使得国家间军队与军队交流的重要性日益凸显。譬如，国家通常会设置国防部新闻发言人、发布国防白皮书、定期进行军事信息交流等，从各个角度向他国阐述自身的国防政策，从而达到沟通交流、相互理解的目的。

三、通过军事宣传工作塑造军队形象

公众对军队职业的理解，是军队能享有较高社会地位的重要前提，而这种理解是通过广泛的军事宣传来实现的。通过有针对性的军事宣传，军队形象被立体丰满地塑造出来，英雄主义情怀和个体军人自豪感得以激发，国家利益和人民尊严得以维护，军队的影响力、辐射力和感召力得以扩大。

譬如，美军“军官手册”指出，当军人就会有牺牲。平时，他们比一般的平民享有较少的自由、平等和幸福，较多地受到了纪律的限制和约束；战时还要作出牺牲。因此，军人要有较高的待遇。美军“军官指南”也宣称：“只要有外部威胁存在，美军就应造成一种环境：为军人提供特殊的利益，以便吸引人们从事这一职业。”目前，美国军队军人除薪金高于地方20%—30%以外，还有伙食、住房、特殊补贴和各种福利，现役军人及其家属可以享受全部或大部分的免费医疗，除免缴部分所得税，还可以在军内超级市场和便利店购买价格较低的商品，军人退休不但可以领取退休金，而且在退役后的就业任职和社会生活中，均享有优待。除此之外，军人还享有各种荣誉待遇，如对服役优秀，或者在执行战斗任务、抢险救灾、科学实验等工作中做出成绩的军人给予各种奖赏，其中“荣誉勋章”是美国最高的勋章，由总统亲授。军事将领退休时，统帅机关都要为他们举行隆重的退休仪式，简述他们的历史，颂扬他们的功绩，感谢他们对军队建设作出的贡献，还特别宣传他们的配偶为支持军人的事业而做出的牺牲。这些宣传活动和措施，不仅能使军队的离队者留下美好的回忆，在队者更加热爱军队的生活，有效地增强军人的光荣感和责任感。而且，也有助于形成理解、尊重、追求军人职业的社会环境，使军人享有较高的社会地位。

四、通过军事宣传，提升官兵战斗士气

士气是军队战斗意志和斗争精神的集中体现，是支撑军人作战的精神支柱。而运用现代化的传媒手段，主导和控制舆论宣传，是激励官兵作战士气的一种重要方法，历来受到世界各国军队的高度重视。

美国拥有世界上任何国家都无可比拟的强大的宣传机器，并且运用得得心应手。美军认为，包括书刊、电视、广播等在内的一切新闻报道、舆论宣传都是一项争取人心、鼓舞士气的重要工作。譬如，海湾战争爆发伊始，除了传统宣传手段之外，美军特地增设了 4 个对海湾美军及其家属的广播电台，大力进行舆论宣传，激励官兵作战士气。此外，在信仰自由的外军军队，借助宗教的强大影响力实施军事宣传、开展思想教育也是一种常见的做法。

五、通过对社会的宣传工作，融洽军民关系

外军宣传工作通过社会化运作实现军民关系营造，主要表现在三个方面：一是借助社会力量做宣传工作。如利用地方的专家学者讲授国家的历史、国家的传统、国家的经济、政治、文化，使军人了解社会。如英军一直非常重视面向社会的开放性教育，在军事院校的教育中，经常组织官兵到地方工厂、学校、法院、议会和股票交易所等地参观访问，甚至到世界各国参观访问，以达到开阔眼界，增长见识的目的。二是利用社会各种媒体扩大军队影响。如美军与地方报社、影视界签定合同，当士兵有突出成绩和贡献时，当士兵受到表彰时，利用新闻发布会的形式宣传军人、宣传军队，扩大军队和军人的社会影响。三是加强部队与军人家庭的沟通。如美军要求连队的军官要与士兵家庭保持经常的联系，士兵受到奖励、晋级时，要给士兵家庭去信祝贺，士兵因病住院，军官要告诉他的亲人部队的关心和治疗情况，以此培养士兵对部队的亲近感。

军民关系是日本自卫队推行“综合安全保障战略”的重要组成部分。该战略基本内容是“做好三个层次上的努力：一是消除威胁上的努力，即创造国际和平环境；二是抵御威胁的努力，即努力树立以自己双手保卫国家的气慨；三是介于上述二者之间的努力，即努力同那些与本国理想、信念、利益相同的国家合作”。贯彻“综合安全保障战略”的措施是所谓的“综合性的努力”，主要包括外交方面的努力、内政方面的努力和军事方面的努力。日本自卫队认为，在当前形势下：“国民的团结精神和国防思想是国家的最后防线”，“国民精神是军队的基础”，自卫队没有国民的理解和支持是不能有效地完成其任务的，自卫队队员只有切身感受到国民的依赖，才能以高度的士气和自信心去完成自己的使命。因此，近年来日本越来越重视向人民群众宣传防卫意识，采取的措施包括：强化防卫厅“宣传委员会”的宣传力度，提高国民的防卫知识；利用救灾和民生活动，密切军民关系，提高自卫队的社会地位。除此之外，日本自卫队还邀请当地青少年学生和民间团体、各界知名人士参观部队，扩大自卫队在民众中的影响；利用部队和民间传统节目，举行“军民联欢”，增进军民“友谊”，取得国民的信任和支持。

第三节　外军军事宣传工作的基本特点

军事宣传有其特殊性，特别是涉及到军事行动的信息时，是否需要报道、什么时候报道以及报道什么，都直接关系到军事行动的成败与伤亡，或者干脆就是军事行动的重要组成部分。军事宣传所达成的效应直接与国家利益、军队形象相联系，具有鲜明的特点。

一、外军军事宣传工作的政治性

任何一支军队如果放弃了从政治上对舆论宣传的管控，放弃了对新闻宣传的领导，就会在舆论斗争中陷入被动地位。俄罗斯军队在这方面就深有体会。车臣战事之初，西方各国新闻记者蜂拥而至，通讯社、报社、广播电台、电视台，所有媒体的记者无所不去、无所不问，无所不知。兵员伤亡数字、指挥员指挥失误、军官使用军费为自己修别墅、士兵厌战怯战，等等，媒体不负责任地争相报道，炒得沸沸扬扬。俄罗斯军方很快尝到了“新闻自由”的苦果，不仅后续部队开走前线时，士兵母亲有组织地挡在军车前，阻止部队出发，而且部队的行动方案被媒体率先报道，车臣叛匪早作应对，使俄军行动屡屡受挫。为此，俄罗斯成立了前线军事新闻宣传管理委员会，对车臣战事报道实行严格管控。外国记者赴车臣采访，必须经过外交部、国防部和总统新闻办公室批准；国内记者赴车臣采访，必须申报采访提纲，到指定区域采访；重大事件、重要新闻由俄军副总参谋长和总统新闻发言人统一发布等等。一系列措施的实施扭转了俄军在宣传和行动上的被动局面。

事实上，美军对军事宣传工作政治性的认识也是伴随着军事实践的过程而不断深化的。第二次世界大战结束后，随着美国霸权主义野心的滋长，在之后发动的侵朝、侵越战争中，军事宣传功能的发挥面临了新的挑战。

首先，美军在战争舆论动员上陷入了困境。1950 年夏，朝鲜战争爆发。战争开始之初，舆论作战与军事打击之间就不协调。由于缺少政治上的支持，这场战争“在争取公众的支持和道义上的同情方面付出了惨重的代价”①。失败的舆论动员直接影响到了正面战场上的军事交锋，人们对战争缺乏热情，“就是从报纸上看到数以百计的美国士兵在‘伤心岭’‘无名高地’丧命时，也不能激起公众对战争的大力支持”②。国内出现了国防公债推销困难和血浆供应短缺等问题。同样的困境在之后的越南战争的战争动员中又再次出现。

其次，由于战争的非正义性，美军的舆论战未能如希望的那样，给予军事行动以有力的配合。美军舆论战专家尤德仁·金基德面对失败的朝鲜

---

① ［美］约瑟夫·格登. 朝鲜战争——未透露的内情. 北京：解放军出版社，1990：85.
② ［美］约瑟夫·格登. 朝鲜战争——未透露的内情. 北京：解放军出版社，1990：2.

战争承认："扯谎的宣传和不道义的心战不仅不能使敌人降服，反而诱发了美军的反战情绪，几乎三分之一在朝鲜的美国战俘因与敌人进行某种合作而犯罪"①。而在越南战争中，由于"很少有人会报道和解、平民行动、医疗援助"②，"在每天晚上的电视报道和每天早晨的报纸上看到的是关于战争的报道，而却没有报道说明战争的深层目的。最后这只会让人感觉到我们在盲目地打仗，而不是为了一个更加重要的有价值的目标而战"③，这最终造就了美国民众的"越战综合征"④。

越南战争后，美军就军事宣传与军事打击之间的磨合失败进行了反思，在宣传动员、进攻和防御上，开始注重战争正义性的宣传。在入侵格林纳达一役中，美军吸取了朝鲜战争和越南战争中军事宣传的失败教训。在舆论动员时，里根总统告诉新闻界说，采取军事行动的目的是保护无辜者，其中包括1000名美国人，并因此赢得了国内舆论支持，"民意测验表明美国人民坚定地站在总统一边"⑤。1989年，美国进行了越战后最大的军事行动——入侵巴拿马。在采取称为"正义事业"的军事行动之前，美国媒体即开始报道巴拿马混乱不堪的局面和诺列加的种种恶劣行径，宣扬此次战争行动的正义性，并因此在战争动员中成功地赢得了美国国内和拉丁美洲的支持。战争中，美军在对信息的严格控制下使媒体对作战行动进行了积极有力的配合，实现了巨大的舆论威慑。正如时任参谋长联席会议主席的鲍威尔所说："应把注意力转向电视，因为战争的成败在于你能否处理好消息。"⑥ 在经历了朝鲜战争与越南战争的失败之后，在巴拿马一役中，美军舆论作战与军事打击的配合相当默契，军事宣传与军事打击的成功配合最终达成了战争目标的实现。

---

① 王玉东．现代战争心战宣传研究．北京：国防大学出版社，2002：335.

② Thayer，C.，"*Vietnam：A Critical Analysis*".（1992），p. 93.

③ Hallin，D.，*The Uncensored War*：*The Media and Vietnam*. New York：Oxford University Press.（1989），p. 34.

④ "越战综合征"，是指害怕卷入国外冲突，国民对战争热情减弱。

⑤ 王玉东．现代战争心战宣传研究．北京：国防大学出版社，2002：181.

⑥ ［美］鲍勃·伍德沃德．从巴拿马到海湾——布什和他的指挥官．石尔仁译，北京：人民日报出版社，1991：130.

二、外军军事宣传工作的战斗性

军事宣传服务于军事任务的完成，因此，其不可避免地烙有深刻的战斗色彩。战场上的军事宣传是外军军事宣传的一项重要内容。随着信息技术的迅猛发展和广泛应用，外军军事宣传技术的信息化含量进一步发展和提升；军事宣传工作中的信息传载能力进一步增强，传递速度将进一步加快，传播空间将进一步拓展。这些都为外军在舆论战中战斗性的发挥提供了有利条件。

战斗性表现为实时的舆论传播。信息化条件下军事信息的高度密集化、战争进程的高度快速化对舆论战的实时传播提出要求。如，海湾战争中，美国国防部和参联会联合举行了35次电视新闻发布会，其中央总部也先后举行了98次新闻发布会，连同随军记者发回的新闻报道，提供了大量有关战争的实时信息，收到了“令人满意”的宣传效果，以至于有人将海湾战争中的舆论作战产生的巨大效能称之为“CNN”效应，因为CNN电视台能通过最先进的“数字视讯电话”，及时传递清晰的图像，即使处于失去有线网络信号的环境中，在SNG卫星转播车无法靠近的偏僻地方，仍能随时随地实现无线现场直播。

战斗性表现为宽广的舆论作战空间范围。全方位联动，全时域运作，是美军在近几场信息化战争中舆论战不同于以往战争的又一显著特点。如，在伊拉克战争中，一方面，美国凭借遍布于天空、地面、国内、国外的高端的现代传媒技术和超强的信息采集能力，对敌与友、内和外、对盟国、对全球进行多向多元的信息发送。与此同时，美国对伊的舆论宣传覆盖全程，贯穿始终，渗透到了战争各个阶段、各个环节。如，在伊拉克战争开始前6个月，美国全球信息办公室就按照“总统决策指示”，研究制定了融政治、经济、外交、军事、文化、宗教于一体的对伊舆论战的总方案；战争开始后，美依据预定方案，在各领域、各环节对伊实施了猛烈的舆论攻势；军事行动结束后，美国依然在国际上为自己出兵理由不足申辩，对伊各派势力进行安抚，以巩固军事胜利的成果。

三、外军军事宣传工作的策略性

外军军事宣传的策略性主要表现在以下几个方面：

一是采用“三色”宣传法，实现军事宣传的目标。“三色”指的是“白色”“灰色”和“黑色”：白色宣传——公开表明信息来源；灰色宣传——不说明信息来源；黑色宣传——隐蔽真实的信息来源。白色宣传，是以政府或者军方指挥机关的名义，通过官方宣传组织系统进行的破坏性宣传。如，二战时美军战时新闻局，冷战中“美国知音”广播电台等媒体所从事的就是白色宣传活动。灰色宣传，是那些由官方暗中操纵支持的民间机构，以更加自由、灵活和不为人所警惕的方式所进行的与官方相一致的舆论传播，如“自由欧洲协会”等组织。黑色宣传，则是以非常规手段传播谎言，欺骗敌对方的群众，美国中央情报局就承担了大量的这类舆论宣传任务。“三色”宣传十分策略地利用了隐身作战的特点，通过自身在舆论领域多层面控制，实现了各舆论工具在舆论战中的功能互补。

二是战前造势，抢占制高点。美军在舆论战中往往采取先入为主的战法，在战争发动前对于重大问题、敏感问题、热点问题进行抢先发布，主动发表评论，引导舆论，造成利己的舆论态势，抢占舆论战的制高点，制敌于被动。譬如，早在科索沃战争开始前，美国媒体就铺天盖地宣传科索沃难民的种种惨状，攻击南联盟“侵犯阿族人权”“搞种族清洗”，把南联盟总统米洛舍维奇描写成“希特勒式的恶魔”。这些都为战争的爆发提供了有效的舆论动员。在伊拉克战争开战前，美国总统布什就在政府联合宣言中宣称萨达姆在海湾战争结束后的 12 年中一直密谋发展大规模杀伤性武器和支持恐怖活动，并称萨达姆政权不仅对美国人民构成威胁，还对世界和平构成了威胁，呼吁世界舆论支持美国对伊动武[①]。美国政府和军队一边通过直接控制、影响传播媒体，对敌人实施“妖魔化”宣传，抛出伊拉克是“邪恶中心”；另一边还成功地调动了来自全球的众多国际性的新闻

---

① http：//edition. cnn. com/2003/ALLPOLITICS/01/28/sotu. transcript. 8/.

媒体，把世界舆论完全引导到“美国为了抵制恐怖袭击必须先发制人”上，为对伊采取军事行动进行了充分的舆论造势。

三是战中强势，制敌机动。在战争进行中，为形成舆论强势，加强武力震慑的效果，美军时常运用媒体力量，根据敌人采取的行动及引发的新闻信息，灵活机动地设置公众关注的舆情，引导舆论，使社会舆论向既定方向发展，实现对舆论态势的全面控制。例如，在阿富汗战争中，为削弱塔利班政权和本·拉登的舆论影响，一方面美国政府对巴基斯坦穆沙拉夫政府施加压力，要求其切断与塔利班的外交关系，并关闭塔利班派驻伊斯兰堡的大使馆，使塔利班无从举行自己的新闻发布会；与此同时，美国官方的对外广播机构“美国之音”则增加了阿富汗普什图语的广播，同时把它的阿拉伯语广播延长为每天 9 个小时；国会众议院也以 405：2 的投票，决定在阿富汗设立一个以阿富汗语广播的“自由阿富汗电台”。在伊拉克战争中“萨达姆之死”“萨达姆铜像的倒掉”等新闻事件的制造，都是西方媒体对伊方舆论作战的积极回应，并形成舆论优势，巧妙地配合了武力打击。

四是战后乘势，渗透引导。在战争结束之后，为达成舆论战的全面胜利，更好地服务于本国的国家利益，美军往往借助于自己成功的舆论战优势，对敌对国或被占领国实施文化渗透。他们利用舆论宣传工具，极力标榜和宣扬本民族的价值理念和生活方式，丑化和抹黑敌对国或被占领国的传统文化和国际形象，动摇其民族自尊心和民族自信心，从而实现对他国基本政治构架进行意识形态和价值理念的渗透。譬如，二战后，为加强对社会主义阵营的瓦解，美国不仅大力建设二战时成立的“美国之音”，而且还设立了“自由欧洲之声”电台，每周用一些欧洲国家语言向东欧播出 555 个小时，设立了“自由之声”电台，每周用俄语及其他 14 种语言（不包括英语）向苏联播出 462 个小时。再如，在伊拉克战争结束后，美军通过以“人道主义”为幌子的舆论宣传，先后重启了“石油换粮食计划”，然后再解除对伊拉克的贸易制裁，最终使伊拉克主要的贸易和建设项目落入美国大公司手中，实现了对其军事行动成果的巩固。

五是武力进攻为主，舆论欺骗为辅。通过媒体对自身的作战意图进行隐藏，散发似是而非、真假莫辨的新闻信息，从而迷惑对方，达成军事欺骗，为己方赢得战机。美军以武力打击为主，富有谋略地运用新闻传播的方法技巧，制造“战争迷雾”的主要做法包括：借新闻记者之口实现舆论欺骗，如在科索沃战争中，美军传媒在战争初期攻击南联盟“非人道”，在战争期间散布米洛舍维奇逃往国外的有关消息，等等；借“舆论领导人”之口实现舆论欺骗，如在伊拉克战争中，美军围困巴格达后，美伊双方的新闻发言人针对新闻事件的真假针锋相对，他们透露的信息本身就是武器，面对记者说的每一句话，不管是真是假，都直接影响着战局；借“第三人”之口实现舆论欺骗，这里的“第三人”是指公共关系中常用的“第三人”。如 1990 年，为动员美国民众支持攻打伊拉克，美国政府设计了“育婴箱惨案”。一名女孩以科威特医院义工的身份在美国国会“作证”，控诉伊拉克军队实施的“育婴箱惨案”。作证情况出现在全国广播电视网（NBC）的晚间新闻中，数百万电视观众义愤填膺①。事后，盖洛普民意调查显示，支持对伊拉克进行战争的民众比例急剧上升。但事实证明，该女孩并非义工，而是科威特驻美国大使的女儿。

六是借助军事手段，实现舆论打击。一方面，利用干扰技术手段阻扰敌方舆论传播途径。二战后期，为了配合盟军的攻势，加速法西斯的灭亡，美军开始进行一种“迷惘广播”。强制性插入敌方电台播音频域，播音员则用德语报道虚假新闻。这不仅使听众对电台公布的消息难辨真假，而且极大地涣散了德国军民的斗志。科索沃战争中，美军动用了强大的科技手段和设备对南联盟的电磁信号实施干扰、阻塞甚至取而代之。南联盟失去了自己的喉舌，无法进行信息争夺，甚至无法完成舆论防御，在整个战争中一直处于被动地位。美国还出动了一架“大力神”飞机，专门用于向南斯拉夫播放“北约电视”信号，这些信号可以在南联盟境内的电视频道上接收②，从而对南的传播途径造成了干扰。另一方面，采取军事手段瘫痪敌方舆论信息系统，使其消音。伴随着战争形态与舆论形态的转变，

① MacArthur, J., “*Censorship and Propaganda in the Gulf War: How Government Can Mold Public Opinion*”, The Independent Policy Forum, at Sheraton Palace Hotel, San Francisco, October 7, 1993.

② “*NATO TV Is Sent to Serbs, Who Are Harsh Ciies.*” (May 26, 1999). New York Times, p. 17.

将大众传媒作为敌对双方互相打击对象的作法已日益突出。在科索沃战争中，美国在制定打击目标时，把敌方大众传媒列入导弹优先袭击目标，对其进行硬打击予以“消音”。美军 F－117 隐形战斗机被击落后，美国为防止南联盟借机宣传，先用高分贝噪音干扰南联盟电台广播，后又多次轰炸南联盟电视台和电视转播台。

四、外军军事宣传工作平台呈现多样性

良好的军事宣传工作在很大程度上有赖于良好的宣传设施建设。实践表明，外军军事宣传工作的成效往往与外军宣传工作设施建设成正比。以美国为首的西方发达国家，依靠其雄厚的经济和科技实力，掌握着大量的现代化传播工具，控制着强大的信息传播网，向世界全方位、全时空、全天候地推销其价值标准和意识形态。军事宣传领域尤其如此，为了取得宣传效果的最大化，西方国家军队在设施建设上可谓不遗余力，打造出了多样化的军事宣传平台。

（一）注重传统媒体运用，发挥广播、报刊等在军事宣传中的积极作用

美国军队广播电视服务部（AFRTS）隶属于美国国防部，管理着美军广播电视网（AFN），一个全球性的广播电视机构，为分布于 179 个国家的美军基地、使领馆的外交和国防部工作人员、美国军队、海岸警卫队成员以及他们的家属共约 100 多万人提供广播电视服务，信息遍布全球，凸显国家性质和官方性质。军队广播电视部承担的主要功能：一是信息传播，担当国防部的“传教士”；二是娱乐工具，是美国军人的“开心果”。其总部位于弗吉尼亚州的亚历山大市，下设有广播电视节目办公室、“五角大楼频道”新闻中心和国防媒体中心三个部门及节目传送保障机构；该部同时为陆军士兵媒体中心、海军媒体中心、海军陆战队新闻通讯社、空军新闻通讯社制作部分军种节目。

该部广播电视节目办公室主要制作、受理和批准美军广播电视部各个频道中的插播公告，每年播出大约 300 条军队公告和 100 条公共服务公告。

“五角大楼频道”新闻中心为全天候纯新闻频道，创办的目的就是为了向美军提供军事新闻信息。该频道播出的节目采取制播合一与制播分离相结合的机制，既保证了“五角大楼频道”的权威，又体现其自身制作水平和研发能力。国防媒体中心是美军广播电视部的制作总部，下设节目制作和技术保障两大机构，承担着美军自制广播电视节目和为国防部提供视听工程技术等多项任务。军队广播电视服务部的产品已经遍布到世界的任一角落，足以承担起美军《联合公共事务条令》所赋予的战时美军指挥信息网络覆盖主媒介的任务。

从报刊出版方面来看，美军的报刊出版体系基本分为《星条旗报》和其他国防部报纸、杂志及民营企业出版物两个部分。为此国防部颁了两项指令对报刊出版进行规范：一个是国防部指令5122. 11《〈星条旗报〉及其商业经营》，另一个是国防部指令5120. 4《国防部报纸、杂志以及民营企业出版物》。《星条旗报》走的是美军公关式的军报路数，以“你到哪里，我们就去哪里”为宗旨，在全球范围内星罗棋布，只要有美国军人身影的地方，就有这份报纸。除了《星条旗报》等美军自办报刊之外，还有民营企业在军内发行的出版物，有报纸、杂志、指南以及在民营企业概念下商业化生产的军事机构地图。民营企业的报纸有着美军自办报纸所不具备的优势，更易于为美军及其家属接受，更能有效增强内部信息传播的接受性。

一直以来，以电影为代表的大众媒体在外军军事宣传工作中扮演着重要角色。它是外军进行军事宣传不可或缺的重要媒介，在未来军事宣传中也必将进一步发挥作用。电影作为一种特殊的文化产品，承载着一个国家或一支军队的形象、文化精神和意识形态图景，这些图景传播到国外，他国的观众就可以通过电影中表现出来的文化内容来直观地了解和认识这个国家或这支军队。德国哲学大师霍克海默曾说：“收音机和电影绝不亚于飞机和枪炮的作用”。譬如，从1927年的电影《翼》开始，美国军方与好莱坞的合作历经80多年，先后联手创作出700多部故事影片，向全球观众展示了美国军队完美的形象——人性化的军队、神圣的战争和“忠诚”“勇敢”“坚韧”“友爱”的美国大兵。

除了美军之外，西方其他军队也十分重视传统媒体在军事宣传中的运用。俄罗斯军队充分利用军内外传媒，大力宣传国家的方针政策，重视组织好部队报刊、杂志的征订和发行工作。在俄军许多连队都设置了《鼓动员报刊剪贴簿》和报刊有关材料，以便开展宣传鼓动工作。在军队报刊上，士兵、军士、准尉、军官们的文章、通讯报道和书信占有显著位置。印军也很重视军事宣传的硬件建设，营以上单位都设有有线广播站，分散的班、排和前沿哨所配有收音机、电视机，每天利用业余时间播放官方新闻、时事评述等。印军有专门的电影制片厂，摄制各种影片配合部队的政治教育。

（二）着力新兴媒体建设，发挥网络力量在军事宣传中的引导作用

在打造传统媒介平台的基础上，外军在公共事务建设中，充分利用互联网发布新闻、提供服务。美军在互联网上创办的网站通常以“. mil”作为域名。陆、海、空、海军陆战队等各军兵种、海岸警卫队及后备役组成部队也有各自的官方网站。另外，还有一些专门网站内容涉及某一具体领域。互联网宣传文化平台已经成为美军展示自身形象的新窗口，开展公共事务的新领域。

国防部 Defense-Link 网站。在美国军方创建的网站中，美国国防部网站是规模最大、内容最全的网站。国防部网站将其任务定位于“及时、准确地提供有关美国防务政策、组织机构、职能任务和作战行动的官方信息，支持国防部的总体任务。此外，国防部网站也是在线查找有关美国军事方面信息的起始点。”它的服务对象包括“美国军人、国防部文职人员、军人家庭成员、美国公众、美国国会和新闻媒介。”事实上，在互联网时代，美国国防部网站不仅成为国内公众进入美军信息网络获取相关信息的门户和导航站，更是美军最权威、最全面的对外宣传窗口。为建设好这一平台，美国国防部网站经历了多次较大规模的改版，如增加搜索功能、增加发布信息容量、增加指向各军种主页的快速链接、提升更新速度和文件下载速度、建立更多样的联络方式、增添菜单、提高导航能力和促进内容融合等，使得网站信息量不断增加、更加重视用户需求，从而满足对内、对外的传播需要，成为实力与军事形象展示的第一道窗口。

国防部网站建设主要包括这样一些内容：一是新闻发布。以军事新闻为主，突出报道国防部、各军种部队的重要新闻事件；二是出版物展示。网站好比一个大型资料库或图书馆，是查找和获取国防部信息的重要来源，包括国防部发布的国防报告、军力报告、国防白皮书、国防计划规划、国防政策、国防预算、军事法规、条令条例等，美军的主要报纸和刊物也在出版物链接之中；三是军事组织的系统介绍。网站用十六个标题较为全面地介绍了美国国防部的概况、各部队的组成编制、职能任务、军事实力等；四是专题报道。常态化的专题报道使得公众迅速而深入地了解军方的重大行动、军内外重要事件以及军队重要人物的变化等。国防部网站作为美军公共事务的顶层新媒体，兼具严肃性和权威性、开放性和多样性，实现了美军公共事务的实效性和针对性。

军种网站与基层网站。除国防部网部外，美国军方还创建了四大军种网站。陆军公共事务主任办公室负责陆军网、海军新闻局负责海军网、空军公共事务办公室负责空军网，海军陆战队公共事务局负责陆战队网。各个网站主要负责发布本军种的相关信息，在内容上实现了对国防部网站的补充和细化，在风格上更体现军种自身特色。在军种网站的组织管理上，军方仍采用国防部网站的管理方式，有明确的主要负责人，一般为军种负责公共事务的主管；有集中的负责实施机构，主要是陆军公共事务主任办公室、海军信息总长办公室、空军公共事务办公室、海军陆战队公共事务局，也有专门的信息技术部门负责网站功能的开发使用，集权威性、功能性和技术性于一体。

相对于各军种网站，基层网站比较接地气，是美军公共事务的亮点，其主要功能是介绍本单位情况，服务单位内成员，基层网站的规模虽小，但其发挥的作用不可小视。尤其是突发事件发生时，基层网站提供的资料成为国内外公众及媒体获取第一手信息的重要窗口。

美军公共事务对网络平台的运用织就了其在互联网上层次分明、组织严密的公共事务体系，成为美军公共事务活动不可或缺的重要平台，在宣传、沟通、服务、监督等方面都发挥着重要的作用。

五、外军军事宣传目标的针对性

外军军事宣传的对象既有本国民众，也有外国民众，既可能针对军内广大官兵，也可能针对敌后方居民，特别是在战争动员时，为了师出有名，外军在进行军事宣传顶层设计时，非常注重依照战争需求对舆论战目标受众进行选定，使军事宣传有的放矢。

根据战争需求确立针对敌人的军事宣传目标。“如果宣传家打算鼓动人民的仇恨，那么他必须确保所有发出的信息都是在确立敌人应为战争负完全责任。这一主题必须始终是宣传的核心思想。”① 从一战到伊拉克战争，在美军所参与的每一场战争中，“敌人承担着战争的所有罪行”是其确立对敌舆论战目标的主旨。一战时，美军将“煽动对敌人的仇恨”和“瓦解敌人的斗志”② 作为对敌舆论战目标；越南战争中确立了“削弱越共军队的精神政治状态和应战心理的坚定性”③ 的对敌舆论战目标；在近几场局部战争中，美军更是将对敌人的舆论战目标的确立寓于粉饰其发动战争的正义性之中，如以“防止人道主义灾难”为名出兵科索沃，将“‘妖魔化’敌人”作为对敌舆论战目标，而在伊拉克战争中则是将“伊拉克是邪恶中心”“美国为了抵制恐怖袭击必须先发制人”作为对敌舆论战目标，为对伊采取军事行动铺平了道路。

根据战争需求确立针对同盟国和中立国的军事宣传目标。无论是在全面战争还是在局部战争中，形成坚固的对敌阵线对取得战争的全面胜利是非常重要的。因此，通过舆论战目标的设定，与盟国和中立国保持稳定友好的关系，在盟友间通过强调各自的战果和付出的努力来相互激励，以及尽一切可能来争取中立国的合作都是依战争需要而必然设立的舆论战目标之一。譬如，在一战中“保持与盟国的友好关系”与“保持与中立国的友

---

① ［美］哈罗德·D·拉斯韦尔．世界大战中的宣传技巧，张洁、田青译，北京：中国人民大学出版社，2003：49.

② ［美］哈罗德·D·拉斯韦尔．世界大战中的宣传技巧，张洁、田青译，北京：中国人民大学出版社，2003：161.

③ 王玉东．现代战争心战宣传研究．北京：国防大学出版社，2002：345.

谊，在可能的情况下争取他们的合作”是美军的舆论战目标之一。[①] 20 世纪 90 年代后，美军更是努力与世界各地盟友达成合作协议，以共同结成舆论战的群体网络。在近几场局部战争中，为实现对盟国和中立国保持友好合作关系的舆论战目标，从而获得他们对战争的全面支持，无论是鲍威尔还是拉姆斯菲尔德，在战争发动前无不尽其所能，频频出访各国并发表演说，召开记者招待会，最终达到了在战争中形成同盟，得到联合国许可以及世界众多国家支持的目的。

根据战争需求确立针对敌对国人民的军事宣传目标。美军对敌对国人民进行舆论战的目标往往是争取合作与友善，引发并加剧其厌战情绪和恐惧心理，以实现从内部分化瓦解的战争需求。如在越战中确立的舆论战目标是“造成越共与越南人民的感情和思想隔阂”；[②] 在阿富汗战争中则一再强调“这场战争不是针对伊斯兰教的战争，而是反对恐怖主义分子和支持及包庇他们的人的战争”，[③] 从而将恐怖分子与阿富汗人民作为舆论战目标区别开来；在伊拉克战争中则是“争取赢得伊拉克民心，为战后改造伊拉克创造条件”的舆论战目标。因此，在战争开始阶段美军进攻受阻后，有关电视台就精心安排了一次长达 4 小时的进攻乌尔盖斯尔的现场直播，其用意非常明确，就在于告知伊拉克人民，战事绝非一朝一夕，一个小镇也打得非常艰难，主要是由于美英联军担心伤及平民。

根据战争需求确立针对本国人民的军事宣传目标。战争期间，对敌对国人民的宣传目标是瓦解其意志、涣散其民心，失去对战争的抵抗；而针对国内民众，宣传目标则是激励民心、统一民众思想，激发对战争的热情支持。因此，美军舆论战针对国内人民的舆论战目标完全不同于针对敌对国人民所确立的舆论战目标，正如公共关系委员会在《执行理事年度报告》中所说：“协助指导美国公众舆论，使其了解和支持正确的美国对外

---

① ［美］哈罗德·D·拉斯韦尔．世界大战中的宣传技巧，张洁、田青译，北京：中国人民大学出版社，2003：161.

② 王玉东．现代战争心战宣传研究，北京：国防大学出版社，2002：345.

③ ［美］夏洛蒂·比尔斯．美国国会举行的有关“公共外交”的系列听证会的发言，引自张巨岩．权利的声音，北京：生活·读书·新知三联书店出版社，2004：14.

政策。”[①] 例如，在伊拉克战争中，其针对国内民众的舆论战目标是“争取国内民众的支持”。为实现这一目标，大众传媒在政府和军方的授意下常对新闻事件进行议题设置，如“萨达姆铜像的倒掉”“拯救女兵林奇”等媒介事件的制造，有力地宣扬了美国所谓的“以人为本”的精神，帮助美国政府在一定程度上消除了国内反战的声音，争取到了国内民众对美国政府与伊作战的谅解和支持。

六、外军军事宣传工作制度的规范性

完善规范的制度是军事宣传工作效益最大化的有力保证。由于军事宣传工作特有的军事属性，信息的发布与不发布之间、发布多与发布少之间虽然仅一步之遥，但其产生的舆论效应和带来的受众反响却可能会从战略层面对国家决策产生影响。因此，对于军事宣传工作而言，其制度上的规范性就显得格外重要。

相对于世界上其他国家军队来说，美军军事宣传工作显得较为规范，体现在以下方面：

一是严肃而权威的新闻发布制度。美军新闻发布制度因其建立最早而实践最为丰富，已经形成了制度化、经常化和规范化的特点，整个体系较为完善。不过，美军新闻发布制度也经历了一个缓慢成长、不断完善的过程。越南战争期间，新闻发言人时常隐瞒实情，对民众关注的焦点事件，要么置若罔闻，缄口不语，要么捏造事实，掩盖争相，这一制度一度失去了公信力；之后，美军逐步认识到新闻发布制度在军事宣传中发挥的独特作用，开始重视新闻发布制度建设，使其在毁誉参半中获得发展；及至海湾战争后，伴随作战理念的提升，美军新闻发布制度开始显露出其策略性和先进的一面，成为各国军队学习借鉴的外宣平台。

在美军条令中，新闻发布指由军队官方向公众主动发起或作为回应而

---

① 美国对外关系委员会．执行理事年度报告（1946年），引自劳伦斯·H·肖普、威廉·明特．帝国智囊团——对外关系委员会和美国外交政策，怡立、维良、荻州译，上海：译文出版社，1981：8.

进行的新闻传播活动，包括文字和口头的新闻发布、静态图片、动态录像、接受采访、发表讲话、录音录影等传播方式①。美军新闻发布规范基本上以国防部指令和参联会主席指导实现具体化，可以说，正是得益于各种规范的健全，美军各级新闻发布才及时快捷、高效透明。美军涉及到新闻发布的指令可谓细致繁多，集中于新闻发布的法律依据、授权、媒介、内容和安全等若干领域。这些指令对新闻发布进行了一以贯之的规定，为美军何时、何事、以何种原则如何发布以及发布什么提供了大而统的指导。而相关的公共事务条令条例则对新闻发布的规范、机构设置、人员编制、职责分工等组织形式，对新闻发布原则、发布程序、发布媒介以及媒体支援、媒体嵌入、媒体采访等相关活动都进行了细致入微的规定。

美军新闻发布的授权是保持口径的重要方式，其授权的层级链条为国防部长办公厅→军种部→军种部以下指挥部。国防部长办公厅的新闻办公室由国防部公共事务部长助理管辖，负责国防部、各军种部、各战区和联邦政府总的计划、政策、项目或行动相关的军事新闻信息的发布。军种部公共事务主任办公室或信息总长办公室有权向媒体发布本部信息。信息通常从军种部参谋部门获取，必要时须经国防部授权。设有公共事务办公室的参谋部门也可直接进行日常的信息发布。公共事务主任办公室负责安排本部在五角大楼举行的采访和新闻发布会，须有参谋机构的公共事务官或公共事务联络官监督。军种部以下指挥部公共事务办公室有权公布本指挥部任务与辖区内的信息。对驻地媒体的新闻发布不受国防部办公厅和军种部公共事务部门的限制。

二是严格而有效的媒体管控手段。为了塑造自身形象，提升军队软实力，在舆情管控方面，美军建立了一整套严格有效的操作方案，积累了较为丰富的军事宣传实战经验。

首先，统一国内媒体口径。美军在各大媒体都专门派驻了公关人员，以灌输其军事思想，配合其军事行动。譬如，在对伊拉克开战10天后，国防部长拉姆斯菲尔德就与福克斯新闻发言人就舆论信息的发布进行了非正

---

① Headquarters Department of the Army, Army Regulation 350 - 1, The Army Public Affairs Program, 15 September 2000, Glossary: release of information.

式会谈，会谈的主要目的就是为他们“提供一个新的信息发布的思维方式”①，确立“萨达姆是邪恶的，共和国卫队是邪恶的”② 舆论战目标，并基本按照信息传播的“5W”③ 模式进行了议程设置：“谁：美国，绝对的正义；说什么：萨达姆·侯赛因，源自恶魔的邪恶；时间：不长的时间里我们将完成对伊拉克的惩罚；为什么：除了我们，每一个人都是邪恶的；怎样：通过使用美国的军事力量和那些效忠保卫国家的战士的鲜血。”④

其次，对全球媒体实施“嵌入”战略。实践证明，美军实施的“嵌入”战略取得了巨大的成功。它不再采取截取消息的方式，而是以一种“将欲取之，必先与之”的方式来影响媒体，从而达到掌控世界舆论、限定全球媒体报道内容的目的。由于各国派遣采访战事的记者非常有限，因此，如果仅有的合格记者一旦被美军“嵌入”，那么其战争报道口径就必然被美军所设定。以中国被“嵌入”美军航母“小鹰”号的新华社记者胡晓明为例，从五角大楼于 2003 年 2 月 21 日首次邀请新华网记者赴海湾始，至 2003 年 4 月 14 日包括新华记者在内的 9 名记者离开“小鹰”号航母，新华社记者共发出了 67 则新闻，其中 51 则标题中有“小鹰”二字⑤，近似于美军航母“小鹰”号航海日志的中文版。其报道完全从美军的角度对

---

① http：//www. white house. org. complete transcript of defense secretary Donald Rumsfeld's informal weekly press gaggle with assembled FOX newspeak information oooperatives：“Suffice it to say, I called you here not to prematurely celebrate our inevitable victory-that will happen tomorrow-but to provide you with new “intelligence” for you to disseminate to the “information-hungry” home front like so many televisual security blankets. ” March 30, 2003.

② 同上：“Remember-Saddam is evil. The Republican Guard is evil. Everything that is not dripping in the President's pretzel-rich sputum is evil”.

③ 即传播模式理论中的拉斯韦尔模式，他在《社会传播的结构和功能》一文中提出一个描述传播行为的简便方法就是回答下列五个问题：谁（who）；说什么（say what）；通过什么渠道（through which channel）；对谁（to whom）；取得什么效果（with what effects）。

④ “Send a memo to all your affiliates to stay true to the five rules of journalism：Who, what, when, why, how. Who：America, the infallibly righteous. What：Saddam Hussein, who sprung fully-formed and evil, from the anus of Lucifer himself. When：We will finish punishing the Iraqasaurs when we're damn ready to finish and not a decade before. Why：Everyone but us is evil. How：With the might of the American military, and with the blood of common citizen soldiers whom I would normally avoid like the plague in public. ”

⑤ 新华社网站，http：//big5. xinhuanet. com/gate/big5/news. sinhuanet. com/news center/2003 – 02/21/ content – 740283 . htm.

战争进行描述，展示了美军的人性与武力，而读者则通过美军给随军记者设定的视角，看到的是美军的作战前线。

最后，美军通过新闻审查制度，令与其军事行动不利的一切舆论统统“禁声”，面对那些有利的舆论则极尽宣传之能事。通过舆论战新闻审查制度，根据战争需要，美军决定新闻稿件的发与不发；决定同意刊发稿件的先发，而不同意的缓发、后发和滞后不发。这一做法进一步增强了美军舆论战与武力打击间的紧密配合，使美军舆论战如同战争的催化剂，将战争中的一切可能性进行了放大强化。

三是严密而完备的法律规章保证。《美国新闻管制条例》《爱国者法》等法规严格规范着媒体的宣传行为。媒体管控决定了美国媒体在战争中“发出什么声音”，而法规制度则保证了美国媒体“发出权威的声音”。两者相辅相成，形成合力，使美国政府和军队以绝对优势掌握着宣传权，在战争中获得对宣传导向的主导地位，最大限度地获得符合其政治目的的传播效果。就媒体管控而言，美国军方有其策略考虑。美国军方认为，“对媒体的专制控制，其本身就是一个失败的战略，而且，一般来说，美国相对开放的信息传统对美国军方还是有利的”。① 因此，美国政府和军方允许这种法律保护之下的媒体与政府机构保持着这样一种微妙的关系：它们往往对政府机构（包括军事机构）在大致上予以认同，但在细节上提出批评和异议；在内政上会有指责，但在外交和国防上则几乎和政府、军队亦步亦趋，基本认同。

这种相对开放的信息传统得到了美国法律的呵护，使得美国军事宣传工作在规范中运行。《美国宪法第一修正案》保护的言论自由包括四个维度：免于政府检查与许可的传播自由；免于被强迫表达某种言论的自由；免于由政府主导议论自由环境的自由；获取有效传播渠道的自由。除了《宪法第一修正案》的保护之外，还有若干具体细致的联邦法律，包括《信息自由法》（1966 年），《政府阳光法案》（1976 年）和《联邦顾问委员会法案》（1972 年）等。这些法律制度使媒体实现“自治”的同时，又

---

① ［美］阿尔文·托夫勒、海迪·托夫勒．未来的战争．北京：新华出版社，1996：204.

令媒体扮演着“诤臣”和“谏士”的角色。由于拥有保护媒体的法律制度，美国媒体在受众的心目中具有着与世界其他许多国家相比更高的“信价比”，扮演着正面的具有说服力的角色，给受众以“公平公正”的假象，而这恰恰是美国媒体被充分用于舆论战的重大前提。

美国军事宣传工作体现了显著的规范性特点，西方其他国家军队在军事宣传中也很重视规范性建设。譬如，俄罗斯军队的新闻发言人制度就比较完善，很有特色。俄军国防部配有新闻发言人，遇有重大事件、重要活动，经常与总统新闻办公室发言人共同举办新闻发布会；各军区、军兵种均配有新闻办公室，负责新闻发布工作。军以下单位虽然没有新闻发布权，但各集团军和海军舰队都有信息保障组，负责新闻管理和提供信息。师旅各有一名教育工作处的副处长负责这项工作；团里有一名分管信息工作的军官。新闻发言人制度对于传播俄军的重大军事新闻，加强新闻宣传的管理，提高军事新闻的权威性，均起到了积极作用。

第四章 外军军事文化工作

德国思想家斯宾格勒说："战争的精华，不是在于胜利，而是在于文化命运的展开。"文化是一个由社会历史积累而成的不断变化的复杂有机系统，包含着价值取向、观念系统、思维方法、制度设计、技术积淀、行为方式等。所谓军事文化，是指深刻反映军队本质特征、使命任务、作战训练与建设发展的内在规律和根本要求，被军队官兵普遍认同和一体遵行的思想观念、价值标准、精神追求、行为规则等精神成果的总和。军事文化对凝聚军心士气、锻造军队软实力、塑造军人信仰和追求、激励官兵有效履行使命，有着重要作用。外军军事文化建设在理论创新、价值培育、能力锻造、制度规范等领域都有不少值得我军借鉴参照的内容。

第一节 外军军事文化工作的组织机构

世界各国军队为增强自身的战斗力，总是把军事文化建设置于重要地位，让官兵在耳濡目染、潜移默化中受到教化，以此弘扬国家观念、培育战斗精神、提升军人品质。因此，许多国家的军队都设有专门机构，负责管理军队文化工作，并且活动、任务比较明确，文化设施完善齐全。

美军十分重视军事文化工作，在国防部、军种、集团军、军、师等均设置有专门的工作机构来具体实施组织领导。美军在国防部设置的新闻教育局主管部队文化娱乐工作。各军种设有新闻局和娱乐、福利与士气办公室，具体负责文化娱乐工作的实施。根据美军“娱乐、福利与士气计划”规定，各个基地都设有“娱乐、福利与士气服务中心”，并设专职“娱乐勤务军官”，负责指导基层部队的文化娱乐工作。美军各级文化娱乐工作领导机构的职责是指导基层部队的业余文娱活动，组织开展体育比赛、宗教活动和文娱演出，办好军官和士兵俱乐部、电影院、保龄球场、体育馆、游泳馆等。在基层部队，通常由一名军官或军士负责此项工作，除了组织官兵在娱乐室开展各项文娱活动外，还开展条件许可的体育活动，并组织运动队参加由旅、师或基地定期举办的文体比赛。为了活跃部队生活，改善官兵生活质量，提高部队士气，在部队驻地一般还设有地方政府管理的“劳军机构”（USO），有供军人及其家属进行娱乐活动的俱乐部等设施，并经常有演出队到部队营区演出。目前，美军共有 900 余个文化娱乐中心和数千个俱乐部，年度经费为 30—40 亿美元。

美军各军种训练与教育部门主管部队的业余文化教育，各级人事副参谋长指导各级副官长办公室具体负责此项工作，各部队设有教育中心具体组织实施。为了适应部队武器装备不断更新和现代化建设的需要，迎合官兵到部队谋出路、学技术的愿望，美军在军中大力开办官兵业余文化教育。营以上驻地和有 750 人以上的基地设一个教育中心，教育中心设正、副主任，配备教育顾问和专职教师，开办业余高中班、大学班、研究生班、各类技校及培训班，以满足不同层次和各类人员的业余文化学习需要。美国陆军现有此类教育中心 370 个，空军 285 个，海军 300 个，官兵家属和子女亦可以参加各类学习。在不具备办校的地方，如果有 5 人以上提出学习要求，即可成立学习小组，单位领导有责任提供一切方便和资助。根据部队和个人需要，目前美军共开设了 500 余门课程，600 多个专业，供官兵选修。官兵参加规定的学习，通过考试后可获取正式的文凭和学位证书，地方亦予以承认。

俄罗斯军队为丰富军人精神生活，极为重视军事文化建设，设立了一系列领导军事文化工作的机构。其国防部新闻信息局领导新闻媒体机构，国防部文化局领导军事文化艺术活动，国防部体能训练局领导军事体育机构。这些机构各尽其职，主要负责组织部队业余文化娱乐活动，宣传俄罗斯国家和军队的历史、传统革命，传播军事知识和军事技术，对军人进行文化和美学教育。俄罗斯武装力量各军种、兵种、军区、总局和中央局也内设负责领导军事文化活动的机构。

俄罗斯联邦国防部新闻信息局负责领导军队的新闻工作，包括报社、杂志社、广播电台和电视台，主要任务是保障俄罗斯国防部执行国家新闻信息政策，为武装力量提供信息保障，协调武装力量各军事领导机关与下属军事单位之间的新闻媒体工作。该局下设陆军、空军、海军、战略火箭兵、空降兵、太空兵及物资技术保障 7 个信息保障组、4 个军区信息保障室和 5 个舰队（区舰队）信息保障室。此外，俄罗斯国防部新闻信息局还下辖俄罗斯国防部“编辑出版中心”。该中心负责出版和印刷各种书籍、期刊、海报及其他印刷品，包括编辑出版《军事思想》《军事历史》及《军队文集》等期刊。在报纸方面，俄罗斯国防部定期发行 20 多种报纸，空军、海军、铁道兵等军兵种也都发行各自的报纸。俄罗斯还成立专门的广播电视机构——国防部中央电视与广播室，直接由俄罗斯武装力量军人工作总局领导，主要负责制作关于军队、爱国等主题的视频、电视节目、纪录片、播放音乐会和戏剧演出节目等。成立于 2005 年的俄罗斯“星星”广播电视公司，近年来获得快速发展，主要围绕爱国和军事主题播放关于军队的新闻、歌曲以及关于俄罗斯历史、文化、科技成就的访谈等。

俄罗斯的军事文化艺术机构由国防部文化局和国防部人员工作局统领，主要包括：武装力量伏龙芝文化中心、军官之家、各艺术机构（剧院、艺术团、格列科夫军旅艺术家创作室、国防部电影工作室、艺术学校）、档案馆、博物馆与图书馆等。俄罗斯武装力量军人工作总局是俄罗斯军人教育工作的最高领导机关，主要任务是：对武装力量人员提供道德心理教育服务，对武装力量人员进行爱国主义教育，领导武装力量的文化娱乐活动，保障部队的印刷器材、文化娱乐等器材。下设 4 个局：军人工作与军人纪律局、爱国主义教育与社会联络局、信息与技术器材保障局和军事社会工作与方向局。2013 年成立的国防部文化局则负责确定俄罗斯联邦武装力量文化娱乐工作的发展方向，并领导各中央文化机构的活动。俄罗斯还在各军区、舰队和卫戍区设立特有的文化娱乐场所——军官之家，一般包括图书馆、观影厅、体育室、礼堂等部分。很多军官之家是该军区、舰队和卫戍区歌舞团、军乐团和话剧院的排练基地及其他文化艺术团体的活动场所或办公地点。

俄罗斯武装力量体育机构由国防部体能训练局统领，主要包括各体育俱乐部及体育学校，主要任务是领导俄罗斯军人的体能训练以及公民的体能训练，组织军人的体育运动、山地训练，代表俄罗斯国防部参加国际军事体育委员会的活动等。

印度在国防部国防局设立公共关系处，负责国防部、三军、国防研究与发展组织和其他国防机构的新闻管理；设立武装部队电影与摄影处，负责三军的电影、录像带、照片和艺术品的生产、管理和发行。

英军一贯比较重视部队官兵的文化教育训练，三军均设有专职的文化教育部门，并配备大批专职教育军官，负责部队的文化教育。英军陆军副官长部下设教育局，海、空军的人事部长下设教育训练机构，其主要职责就是对本军种文化教育问题提出建议，供上级制定政策时参考；同军外教育机构联系，研究和协商有关教育方面的事宜；对军官和士兵进行基础文化教育和科技教育；负责军队外语训练等。

法国军队在陆海空各军种设立相应的宣传教育机构，各集团军、军、师（旅、团）均设有宣传教育机构，主要负责对部队实施精神教育，对官兵进行思想灌输，维护军事法规和军队纪律，组织官兵的业余文化学习和体育活动。

第二节　外军军事文化工作的主要内容

军队是一个特殊的社会群体，担负着特殊的任务，生活在与社会联系不很密切的特殊环境之中。这种特殊性对军队的精神生活、文化生活和体育生活有着特殊的需求。如果没有丰富多彩的精神追求和文化生活，军人难以忍耐长期的寂寞和枯燥的生活环境，那么稳定军心、凝聚军心、完成训练作战任务等也就难以实现。

一、外军军营文化建设

从广义上讲，军营文化是指军营内部为培养军人性格、精神信念和价值取向以及提高知识修养、技术能力和满足娱乐需求所呈现出的一切文化行为和文化现象的总和，是军人的共同信仰、理想、思想方式、价值观、审美观，是每个军人的意识、精神、灵魂之所系。军营文化工作不仅仅是一项单纯的娱乐、体育、环境美化工作，更是一种在军事生活中形成的，具有一定导向性、工具性和目的性的政治性工作，是为提高部队战斗力和凝聚力、保持部队稳定服务的。军营文化工作既是外军政治性工作的一个重要组成部分，也是外军政治性工作形成发展的背景和基础。各国军队军营文化活动多种多样，体现了军队和民族特色。

（一）开展丰富多彩的军营文化娱乐和体育活动

为活跃官兵业余文化体育活动，劳逸结合，改善官兵业余文化生活质量，外军军营不但有相当完善的文化娱乐与体育设施，而且活动丰富、项目多样。美军认为，“清闲是士气的敌人”，“能吸引人员最大限度地参与各种体育活动是所有文体活动的核心……勤务军官的总体任务是创造一种具有吸引力的业余环境。这对士兵自愿延长服役期有直接作用。”因此，美军专门制订了“士气、娱乐和福利计划”，在部队设有“士气、福利和娱乐服务中心”，编配有“娱乐勤务军官”，负责为部队提供文化娱乐器材和场所，组织、指导部队开展文化娱乐活动，并组织大型体育比赛、宗教活动和文艺演出。美军每年拨款 3.5 亿多美元用于美军官兵的文化娱乐体育活动，各级指挥官也十分重视安排部队的娱乐和体育文化活动，逢休息日，美军“娱乐、福利与士气服务中心”和专职“娱乐勤务军官”就组织官兵进行一些集体娱乐活动，官兵不分彼此，同娱共乐。

许多国家军队的旅团级以下部队、舰艇、海空军基地、后勤仓库、军事院校、机关等建制单位，都有军人俱乐部，专门编配军官负责文化娱乐活动。连队有专门供文化活动的场地和娱乐室。例如，阅览室、图书室、卡拉 OK 室及健身房等。如，俄罗斯各军区、舰队和卫戍区设有军官之家，一般包括图书馆、观影厅、体育室、礼堂等部分。俄罗斯军队共有 289 个军区、卫戍区军官之家以及 1263 个部队俱乐部。军人俱乐部的职责是对部队进行国家方针政策和形势教育，培养军人国家意识和职责意识；组织合唱队、乐队、戏曲、舞蹈队、体育组开展活动；举办部队历史和战史展览；组织官兵阅读各种图书、报刊、杂志；举行军人宣誓等。一些国家的部队驻地，还有由地方政府管理的“劳军机构”，为军人提供娱乐活动的场所和设施。在一些西方国家看来，军人的文化生活绝不是可有可无的，而是一个十分严肃的法律问题。

外军开展的军营文娱和体育活动主要有以下几种：一是体育锻炼。外军十分重视军队人员的体育训练和体育娱乐活动，有严格的体能训练和达标规定，并经常组织官兵开展体能达标训练。以美军为例，美军军营一般有台球、网球、垒球、篮球、排球、保龄球、乒乓球、羽毛球、游泳馆、游乐场等场馆，供军人在业余时间进行体育活动，各部队还经常组织开展大量的球类等体育活动和比赛。美军对军人体育锻炼有专门的计划，要求每周必须有不少于 3 次的身体锻炼，对锻炼情况要进行考核，对不达标者，实施强制性淘汰。美国军校的体育活动更加富有特色。校内成立有各类俱乐部和运动队，俱乐部大致分为服务性俱乐部、职业（专业）俱乐部和娱乐性俱乐部三类。很多课程的高级、精确训练都是在俱乐部组织的活动中完成的。如在飞行俱乐部可完成动力飞机的飞行基础和高难度训练，成绩合格者可申请政府认可的私人飞机驾驶执照；在滑翔俱乐部，可参加校内、国内或国际的滑翔机比赛；在跳伞俱乐部可以完成跳伞训练等等。这些俱乐部有相当部分的训练由获得认可的高年级学员担任教员，这样，又使学员的组织管理和领导能力得到了充分锻炼。俄罗斯军队也十分重视军人的体能训练，将体能教育作为俄军军事文化工作的一项重要内容。俄军认为，健壮的体魄和健康的心理是胜任本职工作、完成各项任务的基础条件。为了增强军人的体质，消除军人作战训练中的心理障碍，俄军经常进行心理学、生理学、卫生常识的教育和体育锻炼，使俄军官兵克服吸烟、酗酒、吸毒等不良习惯，成为体格健壮、心理健康的军人，以适应各种艰苦危险条件下的军事勤务。

二是周末演艺。为了调节官兵疲惫的身心状态，美军一般在周末组织开展一些演艺活动。每个周六晚上，军营娱乐中心会播放电影、录像或组织一些演出活动。周末时间，师旅或基地也经常举办由基层部队文艺队参加的文艺汇演，官兵则聚集在一起边吃边娱乐，很多人积极参与节目，台上台下相互呼应，营造欢乐的气氛。以色列国防军经常组织文艺演出、娱乐晚会、军事游戏，丰富官兵的精神生活。韩国为了促进军民的交流与沟通，每周开展一次名为“慰问列车”的大型联谊活动，以此来激励士气，凝聚军心。

三是聚会活动。为了给军人创造宽松、愉快、有意义的生活环境和氛围，增强军人与军人之间、军队与地方之间的相互了解和理解，外军许多部队每年都要组织几次大型的聚会活动。在活动中，官兵们身穿便装，进行排球、足球、高尔夫球、俯卧撑等项目比赛，同时享受烤肉和啤酒等美味。由于平时训练十分辛苦，官兵们很乐意参与此类气氛轻松的集体娱乐活动。日本自卫队经常组织音乐会、歌舞会、夏夜纳凉会、吟诗会等文娱活动，在娱乐中进行精神教育。

（二）重视图书馆建设，运用媒体传播军营文化

外军认为，图书馆是军队文化建设的核心部分，是一所“没有围墙的大学”。一些国家军队不但院校有图书馆，而且部队各级也都设有图书馆。例如，匈牙利仅防空军就有 12 个大型图书馆、35 个小型图书馆，官兵们在图书馆可以听新闻、看报纸，平均每 6 个士兵有 1 份报纸，基层连队也可以看到外文报纸。图书馆里还进行各种讲座，内容十分广泛。美军非常重视用现代知识武装部队，几乎所有营区都有图书馆，配有专业图书馆馆员，定期为官兵提供新书、报纸和杂志。官兵休息时间可以在图书室选几本自己爱看的书或杂志，充实心灵。俄罗斯国防部文化局直接领导武装力量图书馆的建设，推动图书馆、博物馆及各部队内设类似机构的发展，其中藏书超过 350 万册的图书馆共计 123 座。

运用媒体传播军营文化，在外军中也比较普遍，这方面的投入也比较大。美军的新闻出版机构和其他现代化大众传播媒介相当发达。据有关资料介绍，美军共有军内报刊 1850 多种，发行量超过 1200 万份。陆、海、空军均有自己的报纸，如《陆军时报》《海军时报》《空军时报》等，这些都是官方的报纸，主要进行政策性宣传。各军兵种及驻海外部队（如驻太平洋美军、驻欧美军等）又都有以娱乐、知识介绍为主且寓思想教育于其中的报纸。这些报纸版面多，内容丰富，贴近士兵生活，官兵普遍爱看，并在不知不觉中接受教育和影响。美军刊物也很多，各式各样，如美空军除大型刊物《空军杂志》《士兵杂志》外，各兵种还有自己的刊物，如《战略空军》《战术空军》《空军后备队》等等，几乎每个基地、办公室也都有自己的刊物。这些刊物形式多样，有的是正式出版物，也有油印小报、单页通讯等。各种主要报刊发行量大，它们一般能反映和回答涉及官兵切身利益的问题，受到官兵的普遍信任，被视为官兵的喉舌。此外，美国国防部还直接控制 300 家电台和电视台，每年播放约 3500 部电视片，租放 1100 多部电影；在海外 57 个国家设有 953 个电台和电视台，每周为部队播放节目 1400 个。互联网的诞生和兴起就源于美国军队，美国国防部、各军兵种及很多部队都建立了自己的网站或网页。美军从事宣传教育和新闻媒体的人员有数千人之多。

俄罗斯军队也十分重视媒体文化，规定官兵每天必须收听收看新闻广播，组织部队阅读报刊。以色列国防军针对官兵的文化素质普遍较高，对文化的消费与需求也要求比较高这一客观现实，重视运用影视、广播、报刊、网络等新闻媒体的形式进行宣传教育。以“军中广播电台”为例，它原只是一个小电台，现已发展成为以色列最受欢迎的电台。它一天广播 24 小时，其节目内容广泛，有流行音乐、以色列歌曲、政治新闻、评论、大学广播教程、剧评、体育等。该电台不仅教育了部队，还为以色列国民认识了解军队提供了渠道，增强了以色列国民对军队的认同感和参与军队建设的积极性。以军《军营之声》周报不但是军队中受欢迎的报刊，而且成为以色列主要周报之一，在全国极具影响力。以军各军种都有自己的刊物，各专业兵种甚至军中教士也有专门杂志，如《战役》杂志刊登军事学术文章，《调查月刊》报道国际政治时事。韩国军队也很注重运用媒体对官兵进行精神教育。每天下午在首尔广播电台播放军事新闻，内容大多向官兵介绍周边国家的军事动态、宣传军队中的先进典型。日本自卫队经常编印种类繁多的文艺小册子，发给官兵阅读。如《师团小游戏集》《师团队歌集》《先驱漫画》等，体裁有童谣、民谣、旧军歌、小游戏等。

外军充分发挥大众媒体舆论宣传作用的做法，不仅丰富了官兵的文化生活，而且由于形象直观，使官兵在潜移默化、寓教于乐的活动中接受教育，让官兵在不知不觉中强化了军人意识、为国献身的观念。

（三）重视提高官兵科学文化素质，积极开展科学文化教育

外军普遍重视提高官兵的科学文化素质，把提高官兵的文化水平贯穿军人服役全过程，并把它作为一项长期的战略任务。外军认为，坚持对官兵进行科学文化教育，有利于开阔军人的视野，转变其思维观念，有利于搞好部队的行政管理，有利于提高官兵熟练掌握现代武器装备的能力，同时也增强了军人退役后在人才市场上的竞争能力。

美军坚持把业余科学文化教育作为军队文化生活最重要的内容，采取多种形式开展科学文化教育，利用请地方院校来部队开办分校和专业班、开办士兵业余技校和业余大学、通过互联网络开设函授教育课程等形式，大力提高官兵的综合素质。据统计，美国有1800多所大学在部队开办学习班，仅华盛顿特区就有12所公立大学在军营内设立了分校。有的中学也在军营设立分校，或开办士兵文化学习班。美军在军营开办大量的技校和训练班，设有建筑、无线电、木工、电工等专业，对那些想学一技之长又无心攻读学位，以便退伍后好谋职业的士兵有很大的吸引力。士兵经技术考核后，可获得一定级别的技术证书。进入信息时代，美军又为官兵开办了互联网教学，参加的官兵多达50万人次。通过开办业余科学文化教育，美军有效地提高了官兵的科学文化素养和军事素质，保留了业务技术骨干和优秀军官，降低了犯罪率，同时也提高了军队的形象，改变了以往被称作“一支由穷人和黑人组成的没有教养的军队”和“一支没有社会代表性的军队”的看法。良好的文化教育也为美军吸引更多的失业失学青年入伍并

安心服役创造了条件。

德军认为，掌握一定的科学技术知识，已成为从事任何工作最基本的前提要素。军事领域无论是杀伤武器、通信工具、指挥器材及各种运输、工程装备的操作和使用，还是作战理论、后勤保障系统的严密运筹规划等，都有赖于部队官兵的文化和科学知识水平。因此，德军非常重视科学、文化知识教育，强调要不断提高军人的科学文化水平。在组织官兵在职学习相关科技知识的同时，大力进行有计划的院校培养。汉堡和慕尼黑国防军高等学校，均开设了经济学、组织学、电工学、信息学、航空与航天技术、土木工程学等一系列大学基础课程。据不完全统计，陆军十几所院校共 830 多种课程，其中属于科学技术方面的专业课程占 54%，军事课程占 42 %，特种课程占 4%。目前，联邦军队连以上军官的知识水平都已达到大学毕业，其中还有相当数量的硕士及博士。

日本自卫队除军事院校的教育训练外，还鼓励和提倡进行业余学习，主要方式是：入地方大学或短期大学的“夜间部”学习，参加由地方统一组织的函授教育和电视教育，坚持自学，凡学完规定的课程，并经考试合格者，发给毕业证明。为保证学习时间，规定军营内 18—22 时为自由活动时间，上夜校者不受时间限制。各部队营区内均设有自习室，备有各种书籍供阅览。所有这些，对促进官兵学习军事科学和文化知识起了重要作用。

以色列军队也很重视提升军人的文化素质，并注意把文化教育基本知识和技能课同公民价值和责任课结合起来。以军认为，锤炼一支军队不能只停留在言谈上，军官不能只依仗勇敢精神和高尚的道德来领导，还必须接受优良的教育、具有全面才智；军官的素质在现代战争中起着决定性的作用，一支有文化的军队胜过一支由文盲组织起来的军队 10 倍。据此，以军采取了一系列提升官兵文化素质的措施：一是对基本文化教育不足的军人进行补课教育。补课内容有希伯来语课、文化识字课、中小学教育补课和青年就业训练等。二是实行选送军官上大学的制度。以军每年都把一些军官送到国内外民间高等院校进行深造，学费由部队承担。教育内容除军事战略、武器技术和如何驾驭武装冲突之外，还包括国际关系、政府比较研究、经济、公共管理、通信和研究方法等科目。这种高等教育是军队军官训练的组成部分，也有利于帮助军官在中年时期顺利地转到地方担任相应级别的职务。这些措施，使军官的文化素质得到了很大提高，也成为以色列军队具有强大战斗力的原因之一。

二、外军礼仪文化建设

礼仪是伴随着人类社会的产生而产生，并且渗透在社会生活各个方面的一种文化现象。所谓“礼”就是指人类社会为维系社会的正常生活而共同遵守的道德行为规范与准则。“仪”则主要指仪式，规定各种场合进退的程序。“礼仪”就是在社会生活中的约定俗成的、符合礼的要求，维护礼的精神，指导、协调人际关系的行为方式和活动形式的总和，它的表现形式有：礼节、礼貌、仪表、仪式、服饰、标志等。礼仪因其特殊的象征性和感召力自古为各国军队组织所重视。某种程度上讲，仪式和礼仪似乎是军事文化最显著的表现形式：敬礼、制服、绶带和奖章以及吹号等。军队礼仪作为人类礼仪文化中一个独特的分支和现象，在其表层的习俗、约定、装饰、庆祝之类的操作性功能之下蕴含着十分丰富的教育功能，因此倍受各国军队关注。

（一）借助礼仪的纪律约束性，规范军人的行为

礼仪以交往为特征，以敬人和律己为内容，以协调人际关系为目的，反映的是深刻的精神内涵，是世界范围内受到人们普遍支持的价值观，是人类文明的标志。对于军队来讲，礼仪是纪律、是友谊，是习俗与禁忌，是军人强烈的“自我意识”，是军人必须遵循的行为规范。外军普遍认为，军事生活仪式是在和平时期可以观察到的最多的因素，其职能在于引导个人行为，为军队生活提供秩序、等级和连续性，帮助提供一种文化内部的实质和动力。

《美国陆军军官手册》规定，礼仪不仅“是纪律的一部分，也是不同级别、不同年龄，为国家安全而承担共同责任的军人们紧密团结在一起的

深厚友谊的一部分。”“礼仪惯例也是一种约定俗成的习惯。它既包括肯定的行为——该做什么，也包括禁忌——不该做什么。陆军惯例符合陆军军官的准则，也同已确立的军人礼节相一致。”在美国陆军军官、士官、士兵手册中，有专门的“禁忌”篇、“告诫”篇，以及专门论述诸如军事交往和日常生活行为规范的章节。例如，言语方面，“不要使用第三人称”，要“慎用‘老头子’称号；不要阿谀奉承，不要当面赞颂你的领导；不要传播流言蜚语，不要讲龌龊语和骂人话。”行为方面，不要找借口逃避降旗仪式；避免越级行为；接到通知或呼唤时，立即报到，不要让人无谓地等待；公共场所不要吸烟；着军装时，男性军官不得打伞，女性军官则允许并适时打伞。举止方面，请坐前不要倚靠在上级军官的办公桌上；遇见并认出有资格接受行礼人员必须向其敬礼，徒手或携带武器行礼时，须依照条例行礼，要求动作敏捷，杜绝漫不经心。

俄军非常重视军人形象与军人礼仪。俄军规定，军人应该保持高度的文明、谦虚和谨慎的形象，自觉维护军人荣誉，维护自己的尊严并尊重他人的尊严。军人必须牢记，其行为举止不仅关系到个人，而且关系到整个武装力量的荣誉。为此，《俄联邦武装力量内务条令》规定了军人之间的相互称呼，各种场合的礼仪、礼节、着装规定和个人举止等。该条令对军人内务秩序的各个方面要求也非常严格。从营房内军人卧具的种类要求到床头柜内摆放物品的范围；从军营宿舍专用板上的镶挂内容到面向居民区街道的下层窗户的玻璃处理，另外还有各种清洁标准和要求，都细致到“地板在打蜡前应清扫干净并用湿抹布擦净。如果地板不打蜡，一周至少应擦洗一次。禁止用泼水法刷洗地板”的程度。对军人日常活动的时间分配也有严格要求，“部队作息时间表应规定出早操、早晚洗漱、早检查、操课和备课、换专业（工作）服、擦鞋和就餐前洗手、就餐、保养武器和军事技术装备、教育、文化娱乐和群众性体育工作、向人员通报新闻、听收音机和看电视转播、去卫生所看病及军人处理个人事情（至少两小时）、晚散步、晚点名和八小时睡眠的时间。”俄罗斯军队的这些细致标准，正是其军营整洁安全、松弛有度的军营文化形成的制度保证。

日本自卫队的养成教育，具有要求全面具体、重视阐明意义的特点。

如，日本陆上自卫队参谋部颁发的《养成教育参考资料》中，将士兵在营区内的一日生活内容，从早晨起床到晚上熄灯，共列出了 18 项，使士兵的一日生活有规律、有条理。再如，为了使军人养成良好的军人仪态，规定了一般军人行动准则，共有 12 个方面的内容，即着装与军人仪表、军人姿态、语言、动作、用餐、清洁整理、爱护物品、外出、访问、接待客人、通信、公共道德。自卫队强调，对于养成教育的各项内容，都应从道理和意义上进行说明和解释。对于具体规定，不仅要使士兵知道怎样去做，而且还要努力使士兵懂得为什么要这样做。比如，在《养成教育参考资料》中“洗脸，上便所”一节中写道：用水和用厕所时，会在短时间内造成拥挤，因此要考虑到周围的人和排队的人，应按顺序，互相礼让，尽快用完，保持清洁，以培养和发扬公共道德。在“升、降国旗”一节中写道，日本旗代表日本国，升旗或在旗下活动代表国家，表示享有作为日本公民的权利和待遇，以及作为一个国民的自豪，尊重国旗，就意味着尊重与热爱国家和国民。

（二）借助仪式的激励功能，提升军人的思想情操

仪式是一种具有象征性、程序性、实践性特征，由一定程式和一整套规范组成的，表达特定精神意蕴和价值取向的行为体系。军队仪式是由大量有意义的仪式符号所构成的一个象征体系，一旦形成后，就可以毫不走样的进行多次重复，并可以收到类似或相近的教育效果。这对于传承军队的优良传统、构筑军人核心价值观、提升军人思想情操具有重要意义。

美军规定，每天都要举行升国旗和降国旗仪式，以此表示对国家的无限效忠。在每个不是由留守分队驻防的基地里，起床号一响，就升国旗。如果在军事专用区举行降旗仪式，军乐队或野战乐队要演奏“国歌”或“向国旗致敬歌”，降旗结束时还要鸣一响礼炮。这时，驻地内所有在室外活动的军人应立即停下来，向国旗敬礼。在 7 月 4 日美国独立纪念日的中午 12 时整，各军队单位要鸣放 50 响礼炮以示纪念；在阵亡将士纪念日（每年 5 月最后一个星期一），从升旗号到中午 12 时整，每个军队单位要将国旗降半旗并伴奏乐曲，在中午 12 时整鸣放 21 响礼炮，以表达对为国

殉职将士的敬意和哀悼。美军认为，任何1名优秀的美国军人都会在国旗和国歌面前表现由衷敬意，并会以此为骄傲。

美军的仪式活动有很多内容，如在新兵入伍、新学员入校、新学期开学、授衔、毕业典礼时，美军都要举行庄严隆重的仪式。这种形式化的艺术和程式化的行为模式，使官兵在众人面前获得对军人身份的认同和荣誉感，并对这种身份的特征保持高度的警醒和自觉。比如主要军校学员毕业典礼，通常都有军界要人（国防部长、军种部长）出席、颁发证书并发表演说，场面庄严热烈，以增强官兵的责任感、荣誉感和使命感。军官晋升军衔，即便是少尉晋升中尉，也要由本部队的上级领导有时甚至是战区司令、舰队司令或航空队司令为其授衔。在举行授衔仪式前，军官首先要接到以总统名义发布、军种部长签署的军官委任状。授衔甚至可以在旅游区内进行，场面隆重而热烈，要让受委任的军官感到自身被公众所注目，以使他们在接受祝福的同时，自觉增强自律意识和职业道德意识。美军还制定了邀请士兵家属参加士兵毕业典礼的制度，美军认为这“可以增强士兵的自信心和荣誉感”。仅杰克逊堡一个训练基地，每年就有83000名士兵家属成为毕业典礼的特邀来宾。

美军为了激励官兵英勇作战，在官兵出国执行任务和作战时都要举行欢送仪式、欢迎仪式和游行活动。当参战军人归国，有时总统、副总统、指挥作战的总司令也要出席欢迎仪式，高声欢呼的群众手持标语牌、挥舞旗帜夹道欢迎。对于那些归国战俘，只要非自愿投降，被俘后尽一切手段进行反抗、不出卖同伴、不背叛国家、不在和平请愿书上签名、不在口头或书面呼吁其他军人投降、不发表任何有悖信仰和有损美国利益的谈话和文章的战俘，归国后也能受到热烈欢迎。国防部长、参联会主席一般都要亲自到空军基地迎接他们，还会为战俘登报扬名，并邀请战俘亲人到华盛顿出席欢迎仪式。美军认为，这样做既可以坚定官兵被俘后“坚强不屈、不惧强暴”的反抗思想，而且还会极大安慰、鼓励战俘，激发更加强烈的爱国热情。

俄罗斯是军事节日最多的国家，每年的军事节日多达36个。有些军事节日继承于苏联时期，如俄罗斯武装力量日（2月23日）、俄罗斯海军节（每年 7 月的最后一个星期日）；有些是追溯最久远重大历史事件而确定的，如俄罗斯空军节（8 月第 3 个星期日，综合俄罗斯帝国空军建军史和苏联空军节确定）。此外，各军种内的兵种节日也很多，也是基于俄罗斯最久远的历史事件而确定，如海军的潜艇节（3 月 19 日，根据 1906 年旧历 3 月 6 日沙皇发布命令将潜艇列为军舰中的独立艇种这一历史事件而确定）、海军航空兵节（7 月 4 日，为纪念 1916 年波罗的海上空俄罗斯飞行员第一次空战胜利而确定）、俄罗斯水兵节（10 月 20 日，1696 年 10 月 20 大贵族杜马根据彼得一世关于建立亚速海舰队的口谕通过了“一定要有海船”的决议，从而使海军建军史一下子前推 300 多年）、海军陆战队节（11 月 16 日，1705 年 11 月根据彼得一世的命令组建第一支海军团队）。

继承光荣历史传统，以弘扬军事文化，是俄罗斯政府的一贯方针。例如：1967 年 5 月 8 日在莫斯科克里姆林官无名烈士墓上燃起长明火炬，以纪念在卫国战争中牺牲的英雄；而举行婚礼的年轻人在幸福的时刻也不忘先烈的功绩，虔诚地来这里献花；每年 5 月 9 日都在莫斯科红场隆重庆祝苏联反法西斯胜利日，邀请外国政要和卫国战争老战士出席、举行阅兵式、演唱军旅历史歌曲、展示新式武器装备等，大大增强了民族凝聚力，提高了民族的自豪感和自信心。

以色列军队也特别重视仪式教育，使教育形象化。每逢“独立日”“阵亡将士日”“死难犹太人纪念日”等重要纪念日，以军都要进行各种活动，宣扬民族英雄业绩。同时，还利用“哭墙”“纳粹大屠杀纪念馆”等教育基地，教育官兵不忘历史。以色列有一个著名的马萨达古城堡，位于死海之滨的马萨达山顶上，现仍保留着 2000 多年前的原貌。公元前 73 年，近千名犹太人拒绝向罗马征服者投降，在这里坚守 3 年后，全部集体自杀。现在这里被视为犹太民族“为自由而战”的象征。以色列新入伍的士兵都要到这里宣誓：“马萨达不会再陷落”。训练班的学员们也须在学习结束时，在夜间攀登上通往马萨达堡的峭壁，面对这一古犹太人玉碎抗击罗马人的遗址，在火炬的照耀下宣誓效忠以色列。飞行学员毕业时，都要去位于耶路撒冷城外的“飞行员山”（一座记载着 1100 多名为国家献出生命的空军将士姓名的高大纪念碑）宣读誓言，表示对国家的忠诚。另外，以军经常组织部队游览国土，参观博物馆、经济发展地区和工业中心等，让官兵熟悉本国各地情况。以色列军队的专业野战学校，还组织官兵到农村参观，并给他们讲解生态学、地理课以及历史古迹，其目的是让军人熟悉以色列国土景物的轮廓，熟悉以色列的历史，给他们以形象化的现实感，使“个人与国土之间建立起更有机的联系”，让官兵在实际见闻中树立“爱国主义”思想，增强个人在这块土地上的责任感。

（三）借助环境的熏陶效用，增强军队的凝聚力

军营环境文化间接地对军人群体的行为、思想、情感等产生影响，具有标识和启迪功能。因此，许多国家的军队都非常重视环境文化建设。美国是一个历史很短的国家，但却特别看重历史、保护历史，以此增强民族凝聚力和向心力。美军从五角大楼到基层连队，都特别重视利用历史、宗教、传统、伦理和英雄人物等因素鼓舞士气，营造积极向上的文化氛围，以此潜移默化地培养军人荣誉感。在五角大楼每个军兵种和国防机构的办公区内，宽敞的走廊两侧都精心布置反映本军兵种、战史的油画、照片、图表和各种实物，包括各个时期和战争中使用过的枪支、头盔等军械；著名军事人物穿过的军服、用过的手枪、望远镜、钢笔等物品；著名战斗英雄、烈士的事迹和遗物。美军各军兵种、国防机构和部队营区内，军中历史名人塑像随处可见；有的连队还设有挂像栏，从美国现任总统、国防部长、军兵种部长、基地司令、旅长到营连长的照片都悬挂其中；“忠于祖国、无私服务、牺牲奉献、诚实正直、团结友爱”等反映美军价值观的标牌、宣传画广泛张贴、书写在营区墙壁上；甚至在教堂内都悬挂有各军兵种的军旗、军徽以及战斗英雄的照片。许多部队指挥官的办公场所，都插有美国国旗和本部队的标志旗，旗头上系着数量不等的条带，带子上分别写着“诺曼底 1944”“巴布亚岛（PAPUA）1942—1943”等字样，不仅表明该部队参加重大战役的经历，同时也用以时时刻刻激励官兵牢记光荣传统，增加荣誉感和责任感。

英国军队为了激发军人的自豪感，营造激励士气的浓厚氛围，采取了

多种手段：充分利用广播、电视、报刊大肆宣扬英国的强盛和英军的历史功绩；组织官兵参观、瞻仰军事博物馆、军事纪念馆、战役纪念塔或纪念碑，开展向无名英雄、烈士献花圈等活动，以激励官兵为国献身；建立“团队中心”，展览团队历史、战绩及各种有教育意义的实物，宣扬本团队所有立过功的官兵，以激励官兵的荣誉感；设立各种勋章、奖章，每年以女王（国王）的名义颁布，较高级勋章由女王或王室成员亲自授予。中将级以上军官，还要由女王授予“爵士”封号，以此激励官兵为国效忠。

俄罗斯军队历来重视环境氛围营造，各军种、军区、院校及部队分别建有本级的博物馆、战史馆、荣誉室，还有一些军官之家和士兵俱乐部。在这些公共场所，历史上的英模人物和历任主官、本单位的功勋人物的照片、画像、塑像随处可见，借此激励官兵斗志。

三、外军联合文化建设

联合文化是军事文化的重要组成部分，是作战方式在军事文化领域的直接反映。20 世纪 80 年代末期以来，随着信息网络等技术的迅猛发展和国家安全战略的调整，外军大力建设一体化联合作战能力，联合文化建设引起各国军队的高度关注。“联合文化”（Joint Culture）的概念最早由美军提出。1991 年，美军颁布联合出版物《美国武装部队的联合作战》，指出“联合条令为作战谋划和作战行动提供了一种共同的见解，并且从根本上影响了我们对战争的训练方式和思维方式①。”2000 年，该出版物修订后强调：“联合条令——一台变化的发动机——为完成部队训练、建立有效的联合团队提供了一种重要的变革方法。它促进了军种文化与联合条令相融合的联合文化的发展。”美军联合文化的产生是建立在联合作战实践基础之上，并随着联合作战层次、规模、影响的不断提升而发展。联合文化

① Joint Warfare of the US Armed Forces（JP 1）November 1991：“Joint doctrine offers a common perspective from which to plan and operate, and fundamentally shapes the way we think about and train for war”.

概念一经提出，引起各国军队的高度重视，纷纷采取措施进行联合文化的塑造，以打破长期形成的军种文化壁垒，建立起跨部门的支援与被支援关系。在此过程中，联合文化在促进“内聚式联合”、实现武装力量从“人为联合性”到“天然联合性”的转变中发挥了至关重要的作用。

（一）塑造联合文化的浓厚氛围

氛围对文化的形成和发展具有重要影响。受传统文化极大的制约与羁绊，“军种至上”的文化观念一直困扰着外军联合文化的发展。为推动联合文化的创新发展，外军普遍强调，21 世纪必须突破传统军种文化的影响，积极营造尊重、鼓励和保护文化创新的浓厚氛围。

进入 21 世纪以后，美国总统小布什向美军发出“全面加速美国军事转型”的号召，时任美国国防部长的拉姆斯菲尔德在美国国防大学讲话时指出：“我们不仅需要改变我们所拥有的能力，而且需要改变我们思考战争的方式。如果我们的思维方式、训练方式、演习方式和作战方式不进行转型，那么，全世界的所有高技术武器都不能使美国武装力量实现转型。”而联合文化正是美军转型的目标所在。

美军认为，信息时代所有的作战行动，从大规模战区战争到小规模的应急作战行动，都是联合作战或联合行动，任何单一的军种都难以独立完成联合作战或联合行动任务。因此，美军强调，各军种、各部队都要把联合训练放在最优先位置，强调从基础的单兵训练开始就向士兵灌输“本能的联合思维”。陆海空军的最新作战条令，不再像以往那样总是强调自己多么重要，而是更多地强调自己是联合部队的一员，是整体作战力量的一分子，把联合训练作为军事训练的重中之重。美军甚至还认为，“军事革命的前 10 年至 15 年，主要是进行联合文化的塑造”“没有共同的联合文化，意味着武装部队成员没有找到共同的价值观”。

2003 年美国国防部正式批准执行《2004 年训练转型计划》并提出要在全军催生“联合文化”，着力提升培养各类人员和集体的“联合知识培养与分布能力”“联合国家训练能力”“联合评估与赋予能力”。美军《2020 年联合构想》也指出，联合的核心是文化上的联合，必须构建符合联合作战实质的联合文化。但是美军学术界对“联合文化”的研究广泛且争论激烈，相关研究主要集中在美国为促进联合文化发展而创办的《联合部队季刊》之中。来自国防部、军方高层以及各军种的专家学者和指挥员以较高的频率对这一概念进行了广泛而激烈的学术性争论，提出了许多独特的见解，主要争论集中于“到底什么是联合文化”“联合文化是否必要”“联合文化与军种文化的相互关系”。尽管对“联合文化”争议尚存，但美军官方和学界普遍认为，培养联合思维，塑造联合价值取向，是联合文化所要着力解决的重点问题。美军不断建立完善各种“联合”的法规制度，规定联合作战的指导思想、内容程序和行动准则，通过强化联合意识、培养联合思维、塑造联合价值理念、养成联合行事方式，达到培育和发展联合文化的目的。《国防报告》《四年防务评估报告》以及《美国国防转型指南》、各军种的《转型路线图》《2020 年联合构想》《联合作战纲要》等法规文件，都强调联合文化在转型建设中的重要作用，并制定加强联合文化建设的相关措施。

（二）构建联合文化的核心价值

联合作战价值观是联合文化的内核，是联合作战的精神动力和行为准则，对于消除“军种至上”观念、提升联合作战能力具有重要意义。美军认为，培养联合作战价值观有助于在联合各军种部队形成凝聚力的过程中应付必然面临的挑战，并使联合作战部队的官兵彼此忠诚。美军在实践中特别强调要塑造六个方面的联合价值观念：一体化、诚实、能力、英勇、武德、齐心协力。美军认为，“这些价值观坚持最理想的社会准则，是所有军队的共同法宝，它代表美国军事职业化的精髓。”

“战争一体化”是联合作战最基本、最核心的价值观，既是作战人员从事联合作战行为的指导思想和行为规范，也是军队遂行任务的价值评价和取向，还是军队内部以及与其他相关部门之间联合程度的标志。只有达成作战人员、作战系统及要素之间的一体化，才能形成联合作战最佳的整体效能，达成作战效益的最大化。美军在《2020 年联合作战构想》中强调指出，“为了在 2020 年建立一支最有效的力量，我们必须完全联合，即在思想上、行动上、体制编制上、理论上和技术上实现联合。”

诚实向来是最重要的联合作战价值观念。如同在某个军种内部一样，诚实在联合作战中是建立信任的基石。作为军人，深知不管遇到什么问题，都能够相互依赖，可以相互信任对方是心口如一，言行一致的。这使每个人都能毫无疑虑地依靠对方执行所分配的任务，也对他人完成指定任务充满信心。同时，这也是建立一支具有高效战斗力的联合作战部队的巨大利益所在和重要前提。

能力是军人职业的核心，并能使指挥官与部属之间产生凝聚力。能力既包括按规范完成相关任务的技能，又包括按照联合思维把这种技艺同其他工作结合在一起的能力。联合作战价值观强调的能力，是基于各军种能力之上的一种全面的能力，不仅要求“各军种均组建、训练、装备具有很强战斗力的部队，其拥有压倒优势的陆战、空战和海战能力是夺取联合作战胜利的基础”，而且要求“所有军人对其他军种的了解都必须达到能实施有效联合作战的程度，而那些指挥联合作战部队的人还必须学会协调运用空中、地面、海上、航天和特种作战部队，开发出使天空、陆地、大海、太空和谐结合的技巧，使之形成一支顺畅运转的联合作战部队，平稳地进入日益起作用的联合集体中去。”

勇气是衡量勇士的标准，它既包括强壮的体魄，又包括无畏的精神胆识。即使是在未来战争中，个人的勇气和斗志仍然是军队联合作战的精神基础。精神胆识表现为一种坚定的信念，这种信念包括愿意坚持正确的立场，哪怕这种立场由于不为大多数人所接受或是有悖于传统习俗而遭到非议或不合潮流。同时，还包括勇担风险和不屈不挠的精神，即敢于在情况不确定时大胆决策，并勇于承担后果，不怕困难和挑战，坚持按既定决策行事的精神。美军还认为，英勇作为一种道德模式，不仅为美军部队在全世界范围内赢得良好声誉，有助于加强军种间及美国武装部队与美国人民的联系，而且也是美军联合作战的一个基本力量源泉。

齐心协力是作为一个整体为实现共同目标而进行联合作战的最基本条件。美国传统文化就主张齐心协力，并视其为一项重要的价值观。它为美国武装部队有效地建立联合作战部队提供了坚实的信念基础。包括三方面：信任、授权和合作。信任，是军事组织努力一体化的中心。授权，美军认为，授予同责任相适应的权力，对于建立信任和协作是必不可少的。授权可以最大限度地调动军队中所有人员的力量和主动性。在必须运用各军种特有能力的联合作战中，授权尤为重要。合作，美军认为，高层次的联合部队决不应强制进行合作，合作需要“场上队员（前方战士）”及其与“全队人员（全军将士）”彼此信赖的愿望。上级指挥官永远也无需把合作作为一项任务下达，合作需要有能相互配合的人员以及与其他成员分享荣誉的意愿。

这些价值观念相互关联并构成一个体系：战争一体化是目标，能力是核心，诚实是前提，英勇和齐心协力是条件。美军认为，当部队将这些联合作战价值观内在化并具体化的时候，其关于联合作战的态度就能产生一个增加其单个行动效果的协同，这是能力融合和有效执行作战任务的关键。核心价值体系的构建，使美军联合文化有了稳固、富有凝聚力的发展“内核”，在“联合制胜”至高追求的普遍价值认同下，为联合军事活动中人与物质、技术结合后的能量释放起到了“倍增器”的作用。

（三）探索联合文化的思维方式

联合文化的基本要求就是确立联合的思维方式。思维方式是人脑活动的内在程式。思维决定行为，行为反映思维。文化上的差异更多地表现为思维方式上的差异。联合作战与传统作战样式的一个重要差异，就是思维方式的不同。传统的思维方式强调“纵向一体”，而联合思维方式强调的则是“横向一体”，主张发挥各军兵种优长，协调运用各种作战力量，强化群体意识，实行整体作战。联合的思维方式，可以提供分析联合作战问题的逻辑方程式，是提高联合作战能力、赢得战争胜利的重要保证。自觉的联合思维方式不是凭空产生的，而是在联合作战知识结构和实践基础上形成的。当联合的思维方式成为指挥者的自觉选项，据此提出的方案、做出的决策，就必然会摆脱狭隘军种利益的桎梏，在更大范围、更短时间、更高层次上求得认同。美军在2004年版《联合转型路线图》中明确指出，“要想在战时实现联合行动，就必须在平时培养联合思维。”美军认为，联合作战向战术级延伸的发展趋势，要求各军种部队应在更低的指挥层级下达成联合行动。这在客观上要求基层官兵都必须具备“联合制胜”的价值理念。美军指出，文化的影响是内在的、长远的，投入联合作战的级别越低，“齐心聚力，共同战斗”的联合作战观念就越强。为此，美军强调，必须进一步加大联合文化价值观对各军种官兵的影响力，其范围不仅仅包括联合部队的指挥和参谋军官，还应包括参战的全体官兵。目前，美军正通过强化联合文化价值观的培育，统一官兵对联合作战文化的认知，旨在形成适应美军未来联合作战的联合文化，提高各种作战力量在未来作战中形成“高度融合”的联合作战能力。

美国国防部在 2006 年颁布的《四年防务审查报告》中指出：“转型既是技术或平台的转型，也是思想和文化的转型。”美国前国防部长拉姆斯菲尔德也曾说过：“我们不但必须改变我们手中现在可以使用的能力，而且必须改革我们如何实施战争的思维方式。”美军认为，在文化转型中，采取扬弃与创新的思维方式，破除“以我为主”的军种文化，有利于推进联合文化的创新发展。如，美国陆军要求其官兵转变思维方式，必须认识到，自己除了是本军种军官，更要成为美军这个大集体的军官。要成为同时胜任本军种和全军要求的军官，就必须了解本军种的优势及不足，了解其他军种的长处和短处，了解不同军种如何作战以及如何与其他军种配合作战。

（四）拓展联合文化的实践途径

实践体现文化，同时也促进文化的创新发展。联合训练是生成、提升联合作战能力的根本途径，也是创新发展联合文化的根本途径。外军认为，以联合文化的创新发展为途径，全面推进联合训练，才能促使各军种能力融为一体，实现真正意义上的联合。只有把联合文化根植于联合军事活动，通过广泛深入具体的实践，营造鲜活的联合文化氛围，在文化与实践的融合互动中，推动联合文化“螺旋式”发展。

一是多，组织联合训练次数多，在高频度训练中发展联合文化。美军对演习的时间和频度有明确规定，比如，美陆军要求各旅至少每半年组织和参加一次3—4周的检验性野外联合训练，每12—18个月在本土或海外参加一次联合演习或联军演习。近几年，美军各军种训练中联合训练的科目大幅增多，联合军演占全军大中型演习总数的70%以上，参联会每年都要指挥协调60—80次联合作战演习。

二是深，联合训练的内容细、层次深，使联合文化突破“泛化”，向“纵深”延伸。美军为了更好地发展和指导联合作战训练，自20世纪90年代以来，先后颁发了112部联合出版物，涉及核心作战系列的有68部。针对当今信息化联合作战的程度越来越高，美军在战略、战役、战术行动上达成联合的同时，追求实现越来越低的战斗层级上的联合，甚至提出“在行动点上联合”的设想，这种高度具体精准的联合作战能力训练，客观地引导联合文化向纵深、具体、精细化方向发展。

三是广，联合训练的科目范围广，整合的力量多元，促使联合文化在多层面、多维度和多种文化互动中发展创新。2002年《美国国防报告》就指出，“国防部必须拓展联合训练的范围”，“联合不仅是诸军种之间的军事互动，当前还包括同美国政府、其他部门及多国伙伴之间的合作。此外，考虑到国土防御的要求，政府间机构的合作也必须成为训练团队的一部分。”可见，美军强调的联合，不仅是军种之间的联合，还包括与国际组织、联盟伙伴以及地方机构部门相互之间的联合。近年来，美军单在亚太地区的演习每年就不低于60次，80%是与亚太地区国家联合举行的。2012年的“环太平洋”联合军事演习参演国家达20多个。美军双边或多边联合军演的主题也不尽相同，有联合夺岛、特种作战、救援救灾、联合防御、远程机动以及医务工程等。

四是新，紧贴国家安全形势，紧跟新的作战理论，推动联合文化与时俱进。美军针对伊拉克和阿富汗战争中的教训，提出“文化中心战”理论，之后修改训练转型计划，把学习地区语言文化、民事支援行动列为优先训练科目。2009年美军提出“空海一体战”理论，在之后的联合训练中就增加了制天制空、制海反潜等科目。2011年美军提出“网络空间作战”概念，在2012年4月组织的“施里弗——2012国际”演习中增加了网络战、太空战的科目。

五是高，联合训练的信息化科技含量高，通过增强联合文化与信息技术的深度融合，使联合文化更具时代气息。美军在军事训练中广泛使用全领域模拟、一体化模拟、实验室模拟、虚拟性模拟等手段提高联合作战训练效益，也增进了联合文化对信息技术充分、深刻的“理解”。当前，美军又利用全球信息栅格网络技术对各种训练场和模拟实验中心进行升级改造，构建了全球分布式军事训练环境，基本实现了全球范围内的战略、战役和战术级一体化联合模拟训练。

四、外军战地文化建设

战地文化工作是军事文化建设的重要组成部分，是平时文化工作的延伸和发展，是军队在作战过程中鼓舞士气，提升战斗力，进而赢得战争胜利的重要保证。战争实践牵引着外军战地文化工作，美英军队无论在战地文化设施，还是在活动方式上，都力图与信息化战争的特点相适应。美军《联合公共事务条令》规定，要以战地文化工作为载体开展对外宣传工作，发挥战地文化的作战功能。尤其是针对远渡重洋、异国作战、条件艰苦、生活枯燥的战场环境给官兵普遍带来精神苦闷、归家心切的情况，美军采取一系列措施，竭力丰富官兵的战地物质文化生活，以稳定军心、提高士气。

（一）增设娱乐设施开展文体活动

为丰富前线官兵的精神文化生活，美军历来舍得投入。如美军为改善驻海湾战区官兵的精神生活，在海湾增设了 4 处战地广播电台、电视台，昼夜不停地播放既具有强烈的政治性，又有浓厚娱乐性的节目，得到官兵的普遍欢迎。美军在长达 5 个月的“沙漠盾牌”行动中，与沙特政府协商制订向美军播放新闻、体育和文艺节目的计划，先后向部队发放了 1000 多台电视机。美军还通过组织官兵收听、收看本国的广播电视节目，开办前线士兵与国内亲人直接联系的热线电话、热线广播等方法来排解官兵的思乡、思家之情。另外，驻海湾美军还会同国内的一些民间机构，共同制定以建立和完善各种娱乐设施、组织开展各种文化娱乐活动为重点的“士气提高”计划。如建立了一些大型的文体娱乐中心，从乒乓球、排球、篮球到足球、游泳池等娱乐设施应有尽有；组织官兵参观、购物，了解阿拉伯国家社情和风俗；建立图书阅览室，设立录像室并收看家庭录像，组织慰问团体到营区巡回演出等。

在两次车臣战争、俄格冲突和多次军事演习等军事活动中，俄军开展了一系列卓有成效的军事文化工作，积累了一定实战条件下的军事文化建设经验。比如，在俄格冲突中，俄时任总统梅德韦杰夫签署《关于修改部分有关俄联邦国家奖励的俄联邦总统法令》等 1205 号命令，扩大勋章和奖章奖励范围，举行隆重仪式并由总统亲自颁发奖章等方法，激发作战人员荣誉感，提升士气；在 2010 年组织举行的“和平使命”中俄联合军演中，诸如“平时多流汗，战时少流血”“健康的体魄寓于健康的心灵之中”“我们的精神和意志是获取胜利的法宝”等标语在俄军训练场所格外引人注目；在 2010 年 7 月举行的“东方——2010”大规模演习中，俄军将思想教育措施贯穿到演习组织实施的全过程，通过开展爱国主义、历史传统和团结协作教育以及开展心理服务和综合信息文化保障活动，保证了参演官兵以高昂的士气，高质量地完成了演习任务。

（二）动员社会各界进行慰问活动

为激励参战官兵英勇奋战，保证军心稳定，美国社会和军队对军人进行形式多样的慰问。

一是军政高层亲自进行战场慰问。近期发生的几场局部战争，美国军政要员，上至总统、副总统、国务卿、国防部长，下至美军各军种和各部队要员，都亲赴前线直接和官兵进行沟通，一起娱乐。海湾战争期间，美国总统老布什携夫人芭芭拉在对欧洲和中东的 8 天访问中，专程来到部署在海湾的美军前线部队，视察第一陆战师，看望空军部队。每到一处，老布什都要发表演说，阐明美军来此的目的，鼓舞官兵士气。此外，美国副总统奎尔、国务卿贝克、国防部长切尼、参联会主席鲍威尔以及美国国会领袖等军政要员，都参加了对美军前线部队官兵的慰问活动，并与前线官兵一起欢庆节日。美国军政高层的慰问鼓励，在特定时刻往往成为美军官兵的精神寄托，对鼓舞士气发挥了很大作用。

二是动员社会各界保障官兵的亲情联络。美军政高层对官兵的慰问活动往往会通过各类媒体向国内转播，以对国内民众起到示范作用。战时，军方还会启动国防动员机制，动员社会和家庭参与对参战官兵的慰问活动，尽力为前线官兵与家人联系提供便利。如在海湾战争期间，在社会各界的广泛参与下，为保证官兵的亲情联络，美军采取的具体措施有：其一，加快前线邮件传递速度。为了保证邮件快速安全递送，美军当局专设了一个规模较大的军邮机构。每天平均空运信件80余万封，各种包裹不计其数。美军邮局负责人称："邮件的确是大家最关心的事情之一，它是前线官兵与家人联系的唯一纽带，从将军到士兵，邮件成了鼓舞士气，稳定军心的'命根子'。"其二，增设直拨电话、热线电话。为了加强前线官兵与家庭的迅速联系，增强相互间的亲切感，消除思乡思亲的愁絮，美军为海湾官兵设立了直拨电话和热线电话。开通了800多个电话线路网点，24小时为海湾军人及家庭提供服务。在节日期间还提供免费服务。其三，动员国内民众写慰问信。国内家人和亲朋好友的来信被美军视为是提高官兵士气的有力支柱。对驻沙特美军官兵来说，收到家信甚至比"多喝一口水，被批准几天休假更为重要"。美军抓住士兵这一心理特点，大力鼓励后方的军人家属和各阶层知名人士、社会名流、越战老兵与前方官兵开展书信联谊活动，动员他们写文章、发表讲话、接受采访、进行评论、写慰问信，以感化参战官兵。美国的报刊杂志也腾出版面支持这一活动。军方尤其热衷于鼓励青年女性、孩子和老人给前方官兵写信。因为在他们的信中如出现"我爱你""我爱你们"的词语或再加上一颗红心图案，对士兵往往能起到更大的感召和激励作用。其四，做好家属工作，解除官兵后顾之忧。美军是一支职业化程度较高的部队，官兵多数已结婚成家，儿女拖累较大。为了解除这一后顾之忧，美军一方面依靠三军的"家庭支援服务中心"向军属提供优质服务，成立军人家庭支援小组，开设家庭工作网，为军人家庭特别是参战人员家属提供各种信息咨询和生活服务，协助解决生活中的各种困难；

另一方面，通过许多细微而具体的工作来帮助军人和家属度过离别期间的情感难关。如发动全家人给前线军人收集他喜爱的有趣的漫画、报纸和书刊杂志，定期给他寄一些他喜爱的物品、照片和录音、录像带等。

（三）运用现代手段提升军心士气

美军十分注重采用最先进的传播手段。与以往的文化传播方式相比，美军进行文化传播的技术含量越来越高。在通讯技术方面，美军用数字信息技术、虚拟技术逐步取代传统的印刷技术、电子技术，成为文化传播的主要技术力量；在传播媒介方面，美军用网络媒介、卫星广播电视媒介取代传统的纸质出版物媒介，成为主要的传播媒介系统。随着信息技术的发展，美军文化传播的媒介化程度越来越高。其现代媒介已经形成相对独立的文化传播领域，并越来越成为美军所控制的专门力量。

美军的战地文化不拘泥于传统形式，而是充分利用网络、传媒等现代手段为官兵提供服务。网络与传媒不仅便捷，易于为人所接受，而且信息量大、时代性强，除了可为提高军人素质和满足需求搭建良好的平台，还使军方利用现代媒介为提高军事技能、扩大宣传和提升士气服务。美国陆军已经成为电子游戏产业“最具创新意识的创作者”，推出了不少用于美军训练、征兵宣传或者供军人学习语言的游戏软件。战地博客亦成为伊拉克战争期间官兵的新宠。美军战地博客，是以美国身临战场的一线军人为主体，描述日常生活和战地情况的网络日志。驻伊美军互联网的开设为士兵建立博客提供了便利。几乎所有驻伊美军营地都设有网吧，战地博客日益成为前线士兵吐露内心真实想法的主要途径。越来越多驻伊美军士兵在网上建起自己的“博客”，记录自己在异乡的见闻感想，表达厌战、惧战、思乡等情绪。他们大多以日记的形式，详细描述自己在战地的所见所闻所感，这些以前只能通过电视和报纸得到的信息，现在都可以从美军士兵的博客中读到。很多“嵌入式”博客极大地排解了士兵的消极情绪，鼓舞了士气。

第三节　外军军事文化工作的基本特点

文化是一支军队生存发展的“根”和“血液”，重视文化并以此推动军队建设加速发展，是新军事变革的时代课题和前瞻选择。总体上看，尽管各国军队的军事文化建设都有自己的独到之处，但政治与民族特色鲜明、历史与社会基础广泛、传承与创新形式多样、军内与军外教育结合、灌输与渗透方法互补、精神与物质激励并重，则是多数国家军事文化建设的共同特点。

一、外军军事文化结构模式

外军军事文化是一个结构较为健全并不断发展着的文化体系，其中既有持久稳定的内隐性文化如政治文化、地缘文化、宗教文化、法制文化，也有深受内隐性文化影响但又相对活跃，并具有鲜明时代性的军事科技文化、军事职业文化等外显性文化。内隐性文化为“根”，外显性文化为“叶”，相互贯通，血脉流畅，同时又不断汲取其他文化的新鲜血液，形成“传统＋智能＋创新”的不断完善、自我提升的军事文化结构体系，成为外军军队建设的智力引擎。

（一）以核心价值观为主的政治文化

价值观是政治文化的核心内容。外军价值观呈现出极强的思想性、稳定性、渗透性、导向性。外军在价值观表述上往往有意模糊其政治内涵，甚至宣称“意识形态终结论”。实质上意识形态从未终结，而是由利益博弈向以核心价值观方向博弈转变。外军价值观以国家认同为内在支撑，以军人职责使命为利益支撑，是战斗力生成的内在物化因素。如美军以“民主、自由、人权”为主旨的核心价值观极具国家认同的文化色彩，像一条纽带把不同种族和肤色的人紧紧地联系在一起，最大程度地激发了美军的使命感、爱国心。苏联解体后，俄军在“重振俄罗斯”的呼声中，明确提出“军人核心价值精神”，要求官兵“履行军人的天职，勇敢地捍卫俄罗斯”，使官兵感到自己的发展与国家紧密联系在一起。外军国家主义至上的文化价值有着超强的凝聚力与感召力，但也往往会酿成狭隘的民族主义，对世界和平构成巨大的威胁。

（二）谋求霸权的地缘文化

谋霸与掠夺始终是外军地缘文化的天然本性，而“生存竞争”“弱肉强食”的丛林法则是西方认知世界的基本思维模式。争霸的思维模式使外军总倾向于认为自己的民族或国家最优秀，梦想独霸世界金字塔的塔尖。如在美国的历史演变中，盎格鲁——撒克逊主义曾经非常盛行，它在美国种族观念中占据中心位置。这种观念鼓吹白皮肤的美国人（尤其是英国后裔）属于最精华的人种。美国认为自己是绝对唯一的，“争第一，保第一”是美国精神之魂。俄罗斯认为本民族是优秀民族，是不可分割的整体，它的领土只能扩大，不能缩小，只能“统一”进来，不能分离出去。日本自卫队则认为日本是神居住的国度，日本民族是世界上最优秀的民族，应该在世界事务中发挥更大作用。此外，在地缘文化影响下，外军尊重个性，鼓励主动性、创新精神和冒险精神，认为在战争这个殊死较量的领域，唯有创新才能求得生存，谋取发展。

（三）宗教情结与法制传统竞存的社会文化

美、英、日、俄等国家都是信奉宗教的国家，虔诚的宗教信仰既为他们的心灵提供了慰藉和皈依，也成为他们爱国奉献的精神原动力。美国人把宗教信仰与爱国主义相结合，创立了所谓的“民族宗教”。在美国，上至总统下至平民，全都是背诵效忠誓词长大的。宗教的神圣与虔诚浸入每个美国人的灵魂深处，民族宗教既强化了美军的国家认同，又赋予他们坚定的民族自信心和个人自信心。同样，日本的神道教、佛教，俄罗斯的东正教影响也极为深远。此外，宗教信奉神明，轻视血缘和宗亲，也为西方奠定了重法制的基础与传统。法制既是外军个人权益与价值实现的有效保障，也支配着军队自我管理方式。如美军在实施一项重要改革或采取一项重大举措之前都先立法，法律法规具有很大的权威性和强制性。

（四）引发新军事变革的科技文化

外军将军事科技与武器装备视为谋霸工具，认为技术上的进步是高质量部队所具备的优势。随着信息技术的发展，军事信息技术文化的精确性、严密性、共享性、高效性、虚拟性、交互性被充分运用在新军事变革中，使武器装备精确度和作战效能有了惊人的提高，推动着系统结构的优化组合，改变着军人的智能与素质结构。美军提出了“精确作战”的新理念，日本自卫队则提出“高质量建军”的发展方向，数字化、智能化信息技术文化成为世界军事文化最鲜明的时代特色。但需要注意的是军事科技文化是一把“双刃剑”。它既为军事领域提供更加广阔的发展空间，也给人类生活带来灾难性的影响。因此，更需要人文精神作向导，而这一点也恰恰暴露了外军军事文化追求霸权与绝对制胜的矛盾与缺陷。

（五）注重整体素质提升的职业文化

外军始终认为，人的因素决定着军事转型的成败，将职业文化视为军队在战争中取胜的强大支撑。外军的职业文化不仅包含“义务、荣誉、爱国主义、英勇、守纪”等职业伦理道德，还包含着兴趣、动机、情感等非智力因素，专识与通识、理性与感性、自然科学与人文社科，在职业文化中齐头并进，均占有重要分量，突出强调军人的历史纵深感及洞察能力、预见能力、判断能力。如美军十分重视“培养符合时代要求、适应军事技术和军事学术未来发展需要的，能胜任各种不同职务的‘完整的人”，美军军种院校的课程体系设置强调为军人的终身发展奠定基础，充分体现了军事专科、工科、文科、思想教育和性格塑造的有机统一。

二、外军军事文化工作的特点与规律

与军事打击、军事威慑、军事制裁等硬实力不同，外军军事文化的形式往往更温和、更无形、更灵活多样，但它的影响力远比硬实力更加深厚和久远。因此，美军明确提出，“转型始于文化，终于文化”；俄军提出“建设创新型文化，打造创新型军队”。外军以思想文化为阵地，进行着一场规模空前的“没有硝烟的战争”。

（一）以政策为保障，注重顶层谋划

外军十分重视文化顶层谋划与设计，采取各种文化政策，投入雄厚的物质资金来扶持文化发展。如，美国政府十分重视文化事业的发展，其管理方式虽与我国有很大不同，没有专门的文化行政部门，但却形成了政府、国防部、基金会、团体机构四位一体的体系，自上而下扶持文化发展。政府与国防部文化事务局直接主导运作文化项目，协调全国包括军队文化事务，并将军事文化直接纳入美国全球文化战略范畴之内。政府颁布相关法律、法规，不断加大资金投入，将市场与文化相结合，加强民间文化交流。美国国防部和好莱坞在长达一百余年的合作中，相互利用，比如在《变形金刚 2》的拍摄中，美国国防部不仅提供了位于新墨西哥州白沙导弹试验场作为大决战的拍摄场，还提供了最精良的武器装备。在政府的协调下，军队与影商联手打造超级大片，展示美军最先进的一面，弘扬美国军事文化价值观。

（二）以教育效果为基准，注重提升战斗精神

文化精神是战斗力生成的内在物化因素。为了提升战斗精神，外军以积极有效的方式进行潜移默化的渗透、寓教于乐的感染，避免单一呆板的灌输。如美军从五角大楼到基层连队，从军事院校到海外基地，都配有荣誉展示厅。战争纪念碑和英雄塑像在营区内静静矗立，特色徽标、格言口号和优秀军人照片随处可见，珍贵文物与战利品在荣誉室有序陈列。此

外，美军还充分利用典礼宣誓、仪式活动进行心灵教化，每逢重大节日，都会举行隆重仪式和丰富活动，盛赞军人为国家做出的贡献。美军认为，榜样的力量是巨大的，先进典型的示范效应能有效激励官兵的爱国情怀和献身精神，这也是作风建设和战斗力生成的“孵化器”。时任美国总统奥巴马经国会授权，亲自为陆军第75别动团皮特里上士授勋，以表彰他在阿富汗战争中不怕牺牲的无畏精神，极大地鼓舞了阿富汗战场的美军士气。美军还将物质激励与精神激励相结合，注重提高军人的工资和福利待遇，满足官兵的物质利益需求，最大限度地调动军人的奉献热情。通过多样化的文化教育方式，美军营造了特定的文化氛围，增强了官兵的自豪感、荣誉意识和责任意识。

（三）以爱国主义为核心，注重塑造核心价值

价值培育是外军文化建设的永恒主题。西方国家军队把塑造“爱国心”和“民族优越感”作为价值培育的核心工作，文化建设也始终以此为主题。美国国防部和参联会都认识到核心价值观对美军建设的重要作用，从基础训练的第一刻起直到标志职业生涯结束的退伍仪式，美国军人都在被刻意灌输服役理想和自我牺牲的核心价值观。在俄军的核心价值观念中，位居首位的是“荣誉、责任、形象、纪律、勇敢”。这一精神在俄罗斯联邦总参军事学院表现得格外充分：该院的两个系分别以朱可夫、华西列夫元帅的名字命名；主办公楼内的墙上，挂满了各种以油画、图片为表现形式的著名战例挂图；办公楼的周围，环列的是各个时期俄军所使用过的各种武器装备。学员毕业时，全优学员由总部或国防部官员颁发证书，优秀学员由院长颁发，足见他们对荣誉发自内心的珍爱，几乎所有来此学习或参观的人们，都对此感怀不已。日本自卫队则把“以生命报答国家之托负”作为衡量军人价值的标准。英军特别强调发扬“日不落”精神。法国军队则提倡“做不屈的高卢雄鸡”。德国、意大利、印度等国的军队也把爱国主义教育作为精神教育的基础。

（四）以媒体宣传为手段，注重舆论控制

传媒具有信息覆盖面广、价值渗透性强和塑形力高等诸多优势。外军

历来注重以传媒为手段，打造其“符号帝国”的宣传强势，谋求把握绝对话语权。美军自上而下地建立了完善的新闻媒体机构，充分利用报纸、杂志、图书、广播、电视、电影、音像制品和互联网，增强文化宣传及新闻舆论的攻击性。伊拉克战争中，美军通过新闻发布会等形式，主动将经过筛选的信息提供传媒，从而主导媒体报道。美国国防部和好莱坞制作的电影，如《巴顿将军》《拯救大兵瑞恩》《珍珠港》等，树立了一个又一个生动、正面的美国军人形象，无不张扬着一种颇具个性的英雄主义。这些影片很少政治说教，但因艺术感染力极强，对“树立有利于美国及盟国的形象”起到的作用是不言而喻的。

（五）以社会资源为凭借，注重荣誉激励

社会认同是激发军人荣誉感的重要因素，西方一些军队有意识地建立和完善与地方政府、军人家庭、社会团体及普通民众的互动机制。美军各部队通过签订合同的方式，和地方建立“新闻发布卡”制度，当官兵取得突出成绩或受到表彰时，军方就填写新闻发布卡寄至其家乡，由地方媒体公之于众；通过确定“军人子女月”“军人配偶节”“全国家庭周”及制订“家庭支援计划”等方式，动员社会力量为军人及其家庭提供情感关怀与实际帮助；通过规定部队开放日的方式，与民众近距离接触交流，向民众展示军队建设成果。所有这一切，都围绕着提高军人职业社会地位和声誉而展开，力求使军人荣誉根植于雄厚的社会基础和强大的民众支持之中。

（六）以对外交往为平台，注重文化渗透

通过实施积极主动的军事外交政策，渲染本国的军事理念和价值取向，是冷战后外军军事文化又一特点。美军提出“文化中心战”概念，明确竖持美军在世界范围享有盛誉的“21 世纪美国军事文化的目标”。“文化中心战”一方面将美国国家利益同文化霸权等同起来，强化了“美国利益与价值观具有全球性”的观念，使部队自觉地为维护美国霸权而战。另一方面又通过参与国际维和、人道主义救援、经济援助、反恐怖、禁毒等

行动，扩大其军事存在与文化的穿透力。此外，为了掌握世界军事文化发展动脉，真正地了解对手，达到“知己知彼、百战百胜”目的，美军努力学习其他国家的军事文化。美军的战略学、军事学等学科，不仅把《孙子兵法》列为必修课，还将其直接用于指导战争实践。

第五章

外军人事管理工作

军队人事管理，有广义和狭义之分。广义的军队人事管理，是指以军队中的各类人员和与军人履行岗位职责有关的各种事的相互关系为对象，通过组织、协调、控制、监督等手段，谋求人与事以及共事人之间的相互适应，实现人事两相宜这一目标所进行的管理活动。狭义的军队人事管理，亦称军队干部管理或军队干部人事管理，特指对军官和文职干部以及与军官和文职干部履行岗位职责有关的各种事的相互关系的管理。本章使用狭义概念。目前，外国军队特别是西方发达国家军队，形成了较为系统、规范的人事管理制度，为实施有效的人事管理提供了制度保障和行为准则。

第一节　外军人事管理的组织机构

组织机构是人事管理体制的框架和载体。由于各国军队体制不完全相同，人事管理机构的设置因而也不完全一样。从总体上看，外军人事机构可以分为两种类型：一种是俄罗斯和东欧国家军队，其管理机构的设置基本上是一个模式，即团级以上单位设有地位较高、职能专一的干部部、处，或干部委员会；另一种是美、英、德、法、意等西方国家军队，人事管理机构层次一般较少。

一、美军人事管理组织机构及职能

美军是文官治军，对人事工作的管理采取集中统一指导，各军兵种分别管理的办法，实行官兵合一、军人和文职人员合一。人事管理兼负军官管理、军务动员等多种职能。

（一）国防部人事管理机构与职能

美国国防部设有专门的人事管理机构，主要由人事与战备副部长总管，其办公室配有 3 名副助理部长（均为文职），分别主管军事人员、文职人员、机会均等、政策与动员工作。办公室设有若干处，负责制订全军人力与人事方面的总计划和总政策，确定全军平时和战时人力总需求，同时研究军人和文职人员的职位设置、训练教育、工资标准、福利、士气和其他事宜。参谋长联席会议的联合参谋部专设人力与人事部，下辖人事政策处、人力管理处和人事保障处，主要负责全军人力与人事规划和政策，同时结合作战任务和动员计划，执行全军人力需要计划，并监督计划的执行情况。国防部和参联会直属的各大部门，通常设有人事部或人事参谋部，主管本部的人事工作。如国防后勤局设有人事部，并专设一个人事保障中心；国防部核武器局设有行政与军事人员部；国防测绘局设有文职人员部等等。

（二）三军军种部人事管理机构与职能

美军陆、海、空三军军种部各设有一名人力与后备役事务助理部长（文职）职位，总管本军种的人力资源、人力政策、人事政策、规划与资格审查以及后备役部队事宜等。陆军人力与后备役事务助理部长（文职）下设 3 名副助理部长，分管人事和人力资源、文职人员、后备役与人事保障、战备、部队管理与训练等工作，下设军事人员与人力资源处、征集开发处、后备役事务与动员处、教育训练处、战备部队与资源处。海军人力与后备役事务助理部长（文职）的 3 名副助理部长分工主管人力、后备役和文职人员晋级、计划与就业机会均等，下设军事人员政策部、人力分析部、海军人事委员会等机构。空军人力与后备役事务助理部长有 4 名副助理部长，其中 3 名副助理部长分管人力资源与军事人员（下设人力与规划助理、人事助理、空军人事委员会、军事档案修订委员会），文职人员政策与雇佣机会均等。

在人力与后备役事务助理部长的领导下，三军军种部各由一名中将级的人力人事副参谋长具体负责制定本军种人事政策、计划，监督本军种人事工作，并领导正规军官学校。具体来说，陆军设军事人员中心，下设军事人员管理部，人力资源开发部，人力、规划与预算部，人事计划运筹部，文职人员部等。此外，还有人事规划分析室、将官管理室、管理保障室、家属联络室、新闻中心等。海军设军事人员司令部，下设海军总体力量计划训练处、规划人力处、军事人员政策处、文职人员政策处、人力资源管理处、信息系统处等。海军陆战队司令部设有人力部，下设人事管理处、人事征集处、人力计划与政策处、精神保障处等。空军参谋部专设的人事管理机构是空军军事人员中心、空军后备役人事中心和人力资源研究所。其中，空军军事人员中心主要负责空军上校以下、中尉以上军官和准尉的任命、晋升及调动。编有人事规划行动部、人力与人事资料部、人事征集部、人力资源与分配部、人力部、行政部等。空军设有空军人力与编制部、人事规划部、人事计划部和文职人员部等。

（三）战区人事管理机构与职能

战区下属的陆、海、空军司令部均设人事部，通常由战区人事副参谋长负责。集团军、军、师设有相应的人事参谋处。旅设有人事参谋股。营设人事参谋，其主要任务是：监督营部及下属分队的人员变化情况，预测今后 30 天、60 天和 90 天内本营官兵在职务、军事专业和技能等方面可能出现的变化；与上级“人事管理中心”保持联系，及时上报本营人员变动情况；管理人事资料卡，传达和保管上级下发的人事政策文件；起草本营人事报告，向上级人事部门定期汇报情况；确定不宜到海外轮换的人员和晋级、退役人员名单，确保本营按编制装备表配齐各类人员；保管人员流动率数据资料和战备人员名册，确定在职学习人员，对要求重新服役的人员进行资格审查。此外，人事参谋还经常向作训参谋提供人事信息，帮助他拟定在职正规训练计划。

二、俄军人事管理机构设置及基本职责

（一）人事管理机构设置

俄军人事管理机构的设置可以分为三个系列：一是从国防部干部总局到师一级单位干部部门的系列，负责对军事干部、后勤干部和专业技术干部的管理。在未设干部工作机构的部队、机关，干部考核、统计和干部档案材料整理等项工作，由负责队列的参谋长助理、在编的负责干部工作的军官或指挥员指定的军官承办。二是军事政治干部管理系列。军事政治干部均由各级军事政治机关分管干部工作的业务部门管理，其任免、调动、提升、晋衔由军事政治部（处）主任按任免权限实施。三是军事司法干部管理系列。军事司法机关单独设立干部部门，负责本系统的干部工作。军事检察院军官的任免，按《军事检察院条例》规定的程序实施；军事法庭、俄罗斯司法部军事法庭局和俄罗斯最高法院军事审判厅系统军官的任免，按有关法律规定的程序实施。

俄罗斯国防部设有干部总局，干部总局局长由国防部副部长兼任。干部总局下设 5 个二级部。第一部为组织计划部，职责与我军相仿，另外还负责法律、工资福利等方面的工作。第二部为调配任免部，负责上校以上军官职务的任免。第三部为军衔奖惩部，负责军官军衔、奖惩、老战士等工作。第四部为动员部，负责预备役军官工作和优抚工作。第五部为军事教育部，负责军官培训工作。各二级部均下设若干局。二级部部长均为中将，局长为少将或上校。干事均为上校，如不能晋升为少将，则服役到 50 岁退役。俄军各军种、各军区和舰队均设有干部部门。各级干部部门隶属于本级指挥员，干部的任免、调动、晋升等由部队主官按任免权限实施。

（二）基本职责

俄军各级人事管理机构的基本职责是：贯彻执行军队的干部政策；考

核军官的政治思想水平、业务能力和完成工作任务的情况，提出军官任免、调配、调动、选送入学深造的意见，统计军官实力，管理军官档案，填写军官立功受奖和受惩处的材料，晋衔、剥夺、恢复军官军衔的业务工作等。此外，人事管理机构还负责准尉、超期服役军人、职员干部的管理使用和调配工作。

三、其他主要国家军队人事管理的组织设置及职责

（一）英军人事管理机构设置及职责

英军人事管理机构设置与美军相似，但不如美军那样复杂。英国国防部下属的人事管理机构主要有 5 个部、1 个局和 8 个委员会。其中，人事委员会是全军人事管理的最高机构，负责制定全军人事工作的方针、政策及指导原则。该委员会由一名国防副参谋长任主席，成员包括陆军军务部长以及海、空军人事部长和国防部第二常务次官。国防参谋部下设计划人事部，负责协调全军的人事工作，拟定调配计划和指导工作。陆军设军务部，海、空军分别设人事部，负责本军种的人事计划、管理、训练、教育等事务。各部下设若干处。如海军人事部下设秘书处、人力与训练处、卫生处、人员服务处等。英三军的参谋部及部队一般不设置独立的人事部门，而是把人事管理与教育、训练等合并在一起，军官的晋升、留退等由非常设的“审选委员会”确定。人事管理部只负责把“审选委员会”研究的结果上呈批复后具体组织实施。为了使各级军官的管理能够有章可循，英军还制定了一系列的条令条例，主要有《军法手册》，陆、海、空军条例等，详细规定了军官的服役、晋升、考核、奖惩、福利等。

（二）法军人事管理机构设置及职责

法军人事管理机构分两级设置。国防部设有直属的人事管理机构约 20 个。其中，国防部将官局统一管理全军的所有将官。将官的选拔、任用、退留等，该局都有权提出建议，但决定权在“审选委员会”。法军陆、海、空军各军种参谋部均设有人事局。人事局负责制定和执行本军种校、尉军

官的行政管理条令、拟定调配计划、制定晋升和奖励方案等，以确保所有军官的合理调配和升迁。各军种参谋部人事局的机构比较庞杂，如陆军参谋部人事局下设步兵处、装甲兵处、炮兵处等15个处，分管各兵种人事工作。该局局长一般都为中将。另外，武器装备部、三军卫生局和三军油料局还分别设有人事局（处），专门负责管理本部门的校官和尉官。各下属部队一般不再单独设置人事部门，这样管理层次就比较少，比较直接。

（三）德军人事管理机构设置及职责

德军从国防部到野战部队师一级都专门设有主管人事工作的部门。国防部人事局是统管全军人事工作的最高机构，负责全军军官的任免，统一保管和处理各级军官的档案；制定全军人事管理的原则、条令、条例以及人事计划等。该局局长为中将军衔军官，副局长为文职人员。国防部人事局下设军事人员处，陆军军官处，空军军官处，海军军官、医疗卫生、特种人员处和文职人员处等五个处，共辖37个科。德军陆、海、空军军种指挥参谋部不设置独立的人事部门，而是把人事管理与训练、教育合并为一个机构，除负责对军官进行日常管理外，还负责教育、训练等事宜。如陆军指挥参谋部设有人事、内部指导和训练处，负责制定和执行本军种的人事管理条令、人员计划以及对士兵日常的教育训练等问题。德军的军、师两级人事管理机构基本雷同，均设有人事、教育和新闻报道处（科），负责所属单位军官和士兵的人事管理、教育和训练事宜。

（四）日本自卫队人事管理机构设置及职责

日本自卫队人事管理机构设置与美军有相似之处。团以上各级部队及机关均设有人事管理机构，负责人事计划的制定、军官的调整和任免等工作。防卫厅设人事局（编制59人），下辖3个人事课，1个福利课。3个人事课分别负责全军军官、准尉以下士兵以及文职人员的任免等人事工作。人事局局长及工作人员均由文职人员担任。日本陆海空三军参谋部是防卫厅长官的参谋机构，协助防卫厅长官对各自军种实施指挥和管理。陆上自卫队参谋部设人事部，负责人事工作的有1个人事计划课，1个补任课。前者负责制订人事计划，考察管理等工作，后者负责任免等工作。各军设置人事部，由所辖人事课负责任免考核等工作。师司令部下辖4个部、8个课。第一部负责制订人事计划及任免等工作，总务课负责保管人事档案等。团设人事班。海上自卫队参谋部设总务部，地方总队设管理部，均辖有人事课负责任免考核等工作。航空自卫队参谋部设人事教育部并下设人事课，航空总队和各方面队及各种航空团均设人事部，直接负责人事工作。

第二节　外军人事管理的主要内容

外军人事管理工作主要包括外军军官人事管理、外军文职人员管理以及外军预备役军官管理三大块，内容十分繁杂，涉及选拔、培养、考核、任用、奖惩、管理、工资待遇、生活福利、退役退休等诸多方面，其中工资待遇、生活福利和退役退休等内容将在第六章阐述。

一、外军军官人事管理的主要内容

外军特别是西方发达国家军队，在军官队伍的素质结构、培养使用、激励手段、行政管理等方面，形成了较为系统、规范的人事管理制度，既为实施有效的人事管理提供客观依据和行为准则，又为军官成长进步提供制度保障。

（一）外军军官选拔与培训

1. 外军军官的选拔

军官选拔是军官职业成长进步的基础。外军在军官选拔时，比较注重人员的整体素质，并有严格的选拔标准和规定。通常，必须具备一些基本要求，满足一定身体条件，有些专业还需要经过专业培训。

（1）美军军官选拔渠道

美军军官来源主要有以下几种：一是各军种军官学校毕业生。军校学员经过 4 年学习毕业后达到标准，可获得学士学位并成为少尉军官。各军官学校每年大约为部队输送当年新增军官人数的 15% 左右。美军军官学校招生非常严格，平均 712 人才能录取 1 人。新生入校除政治身体条件外，还必须学习成绩优异，有 86% 的学员在原高中的学习成绩名列前茅，西点军校则需要国会议员或副总统一级提名推荐方有资格报考，需要经过严格的审查与考核，完全合格后才能入校，最后淘汰率高达 30% 。美军历史上的许多著名将领，如艾森豪威尔、巴顿、施瓦茨科普夫等都出自西点之门。二是各军种候补军官学校和后备军官训练团。美军各军种都有自己的候补军官学校，主要招收经过挑选的大学毕业生或有大学二年级以上文化程度的优秀士兵入校受训。各军种候补军官学校每年向部队输送的军官约占当年新任命军官人数的 20% 左右。后备军官训练团为美军在全国高等院校设立的人才选拔及军官培训机构。美国有 300 所大学、650 所中学分别设有高级和低级军事训练班，培养未来的预备役军官。后备军官训练团的训练时间通常为每周 3—4 小时，另加一次为期 6 周的集训，学制分 4 年制和 2 年制，参加后备军官训练团训练的大学生，除由军队支付其参训时的学杂费外，还对参训的三、四年级学生实行奖学金和补贴制度。据统计，在美国现役部队中，有 30% 的将军和 40% 的校、尉级军官来自后备军官训练团毕业的大学生。后备军官训练团享有“大学生中的军官学校”的美称。三是民间专业技术人员。美军对本身不易培训的专业技术人才，如牧师、法官和某些工程技术人员，根据部队需要采取招聘的方式吸收他们到部队工作，被招聘的人员直接授予相应的后备役军官军衔，规定其至少服役三年。此外，在战时和应急状态下，可直接选拔任命具有指挥才能的士兵和准尉为现役正规军官。

（2）俄军军官选拔渠道

俄罗斯军官主要来源于三类军事院校，即少年军校、中等军校、高等军校，同时也利用地方院校培养专业军官。少年军校，属于俄军军官学校的预科学校，目前有 8 所陆军少年军校、1 所海军少年军校。少年军校平均每校有学员 900 人，学制为 2 年，主要招收现役、预备役军官和党政官员的子女。少年军校起到军官学校预科班的作用，毕业后直接升入高等军校学习。中等军校，为军事专业技术学校，目前仅有 3 所，学制 3 年以上，招收 17—21 岁的 10 年制中学毕业生、少年军校毕业生、服役 1 年以上的优秀士兵和年龄不超过 23 岁的超期服役士兵，以及任职 3 年以上、年龄不超过 25 岁的准尉，学员毕业时发给全国统一的中级军事专业毕业证书，授予中尉军衔和相应的技术职称（技工、电工、无线电员等）。高等军校，是俄罗斯军事院校的主体，设有指挥、工程指挥、工程技术等专业，招收 17—21 岁的 10 年制中学毕业生和士兵，年龄不超过 23 岁、超期服役 2 年的士兵，年龄不超过 23 岁、担任过准尉 2 年以上的准尉，学制 4—5 年，毕业时发给全国统一的高等院校毕业证书，授予中尉军衔，补充到部队后一般任排级职务。此外，俄军还利用地方院校培养专业军官。鉴于个别专业军官因军队院校专业设置有限不能满足补充需要，则由地方院校承训，办法是在地方院校中设置军事系。俄军共在 7 所地方大学设置了 7 个军事系。军事系的学员与军校学员一样，军龄自入学之日起算，毕业后由军队分配。

（3）英军军官选拔渠道

英军军官来源：一是由军官学校直接培养；二是由地方院校培养。军事院校毕业学员，是英国军官的主要来源。培养生长军官的初级军官学校，在国家各类院校中占有重要地位。其招生工作由本军种负责，国防参谋部协调。英国陆军每年所需要的 1000 名左右的军官大都是由军校培养的。除正规军事学校外，还利用地方院校培训专业人员，主要采取“招进”与“派出”相结合的方法，有计划地进行。直接从地方院校招募医生、兽医、律师和牧师等专业的应届毕业生，经军队院校短训后派往部队服役；每年选送 50—70 名部队学员带薪到地方大学攻读相关专业学位；每年向地方大学提供 150 个助学金名额，要求接受助学金者学成后入伍；开办理工科预科学校，每年招收 75 名 16 岁的初中毕业生，学习 2 年后进军事学校接受短训，然后到地方大学攻读科技专业，毕业后回部队服役。上述四种情况下培养选拔出来的人员可以授予少尉军衔，任命为正式军官。

（4）德军军官选拔渠道

德军军官的选拔主要来自部队，一部分是一入伍即作为候补军官进行培训，一部分是义务兵在服役期间由本人提出申请，经批准后参加军官培训。两部分来源各占 50%。德军从地方院校直接招收大学毕业生每年数量不多，约为 30—40 人，主要是部队需要的专业人才。如两所联邦国防军大学均没有法律系，就招收一些地方院校的法学毕业生入伍，其待遇与部队直接培养的大学毕业生相同。此外，部队每年还抽调一些军官到地方大学学习，毕业后返回部队工作，如卫勤军官（德军没有医科大学）。德军陆、海、空三军还有很多技术学校，主要对军官和士官进行技术培训，但技术学校不作为一级训练体制，军官只是根据需要到技术学校进行短期技术培训。德军对指挥军官和专业技术军官没有严格划分，因为每一名军官在大学学习期间都要掌握一门专业。从这个角度上讲，每人都是专业技术军官，同时所有军官都接受指挥方面的训练，这样有利于军官之间的交流。

（5）其他国家军官选拔渠道

法军军官由军官学校和地方院校培养产生，初级军官学校的生源由地方学员和部队学员两部分组成，地方学员约占学员总数的 33%，条件是 17—22 岁，高中文化，身体健康，未婚，自愿。从部队士兵中挑选的学员条件是，年龄 22—23 岁，士官衔龄在 2 年以上，在部队服役 4 年以上，具有本科专业能力，身体健康，自愿在部队服役。法军利用地方培养的军官大多是专业性人才，需要量不大，每年有几十人。日本自卫队军官来源比较多，由军校培养的是多数，主要院校有三军干部候补生学校、防卫大学、防卫医科大学、航空技术学校、卫生干部候补生学校、地方大学代培等；再一个渠道是招收地方科技人员，从预备役中选拔等。土耳其军官来源有个突出特点，即从青少年抓起。全国专门设有为选拔军官苗子的四所军事高中，学制 4 年。其中，为陆、空军选拔军官苗子的高中三所，为海军选拔的一所。军事高中由政府拨款办学，军队直接管理，管理人员和教员均为现役军官，学生在校期间没有军籍。这些学校执行国家普通高中的教育计划，实行军事化管理，毕业后到军队服役。

2. 外军军官的培训

培养军官是使用军官的基础和前提。军官职务的提升，军衔的晋级，以及工作岗位的调整，都离不开培训。外军军官培训的基本目标就是不断提高军官的素质和能力，以适应岗位任职的需要，为完成军队使命和促进自身发展服务。外军军官培训的主要方式包括院校培训、演习锻炼、岗位培训和就业培训等。

（1）院校培训

院校培训在提高军官素质方面起着重要作用。外军军官，一般都要经过军事院校的培训，而且是由低到高、循序渐进的系统性培训，军官晋升前还必须经过相应院校的培训。目前，美军有军事院校 138 所，平均每 1 万名官兵有一所，每年在校学习的人数约 17 万人，占全军军官总数的 20% 左右。英国有军事院校 86 所，平均 2800 名军官有一所。英军规定，所有军官都必须接受初级院校教育，经考试合格，方可授予相应的军衔和职务。在服役过程中，随着军衔和职务的提升，再送往中、高级院校培训。通常，一个少校军官都进过两次以上的军校。英军对军官的培训较为系统，一般分为四个阶段进行，即基础教育、专业培训、业务学习和高等教育。以工程技术军官为例，他们必须首先进入桑赫斯特皇家陆军军事学院学习，接受一定的基础教育，而后进入皇家军事工程学院学习工程专业课程，毕业后才能分配到部队任职。到了一定的职务和一定的年龄后，需要再到军校进一步深造，有特殊需要的还被送到地方大学攻读工程学学位。日本有军事院校 33 所，平均每 8000 名军官有一所，在校学习的人数占全军军官总数的 10%。日本自卫队几乎所有军官都需达到大学文化程度，并且都必须在陆、海、空干部候补生学校接受 6—12 个月的教育，学习初级军官必备的基础知识和技术，然后才能正式授衔和任职。以后，军官每晋升一级，就入有关院校学习一次。印度有军事院校 70 多所，平均 1. 9 万名官兵有一所学校。印军的少尉军官晋升至准将，通常要在各个层次的军事院校接受 6—10 次培训，每次受训时间从 3—12 个月不等，总计受训时间平均长达 7 年之久，约占其服役时间的 1/4。

（2）演习锻炼

演习锻炼在外军军官培训中占有重要地位。外军大都把军事演习看作是整个部队训练的最高形式，也是培养锻炼、考察选拔军官的有利时机。外军军事演习有以下三个特点：一是演习次数多、规模大、耗资巨。美军每年由参联会组织和协调的大规模联合演习可达40—50次。北约集团每年在德国境内进行的军一级演习就达3—4次。为在接近实战条件下检验部队战斗准备程度和指挥、参谋人员实际指挥协调能力，外军在演习中不惜付出巨额费用。美军训练费一般占军费总额的13%，其中演习经费占训练经费的10%—20%。二是演习组织分工明确，自上而下，逐级实施。美军规定，各军种联合演习，其计划工作由参联会归总，由参联会的工作班子即联合参谋部制定演习总想定并组织协同。由于美军演习大都在海外进行，所以演习指挥一般由海外战区司令部与本土的战略司令部共同负责。就军种来说，陆、空军联合演习通常由陆军指挥，海、空军联合演习由海军指挥。英军主要由国防部参谋部作战部门拟定演习计划，经国防会议批准后下达。英三军协同演习一般是从三军的作战训练部门临时抽调人员组成指挥班子。法军则根据三军参谋长的指示，由三军参谋部作战部门、三军作战指挥中心拟定演习计划。德军军一级协同演习一般在北约范围内进行，由三军总监察长与北约有关盟军司令部协商研究，一般由军长任演习总指挥并具体组织实施。三是部队训练计划与演习计划紧密结合，并把演习作为提高训练的主要途径。外军对较大规模的演习计划，一般都提前数年拟定，以便使具体课目内容能预先贯彻在部队日常训练计划之中，使平时训练基本上围绕演习进行。例如，美军通常制订下达5年的演习计划。北约则规定，演习的具体计划至少应在演习前1年下达，同时下发3年的演习预定计划，以便各国早作准备。此外，各国军队还十分重视演习的检查与考核，制定有统一的标准，并规定严格的讲评和成绩评定制度，以保证质量。

（3）岗位培训

外军岗位培训内容比较宽泛，他们把在职自学、在职业务进修、函授教育、就业培训等都叫做岗位培训。外军军官的岗位培训主要采取两条途径。一条是按岗位需求，进行科学文化知识、必需的任职能力、指挥艺术、管理科学等方面的较为系统的在职培训。美国和日本军队较为典型。美军认为，即使很优秀的军官，如果停留在原有的知识水平上，不及时地进行知识更新，也很难适应军队现代化建设和现代战争的需要。目前，美军军官大学毕业的达到100%，获硕士以上学位的占近43%。美军在职提高军官科学文化知识和专业水平，主要采取这样几种形式：一是在职自学。学到一定程度后，可申请到院校学习一年或半年，以继续完成学业，取得正式文凭。二是在职业务进修。结合实际开办见效快、轮训人员多，又节省经费的短训班。三是函授教育。函授生结业后经考试合格，授予相应的学位。美军对参加函授学习的科目不加任何限制，既可以学习与工作有关的科目，也可以学习退役后在地方谋取职业所需要的一技之长。此外，美国军内外院校在各部队、基地举办业余分校、短训班和专业班等，并为合格者颁发各种正式文凭和学业证书。日本军官的在职岗位培训主要体现在三个方面：第一，广泛的函授教育。要求日本军官通过不同院校的函授教育提高知识水平和个人素养。第二，合成指挥教育。重视培养军官特别是高级军官的兵种合成指挥能力。第三，英语教育。为了适应日美联合训练的需要，要求各级主官必须提高英语水平，尤其是英语会话能力。

外军军官岗位培训的另一条途径，是有计划、有目的的交流和轮换军官的工作岗位，使军官在多种岗位上和多种环境中经受锻炼，开阔视野，增长才干，积累实际工作经验。外军军官工作岗位的轮换，一般按照军官的任免权限，由各级人事部门根据军官的历任职务、考核和考试评定情况、发展潜力和方向，依据有关条令条例规定的任职期限，拟制出具体计划，经批准后组织实施。美国军官轮换工作总方针的制定由国防部主管人事的助理部长负责，各军种部主管人事的助理部长与参谋部主管人事的副参谋长负责本军种军官轮换的政策指导，具体计划和实施由各军种人事中心或人事司令部负责，军官工作岗位的轮换提前半年通知本人，提前3个月下达命令。英军军官的交流，由各军种人事部门根据每年单位主官提出的年度军官轮换意见和军官本人在年度考核报告表中填写的任职志愿，进行计划安排，然后按任免权限批准，办理任命手续。外军军官轮换一般分为岗位轮换、地区轮换和战时轮换三种。岗位轮换主要指部队、机关和院校间的轮换，既可以是有意识的安排，也可以是因晋升提职或工作需要进行变动；既指本土范围内的调换，也包括平时本土与海外服役军官之间的轮换；既指部队与院校军官之间的调换，也可指一般指挥军官与专业（勤务）军官之间的调换。如美军规定，军官 2—4 年要调换一次工作，军龄未满 8 年者，可在本兵种内部调动；军龄超过 8 年者，可在军种范围内调动。不同的工作岗位既向军官提出了新的、更高的要求，同时又丰富了军官的服役经验。地区轮换主要指内地与边远高寒地区、本土与海外的轮换。但岗位轮换与地区轮换往往交叉进行，没有严格的区分。如，土耳其军队规定，军官在条件较好的西部地区工作 5 年后，必须到东部相对艰苦地区工作 5 年。美军规定，军官都要到海外基地执勤，时间一般为 1—2 年；本土 48 个州部队都必须轮流到阿拉斯加执勤一个月。目前美军少校以上军官大都有一次以上的海外服役经历。战时轮换主要相对平时轮换而言，目前正在由过去的单人轮换向部队成建制轮换过渡。其目的是使军官经受实战考验，积累实战经验。朝鲜战争期间，美军开始实施战时轮换制度。此外，美国还实行军队与政府之间的轮换。军队与政府之间轮换是为使军官了解政府的有关工作，熟悉政府高层决策过程并直接参与国家国防政策的制定。如美军长年派驻现役军官在白宫、国会、国务院、能源部、预算局等与国防事务关系密切的部门工作。这些军官通常是得到军队重用，有发展前途的校级军官，任期最长不超过 3 年。此外，主管制定政策的军官还定期轮换到民间著名的学术机构，从事 1—2 年的研究工作，以使他们开阔视野，增长多方面见识，提高宏观决策的理论思维能力。

（4）就业培训

就业培训是外军军官在退出现役前，为了便于到地方就业的超前培训。外军就业培训，有的是设立了专门的就业培训机构，带有指令性；有的没有专门的机构，带有“渗透性”，主要是从根本上提高军官的素质，为就业打好基础。美军属于渗透性的就业培训，他们把提高军官的综合素质放在重要地位，在掌握军地兼容、军民相通的专业上下工夫，增加了军官退役后在地方工作的适应性，所以，自谋职业就有了方便条件。法国军队凡服役满 25 年，年龄不满 52 岁的军官，退役前还要参加 6—12 个月的就业集训。德国、日本也都有军官退役前进行就业培训的政策和规定。

（二）外军军官考核与任免

1. 外军军官的考核

军官考核是为了对军官正确实施晋升、调换、入学、淘汰、确定待遇的前提条件。尽管各国军队军官考核的方法、要求不完全一样，但都把对军官的考核作为其军官人事管理的一个重要环节，并建立了一套严格、完备的制度。

（1）考核种类

外军军官考核大致可以归结为：定期和非定期考核，全面考核和单项考核，例行考核和晋升考核。从时间上分，有定期考核与非定期考核。定期考核，是指到一定的时期所进行的阶段性的例行考核。如美军、法军、日本自卫队、意大利军队和巴基斯坦军队等，都是每年年末或年初进行一次考核鉴定；英军则是每年年中和年末各进行一次；德军的平时工作考核，两年进行一次；俄罗斯军队对军官和准尉的鉴定，在服役期满前的 4 个月进行一次，服役期间每隔 5 年至少鉴定一次。非定期考核，是指在军官调动工作、进院校学习或执行特殊任务以及其他特殊情况下所进行的随机性考核。通过非定期考核，进一步准确真实地掌握军官的素质状况、关键时刻的表现及其他方面的情况，印证和补充定期考核的结论。从内容上分，有全面考核、单项考核等。全面考核一般也是定期考核，即对军官的全面情况进行多方位的了解，然后做出结论。单项考核一般也是非定期考核，即对军官的某一方面情况进行较为深刻的了解。如训练考核，这是军官考核的一个重要内容，对于了解军官的指挥素养、参谋水平、协调能力和实际带训能力等，都是一种极好的机会和途径。从性质上分，有例行考核、晋升考核等。例行考核，也就是在规定的时间内定期进行的考核或鉴定。这是一项常规工作，是军官管理的日常性工作。晋升考核是特指在军官晋升职务或军衔之前专门进行的考核。各国军队普遍明文规定，军官在晋升前要进行考核，不考核不予晋升。当然，晋升考核有多种形式，有的是直接面对军官，进行接触性考核；有的是通过其直接领导，进行间接性考核；也有的将军官历年的考核结果和单项考核结果进行综合审查，确定是否予以晋升。

（2）考核内容

外军在军官考核内容方面有许多相通之处，但侧重点有所不同，并各有特点。

美陆军考核军官的内容主要有三个方面：任职和履行职责情况、个人素质和专业化情况、业绩表现和发展潜力评估。其中个人素质和专业化情况主要包括两部分：一是陆军价值观，即荣誉、正直、勇气、忠诚、尊重、无私奉献和职责 7 项内容。二是领导者特质、技能和行为。特质部分包括精神、身体和感情三个方面；技能包括理论、人际关系、技术和战术四个方面；行为包括交流、决策、激励、计划、实施、评价、培养、创造、学习 9 个方面。对于个人素质和专业化情况的上述方面，考核员必须填写“是”或“否”。但是，如果填写“否”，必须做出说明。业绩表现和发展潜力评估包括三个方面：一是被考核军官在考核期内的业绩表现及晋升潜力，分为四种情况：表现优秀/必须晋升；表现满意/可晋升；表现不满意/不能晋升；其他（说明）。二是对业绩表现和晋升潜力的某些特定方面的评价。三是在从上尉到中校的成长过程中，该军官具有的对陆军有意义的特定专业技能和特长。另外，考核员还需指出该军官将来可继续服役的可能职业类别。考核结束后做出结论，提出晋升建议，建议分为早于同期军官晋升，与同期军官一起晋升，不能晋升等。

俄军军官考核的内容大致有三个方面：一是基本素质和履行职责的情况。包括职业培训情况；遵守共同条令、纪律情况；履行职责情况；在战时状态下履行职责的心理准备情况；经指挥员（专业人员）培训系统深造或通过自学完善职业技能情况；学位和职称；在实践中灵活运用所学知识情况；工作范围；在工作中表现出来的最大能力和取得的最大成绩；是否有实战经验，等等。二是工作态度和能力。包括工作是否勤勉，对自己与部属要求是否严格；在复杂情况下迅速确定方向、采取行动、积极主动、高质量完成上级下达任务的能力；领导部属、组织训练、开展教育工作的能力；对部属严格要求和热情关心相结合的能力；所辖部（分）队现状（纪律、人员补充程度、战斗与动员准备）；军事技术与武器的掌握；武器、军事技术装备和物质技术器材状况；担任高一级职务候选人的预备情况，等等。三是职业道德及身体心理素质状况。包括能否严格评价自己的活动；能否以创造性精神对待工作；履行职责是否坚定；在军人中是否有威信；能否保守国家机密；道德和心理素质如何；健康状况和体能训练情况，等等。

德军军官每两年由上一级军官主持进行一次考核。考核内容主要包括个人素质和工作情况两个方面，考核结果以分数记载。考核成绩分为两部分：一部分是工作成绩分，由单位人事部门根据军官完成任务、履行职责情况进行考核评分，共分 9 级，即 1（低）至 9（高）分。另一部分是直接领导的评分，也叫“印象分”，由直接领导对军官的品德、专业知识、组织能力、服务态度等做出评判，分为 5 个等级，即 A，B，C，D，E（A 级最高，E 级最低）。工作成绩分和直接领导评分可以不相一致。原则上讲，军官能否晋升，取决于这两个方面获得的分数，但通常直接领导评分所占比重较大。一般情况下，工作成绩在 7 分以下或直接领导评判为 E 级的，不得晋升。

日本自卫队军官的考核内容达到了标准化的程度，全军按统一的表格形式和同一标准进行考核。考核内容既系统全面，又明确具体，便于对军官客观地进行衡量和评鉴。自卫队对军官的考核内容突出了对工作成绩的评价，主要从八个方面进行：责任感、协调性、纪律性、工作能力、判断能力、知识与技能、指挥领导能力以及计划能力。对上述八个方面，评定官要逐项打分，再根据总分划分 A、B、C、D、E（即优、良、可、差、劣）五个等级。此外，自卫队还对军官的出勤情况、健康状况、奖惩情况、性格特征进行专门的考核。出勤情况包括在评定期间的缺勤天数和病休天数。健康状况分为强健、健康、一般、不健康四种。如果被评定军官的身体属于“不健康”，应写明不健康的具体症状。性格特征区分了 33 个方面的表现，要求评定官从中选择四个方面。根据军官的性格特征，评定官要评判他属于六种军官类型（指挥官型、参谋型、副官型、教官型、学者型、其他）中的哪种类型。

（3）考核的组织与实施

外军对军官的考核可分为学校考核和军官在职单位考核两种。学校考核根据学制情况由学校组织实施。军官在职单位考核一般每年进行一次，并要为每位军官填写一份内容完整的考核报告表。考核报告表是提升军官、选调军官入学、分配使用军官、淘汰军官以及军官由后备役身份转为正规军官身份最重要的依据。外军对军官的在职考核，一般由各级主官和专门机构或非常设机构组织实施。

美军对军官的考核通常为被考核军官的上级，分为高级考核官和考核官两级。高级考核官高于被考核的军官两级以上，必须由上校以上的军官担任。在对高层军官的考核中，如果军衔等级相同，那么考核官现衔级的授衔日期必须早于考核对象。美军在考核期开始以后的30天内，考官要与被考军官谈一次话，被考军官要把自己的职责和任职目标填写进军官报告附表。被考军官的职责和任职目标，可由考核官提出，也可由被考核军官提出，或两者商定。考核结束时，被考核军官把一年来的表现和取得的成绩及身体素质测验结果填入附表，交给考核官。考核官根据平时考察的情况和本人填写的审查表，对被考核人的素质、履行职责的情况和发展潜力做出评价，交高级考核官最后审定，高级考核官对被考核军官的发展潜力提出关键性的意见，对考核鉴定做出结论，并交人事部门，同时将附表退还被考核军官本人。考核结束后，被考核军官可查阅自己的考核报告表，如发现失实之处，可提出申诉。

俄罗斯军队的考核组织是设在各个部队、院校和机关的考核委员会（又称“鉴定委员会”），考核委员会是一个常设机构，由所在单位的一名副职负责，其他成员由分管训练、教育、勤务等方面的代表组成。设立军官考核的常设机构，便于把军官考核的各种资料系统、全面、详细、规范地收集起来，进行客观的、历史的、综合的考察，有利于考核的准确、公正。俄军的军官考核工作透明度比较高，权威性比较强，考核同任用结合比较紧。没有考核委员会的意见，一般不提拔军官。当一级主官任用军官的意见与考核委员会发生分歧时，可由上级考核委员会裁决，并且上级考核委员会有权否定下级主官的意见。对高层军官的任用如发生意见分歧，甚至可以提交军事法庭裁决。这种制约机制在一定程度上限制了军官任用中的任人唯亲和随意性。

日本自卫队的军官考核叫"勤务评定"。通常，由各部队长官和人事部门共同负责。勤务评定设评定官、调整官和审查官。评定官一般由被评定者的直接首长担任，调整官由上一级副职首长担任，审查官由上一级人事部门派员担任。评定官负责考察被评定者的勤务成绩、工作态度和能力，调整官负责对评定官所作的评定进行复查，审查官负责审查评定官和调整官所作的评定结果。另外，评定官及调整官在评定期间应向被评定者的有关领导征求意见。凡达到晋升年限的军官，每年进行全军统一组织的严格的考试，合格者方能晋升。

2. 外军军官的任免

世界各国军队无不重视军官的任免问题，大都有一套比较科学的制度和方法。外军大多实行职务编制军衔，明确规定各级职务相对应的军衔，所以，任免从一般意义上讲是包括职务的晋升和军衔的晋升。外军军官晋升，具体做法不尽一致，但也有许多共同特点。

（1）严格依照法定编制和结构比例任免

世界各国军队军官的数额及其构成比例，通常都有法律或明文规定。军官职务的任免，都要严格依照这些规定来实施，坚持没有名额和缺位不予晋升的做法，并以财政经费加以控制。例如，美国军官总数由国会根据每个财政年度的部队总规模决定，各级军官的人数也以编制军衔的形式加以限制，不得随意突破；各级军官比例由国防部以条例的形式加以规定，必须严格执行。因此，美军军官队伍的数量及结构是相对稳定的。美军将校尉官的比例一般保持在1∶100∶180；校官中的上中少比例为1∶2.5∶3.8；将官中上中少准将的比例为1∶3.5∶10∶20。美军官数占全军总人数的13%。英军军官的晋升率也很低，中少尉占军官总数的19.1%，上尉占35.3%，少校占29.2%，中校占11%，上校占3.9%，准将占1%，少将以上占0.5%。按照这一比例，英军军官晋升到上尉后即开始大量淘汰。法国军队，目前的总兵力约50万人，现役军官3万多人，占总兵力的

5.5%。军官队伍中，将官、校官、尉官的比例为 1∶39∶60。这一比例，由议会立法的形式确定，严格控制，多年不变。意大利职业军官占军官总数的 80%，少校以上均为职业军官；合同军官占 20%，最高军衔为上尉，这部分军官占尉官总数的 35%。日本自卫队少将以上军官编制定额为 320 名，占军官总数的 0.2%，上校级军官 1500 余名，占军官总数的 1%。俄罗斯、瑞士、加拿大等其他国家军官任免情况也大同小异。

（2）任免标准和条件可操作性强

外军十分重视军官任免的可操作性，对各级军官任免，都规定了明确而具体的标准和条件，主要体现在三个方面：

一是任满规定年限才能晋升，尽量减少提前晋升。如美军军官晋升的资历条件是，少尉军官晋升比较宽松，只要能完成正常工作，不出明显差错，均可任职两年后晋升。中尉晋升上尉一般要 4—6 年的军龄，2 年以上的衔龄。上尉晋升为少校，一般要 10 年以上的军龄，5 年以上的衔龄。少校晋升为中校，平均军龄为 15 年，衔龄为 5 年。中校晋升为上校，军龄为 21 年，衔龄为 5 年。上校以上的晋升，无严格的衔龄年限规定，而上校晋升为准将，军龄要 24—28 年，准将晋升为少将，军龄要 26—27 年，少将晋升为中将，军龄要 27—31 年。在特殊情况下，个别出色的军官可以不受规定限制，获得晋升机会，尤其是战争期间，美军任命军官比较大胆。如，第二次世界大战时，美国总统罗斯福曾出人意料地宣布任命陆军准将马歇尔为陆军参谋长。马歇尔在担任参联会主席后，也大胆提拔了许多年富力强的军官担任各级重要领导职务，其中包括艾森豪威尔等。艾森豪威尔原先只是中校，马歇尔把他破格晋升为临时少将，后又委以盟军远征军总司令等要职。英国军官晋升有较严格的年龄限制，英军规定军官服役期为 16—35 年，中尉满 26 岁仍不能晋升上尉者必须退役。上尉 34 岁仍不能晋升少校者，也要离队。少校以上军官，只要身体条件等符合要求，可服役至 55 岁退休。经部队院校长期培养或获得学士学位的军官，毕业后 2—5 年内不得提出退役申请。其他外军，在军官每一职的任职时间上都有一定的规定，有的有些弹性，设计了下限和上限之间的幅度。

二是按军事专业分类任用军官，不同类型的军官在晋升条件和年限上有所区别。例如，美国国防部规定，初次任命为正规陆军、海军、空军和海军陆战队的授衔军官，必须具备以下条件：必须是美国公民；必须在其55周岁以前作为现役军官服役20年；具有良好的品德；体质合格，适于服现役；具备在有关军种部长制定的规章中所规定的其他特殊资格。例如，初次任命为军医军官的骨科医生，除了必须具备上述五条标准外，还必须具备以下四项资格条件：必须是骨科学院毕业生；现已领有内科、外科或骨科执照，在某个州或哥伦比亚特区行医；曾受过若干年骨科及其预科教育，相当于进入公认的医科学校成为博士所需的医科及其预科教育；具有有关军种部长在考虑该军种军医署署长的建议后所规定的资格。

三是按计划定期晋升，统一集中办理晋升手续。军官的任免普遍强调计划性，只有列入晋升或退役计划的军官才能进入任免程序，一般没有临时动议这一说。而且外军的任免计划一般是一年制订一次，经多方批准方能生效。比如晋级晋衔，按计划将符合条件的军官提出晋升顺序，出现空缺自然按序递补，由有任免权限的人事部门或部队主官发出到职、升衔通知即可，不必再履行审批手续。这使主管军官的工作部门减少了大量工作，也使军官对自己的前景和发展趋势，做到心中有数。美军是每年集中一二个月时间审定名单，经一定程序批准后，于每月初根据空缺情况分批宣布。德国军队每年分别于4月1日和10月1日集中宣布任免、晋升命令。俄罗斯军官职务任免一般于年度训练结束后（11月）进行，军衔晋升每年春秋各进行一次。

（3）严格按任免权限进行晋升

外军的军官任免权限，大多分为三级或四级任免，少数为两级任免，最多的为七级任免。一般地说，一职多衔的军队，军官的职务与军衔任免权限有所分离，一职一衔的军队，军官的职务与军衔任免权限完全一致。美军军官绝大多数是一职一衔，只在个别职务上是一职两衔。所以，军官职务任免权限同军衔升降权限基本上是一致的。美军分为四级任免：少尉晋升中尉，由所在部队的主官批准；晋升上尉至上校，由军种参谋长审批上报，军种部长批准；晋升准将、少将，由国防部长审批上报，总统批准；晋升中将、上将，由总统批准，参议院确认通过。俄军军官职务任免权限分为六级：上尉以下军官职务，由团级指挥员批准；大尉军官职务，由师级指挥员批准；少校军官职务，由集团军指挥员批准；中校军官职务，由军区级（舰队）指挥员批准；上校军官职务，由国防部长批准；将官职务，由议会审查通过后报总统批准。英军军官任免权限分为七级：在一般情况下，中校级主官（中校营长）任免中尉；上校级主官（上校营长）任免上尉；准将级主官（旅长）任免少校；少将级主官（军区司令、师长）任免中校、上校；上将（军种参谋长）任免准将至中将；而上将（军种参谋长）的任命，则由他的前任提名，报国防大臣批准，然后由国防参谋长（元帅）任命；国防参谋长（元帅）的任免，需经首相批准，由国防大臣任命。法军军官分两级任免：校、尉级军官由国防部长批准，总统颁布命令；将级军官由内阁会议讨论决定，并由内阁颁布任免命令。日本自卫队军官职务的任免权限分为四级：参联会主席和各军种参谋长由防卫厅长官任免；将级军官和一佐（相当于上校）军官，由军种参谋长分别提出任免报告，上报防卫厅长官审批任免；二佐（相当于中校）与三佐（相当于少校）级职务的军官，由所在军种参谋长任免（如在各军直属机关任职，则由军长任免）；陆军的尉级军官职务，由师长或指定部队长任免，海、空军中校以下军官的职务，均由军种参谋长任免。

（4）严格按照任免程序办理晋升事宜

外军军官晋升的手续不尽相同，一般由非常设的晋升委员会，根据军官晋升条件和本人情况，具体确定军官晋升名单及先后顺序，然后上报审批。美军的手续比较系统完备，有一定的代表性，主要是通过军官晋升审选委员会组织实施。美军各军种每年均组成各级军官晋升审选委员会。审选委员会的成员，上校以下军官由军种人事部门确定人选；将官由军种人事部门推荐，军种部长审定。审选委员会的成员人数，根据其审选的军官人数而定，但不得少于5名军官。审选委员会设主席1人，成员的军衔须高于审选对象。审选委员会的职责是，根据军种部长下达的晋升数额、范围、比例及审选要求，对本军种列入审选范围的军官进行审选。审选时，将军官的年资档案、各年度鉴定和考核报告集中审阅，逐一评选，统一衡量，最后经无记名打分表决，提出晋升军官的建议和顺序名单，上报审批。美军规定，军官年满 62 岁必须退休。极个别军官如因特殊需要而延长服现役，须经国会特许。如美海军“核潜艇之父”里科弗海军上将，经国会一再特许延期，直至 81 岁时方退出现役。英国军队军官的任免晋升均采取由主官推荐，专门的审选委员会审批，由上一级主官任命。其任免晋升工作，陆军每年 12 月进行一次，海军每年 6 月和 12 月进行两次。俄罗斯、日本等国则由各级干部部门或人事部门负责各级军官的晋升审查工作，然后由本级首长审定后呈报上级审批。

（三）外军军官奖励与惩罚

外军在长期的军队建设实践中，建立和完善了各自的奖惩制度，力求做到从立法到执法，从战备训练到日常工作和生活秩序都有法可依、有章可循、执法有序、奖惩有据。由于国情、军情的不同，各国军队实施奖惩制度的原则、方式也不尽相同。

1. 建立健全完整的奖惩法规体系，严格依法实施奖惩

外军大都建立有健全的军事奖惩法规体系，为有效实施奖惩提供了可靠的法律基础。军人从入伍到退役，军队从日常生活到训练、作战等各个阶段、各个环节都有详尽的实施奖惩的规范。如俄军实施奖励和处分的主要依据是《俄联邦武装力量纪律条令》。该条令长达数万字，对军队衣食住行及训练等各方面应遵守的纪律以及如何实施奖惩都作了严格、详细的规定。美军将《统一军事司法法典》《禁止与处罚事项》《勋奖章和奖励》等法规和条例作为实施奖惩的基本法规依据。日本自卫队制订有《自卫队法》，其中对奖励与惩处制定了具体细则。法军颁布的《荣誉勋位勋章、军功章和国家功勋章法》和《军人总条例》等法规对奖励和惩罚的原则、种类、条件及组织实施等都做了明确规定。每年具体实施时，还颁布相应的规定和命令，使奖惩工作有法可依，有章可循。

2. 明确实施奖惩的责权，严格按程序办事

外军在实施奖惩方面十分强调明确实施奖惩的程序与职责和严格按程序办事，普遍规定了各级指挥员相应的奖励权和惩戒权。比如，美军规定，依据《统一军事司法法典》《勋奖章和奖励》以及《授勋和授奖》等

人事法规的规定，各级指挥员有权对有突出表现或不当行为的下属做出奖惩的决定。俄军纪律条令所规定的所有奖惩项目都明确了执法权限，即由谁实施奖惩，如何奖惩，实施奖惩后如何在被奖惩人的服役卡上登记，登记后由谁负责验证等，并且要求每个军人每年同自己的服役卡见面并签字。日本自卫队也清楚地规定了颁发奖励和实施处分的程序和权限。如日本自卫队规定，在实施6个级别的赏词表彰时，先根据各级单位及指挥员的推举和选拔确定被表彰人选，然后按照表彰级别的高低分别由内阁总理大臣、防卫厅长官、军种参谋长、军区司令、团长和营长等颁发。同时，外军还对处分的受理和实施作了明确的时间限制规定，要求所有处分应在调查询问或查明所犯过失之日起若干天内实施，并规定特别情况下不得超过的执行时限。如规定执法时限是1个月，即超过1个月后便不再执行处分。不但如此，还要追究未能如期执行处分者的失职责任。外军规定的这些奖惩职责和权限、时限等规定有效地提高了办事效率，防止了拖拉作风和官僚主义，在一定程度上维护了奖惩制度的权威性、有效性和严肃性。

3. 科学设置奖惩种类，明确奖惩分类

外军认为，指挥员应对部属的积极主动精神、勤奋努力工作、服役中的业绩予以奖励，对为国家和军队做出卓越贡献的军人给予奖励。另一方面，对违法、违纪者实施必要的处罚。为此，外军对奖惩做出了详细规定，官兵有了什么功过，应受什么奖惩，都十分明确。而且奖惩的种类多、层次多。奖励的类别有勋章奖章、颁发纪念章、集体嘉奖等。奖励的形式有赏词、奖状和精神奖励，外军奖励的实施，基本上是随机进行，事后载入档案，作为考核军官的重要内容。奖励的方式基本上是逐级进行，一级奖励一级，由部队主官直接决定，直接长官不予认可的再好也不可能进行奖励。奖励与军官的利益直接挂钩。比如，美军有时由于飞行员缺编，飞行员服役6年以后，如果继续服役3年，每年可奖励4000美元，继续服役4年以上，4年以后每年可奖励6000美元。美军医务人员的工资低于地方人员的工资，为鼓励医务人员在军队长期工作，医生每延长1年，可奖励9000美元—10000美元。美军依据规章制度对军人实施惩罚，措施主要有三种：非惩罚性措施、非司法惩罚和军法审判。俄军的惩处制度主要包括纪律处分和刑事处分。英军的惩罚主要有警戒性惩罚、非司法性处罚、军法审判性惩罚和经济性惩罚 4 种。日本自卫队的处罚主要有徒刑、惩戒、训诫和告诫等。

二、外军文职人员管理的主要内容

文职人员担负各项非作战性工作，是很多国家武装力量构成中除士兵和军官之外的第三个基础支撑要素。尤其美、英、法、德、日等国，适应现代军事科技迅速发展和指挥与管理日趋复杂的要求，大量使用文职人员，促进国防现代化建设，收到了多重效益。

（一）外军文职人员的来源

外军文职人员的来源主要有 4 个途径：一是来自服役期满的军人。服役期满又有技术专长的军人，可以转为军队的文职雇员，继续在军队工作。二是从社会上直接招聘。军方根据需要，招聘地方具有较丰富工作经验的技术、管理人才或一般职员，如医生、律师等。三是从地方大学应届毕业生中招聘。美军每年都从哈佛大学、加州理工大学、麻省理工学院等著名院校招聘有关专业的应届毕业生为文职人员，以充实其科研、管理队伍。四是从政府离职人员中挑选。法军文职人员 90% 从地方招募，10% 由退役军官改任。美国联邦政府人事管理办公室定期公布政府各部门上报的离职人员名单，供美军文职人员管理者参考吸纳。

除直接由军人转为文职人员的情况外，外军招聘文职人员均需通过公开考试择优录用，具有服役经历的人员通常会享受优待条件。美国《陆军时报》《空军时报》和《海军时报》等经常刊登招聘职员的广告，军方经过考试从应聘者中择优录用所需人员，签订雇佣合同，确定相应职级。外军文职人员除了接受基础军事训练外，还要根据工作需要和个人愿望安排专业训练，以提高其履职能力。美军主要通过岗前训练、在职训练、院校训练、战前训练等方式，提高各类文职人员的工作能力和效率。美军经常派遣文职人员到政府大学、私立大学或公司学习，国防大学每年招收学员中文职人员占比达60%。英军除对新录用的文职人员进行任职前军事训练外，在任职后还根据所在单位任务和要求，对他们进行相应专业训练。

（二）外军文职人员的使用范围

外军文职人员使用范围较广，占军队员额比例较大。从使用范围来看，文职人员主要担负各项非战斗性工作。除建制作战部队外，上至国防部部长，下至勤杂工人，文职人员遍布军队各个部门。

1. 美军文职人员的使用范围

美军重视发挥文职人员的作用，在海湾战争中，美军使用了6000多名文职人员，同时还雇佣许多当地或第三国雇员从事战争支援工作。伊拉克战争中，美军5万多名文职人员直接支持作战部队，是保证战争顺利进行直至取得胜利的重要力量。美军文职人员的使用主要在以下几个方面：

（1）行政管理。从总统兼武装部队总司令、国防部部长、副部长以及三军种部部长、副部长，到一些军事院校的教务长、教研室主任，都是文职官员。国防政策、军费预算、武器研制和人员任命等重大决策都由文职官员研究决定，并报国会批准。此外，国防部、三军种部以及各司令部的大量行政性工作主要都由文职人员来承担。据统计，文职人员占国防部长办公室编制员额的75.5%，占陆、海、空三军军种部编制员额的百分比分别为65.5%、49.3%和34.5 %。参联会是一个军事指挥机构，但文职人员也占其总人数的22.4%。

（2）后勤保障。美军武器弹药和军械的储藏，武器装备的维修和改装，基地设施、仓库和补给站的管理，部队的营建、基建，军用物资的运输，士兵及其家属生活的改善等工作，很多都由文职人员承担。在美国海军的某些舰艇上，文职人员数量几乎占编制人数的2/3。据统计，目前美国陆军工兵部队的98%，陆军器材司令部的92%的人员是文职人员。

（3）科学研究与教学。美军约有10万名文职科学家、工程师和其他高级专业人员，从事着诸如核武器、导弹、电子设备、运输工具、士兵服装和饮食餐具以及计算机编程、数据处理、情报分析等科研与专业技术工作。此外，军事院校也是文职人员比例较高的部门。在美军院校，一些需要人员比较固定的工作，如基础知识课和部分军事课的教学也大都由文职人员承担。据统计，美军西点军校等三所陆、海、空军军官学校，文职人员分别占60%、50%和51%，海军研究生院的文职人员高达76%。

（4）其他用于支援作战的文职人员。陆军用于支援作战的文职人员约为4500名。主要从事部队现代化计划规定的新装备发放工作和复杂技术装备的保养工作。海军使用了约1200名文职人员，其中一半为军事海运司令部雇佣的商船船员。岸上文职人员多数集中在海军航空兵基地、海军造船厂和海军陆上设施，主要从事飞机和舰船的修理工作。空军只有200余名文职人员用于支援作战，其中44名工程技术人员被分配到战术空军的作战中队，其余人员从事飞机维修、承包任务、丧葬事务和油料质量检查等工作。

2. 英军文职人员的使用范围

英军现有文职人员20.86万人，占军职、文职人员总数的38.4%。英军的文职人员主要集中在两类部门：一是国防部机关、教育训练、行政管理部门，现共有文职人员10.6万人，占文职人员总数的51%；二是军工生产、装备维修、科研、装备采购与销售、基地与勤务等部门，现有10.26万人，占49%。英军规定，凡文职人员可以担任的工作，应尽量使用文职人员，以压缩军官员额，保证工作的连续性。因此，军事科研、装备采购与销售、维修、财务等部门的工作主要由文职人员充任。如国防采购部，除质量检验局局长由军人担任外，其他职务全部由文职人员担任。在通信等部门则军、文职人员参半。但在总部的作战、军务、人事、训练部、军区司令部和战斗部队则以军职人员为主体，文职人员很少。如陆军军务部，除3名牧师为文职外，其他均由军人担任。

3. 法军文职人员的使用范围

法军现有文职人员14.2万人，其中职员3.4万人，工人8.8万人，临时合同职工2万人，约占全军总数的20%。法军文职人员的使用范围很广，从本土到海外，几乎遍及所有的机关和部队。但从编配情况看，文职人员主要集中在国防部机关、科研、武器装备和后勤部门，从事行政管理、科研和支援保障工作，担任秘书、科员、科长、处长、局长以及技术员、工程师、高级工程师等职。在部队工作的文职人员数量较少，一般仅编配在团以上部队机关，主要从事技术工作。陆军团机关的文职人员，大部分从事行政事务，担任秘书、科长等，小部分是技术人员，负责营房修缮、车辆维修等技术保障工作。空军联队的文职人员主要是技术员、机械师、工程师等技术人员，负责飞机的维修保养。海军基地的文职人员主要是岸勤技术人员，负责港口的技术管理、舰艇检修、后勤保障等。

4. 德军文职人员的使用范围

德军有 17.6 万名文职人员，文职人员与现役军人的比例约为 1∶2.8。德军从上到下的各主要部门都聘用文职人员。但从编配情况看，主要集中在三个部门：军队行政管理部门，目前有 8 万名文职人员在行政管理部门工作，约占文职人员总数的 45.5%。其中 3700 多人在国防部，分别在各司局单位工作；其余在本土防御部队、野战部队管理部门工作。主要负责征兵，预备役军人训练，军队营房、医院和学校的管理，招收和训练各部门的文职人员等。装备技术部门，现有 1.9 万名文职人员，占文职人员总数的 10.8%，在国防部下属的联邦国防技术与采购局等单位工作。其中 8400 多人为技术专家或高级技术专家。他们负责制定各类装备、器材的技术要求与技术规范，签订研制和采购的合同，检查、试验各种装备、器材，采购并向部队提供定型的装备、器材。部队勤务保障部门，共有文职人员 7.7 万人，占文职人员总数的 43.7%，绝大多数为职员和工人，主要从事测绘、气象、院校教学、医疗保健、后勤保障等工作，工种多达 200 种以上。

5. 俄军文职人员的使用范围

俄军文职人员不担任领导职务，主要是职员和工人两大类，总数约 10 万人，通常在军队机关、学校、军事组织和国防部所属企业中工作。俄军制定有《职工劳动法》，对他们的使用、管理和待遇做出了明确规定。俄军职工通常用于担负非战斗性工作，主要分布在国防部所属机构，各军兵种、军区及舰队领导机关，军事院校，军事科研部门，医疗卫生系统，军事企业，军垦农场，文体娱乐单位，海军辅助船只以及军事机关内的服务性行业。

（三）文职人员的待遇

外军文职人员待遇一般由薪金和各种福利构成。薪金一般以级别为基础，职员和工人的同一个级别之内又分为若干档次，按年限自动调整。除薪金外，许多国家还给文服人员以各种优惠待遇，如医疗、住房、休假、保险等。

美军文职人员的工资，每年按一定百分比增加，但增幅比现役部队低0.5个百分点。文职人员与军人同样享受政府职员所没有的保健费、社会保险、人寿保险以及在军人服务社购买免税物品等优待，但文职人员不享受伙食补助、服装补助、搬迁补助与战斗津贴等。文职人员离职时，原单位每月须发解雇费，直至其找到新工作。英军文职人员是政府职员的一部分，其基本薪金等同于政府相应级别的职员，一般低于军职人员的薪金。如助理副次官以上的文职人员比军队相应级别的将官和元帅低9%左右。但军队文职官员享受一些补贴，如加班补贴、夜班补贴等。文职人员还享有正常休假、新婚假、搬家假、病假等。英军文职人员的退休年龄一般为60—65岁，退休后可领取原薪金70%—75%的退休金。英军文职人员不受《军人服役法》和其他军事法令的约束，但必须执行政府制定的《公务员法》。英国法律还规定，文职官员不得介入党派政治活动，不得参加竞选，如想进政界，须先辞去军内职务。

法军招聘的文职人员是国家编制公职人员的一部分，不享受军职人员的待遇，其基本薪金与相应级别的国家公职人员相同，比同级军官的薪金低25%。除基本薪金外，军队文职人员同国家公职人员一样享受多种补助，如家庭补助、交通补助、差旅补助等，每年还可带薪休假1个月。科研人员还享受安全补助和服装补助。高级文职官员可享受由国家提供的职务住房，如果免职或退休，则需退还。军队文职人员的退休年龄规定同于国家公职人员，退休后，一般可领取原薪金70%—75%的退休金，但最多不超过80%。

德军文职人员的待遇，基本同于地方相应级别的官员、职员和工人。但由于部队工作的特殊性，军队的文职人员享有多种补贴，其实际收入略高于地方同级人员。文职人员还可申请参加免费的职业进修或再培训。德国军队有5所管理院校、31个业务培训所和400个职业培训机构，每年举办4000个左右的短期培训班，以提高部队文职人员的技术与行政管理水平。军队文职人员按法律规定，退休后的待遇和地方工作人员完全相同。

日本自卫队文职人员其在防卫厅工作的参事官、书记官和部员，实行特殊的工资系列，属于特别职国家公务员。事务官、技官、教官等属于一般职国家公务员，其工资标准按国家公务员工资系列执行。每年除正常调一级工资外，工作优秀者还可特别升薪。自卫队文职人员除享受国家公务员各种津贴外，还同军人一样，享受调整津贴、扶养津贴、住房津贴、通勤津贴、特殊工作津贴、期末津贴及勤奋津贴以及加班津贴等。文职人员在医疗、休假、疗养等方面的待遇与现役军官基本相同。每年除有20天的年度休假（第一年为15天）外，还有病假、特别休假等。文职人员在自卫队可以工作到60岁。在医疗部门工作的医生、牙医可以延长到65岁。

（四）文职人员的管理

外军对文职人员的管理多数由人事部门负责，一般不另设机构。

美军对文职人员的管理实行的是“集中与分散相结合”的方法，既受统一的联邦法令、法规及国防部政策的约束，又受其所在单位最高行政长官的直接监督与管理。管理文职人员的具体工作，由国防部设立的文职人员管理系统负责。该系统分为三级，自上而下，自成一体。第一级为国防部人事与战备副部长办公室；第二级为三军种部人力与后备役事务助理部长办公室和各军种参谋部人事副参谋长办公室；第三级为各总部、司令部人事副参谋长办公室。同时，在国防部、三军种部、各军种参谋部和战区司令部分别设立专门的文职人员局、文职人员处等事务机构，如在陆军参谋部的人事副参谋长办公室下设有一个文职人员事务部。主管人事与战备的国防部副部长和各军种人力与后备役事务助理部长，负责制定有关军队文职人员队伍建设的方针、政策和规划；第三级为各级部长设立的文职人员事务部、处、科等只负责具体的雇佣、调配等管理工作。每一财年的文职人员数量由国防部提出预算，经国会批准后生效。美军规定，在军中工作的所有文职人员都必须接受司法部门的“忠贞调查”，如“文职人员的忠贞情况受到合理的怀疑时，便应革职”。

英国国防部第二常务次官下属的管理与预算局下设的文职人员管理处，是英军文职人员管理的最高机构，全面负责文职人员的管理、训练、协调、服务等事务。各军种的文职人员由军种人事部门统一管理。文职人员的日常管理工作由其直接主官根据有关条令条例具体实施。为了做到有章可循，除英国政府制定的《公务员法》外，国防部根据军队工作的特点，在文职人员的使用和管理方面也制定了相应的条令条例，如《军内文职人员条例》《危机和战争期间对文职人员的有关规定》等。

法国国防部文职人员局是法军文职人员的最高管理机构，下设规章和预算、行政管理、培训和社会事务、物资和不动产管理等 4 个处。此外，陆、海、空军军种人事局、武器装备部、三军卫生局和各军区也都分别设有文职人员处（科），具体负责本军种或部门文职人员的管理工作。法军根据《国家公职人员条例》，结合军队特点，制定了《军队文职人员条例》，对军队文职人员的招聘、工作制度、职责范围、奖惩制度、福利待遇和退休制度等都作了具体规定，使文职人员的管理工作制度化。

德军文职人员的管理由国防部人事局和国防部行政管理国务秘书、军备国务秘书共同负责。国防部人事局下设文职人员处，辖 7 个科，主要任务是，制订文职人员的使用计划、管理、招聘、培训等方针原则。文职人员的日常管理工作则由军队各部门领导具体实施。为了保障和严格文职人员的管理，政府还颁发了一系列法令和条例，主要有《联邦官员法》《联邦薪金法》等，规定了国家公务人员的权利、义务、生活待遇以及行政管理的具体办法。

日本自卫队文职人员的招募、晋升、调配及其他方面的管理，由防卫厅人事教育局人事第 2 课、各军种参谋部人事（教育）部文职人员管理室及各军、各编配文职人员单位的相应人事部门负责。按照《自卫队法》规定，文职人员根据本人的工作实绩、功劳，通过选拔或考试方式晋升。

三、外军预备役军官管理的主要内容

后备力量是武装力量的重要组成部分。预备役军官是现役军官的重要补充，也是现役军官的重要来源之一。因此，在相对和平时期，许多国家一方面裁减军队，精干现役军官队伍，一方面大力扩充预备役军官队伍，并以此作为骨干，增强国防后备力量。

（一）外军预备役军官的来源

外军选拔预备役军官的途径较多，选择的对象成份也较复杂，主要目的是满足战时和平时两个方面的需要。在战争条件下，能够及时动员到位，直接参与作战活动；在和平时期，除参加规定的训练等军事活动外，还要能从事其他社会职业，能集中完成一些突击性任务。美军预备役军官来自五个方面：各军种候补军官学校或军官训练学校毕业生；各军种设在地方院校的后备军官训练团培训的毕业生；退出现役转服后备役的军官；根据兵役制度，应服现役并具有军队所需专业特长的文职人员；后备役部队中文化程度较高、经考试合格的优秀士兵。英军预备役军官主要来自正规预备役人员和志愿预备役人员。正规预备役人员主要来自退出现役的军官和士兵，志愿预备役平时以营、团编组，其人员大多是从地方直接招募来的志愿服预备役的适役公民。英军规定，凡服现役满5年以上的军官，退出现役后必须转服预备役，直至退伍时其军衔的最高服役年龄。例如，陆军正规服役军官退出现役后，必须服正规预备役3.5年。

根据《德国军人法》的规定，服满现服役期的军人退出现役后，年龄在32岁以内的士兵、45岁以内的士官、60岁以内的尉、校官和65岁以内的将官均转入预备役。法国《国民兵役法》规定，凡年满18—50岁的法国男性公民均有依法服役的义务，其中，在35岁以前服现役，退出现役后转入预备役至50岁。免服现役者应直接服预备役直至35岁，然后服防备预备役直至50岁。俄罗斯法律规定，预备役人员包括：退出现役并转入预备役者；在地方高等院校按预备役军官训练大纲受过训练者；因缓征而未服过兵役者；非信仰原因服过选择役者。预备役军官主要是服满现役的军官，他们通常在退役的同时即被编入预备役。日本自卫队预备人员主要在军队服役 1 年以上并退出现役的军人，在自愿基础上招募，负责招募的工作机关是自卫队派驻各地的地方联络部（相当于兵役局）。应募者必须具备以下条件：服现役满 1 年以上，上尉以下军衔，士兵的年龄不超过 37 岁；军士年龄不超过 52 岁，尉官年龄不超过 55 岁。

（二）外军预备役军官管理

对预备役军官的管理，多数国家从中央到地方都有比较健全的组织机构和明确的职责分工。有的把预备役军官按照专业分别编入预备役部队，由陆、海、空三军分管。有的按照预备役军官的驻地编组，分区或按级管理。美军预备役部队和军官的管理由国防部设在各地的募兵站和征调预备役人员的机构以及两套机构负责。在国防部由负责人力和人事的助理部长负责，下设后备队计划局。在陆军部设有国民警卫队队务处和后备队事务处，负责制订后备队各种制度和计划。海军部设有负责海军后备队计划与监督的助理作战部长，具体工作由海军人事局负责。空军部设有助理部长和助理参谋长，管理后备役事务。各州的征兵机构平时负责登记青壮年，统计全国人力资源，监督预备役人员按时执行军事任务；战时负责对第二类、第三类预备人员的征调。

俄罗斯预备役军官的管理由军队和地方分工负责进行。总参谋部下设组织动员总局，由副总参谋长兼任局长。总参组织动员总局的主要职责是负责征兵、动员和预备役训练工作。各军种和各军区参谋部设有组织动员局，负责本军种和本辖区范围内军队和地方的动员工作。各集团军、军、师均编有动员军官。俄罗斯公民兵役登记委员会是兵役（包括预备役）登记的管理机构。主要职责是组织对公民的体格检查，确定其是否适合服役；对公民是否进行兵役登记或健康状况不适合服役者是否免除兵役做出决定。对公民进行职业心理调查，以确定其服役能力。俄罗斯还实行军事专业登记制度，既便于平时和战时对现役军人和预备役人员的调配，又利于部队征集补充时的“择优录用”和“量才使用”。

英军陆军总部设有后备队事务局，各军区司令负责本军区陆军后备队的指挥和训练，军区以下的军区司令兼任后备队师长，后备队的师旅营各级司令部参谋人员多由现役部队派遣。预备役军官的行政管理，由英国各郡的后备管理委员会负责。德国国防部武装力量指挥参谋部，是负责预备役兵员事务的主要部门。各军种参谋部也设有相应机构，负责本军种预备役的动员、训练和装备计划。为了保证战时现役部队的扩编和预备役人员的迅速集中，德国对预备役人员采取了严格的登记制度。联邦军事管理局设有数据中心，储存有每个预备役人员的基本档案材料。每个现役军人在退役前，必须办理预备役人员登记和编类手续，并在退役的 1 周内到就近的县兵役补充局报到。预备役人员的住址如有变动，必须在 1 周内向县兵役补充局报告。如果离开居住地 8 周以上，必须提出书面报告。

（三）外军预备役军官培训和战时应召

为了提高预备役军官的素质和组织指挥能力，世界各国都比较重视预备役军官的军事训练，并且形成相对稳定的培训制度，其培训途径主要是通过到现役部队参加军事轮训、参加培训班进行重点培训、进行动员演习等。美国要求第一类编组预备役军官，每年参加 48 次训练，每次 4 小时，受训期间领取津贴，所以也叫领薪受训；未服过现役、志愿参加编组预备役的军官，头一年至少进行 4 个月的现役训练。美军还将预备役军官训练与现役部队军官训练挂钩。美军各级军事院校均招收部分相应级别的预备役军官，实行现役与预备役学员混合编班进行训练。美军还开设 4 年制和 2 年制的后备军官训练团训练。4 年制为大学本科生开设，在校 4 年中，学员攻读大学课程，完成本科学业外，还要参加 480 小时的军事训练。2 年制课程是为免修基础课程的本科大学生和大学专科生开设的。学员必须先参加为期 6 周的基础军事训练，经考核合格直接学习 2 年制的专业课程。俄罗斯要求预备役人员在服预备役期间，必须在俄武装力量和其他军队参加军事集训。日本自卫队规定预备人员每年要参加 2 次训练，训练时间总共不超过 20 天。但在实践中，要完全实现这一要求确有不少困难。因此，实际要求是每年参加 1 次训练，时间为 5 天。对退出现役不满 1 年的预备役人员，第 1 年只要求参加 1 天的训练。

外军对预备役军官的征召也有一套制度。其基本做法是，在平时按预备役军官的特长、业务能力和身体状况等，明确战时可任职和拟服役的部队，战时下达动员令后，到指定的地点报到。如因身体原因或交通不便不能报到者，要到当地兵役机关或就近部队报到，听候调遣，无故不应召者，需要负法律责任。

（四）外军预备役军官待遇

美军后备役部队的权益大致分为后备役训练权益、现役训练与任务权益、60 岁以下退休后备役人员权益和 60 岁以上退休后备人员权益四类。按其性质，这些权益又可分为经济待遇和其他福利两大类。经济待遇包括各种津贴，是对基本薪金的一种补偿。例如，训练津贴分周末训练津贴和年度现役训练（2 周）津贴两类。周末训练津贴又分为每月参加 1 次（1 年 12 次）和每月训练 4 次（1 年 48 次）训练两种标准。役龄长和参训次数多的，津贴标准就高。役龄 10 年的少校军官参加 19 天的年度训练可领取 1913 美元的津贴，役龄 8 年的则领取 1323 美元。除了各种津贴，参加后备役训练、现役训练或执行现役任务的后备役军官享有以下一些福利待遇：使用军事福利、娱乐设施；到军人服务合作社和军粮供应设施购物；享受医疗救护与保健；参加军官俱乐部活动；在有关庆典和军事活动场合着军装；无限期保留军衔；在特定范围内乘坐军用飞机，等等。

俄罗斯对预备役军官的待遇规定比较具体，主要体现在政治、工作、生活、住房和教育等待遇方面。如在校学习期间入伍的军人，转为预备役后，可不经考试回校原班级学习，在部队服役 2 年以上的预备役军官，同具有 2 年以上工龄一样，享有脱产入高等学校学习的优先权。受过中等教育的军官，转为预备役，只要成绩优良可优先录取入学。其子女的入托入学，自提出申请之日起的一个月内，有关部门应为其子女提供进入教育机构和参加夏令营的机会。

英军规定，正规预备役军官每年仅报到 1 次，可报销交通费和领取 100 英镑的报到费。他们平时无任何补助，只是在退伍时可自购 1 套野战服和轻便装备。在服预备役期间，各类正规预备役人员不晋升军阶和军衔。战时应召服现役后，仍佩戴退伍时军阶或军衔，领取同级现役人员的工资和津贴。志愿预备役人员在训练期间领取同级现役军人的基本工资，外加50%工资的特别补助。同现役军人一样，志愿预备役人员也有一套晋升制度，如地方军军官可从少尉晋升到准将。

日本预备役军官每月发4000日元津贴，训练期间每人每天发训练补助5600日元。还建立了一套预备役人员相互帮助的制度。自愿加入互助的预备役人员缴纳一定数额的入会费后，在遇到生老病死等情况时，将得到一定数量的补助。例如，病故可获得100万日元，配偶死亡可获得10万日元，结婚可获得2万日元的祝贺金，训练中亡故可获得500万日元的补助。

第三节　外军人事管理的基本特点

外军尤其是西方发达国家军队，注重从本国的经济状况、政治制度、军事历史、文化背景以及民族传统出发，根据未来战争发展和军队建设的需要，形成了一整套规范、合理、有效的人事管理制度和运行机制，实践上有许多成功的经验和比较显著的特点。

一、注重健全人事管理法规，人事管理制度比较完备

当今世界各国军队，尤其是现代化程度较高的西方发达国家军队，在人事管理上，法规比较健全，各个环节之间衔接相对紧密，构成了较为完整的系统。人事管理的一个共同发展趋势就是强调法制化、规范化、制度化。外军人事管理的基本法规分为两个层次：国家颁布的法律法规，比如美国国会通过的《国家安全法》《国防部组织法》《军事人员管理法》等等；军队最高统帅或国防部领导人颁布的法规，比如美军的《国防军官人事管理法》等等。一方面，其军官人事管理的基本法规具有稳定性、连续

性的特点，某些基本制度、基本法规甚至几十年不变。但另一方面，由于军官群体是一类特殊的管理对象，其可变因素众多，社会生活、政治倾向、科技发展、军队编制调整等方面势必对军官的思想和行为产生或多或少的影响。因而，外国军官人事管理方面的一些衍生法规时常随着军官队伍建设的发展而有所修改，并不断趋于完善。就发展趋势而言，外军在人事管理法规的修订、完善方面，愈来愈注重法规的可操作性、指导性和时代感。美军在此方面尤为突出。美军军官人事管理工作的具体走向与目标是明确的，即适应培养部队面向全球的多维空间作战能力，并能同时打击多个目标、执行多个作战任务的需要，使军队发展走向更加职业化。

二、实行军官职业化，保持军官队伍稳定

外军人事管理的一个基本特征和重要内容，是推行军官队伍职业化制度。这一制度，被外军认为是稳定军心，招揽人才，不断提高军官素质的有力措施和正确途径。外军军官队伍实行职业化，其本质要求在于，使军官一生中最好的年华用到军队建设上。职业化绝不是指每一名军官终生为伍，也不意味着在军队养老，而是服役到了一定期限就可以获得比较可靠的终身保障，没有后顾之忧。实际上，大部分职业军官从40多岁开始都要陆续退出现役，并到社会上另谋一份职业，以确保其继续获得较高的经济收入。外军实行军官队伍职业化的主要对象一般是中级以上军官（有些国家所有军官，包括一部分士兵都实行职业化）。德军规定，少校以上军官全部为职业军官。在许多发达国家，尉官基本都能晋升到校官，因此，大部分军官都可以成为职业军官。德国实行合同军官和短期服役军官制度，后者可以自愿过渡为前者，成为职业军官。一般而言，能够在军队服役20年左右或20年以上的军官，军衔升至校官，尔后退出现役，就可以享受退休待遇，生活终生有保障。由于严格按编制职务军衔任免军官，外军对各级军官人数、最高服役年龄，均有明确规定。在美军30万左右的军官中，年龄在50岁以上的仅有4500余人，约占军官总数的1.5%。特别是高级

指挥军官，一般都是年富力强、屡次晋升比较顺利的优秀军官，也可以说是同龄军官中的佼佼者。

三、管理与教育训练紧密结合，致力提高管理质量

外军普遍把教育训练与各项管理有机结合起来，相互作用，相互促进，在全面建设中使军官队伍的整体素质不断得到提高。外军军官使用与成长，是同教育训练紧密结合在一起的，教育训练贯穿于军官管理工作的全过程。一方面，外军比较严格地实行经过相应院校培训选拔军官的制度。在外军军官看来，院校受训是职务、军衔晋升的重要阶梯。外军人事部门也将此作为管理军官的重要环节。如英、美等西方国家，军官从生长开始，一直晋升到将官，必须逐次经过由初至高 5 个以上不同阶段的院校正规培训。在许多国家军队中，能不能成为正规军官，能不能成为指挥军官，能不能成为将官，很大程度上是通过各级院校培训来分别的。没有通过竞争进入院校培训，就意味着晋升受到限制，甚至较早退役。尽管院校毕业后不一定随即晋升，但受训却是晋升的必备条件。不仅如此，如果多一个学历，懂一门外语，会一项技术，还可在同等条件下获得优先晋升的机会。各国军队对军官晋升前的训练，要求都比较严格，内容也比较全面，而且周期较长。

另一方面，外军军官职务晋升必须有多种岗位任职的经历。一般来说，晋升中校以上军衔，不仅在任职年限上有要求，而且必须有多种任职经历，特别是各级主官，经历单一的军官很难获得晋升机会。因此，军官的岗位轮换很自然成为制度，军官容易接受、甚至主动要求从驻大中城市交流到驻艰苦地区的部队任职。军官经过多种岗位和环境锻炼，素质比较全面，适应性比较强。同时，由于文职人员和军士长、士官在一个岗位上比较稳定，并起着军官联系士兵，指挥管理部队纽带的作用，尽管军官轮换相当频繁，但不至于影响工作的连续性。外军在组织军官轮换过程中对一些相关因素的处理，如住房、配偶和子女随迁等也有一套保障措施，使军官无所牵挂。

四、提供较高的薪金及福利待遇，增强军官管理的有效性和军队的吸引力

薪金和福利待遇，本身并不是管理问题，但却为管理奠定了物质基础。在这个基础上，通过有效的管理手段，合理排解、协调各种矛盾，调动军官的积极性和献身精神，显得很有力度。外军军官的薪金制度和其他各项福利制度是与其职业化的服役制度相适应的。许多国家军官的基本薪金虽然与政府公务员大致相同，有的国家略高一些，但军官职业性的特殊津贴、补贴种类繁多，从而使他们的收入在总体上高出地方官员20%—40%。军官的收入虽然很高，但高出部分主要是各种津贴和补助，体现了军人职业的特殊性，因此社会各阶层感到理所当然。外军军官薪金待遇不仅起点高，而且建立了正常的增长机制，即使职务、军衔不晋升，薪金和待遇也能随着服役年限的延长而提高，并根据物价水平调整，做到“水涨船高”。外军军官的许多待遇都有十分明确的内容，而且激励因素较强，本身就具有管理功能。原则上，各种待遇因军官岗位责任轻重、服役时间长短、驻地条件好坏、本人贡献大小而有所不同。重要的工作岗位，如指挥职务较其他职务的津贴和补助就相应多一些；外派驻军军官比国内驻军军官的津贴补助也多一些；国内不同地区驻军的军官，在待遇上也分出了三六九等。一些特等专业（潜水员、飞行员等）、特殊环境（海上、边远、寒区等）、危险任务（抢险、救灾等）的补贴，有时也比军官本人基本薪金还高。

一些国家的军队还采用集纳各类基金的办法，为军官创造长远的福利。通常从成为军官的第一个月起，就要按规定交纳一定比例的各类基金。这类经费集中起来存入银行，其利息可以兴办许多福利事业，多数基金则在军官退役时返还本人。有些军官服役时间较长，这笔钱的数目很大，退役后可以用此有所作为。这种取之于军官，服务于军官的做法，不仅培养了军官的集体观念，而且使他们退役后的住房、医疗、职业和去世的遗属子女抚养等问题得到了保障。这些政策，无论对社会青年从军，还是对军官长期服役，都具有很强的吸引力。

第六章

外军军人社会保障工作

军人社会保障（Military Social Security），是国家和社会依据一定的法律和规定，对军人及其家属的基本权益从经济、政治、社会等各方面予以保障的一项社会制度。军人社会保障制度不仅是国家社会保障制度的组成部分，也是军事制度的重要方面。其实施目的和作用是保护军人的合法权益，提高军人的社会地位和物质待遇，稳定军心，保证国家安全和社会稳定。

外军以物质保障为依托的政治性工作主要就是通过军人社会保障工作来实施的。为吸引、鼓励军人安心部队，长期服役，世界各国都通过制订比较完善的军人社会保障制度，提高军人的待遇，把优厚的薪金和福利待遇作为维系部队、鼓舞士气、调动积极性、激励军人献身国防的重要手段。当前外军军人社会保障工作主要包括军人薪酬福利、军人保险、军人退役工作及军人家庭工作等方面。

第一节　外军军人社会保障的组织机构与法规制度

外军军人社会保障大都实现了法律化和制度化，通常由国家统一制定政策、法律和制度，即由国家立法机构按照立法程序进行立法，并以国家法令的形式予以颁布，再由军队以条例和规章制度的形式加以明确。大部分国家对军人社会保障工作都设有专门的管理机构。

一、外军军人社会保障的组织机构

1. 外军军人薪酬福利机构

一般而言，外军军人薪酬福利归口国家和军队层面的人事部门管理。如美国国会是决定美军人员生活待遇和福利的决策审批机构。国防部长和军种部长每个财政年度都向国会报告军队本年度各项工作执行情况及下年度发展计划。国防部设一名主管人事的副部长和助理部长，统管全军人员工资标准和福利计划与政策。英国国防部下属的人事委员会是全军人事管理最高机构，由一名国防副参谋长任主席，国防参谋部下设计划人事部，负责协调包括军人薪酬福利在内的人事工作，拟定调配工作和指导工作。德国国防部人事局是统管全军人事工作的最高机构，负责制定全军人事管理的原则、条令、条例以及人事计划等。日本防卫厅设人事局，下辖3个人事课，1个福利课，负责包括薪酬福利在内的人事工作。俄罗斯国防部设有干部总局，局长由国防部副部长兼任，下设5个二级部，第一部为组织计划部，负责包括法律、工资福利等方面的工作。印度军人薪酬福利由国防部和政府财政部门协商制定。

2. 外军军人保险工作机构

外军军人保险工作大都由专门的管理机构和专业的承保机构承担。如美国国防部负责部队管理政策的助理部长办公室是美军监督和管理保险事务的最高职能部门，它负责审批民营保险机构在军队的保险业务。美国地方和军方有许多对军人及其家属提供保险的机构，其中最著名的有：（1）陆、空军互助协会。该协会始建于1879年，向现役陆军、空军军官、准尉和那些连续服役满3年的不明确任职的预备役军官和准尉提供优惠的人寿保险；（2）武装部队补贴金协会。这是一个互助协会，具有与陆、空军互助协会所要求的同样的资格规定，并以优惠价格向军人提供集体人寿保险；（3）美国陆军协会。凡加入美国陆军协会的军官都有权缴纳较低费用获取集体人寿保险。一般不需要体检，陆军军官均可参加；（4）汽车联合服务协会。该协会向大多数现役和退役军官低价提供汽车保险。具体做法根据每位军官的需要和驻地而定。该协会还介绍和提供房东、船主、日常百货用品和个人财物以及人寿保险；（5）武装部队保险协会。该协会以低廉的费用提供火灾、失盗和其他类似损失的个人与家庭财产保险。

3. 外军军人退役工作机构

外军通过设立专门的机构来保证退役军人安置管理工作的顺利进行。如美、英、日、印度等国家均设有专门管理退役军人的常设机构，对退役军人进行管理。美联邦政府内阁管理退役军人事务有3个部，分别是退役军人事务部、国防部和劳工部，并设有专门机构处理有关军官退役的各项工作。退役军人事务部下设退役军人福利局、医疗局和纪念事务局，在全国各地有57个办事机构，共有工作人员24万人，主要负责退役军人及其家属和遗属的管理工作。国防部和军种部主管人事的副部长负责制订军队的退役计划，向政府和国会提出退役军人的安置政策，并为退役军人提供文化教育、就业去向、家属子女安排、法律制度等方面的咨询服务。劳工部设有退役军人就业与培训管理局，专门为退役军人提供就业咨询机会，组织岗前培训。国会武装部队委员会中的老兵事务委员会负责有关退役军人待遇的立法工作，并监督政府部门执行有关退役军人法律的情况。

加拿大政府主管退役军人事务的部门是老兵事务部。下设退伍军人服务司、集体服务司、纪念公关和退休金发放司、综合计划部、行政服务部等单位，主要负责计划、组织和实施对退伍军人及相关服务对象的退休金发放、提供各种医疗保健和法律经济支持，协调各级政府对退伍军人的服务工作，组织各种纪念活动等。除老兵事务部外，为退役军人提供服务的还有国防部和退役军人审议与申诉委员会。前者主要负责审定退休金，在退役军人服务上与政府部门协调合作；后者主要负责伤残级别、抚恤金和退休金争议的申诉仲裁。

俄罗斯联邦政府专门成立联邦军人社会问题委员会，委员会直属总统委员会领导，成员由国防部、财政部、劳动和社会发展部、教育部等有关部门的负责人组成，委员会主任由副总理兼任。其主要职能是：协调各有关部门之间的工作，研究解决安置政策和经费等重大问题。国防部、劳动和社会发展部还具体组织实施退役军官的安置工作。国防部总干部部主要依据法律拟制军官退役和培训计划，并会同有关部门组织退役军官的专业培训、协调就业和社会保障等问题。俄劳动和社会发展部设置退役军官社会保障司，下设计划、培训、住房、福利、事务、老战士等处室。联邦和州、市设置相应的工作机构。德国在国防部设社会局，并在斯图加特和汉堡两个城市设有分局，负责退役军人工作。日本防卫厅人事局及各级司令部的就业支援业务课等，专事军人就业管理工作。

4. 外军军人家庭工作机构

美国国防部负责人事与战备工作的副部长直接领导美军军人家庭工作，负责美军人事工作和家庭支援与社区服务计划的制订与实施。军人社团与家庭政策办公室主要负责家庭政策制定、社区服务、军人家属职业促进、士气福利与娱乐等。根据《2008 财年国防授权法案》，国防部将军人家庭工作作为各项计划、项目与预算活动的一部分，做到内容明确，应用性强，并且不断建立与完善军人家庭保障政策与计划。美国各军种内由军种部一名主管人事与预备役事务的副部长负责本军种内的军人家庭工作。各军种内部为顺利开展家庭工作，及时准确地发现并反映家庭工作中出现的问题，逐渐建立健全了一些监督机制。如海军陆战队家庭保障委员会，负责研究家庭保障问题并制定政策。

另外，许多国家在政府、军队内部建立一些从事军人社会保障的外围组织，作为军人社会保障的补充。如俄罗斯政府在社会上建立了许多从事军人社会保障工作的协会、基金会和中心等。这些社会团体在国家财政困难的情况下以及在军人社会保障力所不及的范围内，给予军人及其家庭成员包括经济资助和社区支援在内的多方面援助，使其摆脱困境。美国建立和完善了一整套由政府、军方及地方等多方合作的军人家庭援助体系，内容涉及家属住房管理、医疗及法律服务、子女保育和青少年教育服务、防止虐待儿童和娱乐服务等。美国比较著名的军人家庭支援机构主要有：（1）退伍军人事务部，负责退役军人的许多服务项目、权益和补贴等方面的事务。绝大多数城市和乡镇都有为退役军人及其家属提供帮助的相应办事处；（2）陆军社会福利处，旨在为军人及其家属提供信息、帮助和指导。该处特别致力于帮助那些负有赡养义务的军人不在身边的军人家属；（3）陆军紧急救济协会，其主要使命是向军人提供资金贷款和补贴。美军每个营区都设有陆军紧急救济军官，负责为军官及军官家属提供帮助；（4）美国红十字会，其官员和志愿服务人员也为军人提供庞大的服务项目。每个营区设有专人帮助办理紧急通知、进行调查、提供救济金、办理子女福利等各种事务；（5）美国绝大多数城市都设有社会保障办事处，可以向军官及其家属提供社会保障项目的咨询服务。

二、外军军人社会保障的法规制度

对于军人社会保障工作，外军善于利用比较成熟稳定的法规制度来保障军人的各项权益，做到建章立制，有法必依，执法必严。

（一）外军薪酬福利法规

就薪酬福利而言，美国颁布了《士兵权利法案》《国防教育法案》《联邦薪金比较法》《联邦雇员工资比较法》《国防军官人事管理法》《蒙哥马利法案》以及国会每个财年的《国防授权法》等法律法规，以确保军人福利待遇得到贯彻落实。俄罗斯近年来也不断加大军人地位和军人社会保障立法的力度，通过了多部涉及军人地位和军人社会保障问题的法律法规和政府决议，形成了以《军人地位法》为主干，辅之以《服过役和在内务机关服过务的人员及其家属退休金（抚恤金）保障法》《军人、应召参加军事训练公民、俄罗斯联邦内务机关普通工作人员和主管人员、联邦税务机关工作人员生命与健康的国家义务保险法》《老战士法》等单行法律及各种规章命令等比较系统的军人地位法律体系。俄罗斯《军人地位法》将军人、退役军人及其家庭成员的权利、优惠、保障和补偿以法律的形式固定下来，并对实现上述内容的主体、途径等做出了明确的规定。日本颁布有由国会通过的有关军人工资福利待遇的专项法律——《关于防卫厅职员薪饷的法律》。此法律共有 32 条，全文长达 2 万字，主要内容包括工资和有价物的支付、基本薪金、初次任职基本薪金、基本薪金支付、各种津贴、伙食供给、疗养停职者的薪金、停职期间奉命执行特殊勤务者的薪金、非常勤务者的薪金、灾害赔偿、退职津贴、惩罚等。与此相关的还有《关于一般职员薪金的法律》《国家公务员灾害赔偿法》等。德国与军人工资福利待遇有关的法律有《宪法》《军人地位法》《国家公务员报酬法》及《军人薪金法》等。

（二）外军军人保险法规

军人保险法规是军人权益的重要保障。以俄罗斯为例，该国以《关于军人地位的联邦法律》和《军人强制国家保险法》为主干法律，以俄罗斯联邦政府、俄罗斯联邦国防部制定的规范性法律文件为配套法律，形成了俄罗斯军人保险立法体系。1998 年 3 月 27 日，俄罗斯颁布了新的军人地位法——《关于军人地位的联邦法律》，标志着俄军军人权益工作进入新的阶段。该法颁布后历经多次修订，确保了法律的与时俱进。

（三）外军军人退役法规

美国从 1636 年第一部有关退伍军人安置法问世至今，已有百余项相关法律出台。如《国防法》《国防军官人事管理法》《老兵权利法》《蒙哥马利法案》《无家可归退役军人援助条例》《双重补偿法》《退役军人就业和再就业权力法》和《退役军人就业机会法》《退役军人优先权法》等等，对于保障退役军人权利进行了规范和保障。加拿大《老兵法》《退休金法》《参战退伍军人补贴法》和《退伍军人审议和申诉委员会法》，为其退役军人安置提供了依据，规范了退役军人安置行为。俄罗斯、德国、法国、墨西哥等国家同样建立了多门类、多层次事关退役军官的法律法规，并力求各项规定详细具体，覆盖退役制度建设的各个方面。一般而言，外军在执行军人退役法规时特别注重有法必依，执法必严。军官到达退役年龄立即下达退休命令；违反军纪法规者给予纪律处分；违背合同的给予经济制裁；触犯刑律的要受到法律追究，一切工作都严格按照法规制度办事。这些法律法规随着军队建设、军官退役工作的发展，还在不断修改完善，以适应新的时代需要①。

（四）外军军人家庭工作法规

多年来，美国国会先后批准了一系列军人家属相关法规，如《士兵与税收社会救济法案》《军人家属抚恤金法案》《退役军人教育与就业优待条例》等。《美国政府少年供给法案》和《战争孤儿教育支援法案》规定，向在战时致死致残或在平时因从事极度危险工作而致病致残军人的子女提供补偿金。这些子女可望连续45个月领取每月多至376美元的补贴。1958年和1965年的《国防教育法案》规定为靠军人赡养的大学适龄人员提供低息教育贷款。美军还制订了《家庭支援、儿童保护及父子关系》《建立家庭支援队指南》等多项相关的条令条例，较好地规范和保障了对军人家庭的支援行为。另外美军还把家属工作写进了条令条例，如《陆军牧师条例》《陆军条例》。《陆军条例》是一系列规定的集成。如第40—3号《医疗、牙科和兽医治疗》对军人及军人家庭人员看病给出了明确规定；第600—20号《陆军指挥政策》对军人家庭照顾计划给出了详细规定；第608—18号《陆军家庭法律援助计划》、第600—5号《退役军人及其家庭手册》和《陆军家庭行动计划》都有相应规定。

为保障军人及其家庭的应得利益，美军各军种家庭支援中心每年均提出不少立法提案。如，美陆军军人家庭支援中心在其20多年发展过程中，共有近600项提案被陆军部采纳，其中有近100项提案对军内立法进行了修改，有137项对陆军及国防部长办公室政策进行了修改，有153项提案改进了现行计划与服务，有一半以上的提案最终在全军范围内得到推广。美军家庭支援中心已为军人及其家庭争取到诸多长期性和特殊时期的优惠政策，如军人子女的教育、就业等都有多种优惠。

---

① *Report of the* 11th *Quadrennial Review of Military Compensation*. US Department of Defense, June 2012.

第二节　外军军人社会保障的主要内容

如前所述，当前外军军人社会保障工作主要包括军人薪酬福利、军人保险、军人退役工作及军人家庭工作等方面，下文将逐一进行介绍。

一、外军军人薪酬福利

（一）外军军人薪酬概况

尽管世界各国军队体制不同，现代化水平也不一样，但军人薪金制度和福利待遇均较为优厚。薪酬福利在招募兵员、保留人才、激发动力以及增强凝聚力等方面发挥着重要作用，是各国军费预算中最重要的组成部分。外军特别是发达国家军队都试图通过充足、高效的薪酬福利来维持足够规模且有必要技术含量的军队来满足国家安全战略的需要。一般而言，外军军人的薪金收入，大致可分为基本工资（Basic Pay）、基本津贴（Basic Allowance）和特殊津贴（Special Allowance）三大类。

1. 基本工资

基本工资是外军军人的基本收入。美国、英国、日本、印度、泰国等国军队的军人基本工资主要以军衔为主，每级军衔根据衔龄和军龄情况分为若干档次。如，美军从一级准尉至上将的 14 个军衔等级分为 196 个档次；泰国从少尉至元帅 9 级军衔等级共分为 119 个档次；日本从准尉至上将共有 262 个档次。各衔级工资档次的划分是军人工资自然晋升的依据，各级军官随着衔龄和军龄的上升，工资自然逐档上升。晋升到上一级军衔后，在原有工资基础上，再从这一级军衔的相应档次上开始升高。

俄罗斯、乌克兰、东欧多数国家及朝鲜等国军官的基本工资主要由职务、军衔、军龄三方面构成。俄罗斯军官的基本工资中职务工资约占 50%，军衔工资占 20%，军龄补助按服役期的长短占职务、军衔工资之和的5%—40%不等。朝鲜军官的军龄补助是，服役满5年、10年、15年、20年、25年、30年以上者，分别占军衔和职务工资之和的5%、10%、15%、20%、25%、30%。此类国家军官的工资主要随军官职务和军衔的晋升而增长，同时，也根据每个职、衔级的工资档次逐步上升。

2. 基本津贴

基本津贴是绝大多数军官都能享受的津贴，如住房补贴、伙食补贴、交通补贴、两地分居补贴等。此类补贴的标准与军衔的高低关系不大。各国军队在基本津贴的发放标准上有一定差异，占军官工资收入的比例在10%—15%不等。以英军为例，一名少校军官得到的住房补贴可冲抵65%左右的房租费用，伙食补贴可冲抵60%左右的伙食费用，加上相当于基本工资21%的超期服役奖，仅此三项补贴即相当于基本工资的50%左右。日本军人享有季度末奖金，每年3月增发军官基本工资、抚养补贴、营外补贴总额的55%，6月增发160%，12月增发200%；加上住房补贴、交通补贴等，一年中该类津贴收入相当于5个月的工资。

3. 特殊津贴

特殊津贴是根据军人从事的特殊工作、特殊专业发放的，主要包括技术津贴、飞行津贴、航海补贴、国外服役补贴、艰苦地区补贴、外语津贴、加班补贴等。此类津贴虽不像基本津贴那样几乎所有军官都能享用，但绝大多数军官都享用一项或数项。特殊津贴在军官工资收入总额中的比例弹性较大，主要视其工作性质而定。

（二）外军军人福利待遇

外军军人福利待遇大多比较优厚，主要有以下几个方面：

1. 军官及家属免费医疗。军官在服役期间无论在军队医院或地方医院就医均免费。军官家属（配偶、子女、父母）可免费在军队医院就医，在地方公立医院就医可凭证明报销，在私人医院就医可部分报销。

2. 军官的部分薪金收入减免所得税。美国、英国等军官基本薪金以外的各种津贴，军人参战期间的薪金收入等，国家在征收所得税时给予一定比例的减免。

3. 军内商店购物优惠。外军普遍在军事基地、部队营区内设立免税购物中心或便利店，为军人生活提供方便。商品价格一般比市场便宜5—20%。军人及其家属可到此处购买所需物品，仅此一项，一年节省的费用约占军人年薪金总收入的2%—5%，实际上等于提高了军人的生活水平。

4. 军官人身保险免费或部分免费。美军军官自入伍之日起，即免费得到10万美元的人身安全保险，保险费由政府承担。瑞士政府每年从税收中拨专款投入军事保险银行，军事保险包括军人的健康、人寿、事故和职业保障等。巴基斯坦军官每月只交部分保险金，不足部分由军队支付。

5. 交通费优惠。许多国家对军人乘坐各种交通工具给予优惠待遇。俄罗斯、波兰、瑞士等国军官在探亲、旅游或其他因私乘坐国内飞机、车船时均享受半价优待。印度军官除规定的探亲路费给予报销外，每名军官按规定还可获得6张6折优待火车票供亲属使用。美国军官按规定休假时，乘坐各类交通工具均予减价优待。

除上述几项外，一些国家的军官还享受婚丧补贴，生育补贴，子女补贴，搬家补贴，购房优惠，邮寄物品优惠，参加文娱活动优惠等诸多福利待遇。据美国国防部估计，美军官兵每人每年享受的福利待遇价值达1.5万美元（2000年数据）。

（三）部分国家军人薪酬福利简介

1. 美军军人薪酬福利

美国为其国家安全利益和推行全球战略的需要，一直保持着世界上最庞大、最现代化的军队。美军军人社会保障制度在西方各国最具代表性，军人薪酬福利待遇较高，项目、类别的设置和发放方式较为科学合理。了解美军社会保障制度概况，是了解整个西方国家军人社会保障的一个最具典型意义的窗口。

自20世纪70年代实行全志愿兵役制以来，美国历届政府均采取措施增加军人的工资和福利，提高军人的社会经济地位，力求以此来吸引优秀人才走进军营。美军在制定薪酬时，比较注重以下四个原则：一是与全志愿兵役制相适应。美军认为，薪酬政策应当支持全志愿兵役制，并且要使所有军人都意识到其薪酬是公平的。因此，美军比较注重评估付给军人薪酬的竞争力。二是要有灵活性，能够积极适应市场变化和军队战略与环境的变化。为维持一支足够规模和具有必要技术含量的高质量武装力量，军队提供的薪酬要能够和民间部门的工资福利进行竞争，并且要彰显军队的特殊使命和军队生活的艰辛。三是要具有最大战略价值。薪酬政策必须与其他更大的人力资本战略共同产生最高的价值，即以最小的成本获得最大收益。四是支持已完成的战略目标和取得的成果。理性的薪酬政策应当支持战略目标和战略成果的延续性，要能够成功地实施对人才的竞争、激励和回报。

一般而言，美军军人的薪酬福利由三部分构成：现金薪酬（Cash Payments）、非现金补偿（Non-cash Compensation）和延期福利（Deferred Benefits）。现金收入主要包括基本工资、基本住房津贴、基本生活津贴、个人所得税优惠、特殊津贴/奖金以及其他现金薪酬，其中前四项被称为经常性薪酬（Regular Military Compensation）。非现金补偿包括医疗卫生、教育资助、住房以及其他非现金福利等。延期福利主要是指军队退休金的支付和退休人员的医疗卫生待遇等。根据2010年的数据，美军官兵的福利待遇中现金薪酬约占薪酬总量的51%，非现金补偿占21%，延期福利约占28%。

（1）现金薪酬

基本工资（Basic Pay）。美军所有成员基于其现役身份获得的基础性收入。每一年基础收入都会根据雇佣成本指数（Employment Cost Index）进行调整，该指数用于衡量美国经济中地方人员的收入水平。有时国会通过立法，调整军队基础收入，使之高于雇佣成本指数的水平。基本工资是军队人员收到的最大部分的现金薪酬，占经常性薪酬的65%，基本工资水平只和军衔和军龄挂钩。

美军军官基本薪金按照少尉、中尉、上尉、少校、中校、上校、准将、少将、中将、上将军衔分10个等级，又根据军龄不同分为22档。根据美军2014年1月生效的工资表[①]，美军少尉（O－1）最低档的基本月薪为近2905美元，上将（O－10）最高档的基本月薪为19763美元。另外，当过4年士兵而后晋升的军官基本薪金与上述军官有所差别，此类军官的基本薪金共分为3级19档，即少尉（O－1E）、中尉（O－2E）、上尉（O－3E）三级。2014年少尉（O－1E）最低档基本月薪为3655美元，上尉（O－3E）最高档为6726美元。美军准尉的基本薪金共分为5级22档（从W－1到W－5），基本月薪从2840美元到9315美元不等。美军士兵的基本薪金分为9级22档，按照美军2014年的工资标准，入伍不足4个月的新兵基本薪金为1417美元，一级军士长的最高档工资为7510美元。依据法律，美军军人基本薪金每年调整一次，以确保军人的实际购买力不因物价上涨而下降。

基本住房津贴（Basic Allowance for Housing，简称BAH）。这是军队经常性薪酬的第二大部分，约占总额的20.2%，免征税收。美军大约1/3驻扎在国内的军人居住在基地内，其余2/3有自己的住房或在基地外租房。居住在基地的军人得到免费住房。居住在基地外的军人获得一定的现金补贴。基本住房津贴的多少依据军人的薪酬等级、地方住房价格以及军人是否有需要赡养的人来决定。若在海外服役，军队没有提供住房，就可获得海外住房补贴（Overseas Housing Allowance），这取决于军人所赡养人口的数量。没有赡养人的军人，若住在军队住房内，则只能领取部分住房津贴。美国国防部雇佣地方公司收集国内不同地区住房成本数据，以此为依据制定住房补贴标准。

基本生活津贴（Basic Allowance for Subsistence，简称BAS）。美军提供给军人基本生活津贴，以帮助支付日常生活支出。生活津贴免征税收，不受工资等级、家庭成员状况影响。平均而言，生活津贴占士兵经常性薪酬的11%，占军官经常性薪酬的3%。

税收优惠（Tax Advantage）。基本住房津贴和基本生活津贴免收个人所得税和社会保险税。税收优惠包括在一般性军队薪酬中。税收优惠的数

---

① 详见美国国防部网站：http：//militarypay. defense. gov/PAY/BASIC/docs/Active%20Duty%20Tables/2014BasicPayTableActiveUncapped. pdf.

额与官兵的纳税等级和家庭成员数有关。这部分优惠约占一般性军人薪酬的6%。

特殊津贴和奖金（Special and Incentive Pays）。特殊津贴和奖金是根据部队具体管理需要，按法令规定在有限的范围内选择性给予的，一般用在如下方面：为满足特定职业领域的人员调配需要；补偿从事危险工作或在不受人喜欢职位上工作的人员；鼓励掌握高技术的人员和保留高技术人才。在某些专业内，如技术和人事领域，特殊津贴和奖金能确保军人的收入与地方相比具有竞争力。平均而言，提供给士兵的特殊津贴和奖金约占现金薪酬的6.6%，军官的约占7.3%。美军的特殊津贴和奖金超过60种，按其特性可分为八大类：士兵管理类津贴；军官管理类津贴；核军官管理类津贴；飞行军官管理类津贴；医疗军官管理类津贴；危险任务津贴；分配或特殊职位津贴；技能激励与效率津贴。

其他现金薪酬。主要是指生活成本补贴（Cost of Living Allowances）。美军官兵的生活补贴共有30多种。主要包括：浮动住房补贴、差旅补贴、交通费、安家费、家庭分居补助、海外驻扎补助、服装费、特殊服装费等。如，因公出差，美军官兵可享受丰厚的差旅补助，最高可达每天约220美元，最低也有80美元。因为临时任职或重新调配职位而需要搬迁时，可获得相关补贴，包括搬迁补贴、国内差旅补贴、海外差旅补贴。有子女的“双军人”家庭，如果丈夫和妻子同时外出执行任务，就可同时领取家庭分居费，每月250美元。

（2）非现金补偿

美军超过20%的官兵薪酬是由福利组成的，如医疗卫生、教育资助、政府公寓住房以及其他非现金福利等。

医疗卫生。美军现行的医疗保障制度为三重医疗保障体系（TRICARE），是一种免费提供给现役军人、军队退役人员及其家属与战争遗属的医疗保障管理计划。该计划将陆、海、空军的医疗保障资源联合起来，并通过民间医疗保障的专业网络提供方便和高质量的医疗服务，同时为军事行动提供军事医疗保障能力。现役军官凭军官身份证在任何一家军队医院可享受免费医疗，包括住院、医药费、定期体检等。

教育。美军提供一系列教育福利支持官兵在服役期间或退役后继续接受教育，包括学位计划、贷款偿还计划以及学费资助计划等。这些计划体现在《武装部队军事学费补助计划》（The Armed Forces Military Tuition Assistance），《蒙哥马利士兵法案》（Montgomery GI Bill）等之中。

住房。美军根据官兵军衔、家庭成员数量、年龄和性别以及任务安排等为官兵分配住房。2006 年，美军大约 43% 的官兵住在政府公寓里，其余的人则拿到住房补贴以弥补其住房支出。各军兵种在军事基地内为大约 1/3驻扎国内的军队成员提供住房。

其他非现金福利。除上述福利外，非现金福利还包括军内超级市场、军人服务社廉价购物、健身设施、高尔夫课程、保龄球中心、图书馆、军人俱乐部免费娱乐、休假军官可免费乘坐军用飞机，若搭乘地方飞机、火车、汽车等可得到优惠价格，还有其他许多面向家庭的服务等等。

（3）延期福利

军队薪酬当中大约有 30% 的钱花在延期福利上，主要是军队退休金的支付和退休人员的医疗卫生花费。尽管这些福利没有提供给现役军人，但是这些钱还是包括在人事预算当中。除了医疗卫生服务和退休金外，老兵们还能享受由退役军人事务部提供的一些福利，如教育资助、住房贷款、伤残抚恤以及就业帮助等。具体内容详见本节第三部分外军军人退役工作。

2. 俄罗斯军人薪酬福利

俄罗斯军人分为义务制军人和合同制军人两类，其薪金的具体类别和标准由政府根据军人的职务、军衔、军龄，并参考军事勤务特点和各类军人服役制度规定。军人薪金由基本工资（军衔工资 + 职务工资 + 军龄工资）、附加津贴和各种补助组成。其中军衔工资不得少于职务工资的 50% 。在艰苦地区以及在紧急状态和武装冲突条件下执行任务的军人，其军衔工资按两个月标准发放。俄联邦《军人地位法》规定，担任不同级别职务军官的职资有一定级差，初级军官的职资不得低于国家规定的最低工资收入的 5 倍。军官的军龄工资按其军衔及职务工资的一定比例计算，每 5 年增加一次。服役年限超过 20 年的按 20 年计算。

截止2012年初，一名摩步（或坦克）排排长的职务工资每月为20000卢布（1美元约合30卢布），副连长的职务工资为21000卢布，一名集团军指挥机关军官的职务工资为24500卢布，一名军区联合战略指挥机关处长、摩步（或坦克）师副师长的职务工资为29500卢布，集团军第一副司令的职务工资为35000卢布，军种总司令、副总参谋长的职务工资为42000卢布，国防部第一副部长的职务工资为45000卢布。一名合同制士兵和水兵初级职务的工资为10000卢布，（营、连）司务长、高级技术员的职务工资为18000卢布。职务工资有一定的浮动标准，如航空兵二级飞行员的浮动标准为基本工资的15%，一级飞行员为20%，二级机载技术人员为10%，专家级为20%，一级试伞员为30%。目前，俄军只有合同制军人享有军衔工资，义务兵没有军衔工资。一名列兵的军衔工资为5000卢布，少尉为9500卢布，大尉为11000卢布，少校为11500卢布，上校为13000卢布，少将为25000卢布，大将为27000卢布，俄联邦元帅为30000卢布①。

除职务工资和军衔工资之外，俄军人还享有各种津贴和补助。其中月津贴包括普通津贴、特殊津贴以及军事检察和军事调查机构服役特殊补助等三类。普通津贴又包括军龄、技能水平和保密三种津贴。以军龄津贴为例，按服役年限以基本工资为基数计算，2—5年为10%，10—15年为20%，20—25年为30%，25年以上为40%。特殊津贴是针对军人担负的任务类型、时间及工作岗位等条件制定的，包括特定服役条件，和平时期从事直接威胁个人生命和健康的工作，保护国家秘密，在编码译电机关工作，受过高等法律教育并担任司法类职务，特殊服务成果，军人是孤儿或在少年时无父母照顾，以及教育、训练和照顾外国军人与专家等八种特殊津贴。针对在军事检察和军事调查机构服役的军人，俄军制定了特殊服役性质、勤务困难度、强度和特殊制度、退休金提前支取权、执行重要任务、学历和俄联邦功勋法律工作者荣誉称号等六种特殊补助。

此外，俄军人还享受其他一些附加补助和福利，包括“恪尽职守奖”

---

① 详见总政联络部《俄军基本政治情况》（2013年）。

“资助”“国家奖励”“休息（休假、疗养）日补偿金”“在高原、人烟稀少和缺水地区服役”“在北极（类似地区）和其他气候与生态环境恶劣的地区服役”“在境外服役（合同制军人)”“参与处置紧急状况（武装冲突)”等八种。其他的还有诸如伙食补贴、服装补贴、休假补贴、安家补贴以及免费医疗、免费疗养，军官出差、调动、治病、转业时可免费乘坐火车、飞机、轮船和汽车等福利待遇。

二、外军军人保险工作

军人保险是军人社会保障制度中极其重要的一环，是国家通过立法，设立专项基金，在军人遇到死亡、伤残、年老、退役等情况时，给予一定经济补偿的特别社会保障制度。外军通常强制性地为军人设立人寿保险、伤害保险、养老保险和医疗保险4大类险种。多数国家的保险范围仅限于现役军人和退役军人。保险费的交纳方式，因国家和险种而异，分为3种：一是保险费全部由政府（或军队）交付。二是保险费由军队和军人个人共同负担。三是保险费完全由个人负担。此外，外军对军人保险的条件及保险费率等均有特殊的优惠政策。比如，军人与地方人员的保险相比，同一个险种，军人的保险金金额要高于地方人员、保险费金额又要低于地方人员，因而军人的投保收益也就高于地方人员。

军人的社会保险是军人保障计划的重要组成部分。经过多年实践，外军已经建立了机构完善、服务周到的军人社会保险体系。

（一）美国军人保险

美国社会高福利的保障制度使得军人保险项目相对较少，具有锦上添花的激励作用。退休军人可从美国退伍军人事务部按月领取退休金，故不设退役养老保险。美国退伍军人事务部在全国设有数百家签约医院，退伍军人及其家属可以在任何一家医院享受免费医疗服务，因而无需设立退役医疗保险。美国在实行军人高工资、高福利、高抚恤的前提下，于1919年5月开始实行军人保险制度。美军军人险种主要包括军人团体人寿保险、退伍军人团体人寿保险、退伍军人伤残保险、全家保护险以及形式多样的互助保险等。

美国军人保险分为社会保险和个人投资保险两大类。其中的社会保险是强制性保险，根据军人社会保险计划，按照规定的比率从军人基本薪金中征收税款。军人所应纳税金额的最大额度随平均薪金的增长而增长。与此同时，可领取的保险金也随之增长。按照最普通的保险利息计算，一般在军官年满 65 周岁时，本人及其有资格的家庭成员都可按月领取规定数额的保险收益金。除了社会保险以外，美国军人在拥有了稳固的资金基础之后，还要确立个人保险投资计划，这是其生活保障计划的重要内容。

一般来说，美国军人的保险金总额应是其年收入的 5 倍。如同其他的理财项目一样，参加保险的项目和金额越多，现金或贷款的增值和收益率越大。美军人寿保险最基本的险种有 7 种，分别是：递减保险、平均保险、普通人寿保险或终身人寿保险、有限支付人寿保险、定期人寿保险、年金保险或退役金保险以及可变保险等。另外，美军还有其他基本险种，如战争风险保险、航空保险、伤残保险、红利选择保险、双倍赔偿保险、结算保险、教育捐赠保险、退保金额保险和贷款金额保险等等。美国政府还设立并承办军人集体人寿保险计划。该计划以每月 4 美元的投保费向现役军人和参加国民警卫队及后备训练的人员提供 5 万美元的人寿保险金。根据退役军人集体人寿保险计划，军人退出现役后，这笔保险金作为低费定期保险将持续 5 年。此后，不管健康状况如何，军人都将有权将其转入永久性保险项目。另外，美军还设有“遗属补贴计划”，以使军人能够为其所选择的亲人提供基本的生活保障，并且规定由联邦政府支付计划涉及的大部分费用。

美国军人保险主要由政府经办，以人寿（人身伤害）保险为主体，分现役军人团体人寿保险和退役军人集体人寿保险两类。现役军人团体人寿保险，开办于 1965 年，是以现役军人为对象的强制性保险。保险范围包括军人在服役期间因各种原因造成的死亡，投保金额一般最高为 20 万美元，最低为 10 万美元，投保军人无论职务高低每月保险费固定为 8—16 美元。退役军人集体人寿保险，开办于 1974 年，主要为军人退出现役后提供一项

5 年期的低保险费率集体人寿保险，以自愿参加为原则，保险金额、保险范围、理赔手续和支付程序均同于现役军人团体人寿保险。其保险费率低于一般商业保险，但高于军人团体人寿保险。

（二）俄罗斯军人保险

根据俄罗斯《军人地位法》，俄国防部发布对全体军人实行人身保险的命令。

强制性保险。国防部指定军事保险公司承揽强制性军人保险业务。由国家财政按照军人工资总额的 3% 拨款，国防部预算局与军事保险公司签订参保合同，并在俄罗斯中央银行开立保险账户，给为军队服务的保险公司提供保险额度 6% 的经费作为周转金，建立保险结算与监督程序。军人牺牲、死亡或者退出现役一年内因服役中积劳成疾、受伤而死亡者，其亲属和供养者每人可以从保险公司领取相当于军人本人 25 个月工资的保险金。义务兵结算以牺牲或者受伤之日国家规定的合同制军人最低工资额为基准，一等残疾为 75 个月的工资额，二等残疾为 50 个月的工资额，三等残疾为 25 个月的工资额，重伤为 10 个月的工资额，轻度内、外伤为 5 个月的工资额。

非强制性保险。军人根据自己的财力和意愿可以投保人身保险、家庭财产保险、失业保险、退休金补充保险、子女教育保险等等。保险公司对军人及其家庭实行低费率的灵活投保方式。俄军事保险公司和俄运输保险公司专门设计开发了具有军队特点的保险产品，如航天飞行保险、军事飞行保险、维和人身保险、特殊任务保险等。国家对为军队人员提供服务的保险公司给予税费优惠待遇。

俄罗斯《军人地位法》第 18 条详细规定了军人的保险保障和赔偿请求权。军人和被征召参加军事集训的公民，享有强制国家个人保险，费用由联邦预算资金支付。对于被保险人死亡的保险赔偿，该法规定自退役（辞去或者结束军事集训）之日起一年内，军人或者被征召参加军事集训的公民因为履行军事职务（军事集训）义务牺牲（死亡）的，或者由于履行军事职务义务发生重伤（伤害、外伤、内伤）或者疾病而导致死亡的，可以获得一次性均等支付资金。譬如，无论是根据合同，还是根据征召服兵役的军人，在参加军事集训时牺牲（死亡）的，支付其家庭成员 120 个月的薪金；由于履行军事职务造成重伤（伤害、外伤、内伤）或者疾病的军人（被征召参加军事集训的公民），向其支付 60 个月的薪金。有权获得牺牲（死亡）军人（被征召参加军事集训的公民）一次性抚恤金的家庭成员是：在牺牲（死亡）日已经与军人或者被征召参加军事集训的公民登记结婚的妻子（丈夫）；军人的父母；未满 18 岁的子女，或者虽满 18 岁，但在其 18 岁前已经残疾的子女，以及在面授教育机构学习、未超过 23 岁的子女。

三、外军军人退役工作

退役与退休制度是外军兵役制度的重要组成部分，也是防止军队老龄化和保证军队进出有序的重要措施。外军军人退役一般包括退役和退休两种方式。退役一般分为自愿与强制两种方式，还可进一步细分为强制退役、自愿退役及伤残退役三种。

（一）外军军人退役条件

当前世界各国军官退役大都是按年龄、军龄和衔龄条件，实行强制退役和自愿退役相结合的方式。在退役条件的确定上，由于国情、军情的不同，各国之间存在一定差异。

1. 美国军官退役条件

美军现役军官是一支职业化的队伍，绝大部分军官都有机会在部队服役 20 年以上，然后再退休。美军基层军官的晋升率高、衔龄长，允许在上尉一级保留较长的衔龄，使部分晋升较慢的军官在升至少校或中校时，军龄可达到 20 年，成为职业化军官队伍的一员而能享受退休待遇。二战以后，美军立足自身建设实际，在保持一定数量军官的基础上，不断对军官的退役条件进行修改和完善，逐步形成了目前按级龄、军龄和年龄条件，实行强制与自愿相结合的退役制度。

自愿退役条件。美军规定，军官辞职或要求退役的权利取决于其在部队的地位。总统或军种部长视情况，通过指定的部门可以同意其辞职或退役请求。一般情况下，在延长服役期中提出的辞职或退役请求都会得到同意。自愿退役的条件主要包括：由于个人或家庭困难提出辞职；因道德或宗教原因而辞职；为了军队的利益而辞职；因伤病自愿退役。美军还规定，以下情况不允许选择自愿退役：军官正在接受调查；被逮捕或等待宣判；私自离队；履职不严；有精神疾病；在公共财产或资金方面出问题；缓刑释放；未履行服役义务或协议；战时和临战状态，或总统或国会宣布紧急状态时期。

美国对军官的服务年限、年龄也有明确要求，美军人事法案规定：少将以下军官服役 20 年以上，其中任军官职务 10 年者可自愿申请退役，报请各军种部长批准；服役满 30 年以上的陆、空军军官申请退役，需报经总统批准，海军军官报海军部长批准；服役满 40 年者个人申请退役，可不经任何批准，即行办理退役手续。美军对自愿申请退役的军官，只要完成规定的服役义务，通常很快予以批准，但在非常时期，军种部长可宣布限制退役。

强制退役条件。美军为了维护国家安全，保持一定数量的军官，对军官退役的年龄、军龄、级龄也有一些强制规定。根据《美国法典》第 10 篇的相关规定，美军军官具有下列条件之一者，除少数因特殊需要可缓期退役外，不管本人是否自愿，一般要限制退役。从年龄上讲，美军少将以下各级军官和中将以上高级军官的退役年龄要求有所区别。少将服役一般不超过 62 岁，特殊情况下可延长到 64 岁；准将以下军官最高不超过 60 岁，军事院校教授可延长至 64 岁。中将以上高级军官的退役年龄可以放宽，五星上将按规定可以终身服役。从军龄上讲，中校军龄满 28 年，上校、准将满 30 年，少将满 35 年，如得不到晋升，就得退役。从级龄上讲，上校、准将、少将军官，从获得正式军衔之日起，5 年内没有得到晋升，在满 5 周年后的 30 天内，必须退出现役，中校以下的级龄，基本与军龄相同，如两次得不到晋升，在期满后的 1 年零 30 天内必须退役。

伤残退役条件。军龄不满 20 年，伤残度在 30% 以内，且至少有 8 年军龄或伤残是在战时或国家紧急状态下因公造成的，该伤残属于或可能属于永久性的，因而不能胜任工作者，可作退役处理，按规定领取退役金。如伤残是当事人有意的不当行为或疏忽导致，或发生在擅离职守期间，则令其退役，且无资格享受伤残退役规定的福利。①

2. 俄罗斯军官退役条件

俄罗斯在确定军官退役条件上，从年龄、任职年限、最高服役年限、军官退役政策执行等方面进行了明确规定。俄罗斯法律规定：军官达到最高服役年龄、任满现职时间或由于健康原因、组织编制变化不能做其他调整时必须退出现役。此外，法律还规定军官在下列条件下应提前退役：组织编制调整；被军人健康鉴定委员会确定为不适合服役；未履行合同；犯有损于军人荣誉的过失、受刑事处分或被剥夺军衔者。退役后，政府不负责安排工作，但在安置和退役军官待遇等方面规定了许多优惠政策。

对军官的最高服役年限，俄罗斯法律规定：元帅、大将或相当此军衔者为60岁；中将、少将或相当此军衔者为55岁；上校或相当此军衔者为50岁；其他军衔为45岁；女军官最高服役年限为50岁。《俄联邦武装力量军人签订服役合同书和退役办法暂行条例》规定：达到最高服役年龄的专业技术军人，可以再签订为期5年的服役合同书，未签订合同书的军官，在编制军衔规定的职务内总服役期超过5年，有权自愿退役。

为避免退役条件执行过程中的随意性，俄军也规定了不得退役的条件。《军人地位法》规定：军人在退役方面享受如下权利：一是除法定理由外，军人（义务兵役军人除外）在获得领取养老金权利之前，未经本人同意不得命令其退役；10年以上军龄的军人，若未按法定标准向其本人及其家属提供住房，不得以其达到最高服役年龄、健康状况或减编为由，命令其退役。二是被无理退役的合同制军人的全部损失应得到补偿，恢复其兵役和原职，补发全部薪金、给养和服装，补计军龄和军衔晋升年限。但若军人违反合同要求提前退役，则将受到《军人物质责任条例》规定的惩罚。

---

① *Military Compensation and Retirement Modernization Commission*: *Preference Analysis Study*. Mathematica Policy Research. Feb. 2015.

3. 日本军官退役条件

为了确保军官队伍的稳定，日本自卫队军官退役条件较灵活，在强制退役年龄要求上较宽松，对高级军官退役仪式也较隆重。日本自卫队军官在法律上属于特别国家公务员，其退役基本上按照国家公务员退休制度实行，但由于军官职业的特殊性，其退役的具体规定又与国家公务员有所不同。

日本自卫队军官的退役条件也分为两种：一种是自愿退役，即军官达到一定军龄时即可申请退役。日本自卫队规定，尉官军龄 18 年以上者，校官、将官军龄 20 年以上者，均可自愿申请退役。另一种是强制性退役，即一定军衔的军官达到最高服役年龄就必须退役，自卫队把这种条件称为“定年制”。具体规定是：参联会主席、军种参谋长最高服役年龄为 60 岁，中将为 58 岁，少将为 56 岁，上校为 55 岁，中校和少校为 54 岁，上尉、中尉和少尉均为 53 岁。

（二）外军军人退役安置

为使军官退役后能得到恰当的就业安置，各国通常成立专门的职能机构进行军人就业管理。由国家出资，为军人举办各种形式的就业培训，为其再就业创造条件。许多国家把军人职业和社会上其他职业视为整体，将军官在服役期间的表现同就业安排密切挂钩。在美国，政府法律规定，优秀退役军人可优先获得文职工作，有重要贡献的军官，政府在录用时实行增分等优待政策，鼓励现役军官更加勤奋地工作。

1. 就业模式

从军官退役后的就业方式来看，外军军官退役制度大体形成自谋职业、计划安置及双轨制三种基本就业安置模式。实行自谋职业制度的国家主要是美、英、法、俄、日、澳等国家。这些国家实行市场经济体制，国家对社会各领域的直接行政干预范围有限。军队一般都实行军官职业化制度，国家为退役军官提供较完备的退役保障，鼓励军官自谋职业，实际上将退役军官的就业安置纳入了市场配置轨道。

美军退役安置的总原则是自谋职业为主，政府介绍为辅，一律不包分配。美国政府提倡政府部门或企业优先录用退伍军人。美国《退伍军人优先权法》和《双重补偿法》规定退伍军人在政府部门工作有优先权，如政府优先从退伍军人中招收文职人员；退伍军人可回到服役前在政府部门工作的岗位；政府在裁员时退伍军人有保留工作的优先权；在社会上参加竞业考试时，退役军官可享受减少5—10分的权利。国防部规定军人退伍15个月后仍找不到工作者，可继续使用军方的住房和设施并享受政府提供的失业补助。

英军军官退役制度同美军十分相似，原则上自谋职业。大部分军官能以职业退休的方式获得丰厚的退役金和退休金待遇。对于有信心自谋职业的退役军官，军方即不再过问。对于自谋职业有难度的退役军官主要是依靠军方提供一系列延伸服务和民间机构的帮助来实现。

所谓计划安置模式，是指排除市场因素，完全依靠政府行政命令来制定和部署的军官退役安置制度。实行计划型退役制度的代表国家是朝鲜、越南和古巴。在朝鲜，军人退役后不能随便选择安置地，必须在军事动员局的统一安排下，到参军前的道、市、郡军事动员部和社会安全部办理军事证与公民证交换手续，方能获得合法的退役身份，并享受政府提供的就业岗位。在古巴，不论城镇还是乡村，退役军人都需要在自己的家乡找到一份合适的工作。而越南军人退役后，则普遍按照“从哪里来回哪里去”的原则安排返回原籍。

自谋职业和国家安置相结合的“双轨制”。这种退役制度的特点是就业方式灵活，可满足国家、退役军官和用人单位的多方需求。通过完善就业支持措施鼓励退役军官自谋职业，既缓解了政府安置的压力，还可为退役军官多提供几种选择。实行这一制度的主要有印度、韩国、意大利等国。在印度，政府机关、公营企业和国有银行等单位招收雇员时会为退役军人保留一定的份额，退役军人也要参加考试竞争空缺职位，但在招聘条件上对退伍军人的年龄和受教育程度的要求有所放宽。韩国《军人人事法》规定政府对服役十年以上的军官依法保障再就业。符合条件者通常都会安排在与国防有关的预备役部队，也有一部分改为文职，另一部分进国家机关或国企任职。意大利退役军官数量少、素质高，国家规定政府部门招收公务员必须留出一定比例用于安排退役军人。因此，意大利退役军官不存在就业安置困难。除一些退役军官自愿到收入高的企业工作外，其他退役军官都可以到政府部门工作。

2. 就业培训

外军大多非常重视提高退伍军人的文化知识水平以及退伍后的职业教育工作。如，美军退伍军人的教育主要分为文化教育和职业培训。文化教育在军人服役过程中已经开始，职业培训一般在军人退伍前一定时期和退伍后实施，以便退伍军人更好地适应地方行业需要。根据规定，每名退伍军人可免费参加 18 个月的培训，政府承担一万美元补贴。政府还要求企业在接纳退伍军人前对其进行 9 个月的职业实习，由政府承担教育和生活补助费用。退伍军人在就业时已基本具备了与其他社会成员同等的竞争力。

德国军官在服役期间就要接受民用专业的培训。在德国，地方有 37 所职业培训学校，负责军官的职业培训。德政府还专门设立了军官退役前的职业培训机构，全国约有 55 个。军队的有关院校也开设了民用专业，如国防部在汉堡和慕尼黑各有一所国防大学。德国慕尼黑管理学院的退役军人培训部每年培训退役军人 1. 9 万人，其中不少参加过培训的退役军官被推荐到宝马、奔驰等大型企业任职，社会效益和个人经济收入都很好。国防军职业促进中心每年都要对军官进行调查和咨询，把有关培训的课程、内容具体介绍给每一位军官，再根据军官个人的志愿和要求调整培训课程和内容。德国法律规定，军官在服役期间有权利接受职业培训，其培训的时间长短和补助经费的多少根据其服役时间的长短而定。

俄罗斯始终把退役军官的就业培训作为安置工作的重要环节。培训一般分职业定向、职业培训、就业跟踪培训 3 个阶段。培训模式主要有四种：（1）国家培训。由俄联邦高等教育委员会和教育部通过国家教育系统对退役军官实施培训，所需经费由国家承担。（2）军队培训。俄罗斯国防部在总干部部设置了培训中心。为弥补军内培训力量的不足，俄军与地方院校和培训中心以及大型企业签定了培训合同，实行联合培训。（3）社会培训。在俄政府统一安排下，由社会团体、企事业单位和有关民间组织成立退役军官劳动就业和职业教育培训中心或训练班，分担培训任务。俄联邦专门成立了退役军官培训协调委员会和全俄退役军官培训中心，负责领导和协调各培训中心的工作。（4）同西方合作培训。俄政府积极谋求与西方国家在退役军官培训方面进行合作。

（三）外军退役军官待遇

1. 退休薪酬

外军军官退役后的待遇各国不尽一致，但大多数国家都能从本国的实际出发，保证退役军官有丰厚的经济收入，一般是由退役金、住房、医疗等方面的内容组成。

美军退休制度是美国各行业中“最慷慨”的退休制度。美军官兵普遍认为，丰厚的退休金是他们考虑长期服役的“决定性因素之一”。美军退役军人享受的福利待遇主要有退役金、教育补助金和住房贷款等。美军的退役金由退役月薪和一次性退役金组成，退役月薪的计算方法是，服役满30年以上者，按月薪的75%计算；服役满20年、任军官职务满10年者，按月薪的2.5%再乘以服役年数；五星上将，除照发薪金外，还发给优厚的额外补助。一次性退役金的计算方法是：年薪的10%乘以军龄，但不得超过3万美元。美军规定，服现役6年至不足20年的少校及以下军官和士兵，凡自愿退役者，可申请领取自愿退役鼓励金或特殊退役金。如服役18年的少校每年可领取2万多美元的自愿退役鼓励金，领取自愿退役鼓励金的最高年限为36年。英军服役16年或服役到38岁的军官，退休金相当于原薪金的28%—50%，退役金要高于这个待遇。法军军官的退役金的计算方法也是按服役年限计算，最高可达原薪金的80%。

伤残退休军人同样也享有退休军人的福利待遇。伤残退休军人的退休金水平通常是按伤残程度确定的，以伤残退休时的基本月薪乘以伤残退休百分比。永久性伤残退休金最高为基本月薪的75%，最低为30%。美国退伍军人事务部对在服役期间因公死亡的人员、以及在服役期间因公致残且退役后死亡的退伍军人，每月向其遗属包括其配偶、18岁以下未婚子女或23岁以下正在上学的子女以及靠死者赡养的父母支付抚恤金，具体金额为少尉583美元、少将1003美元不等。

外军军官退休制度的核心是领取退休金。退休军人的退休金同现役军人的基本工资一样随物价浮动，并根据个人的服役年限，每增加一年服役期，退休金将按照一定的比例递增。如美军军人军龄满 24 年、27 年和 30 年者，其退休金分别可达最后 3 年平均月薪的 54%、64.5% 和 75%。退休军人除按月领取退休金外，还可享受现役军人的大部分福利待遇。一般来说，外军军官退休金占原薪金比例的高低，主要取决于军龄的长短，服役时间越长，领取的退休金比例就越高。不少国家在军官离队时，还发给相当于数月薪金的补助费。有些国家还根据物价指数的变化，每年调整退休金的数额，也有的国家对服役一定年限以上的军官的退休金进行保值。

英军规定，服役 16 年或服役到 38 岁以上的军官才能享受退役金和退休金待遇。英国的退休金又称退役年金，每月领取数额根据退役时的军龄和军衔计算，但军龄最多不超过 34 年。退休金最高额都在本人退伍前年薪的 50% 以下，但由于免交个人所得税，实际退休金仍占原来工资收入的 60%—80%。对于服役 5 年以上不足 16 年的退役军官只能享受小额的“提前退休金”和相当于 3 年薪金的退役金。延期 9 年以上的军官在离队时还可获得一笔搬家费。

2. 住房待遇

外军军官退役后一般不住部队的房子，如英、美等西方国家规定，军官退役后必须搬出营区，住房自行解决，军队仅发给搬家费。英国军官退役，政府和军方不提供住房，但为了协助军官解决退役后的住房问题，军方可为现役军官出具偿还能力证明，以便从地方银行申请购房贷款。美国军队规定，军官自离队命令下达之日起，必须在一年之内搬家。搬家时，部队按照标准发给货运津贴和路费。在住房贷款方面，连续服役超过 181 天的军人都有资格获取退役军人事务部提供的优惠住房贷款。退伍军人事务部还优先向伤残退役军人、因公死亡人员的未婚配偶提供用于购买、建造或维修住房的贷款，贷款最高额为 2.75 万美元，期限一般是 20—30 年。

俄罗斯和东欧一些国家退役军官的住房，基本上由军队负责解决，或者由国家负责提供。如果自建住房，则拨给建房用地，并提供建房贷款。

俄罗斯《军人地位法》规定，“军人转入预备役或退役时，享有在俄联邦任何居民点永久居住的权利。”俄军规定，军龄满25年的将、校级军官退役后，可保留住房。如迁居，由地方政府提供同样面积的住房，并继续享受房租优惠。退役军官的安置地点，除首都莫斯科外，基本上不加限制。按照政策规定，军龄10年以上的退役军官及其家属，在提出住房申请的3个月内，地方有关部门应按规定标准提供住房；如地方无法如期按标准提供住房，则应为退役军官及其家属安排临时住房或按租约商定租赁房价付给相当于房租标准的现金。军龄满20年以上的军官退役后，有权获得所居地方住宅的所有权，只需支付全部居住面积及所有市政公共设施所需费用的50%，其中包括安装和使用电话的费用；若住宅内没有集中供暖设施，则可以在规定供应标准范围内，以比普通居民低50%以上的优惠价格购买燃料；不少州、市拨专款为退役军官修建住宅小区；有的地区专门做出规定，机关、社会团体和企事业单位为职工建房时，必须将所建住房的5%—10%上交政府，用以安置退役军官。

3. 医疗待遇

外军军官退休后，一般可继续免费在军队医院就诊，医疗费用基本上由国家统一包干。如美国军官退役后，本人及其家属可享受军队医院的免费治疗，住院时只交少量的生活费。凡在服现役期间患病或病情加重的退役军人均可享受由退伍军人事务部所属医院或与其有合同关系的其他医疗机构提供的免费医疗保健服务。因公死亡人员和因公完全或永久性致残的退役军人的家属也可享受免费医疗服务。俄罗斯军官退休后，军龄在25年以上的将、校级军官及其家属，有权在军队医院、国防疗养院和休养所治病疗养。德国军官退休后，医疗方面的所有问题均由国家统一承包。

4. 政治待遇

外军注重保障退役退休军人的政治待遇和社会地位，主要有以下几点做法：

一是在军官退役时举行隆重的退役仪式。如美国军官退休时均举行相应的仪式，并将他们的姓名刊登在军队报纸上。在退休仪式上，将官一般由国防部长亲自在国防部新闻发布会上宣布总统签署的退役令，并授予

“优秀服役勋章”。二是给退役军官颁发奖章、勋章和荣誉证书等。美国军队将官退休时，授予勋章；校级军官退休时，由部队颁发国防部长签署的荣誉证书。俄罗斯议会颁布《联邦老战士法》，对参加战争的老战士，一般授予功勋荣誉章。德国军队高级将领退休时，由总统亲自颁发勋章。三是退役军官在重大节日或参加重大活动时可以穿军装、佩带军衔和勋章。一些国家规定退役军人离队后可以在正式场合或者重要节日穿着当时制服或最后服役部队服装，并可在制服上佩带服役期间荣获的各类奖章、纪念章或绶带。四是退役军人享受殡葬荣誉。以美国为例，其国防部、退伍军人事务部和部分退役军人团体都有专门的部门负责退役军人死亡后的殡葬事务。美国国防部负责管理阿灵顿国立公墓，退伍军人事务部下面专门设立了纪念公墓管理局，与退伍军人医疗局和退伍军人优抚局并列为该部的三大机构。纪念公墓管理局管理着全国 119 处国立公墓。一般来说，只要不是非荣誉退伍的军人，都有资格安葬在国家公墓，并享受政府提供的墓石、国旗及铭文。加拿大军人死亡时，政府负责为他们举办隆重的葬礼。每个阵亡者，建立个人墓碑，刻上名字，永久保存，不因军衔、阶级、人种、信仰等差别对待。五是设立专门的退役军人节日。为提高退役军人的社会地位和体现对退役军人的尊重和优待，一些国家还设立了专门的退役军人节日。如美国将每年的 11 月 11 日定为退伍军人节，放假一天。这一天，各城市举行盛大的庆祝游行，退役（退休）军人身着军装参加游行，并接受市长的接见。

四、外军军人家庭工作

所谓军人家庭工作，就是对军人及其家庭尽力提供精神抚慰和物质援助，帮助其解决实际困难，消除后顾之忧，激发军人荣誉感、责任感，从而提高战斗力的实践活动。军人家庭工作是世界各国军队建设中面临的一个重要现实课题，也是外军政治性工作的重要一环，对部队稳定和军心士气有较大影响。

（一）外军军人家庭优抚待遇

外军军人及其家属的优抚制度大多比较完备，有适时实用的立法，独立机构的执法，以及各种群众性协会的监督。许多国家已经建成和完善了一整套由政府、军方及地方等多方合作的军人家庭援助体系，为军人及军人家庭提供日常生活、教育发展、医疗等全方位的服务和援助。

例如，美军所建立的家庭支援队，为军人家庭提供各种援助和服务，涉及家属住房管理、生活及差旅补贴、医疗及法律服务、子女保育和青少年教育服务、防止虐待儿童及配偶服务、以及士气、福利和娱乐服务等。美军在部队中建立了由军人家属、志愿者以及士兵等人员组成的多种家庭支援队组织，以在军人家庭、各级司令部以及社区资源等环节中起到一个协调和沟通的作用，为军人家庭提供多种支援和帮助。同时，美军还订立多种部队家庭支援计划以协调平时以及动员时期的各种需求，确保部队的战备水平以及军人家庭的生活质量。

外军军人家庭优待主要包括生活优待、教育优待、医疗优待和财税优待等几个方面。（1）生活优待。如美国国防部在全世界开办了数百家军人服务社，美军家属可在军人服务社购物，由于这些商店不用给各州缴营业税，在此所购商品的价格要比地方便宜20%—35%。在旅行方面，美军军人及家属则享有优惠或可免费乘坐交通工具。印军规定，军官及士官家属都可随军，享受军属各项优待。（2）教育优待。如在美国，有些学校可能设置在基地内，方便军人子女接受教育，不过他们也可以选择到周围平民社区的学校就读。在海外地区，国防部为驻海外基地的美国现役军人以及国防部文职人员家庭的未成年成员开设了许多教育机构。如果没有国防部家属学校可利用，孩子们可到私立或当地开办的学校上学；如果被批准，则由美国政府支付各种费用。此外，军人子女在入学时还有一些优惠。比如美国军人子女在进入安纳波利斯海军军官学校、西点军校或空军学院学习时可享受特权，不需像其他公民那样必须经过总统、副总统或国会议员的推荐。印军规定，军官的子女可享受半费入学教育。（3）医疗优待。1884 年，美国国会就颁发命令，指出“无论何时只要条件允许，陆军军医和合同制外科医生必须免费为军官和士兵的家属提供医疗保障”。美军认为，没有强壮的体格和良好的健康，军人就不能以最佳的表现履行好职责，若因家庭各成员的疾病或健康原因而分散精力，也不能全身心地投入工作。为此，美国国防部提出三军卫生福利计划、军队的地方医疗保健计划、三重医疗计划和家庭牙科计划，帮助解决军人及家属的健康问题。（4）财税优待。美国人常说：“税收和死亡都是不可避免的。”然而，从2003年对伊战争打响的第一天，美国众议院通过议案，给参加对伊战争的美国军人及其家庭提供减免税优惠。美国前财政部长斯诺声称：“缓解军方人员和家属对于税收问题的担扰是我们应该向他们表示的敬意。”

美国1974年颁发的《军人家属抚恤金法案》规定了对因公死亡军人家属给予抚恤金。所有平时或战时与服役相关的死亡，死者家属均有资格领取军人家属抚恤金。如果退役军人事务部认定，退役军官的死亡与服役有关，其家属也有资格领取军人家属抚恤金。此外，还有军人遗属补贴金。军人也可以通过选择接受经过削减的退役金，以便向他们的家属，或向与该军人有任何利益关系的其他人员或在某种情况下向其前配偶提供年金。所有将来的退役者都可以加入该计划。作为对军人家属权益的保障，还特别规定，军人有权拒绝参加该项计划，但必须征得军人配偶的同意。

（二）外军军人家庭社区服务

发达国家军队大都设有社区与家庭支援中心，为军人及其家庭提供优质的社区服务。如美军各军种均设有社区与家庭支援中心，由1名准将担任中心主任。海军的类似机构是舰队与家庭支援处，空军的家庭支援部门为空军战斗支援与社区服务处。美国陆军社区家庭支援中心颇具代表性，在军人家庭工作中承担着重要角色，它要确保陆军社区服务按需设置，研究家庭支援系统与人员战备和防止人才流失之间的关系，研究生活方式对家庭支援体系以及士兵与家庭的影响，制定有效的家庭支援方案与计划，研究其他使家庭支援系统发挥最大效用的有关因素①。

---

① 总政治部联络部．美军军人家庭工作研究．北京：解放军出版社，2010.

一般而言，美军陆军社区服务中心须建立在营区驻地，便于军人家庭成员参加，拥有500名以上军人工作的驻地或社区应建立一个社区服务中心。陆军社区服务中心也可以根据特殊情况评估与可用资源情况建立，如指挥官认为有必要，提出要求后也可建立。陆军社区服务中心应雇佣全职和兼职人员，具备一个陆军社区服务志愿者与管理者团队。驻地指挥官应任命一名陆军社区服务中心主任管理陆军社区服务中心。其任务包括提高指挥官全面协调和尽职服务的能力，支持士兵、民事人员与家庭成员的战备水平，使技术与资源得到最大化利用；适应独特的驻地要求，减少服务投送过程的重复，及时评估服务效果；指导与开展陆军社区服务中心工作；开展各种需求评估（如调查、顾客反馈表格、训练评估、服务要求表格），分析当地人口结构，目标风险人群，决定服务重心等。

美陆军社区服务中心每年须研究和制订陆军社区服务计划，协调联邦与地方政府服务部门、民事部门与非盈利性组织有关军人家庭工作的联系，确保既定需要得到满足，发挥可利用的服务机构的最大效能，避免重复浪费。服务中心向指挥人员和驻地指挥官提供家庭问题咨询，向单位家庭保障队提供专业性服务。其服务保障形式主要有四种：一是集中式的信息收纳，通过走访与评估家庭与个人的需要，提供信息和服务。二是为特定战备地区提供核心陆军社区服务。三是建立并管理资源档案和用户跟踪系统，用于保障驻军设施。四是外围服务，主要针对那些难以主动寻求援助的家庭。

据统计，目前美军在世界各地共建立“家庭服务中心”360多个；在海外联系了260多所中、小学，解决了15.2万军人子女的入学问题；为驻本土的4万军人子女改善了上学条件。海湾战争期间，为了帮助参战军人家庭解决儿童看护问题，美国国防部将儿童看护机构从1981年的5.3万个增加到15万个，这些儿童看护机构负责向军人家庭提供物色保姆、婴儿看护指导和各种咨询等服务。除美军之外，其他许多国家的军队在营以上单位驻地设有保育院、随军子弟学校，为军官子女的成长提供不低于社会平均水平的条件，以解除军官的后顾之忧。如巴基斯坦军队设有政府教育处，由一名准将专门负责管理军队子女教育，军队子女学校在全国办得最多，教育质量最好，而且收费低廉。

第三节　外军军人社会保障的基本特点

综观世界各国军队，大多从维护本国安全的最高利益出发，先后建立有军人社会保障制度并呈现出一些共同的特点和趋向，如社会化、法制化及货币化等。总体而言，无论是发达国家军队还是发展中国家军队，普遍重视军人社会保障工作的法制化建设，军人待遇相对于社会上其他职业而言处于较高水平，军人的社会和经济地位普遍比较优越。

一、通过较完善的职能机构及较完备的法规体系来确保军人社会保障的有效落实

外军强调以法治军，重视建章立制，树立制度的权威性，发挥法律的刚性作用，因而社会保障工作的法制化程度较高。外军大都通过设立专门的管理机构及法规体系来确保军人社会保障工作的顺利开展。各项工作大都按法律法规、条令条例、规章制度执行，做到了法律健全，有法可依，执法必严。外军认为，完善的军事法规是搞好军人社会保障工作的前提条件，是管理工作实现规范化、制度化、标准化的重要保证。军人社会保障的各个项目、标准都以国家法律的形式加以规定，使军人社会保障权益以国家强制力在全社会得以落实。

如外军通过立法，一方面从法律上使军人的工资福利待遇得到有效保障，增强军人对获取劳动报酬的稳定感；另一方面，由最高立法层次的国家立法机构议会立法，使得军人工资福利待遇的相关政策和具体制度的权威性比较高。对于由国家按立法程序通过并颁布实施的有关军人工资的法律，任何其他机构均不得违反和更改，如需修改，必须按立法程序由国家立法机构实施。如日本自卫队对军人工资的调整、退休金制度的改革和对

军人津贴标准的调整及项目的增减等，都是先由自卫队成立专门的委员会进行调查论证，在此基础上提出具体方案，然后提交国会通过。在美国，军人每年的工资增长比率都要经国会通过并由总统颁布施行。又如，早前俄罗斯为从根本上遏制军人社会保障水平下滑的势头，专门由联邦上院召集安全会议成员、政府总理、联邦经济部、总参高级军官与政策专家和法律人士，研究制定了《2002—2005 年军人和退役军人社会保障国家纲要》，同时决定将军人工资制度纳入国家公务员工资体系。俄罗斯军人地位法律体系还对不履行现役军人、退役军人及其家属权利和义务的违法行为所要承担的法律后果做出了规定，并在后续的其他立法中予以细化，增强了法规的可操作性，确保了军人在保险、养老金保障、优抚优待、退役安置方面的合法权益切实受到保护，进一步减少了军人的后顾之忧，提高了军人的社会地位，对提高军队战斗力也起到了重要的推动作用。

二、外军军人福利待遇普遍较高，社会与经济地位较优越，呈现出稳定增长趋势

世界各国普遍按照高于地方同类人员收入水平的原则制定军人工资福利待遇，军人的工资普遍高于地方同类人员，如美军高 12%—30%，英军高 10%，日本自卫队高 20%，俄军高 3—5 倍。为确保军人工资高于地方同类人员水平，外军在制定工资制度时通常都要首先对地方各个行业、特别是国家公务员的工资水平进行全面调查，然后以国家公务员的工资标准为基准，并参照地方公司企业的人员工资标准进行平衡，再充分考虑军人职业的特殊性，确定一个适当高于地方的比率。如英军为科学合理地确定军人的基本工资标准，首先对地方的情况进行广泛调查，将军队与地方的情况加以对比和分析，再提出最切合实际的军人工资方案。在具体做法上，英军通常把军人分成三类（军官、中士到准尉、下士到兵），然后按类别与工作条件、工作性质相似的地方部门或公司中的相应资历、能力的官员、职员、工人进行对比，对劳动时间、劳动强度、劳动环境、贡献大小及有利与不利因素进行全面衡量，在此基础上确定各类军人的基本工资

标准。

此外，为提高军人的社会和经济地位，外军除保证其有较高的工资、津贴收入外，还给予军人多种十分优厚的福利待遇和各种优待。主要有：在住房方面的高标准住房面积、高标准住房补贴和购房与建房贷款优待、建房用地与用材优待等；在医疗方面的免费医疗、免费疗养、军人父母及配偶和子女医疗优待、军人住院优待、伤残军人护理优待等；在交通方面的免费配发交通工具、因私乘坐交通工具的费用减免等优待；在休假、旅游方面的旅游交通费优待、携配偶和子女旅游时的交通费优待、休假双工资制等；在购物方面的军人商店购物优待、购买大件消费品贷款优待等；在财政金融方面的工资之外的各种收入免征所得税优待、存款利息优待等；在社会保障方面的优惠于地方人员的人寿、养老、事故等保险条款，以及抚恤优待、优惠的退役安置办法等。这些福利和优待，有的以货币形式体现，有的则是国家或社会给予军人的一种政治待遇，其目的是提高军人的社会和经济地位。

外军军人的津贴、补助制度比较完善，实现了军人经济收入来源的多元化。在提高军人的经济收入方面，外军不是仅仅通过提高工资收入水平这一条渠道，而是通过多种渠道来实现，克服军人收入仅仅依赖于单一性工资收入的弊端。在具体做法上，外军主要是针对军人的职业特点，设立大量体现军人特殊性的津贴和补助项目，其中常见的有生活补贴、职务津贴、勤务津贴、住房补贴、服装补贴、执勤补贴、福利津贴、地区补贴等。如美军除基本工资中设有房租津贴和给养津贴外，还设有技术津贴、外语津贴、执行危险勤务津贴，以及分居津贴、延长服役期或两次入伍津贴、医疗补助、社会保险补助、军人服务社补助、服装补助、作战津贴、飞行津贴、危险作业津贴、海上津贴、技术津贴、医院工作津贴等。日本自卫队的各种津贴多达40余种，主要有抚养津贴、初次任职调节津贴、住房津贴、上下班交通津贴、单身赴任津贴、管理职员特别勤务津贴、特殊勤务津贴、特殊地区勤务津贴、加班津贴、节假日津贴、夜班津贴、值班津贴、航空津贴、船员津贴、伞降作业津贴、营外居住津贴、期末津贴、勤勉津贴、预备役军人津贴、军校学生津贴等。

军人基本工资的增长有一个完善的机制，军人收入水平在确保稳定的基础上不断提高。首先是基本工资有一个定期、稳定增长的制度。外军通常是按军衔确定工资级别，各级别工资再划分为若干工资档次，军人在军衔晋升时其工资也随之上调一级。此外，外军军人的基本工资还随着军龄的增长而定期增长，即在军衔不动的情况下，军人基本工资也能定期上调一个档次。按照这种办法，军人只要晋升军衔，便进入新的工资级别，工资便可得到一次较大幅度增长；军衔不晋升则按照规定的期限上调一个档次的工资。其次是军人基本工资随着国家经济发展和物价变动定期或不定期调整。一般说来，在市场经济条件下，物价总是处于不断变动之中，而且这种变动通常表现为一定幅度的上涨。为保证军人基本工资不因物价上涨而导致军人实际收入减少，外军规定军人工资标准随物价指数上涨而提高，并通常略高于物价指数的上涨。

三、重视军人退役后生活待遇，强化职业培训体系，确保其政治和社会地位

外军大都十分重视军官退役后的生活待遇，在很多方面都给予照顾，使退役军官特别是退休军官的生活水平不至于降低。这样做，对在职军官安心服役，可以起到积极促进作用，增强军人职业的吸引力。通过优厚的退役政策，鼓励军人长期稳定服役。外军通过退役军人安置政策，影响和调节军人在服役和退役之间进行选择，从而达到鼓励和支持军人长期稳定服役的目的。西方军队实行军人职业化，通过不同服役年限退役军人享受退休金的明显差别等方面的办法，增强军人的职业吸引力。

在外军的退役制度中，除了注重提高退役军官的物质生活待遇外，大多数国家还非常注重对退役军官进行政治和精神上的褒奖，对退役军官的政治待遇和社会地位有明确规定。这对于增强民众的国防意识和退役军人的荣誉感具有积极的作用，更是体现军官社会地位、激励军人献身国防的积极性和创造性、增强军队的吸引力和凝聚力的重要保障。

外军大都有完善的退役培训制度，以解决军官的后顾之忧。外军军官

退役后的安置相对比较容易，其原因：一是外军一般都实现了军官职业化，军官退役后需要安置的数量较少，社会压力不大；二是外军军官文化程度较高，特别是理工科知识比较扎实，有的获得了学位，甚至是双学位，无论是政府统一安排还是自谋职业，都有有利条件；三是外军的普通军官退出现役时比较年轻，一般是小于地方同级公务员，所以在年龄上也有竞争力。美军由于社会地位比较高，高级军官如果退役都是许多部门争相吸取的对象，驻外国大使、公使、大学校长、大公司经理等，特别是军工生产部门，都愿意吸纳一些年轻的将校军官。年轻的尉官退役后，有的自谋职业参加工作，有的重新上大学攻读学位，毕业后再谋职业。美军军官退役后在一年内能够找到工作的占退役军官总数的60%。

四、军人保险、福利与抚恤相结合的军人保障制度，得益于军地双方的有效合作

外军注重军人保险与军人福利、抚恤相结合，形成较完善的军人保障制度。军人在人身受到伤害时，除享受军队福利、抚恤之外，还能享有军人保险给予的补偿。各国军人保险项目种类较多，主要有军人伤亡保险、军人遗属抚恤保险、高级军官保险、退役养老保险、子女教育保险、失业保险、生育保险、疾病保险等等，服务保障面较为宽泛。保险待遇比较优厚，美国军人死亡一般为20万美元，海湾战争期间曾达到数百万美元；俄罗斯军人死亡付给每一位直系亲属死者月工资的25倍；印度军人死亡时，军官赔付37万卢比，士兵赔付15万卢比。

外军积极依托发达的市场经济，推进军人保险与商业保险相结合。如俄军、法军、美军等都是以政府令或国防部长令的形式对全体军人进行强制性人身保险。对于商业保险，俄罗斯军人个人自愿投保，保险公司对军人实行优惠；日本自卫队由防卫厅统一办理，参保的军人及其家属出险能得到及时赔付，不出险年底还可以分得红利。再次，重视军人保险的连续性，实现军人保险与社会保险相衔接。既体现了军人职业的特殊性，又满足了军人的一般防范风险需求。如德军合同兵和义务兵退出现役，由军队

向地方转交服役期间的退休养老保险金，保费记入个人终身账户。

外军军人保障工作的有效开展得益于军地双方的有效合作。以美国为例，由于有良好的社会认知基础，美国各阶层大多身体力行，动员社会力量加大对军人家庭的关注。许多组织是出于自愿、无偿地向军人家庭提供支援，或通过捐赠以及建立基金会等方式帮助军人家庭。社会慈善机构、个人、团体、企业资助的非营利性民间服务保障机构，服务项目细致繁多，是美军社会保障机构的重要辅助力量。如海湾战争期间，各类团体和民众发起了向海湾地区参战军人家属的慰问活动。此外，战争期间，美国民间的组织和机构，如红十字会、基督教青年会、联合服务组织、退伍军人组织、宗教团体和慈善机构等，也都积极协助军方做好军人家属的工作，免费为他们提供多种服务。其他一些较为著名的民间组织还有哈蒙德女士组织、援助联合金星幸存者、红河谷战斗机飞行员联合会、国家军人家庭联合会、烈士子女救助基金会等，他们开展的活动，多数以军人家庭成员与亡故军人家庭成员为服务对象。

展望未来，外军对军人家庭优抚工作的力度将会进一步加强。不论是物质支持力度，还是社会保障、感情支持等方面，都会朝着更加完善、更加公平合理、更加人性化的方向发展，其根本目的，无非是激发部队的战斗精神，为国家利益和政治目的服务。

第七章

外军法律事务工作

军队法律事务工作，是世界各国治军作战，调整和规范军队内部各种关系的重要手段，是维护统治阶级意志、强化军队士气的有效途径，也是发展国家军事战略、巩固国防、加强军队现代化建设的基本保障。外军法律事务工作以建立健全的军事法律制度和良好的军事法秩序为目标，涵盖了外军军事法制建设的各个领域，涉及军事法规的创制、实施、监督、维护、宣传教育等一系列运行环节，其基本功能是保障各项军事法律规范的制定和实施，保障国防建设和军事行动的实施，保护军队和军人的合法权益，保护军事设施，确保军人遵守法纪并履行义务。军队法律事务工作既是军事工作，也有政治性工作的内容和作用，是外军政治性工作的重要组成部分。

第一节　外军法律事务工作的组织机构

一、外军军事立法机构

军事立法，是指享有立法权或被授予立法权的立法主体按照法定权限和程序，制定、认可、修改和废止军事法律规范的专门活动。军事立法机构分为法定军事立法机构和授权军事立法机构两类。法定军事立法机构是由宪法和国家基本法律直接规定享有军事立法权的主体，在法律规定的立法权限范围内制定和颁布国防和军事相关的法律法规；授权军事立法机构只能通过依法授权而获得军事立法权，并在授权规定的立法权限范围内制定和颁布军事法律法规，未经授权时不具有立法职能。由于各国社会制度和立法制度不同，负责军事立法的机构也必然有所不同，一般都是依据其军事立法权限和法律效力等级区分为多个层次。

美国的军事立法机构划分为四个层次，即由国会行使立法权，通过和颁布军事法；由总统颁布行政命令；由国防部长颁布国防部指令；以及由各军种部长颁布条例和条令。美国军事立法的后三个层次是国会军事立法的补充。美国联邦宪法第 1 条第 8 款规定：“国会有权募集和维持陆军；配备和保持海军；制定有关管理和控制陆、海军队的各种条例；制定召集民兵的条例，以便执行联邦法律，镇压叛乱和击退侵略；规定民兵的组织、装备和训练，以及民兵为合众国服务时的管理办法。”同时还规定，总统为合众国三军总司令，经参议院和众议院通过的法案，在正式成为法律之前，须呈送总统批准。由此可见，美国的军事立法权由联邦立法机关和最高军事长官共同行使。这正是美国“三权分立”制度中的立法权与行政权相互制衡的一种体现。此外，美国法律还规定，总统可以颁布有关军事的行政命令来指导美国的国防建设、军事战略和对外军事政策；国防部长和各军种部长也可以颁布一定层次的军事法规。但这只是为执行国会的军事法律而被赋予的授权军事立法权，并不得与国会通过的法律相抵触。

英国的军事立法机构分为两个层次：一是由议会通过法律；二是由国防部制定并经特定程序颁布和实施军事行政规则。英国的军事立法权集中在议会，并主要在下议院。1688 年英国资产阶级革命之后，英国开始了议会控制军队的传统，议会享有高度集中统一的军事立法权。1689 年下议院通过的《权利法案》规定，在和平时期英国常备军的维持必须逐年经议会批准。1717 年，下议院又通过方案规定了议会制定军事条例的权力。经英国议会批准通过的《陆军法》《海军法》《空军法》三军基本法及其他军事法律由议会指定专门委员会每年确认一次，每 5 年修订一次，并须经议会通过才能生效。除上述军事法律外，英军各军种委员会还基于授权制定各军种的军事条例。此类条例统称为皇家军事条例，名义上由女王授权。

由于各军种委员会主席一般由身为议员的国务大臣担任，不仅对国防委员会负责，还对议会负责，因此军事条例的制定权，实际上仍受议会立法权的制约。此外，批准国防经费预算、任免高级军队官员、颁布与军队有关的法令等都属于议会议员的职权。

俄罗斯的军事立法体制主要集中在三个层次：一是由国家立法机构制定和通过军事法律；二是由授权立法机构制定、通过和批准军事行政法规；三是由授权国家军事机关和行政部门制定和发布军事指挥法令。简而言之，即联邦议会立法、联邦总统和联邦政府立法、武装力量立法。俄罗斯联邦议会是俄罗斯最高军事立法机构，主要负责制定宪法以及其他法律中的军事法条款和专门的军事法律；俄罗斯联邦总统是俄罗斯联邦武装力量的最高统帅，根据俄罗斯联邦宪法规定，有权向国家杜马提出法律草案，签署并颁布联邦法律，批准俄罗斯联邦军事学说并以总统令的形式确定有关俄罗斯联邦国防、军事政策与军队建设方面的重大问题；俄罗斯联邦政府的军事立法活动主要是做出有关国防与武装力量的资源保障、教育训练等方面的决议并颁布指示，批准某些与军事有关的条例等；武装力量立法包括国防部长立法和军事单位指挥官立法，其中，国防部长根据俄罗斯联邦《国防法》规定和授权，可以拟定并向俄罗斯联邦总统提交有关俄罗斯武装力量建设、管理、训练、教育等方面的条令和条例草案，颁布国防部命令、条例及实施细则并发布国防部长军事指挥法令；军事单位的指挥官发布各种条令、条例、命令、训令、指令、守则、细则等。

日本军事立法机构依据权力来源不同，行使职权军事立法权和授权军事立法权两种立法权。职权立法权来源于宪法或组织法的规定。例如依据宪法，国会享有制定军事法律的权力；内阁享有制定与军事有关的政令的权力以及地方自治机关享有制定条例规定与自卫队相关事项的权力等。授权立法权来源于立法机关的法条授权或特别授权。例如依据《日本行政组织法》第 12 条，总理府享有就其主管的与军事有关的行政事务制定有关总理府令和省令的权力。授权立法可对主法进行适当补充，但立法的内容不得违背授权法或被授权机关应当遵循的其他法律的要求。日本行使军事立法权的机构包括国会、行政机关、总理府长官、以及防务厅长官等。国会制定的军事法律通常是对国家基本的国防和军事制度做出规定；行政机关制定与军事相关的政令、府令、省令、规则等，针对具有特殊性、专业性、或军事性较强的军事事项；总理府长官，即内阁总理大臣，根据《国家行政组织法》的规定，基于法律或政令的特别委任有权就主管的行政事务中的军事事项制定相应的总理府令；防卫厅长官，有权就防务事项制定厅令，如《军人须知》《关于装备品等及劳务采购实施的训令》等。

印度的军事立法体制很大程度上留有长期英国殖民统治的印记。国会拥有高度集中的立法权，依据宪法制定并通过管理军事的特别法：陆军法、海军法、空军法，分别对陆海空三军的基本制度进行规范。这三部法律是规制印度陆、海、空三军的基本骨干法律，构成印度军事法体系的基本框架。在此基本框架上，印度中央政府经授权制定具体的贯彻执行军事法律的实施细则，即军事法规。军事法规与军事法律具有同等效力。中央政府还有权在基本法的授权下制定军事规章，据此制定的军事规章同样具有法律效力。例如，根据陆军法第 191 条授权，印度中央政府制定颁布了《1954 年陆军条例》；根据第 192 条、193 条授权，中央政府颁行了《1987 年陆军规章汇编》等。此外，印度中央政府还有权发布军事指令，具体规范部队的组织、纪律、管理、财政以及团一级部队的日常事务等事项。

二、外军军事法实施机构

为保证军事法律规范的贯彻执行，维护国家军事利益和军人合法权益，必须由专门军事法律实施机构依照法定权限和程序，将军事法律规范具体应用到相应的个人或组织。外军军事法律的实施包括军事司法、军事检察、军事审判和法律援助等多项内容，分别由国家或军队专门的军事法律机构履行各项职能。

（一）外军军事司法机构

1. 美军司法机构

美军司法机构，最早建立于 1775 年 7 月，1849 年才经国会正式立法确认。目前的司法事务主要由各军种负责，并且在各基地的参谋部设有专职的军法参谋部门，负责本系统的司法事务，并依照法律程序，组织军事法庭，对各种违法犯罪案件进行审理，维护军队的纪律。

国防司法局设在美国国防部部长办公厅，由国防部办公厅总法律顾问领导，总法律顾问是国防部长在法律事务方面的首席顾问。与美军最高统帅机构相联系、相对应，陆、海、空军均设有军法机构。陆军军法署设在陆军参谋部，下编行政室、人事计划与训练室、民法部（下辖契约法处、劳动法处、民事法处和法律事务处）以及军法部（下辖行政法处、刑法处、国际事务处和法律援助处）。海军军法署直接隶属海军部长办公厅。军法主任兼海军法律勤务司令部司令。其办公室编有副主任、军事法助理主任、各种助理和特别助理，以及各方面的法官。海军陆战队司令部设有司法处。空军司法主任编在空军参谋部，下设民法部与空军审判部。三军军法（司法）主任负责本军种对军事审判的管理，履行各种司法职能，担负法律总顾问所不担负的各种法律职能。在行使司法职能的过程中，可就案件的法律问题同法律顾问部门和政府其他部局，保持密切的工作关系，同时也为本单位人员及其家属提供各种法律帮助，领导下属的军法学校。各战区、集团军、师、基地、舰队的司令部，也设有法律顾问或军法处（科），负责军法工作。

2. 俄军司法机构

俄罗斯军队建立了比较健全的军法及司法勤务机构。俄罗斯国防部设军法局领导全军的司法工作。各级军事指挥机关、团以上部队以及其他军事机关设立司法部门并配备受过高等法律专业教育的专职人员。在各军区（舰队）和各大卫戍区成立法律顾问处，隶属于司法部门首长，无偿为军人提供法律服务。军队主管人员制定的法规性文件必须得到司法部门的认可。司法部门人员有责任在法庭上维护军队和军人的权益。

3. 英军司法机构

英国由于军队没有立法权，且军法调整范围较窄，故其军法机构比较精干。国家设有军法总署，陆、海、空军各设有军法局。英国军法总署是独立于军队系统之外的法制机构，也不属于国防部。其主要职责是司法监督，提供法律咨询，解释女王法令以及培养军事法庭的成员等。军法总署的工作人员都是文职，由大法官（兼上议院议长）任命，署长只对大法官负责。军法总署具有很高的权威，所有军职人员在法律上都须服从军法总署署长。

英军陆军、空军和海军的军法局，负责本军种内的司法、检查、起诉、法律咨询、参加法律辩护及其他法律事务。各军种的军法局还在较大的战略区域司令部设立分支机构，为当地驻军司令官和部队提供法律服务。陆军军法局有 40 名左右军法官，局长为少将。海军军法局局长为文职人员，通常由地方官兼任。但海军的军法官为军职，他们不必有律师经历，只要年轻优秀，经培训即可任命为军法官。英军各军种的军法局无权立法，但可起草规章，由国防部颁布，国防部颁布的规章并不属于军法范畴，只起指导作用，违反后不能给予法律上的处罚。

（二）外军军事法庭体系

军事法庭承担着军事审判和监察等重要作用，包括审理军人违法违纪案件、处理军人之间各种纠纷、维护军人的荣誉，以及维护法制和军纪等各项内容。各国军事法庭体系因为各自组织制度的不同，在法院的设置上也有所区别，多数采用了分级设置的方法。

1. 美国军事法庭

美国军事法庭采用三级三审制，分为军事审判法庭、军事复核法院和军事上诉法院三级。

军事审判法庭。美军的军事审判法庭不是常设机构，而是审理某个特定案件的审判组织，根据需要由军事指挥官临时召集，案件审理完毕即告终止。军事审判法庭细分为高等军事法庭、特别军事法庭和简易军事法庭三级。高等军事法庭根据被告的需求可有两种组织形式：由 1 名军法官独任，或有 1 名军法官加 5 名以上成员构成；简易军事法庭只由 1 名军官组成；而特别军事法庭则有三种组织形式：一是 3 名以上成员组成；二是 1 名军法官和 3 名以上成员组成；三是 1 名军法官独任，但是必须是被告在法庭组建以前了解该军法官的身份，以及在与辩护律师商议以后，书面请求法庭只由 1 名军法官独任，并且得到该军法官的同意。各级军事法庭的召集和授权必须严格遵照相关法律的规范进行。例如，根据《统一军事司法法典》第 22 条的规定，下列人员在需要时可以召集高等军事审判法庭：（1）美国总统；（2）国防部长；（3）联合司令部或者专门司令部的指挥官；（4）舰队总司令、海军军港或者本土以外海军大型陆上机构的指挥官；（5）空军司令部、空军军、空军师、空军或海军陆战队独立联队的指挥官；（6）各军种部长指定的其他指挥官；（7）各军种中由总统授权的其他指挥官。在上述指挥官是原告人的时候，法庭应当由他的上级主管首长召集，该主管首长在认为必要的时候，可以进行召集。

军事复核法院。美军的军事复核法院负责对军事法庭的案件进行复核。案件经过军事法庭的审判且核准后，由军法总署记录在案，并对判处将官降衔直至死刑、军官撤职、军校学员开除、士兵非名誉退役、一年以上监禁等案件进行复核。美军的军事复核法院包括陆军、空军、海军、海岸警卫队军事复核法院。军事复核法院设在各军种的军法署内，由一个或数个复核委员会组成，每个复核委员会由 3 名以上上诉军法官组成。其中，陆军军事复核法院设有 3 个复核委员会，空军、海军、海岸警卫队军事复核法院设有 4 个复核委员会。在复核军事审判法庭的案件时，可以由几个或者全部复核委员会的委员出席。军事复核法院一般只审查军事法庭召集人核准的裁定和判决。经审查认为法律适用与事实确定无误后，军事复核法院可以根据案件记录，对有罪裁定和判决的部分或全部进行确认。军事复核法院撤销裁定和判决，除记录中缺乏足够证据支持裁定的以外，应当命令复审。撤销裁定和判决后没有命令复审的，则应当命令驳回起诉。

军事上诉法院。美军的军事上诉法院设在国防部内，为军内的最高审判机构，由包括 1 名院长在内的 3 名非军人法官组成。法官必须是联邦法院或者州高等法院律师协会会员，任期 15 年，由总统提名，经由参议院批准后任命，同一政党的法官不得超过 2 人，任期界满者可以连任。总统在 3 名法官中指定一人为首席法官。首席法官首先出庭和主持开庭，其他法官按照所授军衔的高低先后出庭和主持开庭，军衔相当的则以年龄大小为序。军事上诉法院可以自己制定程序规则并决定构成法定人数必需的法官人数。军事上诉法院法官，因为玩忽职守或者违法乱纪，或者因为精神或者体力不适，而不是其他原因不能胜任职务，总统可以根据报告和听证会的情况予以免职；因为生病或者其他不适，临时不能执行职务，总统可以指定美国上诉法院负责哥伦比亚特区的法官在此期间代理其职务。领取退休金的军事上诉法院法官，可以作为高级法官，如果他同意，可以代表军事上诉法院的首席法官，在适当时候或者特别时期召集军事上诉法院执行司法业务。

军事上诉法院负责复核的案件包括：案件中所判刑罚已经由军事复核法院核准，该刑罚涉及到将官，或该刑罚为死刑；已经军事复核法院复核，由军法署署长以复核证书形式正式呈交的案件；经军事复核法院复核的案件，被告提出上述申请。军事上诉法院仅审理经军事法庭召集人核准判决的案件以及军事复核法院以适用法律不当为由而驳回裁决或判决的案件。

2. 英国军事法庭

英国的军事审判机构相对复杂。英国军事法庭只是英国国家司法体系的一部分，不享有对军队案件的完全的排他性管辖权与审判权，反而在许多案件上往往受地方法院判决的羁绊。当军事法庭与地方法院在管辖权上发生冲突时，地方法院享有一定优先权。

英国的军事审判机构通常分为两类：一是常设审判机构，即军事上诉法院；二是临时组建的各级军事审判法庭，由有权召集军事审判法庭的指挥官临时指定军官组成。英军自上而下的军事审判体系为：军事上诉法院，只受理极少数案件；高级军事法庭，有权审判由英国军法管辖的一切人员和处以法定的任何刑罚；地区军事法庭和战地军事法庭，有权审判除军官、准尉及判处两年以上监禁以外的任何受军法约束人员的犯罪；简易军事法庭，也称“即决处理”，用于处罚士兵、飞行员中的轻微军职犯罪。英国的军事法庭，是普通法系国家、地区军事审判机构的典型代表。

（1）军事上诉法院

军事上诉法院是常设审判机构，独立于国防部之外。法院院长经上议院提名，由女王任命；该法院法官由英国司法部长任命的地方法院法官兼任。法庭由英国上诉法院首席法官或1名上诉法院法官和2名英格兰高等法院法官或苏格兰、北爱尔兰同等资格的法官组成。固定开庭地点设在伦敦，也可根据具体情况在英国其他地点或海外开庭。军职人员被告只能就定罪问题上诉，不得单独就量刑提出上诉，文职人员则不受此限制。法庭在审理中，有权调取有关文件，命令军法官或军事法庭成员就案件提出报告，传唤有关证人，接收各种证据，任命有关专家担任法庭顾问。经审理，法庭有权撤销有罪判决，依据现有的证据改判（但不得加重被告的刑罚）或命令军事法庭重新审理。对军事上诉法院的判决不服，可向上议院提出上诉，但必须是具有普遍意义的重大法律问题，且需事先获得军事上诉法院或上议院的许可。军事上诉法院的判决对自身和所有的军事法庭具有约束力。军事上诉法院每年受理的案件不超过10件，很少做出过改判或撤销决定，因为他们认为军事当局更适宜有效地审理这类案件。

（2）临时召集的各级军事法庭

军事法庭是英国军事审判的主要机构，包括高级军事法庭、地区军事法庭、战时军事法庭及简易军事法庭。

高级军事法庭由女王签发的授权令授权的合格军官召集，或由上述军官授权不低于上校军衔的下级军官召集，由主持军官和不少于4名的其他军官组成。高级军事法庭成员必须是受军法约束的皇家陆、海、空军成员，担任军官的时间不少于3年或累计3年以上。主持军官由召集军官任命，其军衔不得低于少校，如果召集军官出于军事利益的考虑，认为没有合格的校官出任主持军官，可由少校以下的军官担任，但无论如何不得低于上尉。法庭其他成员由召集军官以命令或其他法定方式任命，至少不低于上尉军衔。如果被告是高级将官，则应由高于被告军衔的军官来主持。低于上尉军衔的军官不得成为被告为上尉以上军衔的高级军事法庭的成员。所有成员应尽可能与被告不属于同一军兵种或分队。另外，高级军事法庭还必须有一位军法官出席审判。军法官的角色接近于陪审团陪审的英国刑事法庭的法官，但他主要履行法庭顾问的职责，在法律问题上对法庭成员提供建议和帮助，引导审判的顺利审结。高级军事法庭有权审判任何受军法约束的、应受军事法庭审判的一切人员，并对被告处以法定的任何刑罚。

地区军事法庭。地区军事法庭设立于陆军和皇家空军（皇家海军只有高级军事法庭），可由下述军官召集：有权召集高级军事法庭的军官、前述军官授权的不低于上尉军衔的下级军官、担任独立分队指挥官的将官或准将或其代理军官。地区军事法庭由 3 名以上军官组成，他们须受军法约束，担任皇家陆、海、空军军官的时间不少于 2 年或累计 2 年以上；其主持军官由召集军官任命，且符合高级军事法庭主持军官的资格条件，其他法庭成员则由召集军官以命令或其他法定的形式任命。地区军事法庭有权审判除军官、准尉及判处两年以上监禁以外的任何受军法约束人员的犯罪。

战时军事法庭。战时军事法庭由下达战时军事法庭审理指令的军官召集，一般由主持军官和不少于 2 名的其他军官组成；在召集军官认为任命 3 名军官不现实且不严重损害军事利益的情况下，可由主持军官和一名其他军官组成。战地军事法庭成员是受军法约束的皇家陆军成员，由召集军官任命，主持军官军衔不得低于上尉。在正规部队处于军事行动状态下，如果接受下级所呈递案件的适当上级指挥官认为案件交由高级军事法庭或地区军事法庭审理势必损害军事利益时，可指令该案由战地军事法庭审理。战地军事法庭具有高级军事法庭的一切权力，但由不足 3 名军官组成时，其最高处刑权不得超过 2 年监禁。

简易军事法庭。简易军事法庭又称“即决处理”，是由指挥官或其代理人独任裁决的审判程序。在此程序下，指挥官有权独任裁决，也可指定军官代理。实践中，多数由连长或指挥官独任裁决，主要用于士兵、飞行员中的轻微军职犯罪。有权科处的刑罚也比较轻，最高刑罚为禁闭 28 天，特殊情况可以为 60 天，但必须征求军法顾问的意见。在海军，指挥官享有广泛得多的裁量权，他们可以使用简易审判程序独任惩处受他们管辖的除重大犯罪以外的任何案犯，有权判处的最高刑罚为有期徒刑 3 个月，但必须事先呈报海军将官批准。

3. 俄联邦军事法庭

俄军军事法院的设置为三级制，即卫戍区军事法庭、军区和舰队军事法庭、联邦最高法院的军事审判厅。军事法院独立行使军事司法权，只服从俄联邦最高法院院长，不受任何地方和军事机关的干预。俄联邦军事法庭主要管辖下列案件：（1）军人及集训期间预备役人员所犯各种罪行的案件；（2）国家安全机关军官、军士和士兵所犯的各种罪行案件；（3）劳动感化机构主管人员违反执勤规定的罪行案件；（4）所有间谍案件。另外根据《军事法庭条例》的规定，起诉一人或团伙所犯数罪时，只要其中一项属于军事法庭管辖，其他罪行不管是否属于军事法院管辖，全案都要归军事法院管辖。这体现了军事法院管辖优先的原则。服役人员服役期间所犯罪行的案件，尽管法庭审理前犯罪人员已经退役，该案仍要由军事法庭审判。根据《俄联邦军事法庭条例》规定，军事法院管辖级别为：中校（含中校）以下人员所犯罪行的案件由第一审级军事法庭审判；上校、团长和二级舰艇长以上以及与此职务相当人员、和平时期依法可能判处死刑的服役人员所犯罪行的案件由第二审级军事法庭管辖；特殊重要刑事案件、将官和担任师长以上职务以及与此职务相当的军人所犯罪行的案件，由第三审级军事法院即最高法院军事审判厅管辖。

4. 法国军事法庭

法国实行两审终审，国家最高审判机关（最高法院）对军事审判享有终审权，军事司法权统一于国家司法权。法国国内平时不设军事法院，只在国外的驻军设军事法院，但在战时，国内、国外均设有军事法院。和平时期，所有军事性质的犯罪和军人所犯普通法律上的重罪与轻罪，均由普通法院审理。但并不是所有普通法院对军事犯罪案件和军人犯罪案件都有管辖权，只有司法部长和国防部长共同指定并以司法公报的形式予以公布的法院才有权审理军事犯罪案件和军人犯罪案件。其中，轻罪由上诉法院辖区内某一轻罪法庭受理，该法庭由 3 名平民法官组成；重罪由上诉法院辖区内某一重罪法庭受理，该法庭由 7 名法官组成，这类法庭不带陪审团。战争时期，法国设立战时军事法庭，它由高等军事法庭和国土三军法庭组成。前者设在巴黎，负责审理战时高级军官（包括元帅及海军上将、其他将级军官以及军队总监察部成员）的犯罪案件；后者负责审理战时其他军人犯罪案件。二者的法庭组成相同，均由 1 名庭长、1 名助理法官（2 人均为平民法官）和3名军法官组成。平民法官由地方司法部门临时派遣，军法官则从因战受伤或者编属于战斗团体的军人中选任。法庭受理案件后，依据犯罪性质的轻重程度组成不同类型（轻罪或重罪）的法庭进行审理。

5. 德国的军事法庭

在联邦行政法院体系中主要有联邦国防军军事纪律和申诉法院（法庭），以及联邦行政法院军事事务法庭对军事违纪行为具有司法管辖权。

联邦国防军军事纪律和申诉法院。联邦国防军军事纪律和申诉法院是建立在联邦国防部内的独立行政司法机构。但在和平时期仅对本土外驻军或军舰上服役的人员有刑事司法权；只有处于战争状态时，才能对全体武装部队成员行使刑事司法权。联邦国防军纪律和申诉法院还受理和审理军人对行政决定或判决的上诉，并根据《陪审团选举法》确定陪审团人员。联邦国防部下属3个军事纪律和申诉法院，即按地域设置为南（乌尔姆）、北（慕尼黑）、中（科布伦茨）军事纪律和申诉法院，它们分别建立在当地联邦国防军的军团司令部内。此外，国防部还在16个地区的师级以上司令部中，建立了29个（其中4个法庭不设专职人员，由其他法庭代管）联邦国防军纪律和申诉法庭。国防部可以根据武装部队的实际需要自行确定法庭的位置和管辖范围。同样，联邦国防部也有权在国外驻军中建立军事纪律和申诉法院。其中一名军人法官的级别应与被告或原告方相当，另一名应高于被告或原告方。表决时，各法官具有相同的表决权。

联邦行政法院军事事务法庭。军事事务法庭（慕尼黑）是联邦司法部管辖的联邦行政法院（柏林）的一个机构，其职能主要是受理军队纪律和申诉法院的上诉案件。如果联邦国防军纪律和申诉法院对经过正式的纪律案件审理程序做出的决定不服，可以向军事事务法庭提出上诉或申诉。军事事务法庭还负责对军事纪律和申诉法院的审判是否符合规定进行司法监督检察，并对由此类问题提出异议的申诉进行审理。军事事务法庭在开庭审理案件时，必须有3名专职文职法官和2名非专职军人法官。表决时，各法官具有相同的表决权。

（三）外军其他法律实施机构

除军事司法和军事审判外，军事检察同样是外军军事法律的一项重要内容。军事检察制度是军队内的法律监督制度，通常由国家专门设立的或在军队内部设立的军事检察机构负责执行。军事检察机构的职权一般包括侦查权、批准逮捕权、提起公诉权和司法监督权。多数外军没有专门的军事检察机关，军事检察的职能由军队指挥官和军内设置的执法监督机构履行。只有俄军有健全的、独立于军事指挥体系之外的军事检察机构和军事检察人员。俄军军事检察机构的主要任务是负责监督俄罗斯联邦武装力量的法制情况并调查武装力量中的犯罪案件。俄联邦军事检察院包括联邦最高检察院编制内的军事总检察院、军区和舰队军事检察院以及卫戍区军事检察院三个等级。此外，俄军还通过立法赋予部队、兵团指挥员、一、二、三级舰艇长、四级舰艇大队长、军事机关和院校主管以及卫戍区司令为俄联邦军事调查机关。调查机关应负责采取必要的侦缉措施和刑事诉讼法所规定的其他措施，以便发现犯罪行为和犯罪嫌疑人。调查机关还负有义务采取预防和制止犯罪所必须的各种措施。而西方一些国家，如美、英、加等国，则没有专门的军事检察机关，军事检察的职能由军队指挥官和军内设置的执法监督机构履行，负责监督军队各部门的执法情况，进行案件调查、审理和侦破工作以及实施逮捕和提起公诉。

法律援助也是外军法律事务的一个重要组成部分。外军军队中的法律援助主要由军队内部的军法监察机构和法律顾问机构提供。法律援助的主要任务是维护和保护军人的合法权益，提供法律咨询和法律援助。在美国，法律援助官还可提供出庭服务，代表现役人员及其家属出庭。

三、外军执法和护法力量

各国的军事警察（宪兵）部队，大多作为军队的一个独立兵种，同时又作为军队执法体系的重要组成部分，在军队战时以及和平时期的活动中发挥着独特而重要的执法和护法作用。目前世界有 30 多个国家建有军事警察（宪兵）部队。各国的军事警察制度有两大类：一类是由国家领导与管理的军事警察，即国有军事警察；另一类是由军队领导与管理的警察，即军属警察。

（一）国家军事警察

国家军事警察是指由政府或国防部领导管理，拥有警察的职能任务，同时又具有军队组织形式的武装力量。这类军事警察组织，称谓不一。如意大利宪兵部队、印度武装警察部队、俄罗斯内卫部队等。其特点：一是组织形式上，兼具地方和军队的色彩，在体制、装备和训练方面与军队有相似之处，但不一定隶属于军队。有的国家的军事警察隶属于内务部，有的隶属于国防部，有的隶属关系在不断变化。二是职能任务上，除在军内维护军法军纪、护送军运外，平时还担负维护国家法律和秩序的任务，协助民事警察维护社会治安，监督交通，警卫重要目标及重要人物，战时则协助军队遂行作战任务，既履行民事职能又担负军事任务。

总体上看，国家军事警察大体分为 3 种模式，即法国模式、意大利模式和独立模式。

1. 法国模式

法国军事警察，通常又叫宪兵，是世界上最早的，也是最典型的军事警察组织。其军事警察体制对欧洲大陆、法语语系和曾沦为法国殖民地的国家有着广泛而深远的影响。目前，世界上许多国家的军事警察组织都是仿效法国宪兵的模式组建的。法国宪兵的管理机构是宪兵总局，负责全国宪兵部队的组织、人事和日常管理工作，向国防部负责。国家宪兵总局的内部机构有：宪兵总监察局、国家宪兵院校指挥部、国家宪兵行政与技术管理中心、宪兵航空运输指挥部、宪兵航空兵指挥部、海上宪兵指挥部、驻德宪兵指挥部、海外宪兵指挥部、武器装备指挥部等 9 个局和部。国家宪兵总局下设大西洋、地中海和东北 3 个宪兵军区，每个军区下辖 2—3 个军分区，全国共 9 个军分区（巴黎单设一个军分区）。按其所担负的任务，分为地区宪兵、机动宪兵、特种宪兵和海外领地宪兵四大部分。地区宪兵包括地区宪兵团、省宪兵大队、区宪兵连、宪兵小队；机动宪兵有 9 个机动宪兵团、29 个参谋部、128 个宪兵连；特种宪兵主要包括保安和干预大队、共和国卫队、空运宪兵、海军宪兵、空军宪兵、武器装备部宪兵及核武器安全宪兵；海外领地宪兵包括 1 个宪兵团、3 个大队和 1 个连。采用法国模式的其他国家，主要是法属国家。

2. 意大利模式

意大利宪兵部队隶属于国防部，它是意大利武装部队的一个兵种，承担军事警察和内卫部队的双重职责。设置一个总司令部和本土部队、机动部队、特种部队、训练机构、技术机构以及一些业余组织。宪兵总司令部设在罗马，总司令由陆军中将担任，直接对总统、总理负责，享有特殊的政治地位。总司令部是全国宪兵的指挥中心，下设有参谋部、科技部、部际联络部、福利救济部、宣传体育部和公共安全部。本土宪兵部队编有 5 个师，师下面有大区司令部、省司令部、宪兵连、宪兵站；机动部队总部下设特种部队和院校，编有 1 个师，下辖 1 个机动宪兵旅、1 个特种宪兵旅及若干直属专业宪兵队，分别部署在罗马和各个大区，必要时，大区所辖各省、市镇随时可以要求机动部队提供快速支援；特种部队编有空中部队、海上部队、潜水部队、警犬部队、特警部队、共和国总统卫队；训练机构有 5 所学校及通信、骑兵、潜水、射击等训练中心；技术机构编有应用心理学中心、科学调查中心、反伪造和公共卫生指挥部、毒品检查指挥部、保护艺术品指挥部等。巴西、智利、哥伦比亚、菲律宾等国的军事警察都采用意大利模式。

3. 独立模式

这种模式是独立于国家武装部队，对内务部或者其他国家机构负责，或者在某些情况下对政府首脑负责的军事警察管理模式，比较典型的是俄罗斯。俄罗斯现有军事警察力量包括内卫部队和边防部队。内卫部队隶属于俄联邦内务部，主要任务是保卫国内重要目标和设施的安全，协助维护社会治安。边防部队隶属于俄联邦边防局，主要任务是维护俄罗斯边界安全，维护各共和国边界的稳定。除了任务不同外，两支部队享受同等待遇，并且都是按照俄罗斯军队的共同条令实施管理教育的。目前，俄罗斯内卫部队大约有 26 万人，实行合同制和义务兵役制相结合的兵役制度。内卫部队的司令由内务部副部长兼任，实行自上而下的垂直领导。俄联邦边防军按照行政区划实行由上至下的管理体系，设立联邦管区边防局、边防分局（旅或团级）、边防大队（营级）、边防所（营级或连级）。俄罗斯全境拥有60多个边防分局，950多个边防所，都是按照行政区划进行管辖。

（二）军属警察

军属警察是指现代武装力量中的一个兵种，如美国、英国、德国等国家军队中都设有军属警察。军属警察是军队重要的执法力量，具有鲜明的特点：一是组织形式上，一般隶属于国防部或军种部，成员多为现役军人（某些岗位也雇用少量文职人员）。二是职能任务上，虽然担负对外作战和执法、护法等双重任务，但其职责范围和场所一般仅限于军事领域、军事辖区，执法的主要对象是军队成员，即必须在军内执法，只有在战时或紧急状态下，才被赋予更大的权力，管辖范围有可能延伸至民事领域而与国有军事警察的管辖权发生重叠。

军属警察根据各国军队体制编制情况，通常由国防部或军种部领导，设置专门机构或人员对军属警察实施管理。其管理机构与编成有以下三种形式：

一是按军种系统管理与编成，全军不设统一管理机构。警察部队没有统一的管理机构，分别隶属于陆、海、空军和陆战队。各军种的警察管理体制也不相同。美国陆军部没有统一的宪兵管理机构，而是直接配属于各单位。通常在军级单位内编有一个宪兵旅，规模为2000人左右；师级单位内编有一个宪兵营，约300人；在基地和团以下单位内，编有人数不等的宪兵分队。这些配置在战斗部队的宪兵部队，直接对所属单位的最高指挥官负责。空军在总部设有专司宪兵部队事务的机构，由一名准将领导，并直接向空军参谋长负责。海军无掌管宪兵部队的部门，由海军部的有关职能部门承担。陆战队的宪兵编制体制与陆军类似。每个陆战师和陆战基地，都配有一个宪兵连，作为陆战师的组成部分，直接受所在部队最高指挥官的领导。与美国相类似的还有印度、巴基斯坦、韩国等。

二是按军种系统管理与编成，全军设统一管理机构。英军各军种设有军事警察，各军种军事警察统一隶属于军事警察局，该局在编制上列入国防常务次官所属部门。英国陆军军事警察编制最大，约编有军事警察2000人。陆军参谋部下设军事警察处。军事警察最高编制单位为团，基本编制单位为连（100人）。配属给师、旅的军事警察部队对师、旅长负责。海、空军参谋部分别设有军事警察处。海军航母配5—6名军事警察，驱逐舰、护卫舰配1—2名，空军基地配5—6名。日本的陆、海、空自卫队均设有直属的警务队，由各自卫队参谋长直接领导。陆上自卫队直属警务队长为少将军官；海上自卫队、航空自卫队直属警务队长为上校军官。陆上自卫队所属的北部、东北部、东部、中部、西部等5个军区和海上自卫队所属的横须贺、佐世保、舞鹤、吴港、大凑等5个地方队，各设有一个警务队。这些警务队都由各自卫队的直属警务队领导，不受驻地首长的指挥。

三是由陆军编制军事警察并进行管理。德国军事警察是陆军的一个独立兵种，同时为空军、海军以及驻德北约国家军队遂行任务。德国国防部、国防军总监部及武装力量各军种指挥参谋部的编制中，未设对军事警察实施领导的专门机构。军事警察分队分别编入师属指挥支援团，由师参谋长（或师长）通过参谋部直接领导，按德国联邦国防军新编制，8个师司令部各下辖1个指挥支援团，每团编有2个军事警察营。军事警察营编有1个编制装备连，以及3—5个军事警察连（视责任区的大小而定）。

四、外军军事行政司法队伍

美国等西方国家军法体系中，均有一支素质较高的军事行政司法队伍。如美军要求所有法官和法律工作者，必须是军法学校的毕业生，有一定的学位。在其他法律院校或法律系毕业者，也要在军法学校进修，熟悉军法事务。英军对军事行政司法人员的素质要求也很高。一个人要被任命为军法总署的军法官，必须经法律院校毕业，并从事5—10年或更长时间的律师工作之后，才有资格。军法官因工作需要常常四处奔波，与部队同吃同住，有时还要被派驻海外。但被任命为军法官是一种很高的荣誉，是个人职业成就和能力的标志。外军行政司法队伍主要包括军事检察官、军法官和法律顾问。

（一）军事检察官

除俄军有专职检察官，多数外军的军事检察官多是由军法顾问或律师协会会员临时担任。如美国规定选派军事检察官：必须是陆、海、空、海军陆战队或海岸警卫队的军法顾问，并且毕业于正规法学院，或者是联邦法院或州高等法院律师协会会员；必须为所属军种的军法总署证明适合执行起诉职务的军队成员；不得担任过本案的军事调查官、军法审判官或者法庭成员。外军检察官主要负责代表国家起诉或上诉，不具备侦查、审判监督的职能。外军检察官与法官、律师关系复杂，时有交叉。由于检察官是临时选派或指定，军法审判官和律师也多是临时指派，所以同一人可能先后担任 3 种职责、有 3 个身份。

（二）军法官

在各军事行政司法机构中，由符合相应条件的文职公务员和军人担任专职或非专职军法官。随着战争中涉法问题的日渐增多，军法官为司令部作战时提供法律顾问服务的参谋作用更加突出起来。美国军法官是美军进行各种审判与法律服务工作的主要人员。他的职责是多样复合的，既以美国国家名义起诉犯法的军人，同时又有责任保护受控士兵免于不当的加害。英国军法官是指受军法总署署长或海军军法署署长的委派，在英国军法总署或海军军法署任职的法律专业人员，主要职能是充当军事法庭的法律顾问。在审判中，军法官主要行使以下职权：（1）向公诉人和被告提供与案件有关的法律和程序咨询；（2）就起诉书存在的问题及法庭组成方面的问题向法庭提出建议；（3）就庭审过程中出现的法律和程序问题向法庭提供咨询和建议；（4）在庭审结束后，法庭评议之前，就案件的证据情况向法庭做出总结性提示，并就相关法律问题进行解释；（5）保证被告在法庭上不因其地位而受到不公正的对待；（6）确保法庭笔录按照《军事司法程序规则》的要求进行记录和保管；（7）在审判过程中，当出现被告提出抗辩、一方传唤新的证人或就共同犯罪申请分离审理等问题时，法庭成员应当退庭，由军法官单独听取有关人员的陈述，并做出相应裁决。如果军法官因病或其他原因不能出庭，军事法庭应延期审理。

（三）法律顾问

外军律师也称法律顾问，法律顾问是就工作范围、任务和职能而言，律师是指从事前述工作时所具有的身份和资格。外军律师都必须具备律师资格，必须是律师协会的成员，所以一般具有较全面的法律和军事知识，对国内法、国际法包括军事法、战争法等比较熟悉。在英美法系国家的军队，军法官、军事检察官和军队律师都有律师资格，其岗位相对固定，但可转换。外军由于没有政治机关，其律师隶属军事统率机关或单独设立的法律部门。如美国国防部设有法律总顾问及其领导的国防法律服务局，海、陆、空三军也都分别设有法律总顾问及其办公机构；澳大利亚设武装力量军法总监，此人既是国防部长的法律顾问，也是武装力量律师协会的主席。外军律师的地位比较重要，其军衔一般也较高，有的国家军队律师的军衔最高可到中将，担负着为各级指挥官的决策和管理提供法律咨询意见的职责，包括武器配置、作战规划、战术计划和其他涉法问题。如伊拉克战争中，美军高层在选择轰炸伊拉克境内目标时，曾咨询过军队律师的意见。

第二节 外军法律事务工作的主要内容

外军重视法律事务工作，强调法为先，教为本，将依法治军和提高军队战斗力有机地结合起来。外军法律事务工作主要体现在法规体系建设、法制教育和宣传以及法律事务服务等方面。

一、外军军事法规体系建设

军事法规体系涉及军事法的创制、实施、执行、维护等各个领域，受国家一般法的制约。宪法为国家最高法律文件形式，在当今宪政国家的法律体系中居最高地位，宪法中关于国防和武装力量建设等军事问题的原则规定，是军事法制定和实施的最高依据。除宪法外，西方国家军事法规主要包括以下三个方面：一是军事法律和法规。法律地位和效力仅次于宪法，通常由国家最高立法机关制定和发布。其中军事法律规定和调整的是国防和军事中根本性和全局性的军事关系，而军事法规是对国防建设、武装力量建设方面某一问题和某项措施制定颁布的规范性法律文件。二是军事条令条例。通常由军队最高统率机关或授权单位制定和颁布。各国军队的军事条令体系一般包括：共同条令（如内务条令、纪律条令、队列条令、卫戍条令等）、战斗条令（如合成军队战斗条令、军兵种战斗条令等）、专业条令条例（如后勤条令、院校条例、科研条例）等。三是军事规章制度。军事规章制度主要指军队职能机关制定的规则、章程、制度等，范围涉及某方面、某部门或某项措施，形式包括概则、规定、规则、办法、训练大纲、作战纲要、教令、教范、细则、标准等，是军事法的重要表现形式，数量庞大，但其法律地位和效力低于宪法和军事法律、法规。

（一）美军军事法规体系

与其他国家的军事法规体系不同的是，美军军事法规的最高依据不是宪法，而是《统一军事司法法典》。《统一军事司法法典》与国家的司法与刑法几乎无关，具有很强的独立性。《法典》集《军事刑法》《军事诉讼法》及《军事司法》《组织法》于一身，1951 年由美国国会颁布。《法典》从许多方面限制了军事指挥权对军事司法的控制，补充完善了多项正当程序和被告人权利保护条款，使得军事司法结构更加趋向于平民司法的模式，将军事司法的公平、正义功能提升到与纪律、秩序功能相同的高度，增强了军事司法的司法化和独立性，形成了军事指挥权与军事司法权相互制约的美军司法体制基本结构。

美军军事法规体系分为四个层次：国会通过的涉及国防和军队重大问题的军事法规；总统和国防部长根据某一时期、某一方面的国防问题提出的政策与规定，或者颁布的有关命令、指令；各军兵种制定的条令条例；各级制定的行动标准和程序规范。

美军军事法规较为繁杂，仅陆军的规程就有 900 种，陆军各部队的野战条令有 300 多种。属于国家的军事法规有《国家安全法》《国防部组织法》《战争动员法》《军事人员管理法》《统一军事司法法典》《兵役法》《国家安全机构法》《国防教育法》《国防生产法》《国防设施法》《国防防卫法》《国防军官人事管理法》《军事储备法》《军事拨款法》《军事建筑法》《军人薪金、补贴法》《职员军人管理法》《后备人员建设法》《军事公共设施法》等等。美军制定军事法规的目的是为了实现规范化、正规化、标准化管理，解决军队管理中的随意性，使军事行动和军人的活动都有法规依据。

（二）俄罗斯军事法规体系

俄罗斯的军事法律法规体系以调整军队和国防建设中的军事社会关系为主。军事法可分为两大类：一类是由国家立法机关制定的军事法律，包括专门的军事法律和普通法律中所包括的军事法条款，都是最高效力等级的军事法律，在全国范围内生效；另一类是由武装力量负责起草，由俄罗斯总统或政府批准的军事行政法规，以及由军队相应部门立法机构制定的军事指挥法令，它们不得与上一层次的军事法律相违背，且效力一般仅局限于军事力量内部。

俄罗斯军事法规建设与武装力量的组建几乎同步。立国之初，俄武装力量正式组建初始，俄罗斯联邦即颁布了军事法之基本法《国防法》，随后又颁布了有关国家安全体制和保障的《安全法》（1992）以及国家根本大法《俄罗斯联邦宪法》（1993），后陆续出台了《国界法》《兵役义务与服役法》等基本法律、法规，保证了武装力量重组的顺利实施，并为其他相关军事法律、法规的制定和实行提供了依据。值得注意的是，继《国防法》作为军事基本法颁布后，俄议会又于 1993 年正式批准以法律形式确立《俄罗斯军事学说基本原则》，使之成为俄罗斯独特的“第一部军队宪法”。

俄军事法律体系较为完整，且力求做到重点实施，着眼国家政体变化后武装力量建设所面临的新情况和新问题，用军事法律法规确认武装力量在国家社会生活中的地位、作用、宗旨、职能和任务，同时以法律的强制力促进武装力量建设与市场经济的发展相适应，重点解决武装力量建设中遇到的困难和问题。例如，针对武装力量内部秩序混乱，不良倾向日渐突出等实际情况，俄颁布了新《暂行共同条令》，重新明确了各级主管人员的职责和权限，重申了奖惩制度和纪律原则，增设了有关使用武器和防止事故的条款等，从而对加强俄军管理和维护军纪起到了积极的作用。为缓解兵源紧张的矛盾，颁布《兵役义务与服役法》，规定了义务兵役制和合同兵役制并行的“双轨制”，同时推动兵役制度的改革。针对社会生活保障不足而引起的军队人心不稳的情况，《俄联邦军人地位法》《退休金保障法》则明确规定了军人及家属的社会法律地位、保障和权利，为其社会和生活保障提供有力的法律依据，从而起到了稳定军队形势的效果。

（三）英国军事法规体系

英国的军事法具有其独特性，表现在两个方面：一是内容，二是渊源。就内容而言，英国的军法主要指军事刑法和军队刑事诉讼法。就渊源而言，英国的军事法包括两个部分：议会制定的法律和驻军指挥官的命令。议会制定的军事法律主要有陆军法、空军法和海军纪律法。为了符合军队各种现实情况的要求，英国设立了许多颇具特色的军事法律制度。如对军事法庭审判的多层次复核。鉴于军事法庭都是因案临时设立，法律规定：法庭判决必须经“确认军官”、驻军首长、有时还有军法署（局）几个层次的复核，以防判决有误，从而在程序上保证军事法庭判决结果的正确性与合法性。再如，授予海军指挥官更多的权力，是基于军舰经常出海，远离本土，许多严重的违法问题必须自己解决。

（四）日本军事法规体系

日本现行的军事法律法规，按其立法层次以及性质和作用可分为法令、训令和条令三大类。法令是由国会、内阁或总理府颁行的基本法律法规；训令是由防卫厅或陆、海、空自卫队制定颁发的有关规定；条令是由参谋长联席会议、各自卫队参谋长分别颁行的关于战斗和教育训练的准则。目前，各种军事法令、训令、规则等法规有150多种，如日本国会颁发的《自卫队法》、内阁颁发的《防卫厅组织法》《自卫队法施行令》等。日本《防卫厅设置法》和《自卫队法》号称“防卫二法”，是日本国防尤其是自卫队建设的基本法，大到兵役制度（日本没有兵役法，兵役制度按《自卫队法》规定实行）、自卫队的编成和员额，小到部队的具体管理，这两部法律涉及了日本国防与自卫队建设的各个方面。日本有关自卫队建设的所有其他法律法规，都是在其基础上制定的。

由于历史原因，日本军事法规体系中，国际军事约章占有特殊地位。日本重要的军事法律大多是在日、美签订的国际军事约章基础上制定和出台的。例如，《防卫厅设置法》和《自卫队法》建立日本自卫队的依据就是，1954年3月8日《日美相互防御援助协定》中日本政府允诺要“对发展和保持本国及自由世界的防卫力量做出贡献”。1997年9月，日美两国政府正式批准新修订的《日美防务合作指针》，使日、美军事合作关系由以保卫日本安全为主的内向型转变为以介入周边地区冲突的外向型，日本由此得以突破“专守防卫”政策及日宪法禁止行使“集体自卫权”的约束，军事力量开始由防卫型向进攻型、由内向型向外向型发展。日、美在安全合作方面的各项约章，对日本国防和军事建设以及国防与军事法制建设均起着极为重要的作用。

其他许多国家军队的军事法规体系同样各具特点。例如，印度军事法是以英国军事法为蓝本而制定的。其现代军事法体系由宪法军事条款、军事法律、军事法规以及军事规章和军事命令等组成，核心军事法为《空军法》（1950年）、《陆军法》（1954年）以及《海军法》（1957年）。三部军事法律内容涵盖军事组织、兵役、军事刑法和军事司法等法律制度，构成了规制三军的基本骨干法律，任何军事法规和军事规章的规定都不得与其内容相抵触。德国军队除《军人法》《义务兵法》等基础法规外，还就军人的权利和义务、军人的福利待遇、军人的奖惩等各方面内容制定了各种条令条例和规章制度，总计达250多种，其军事法规体系不仅具体而且详细。

二、外军法制教育宣传

外军日常管理和教育训练的法制化为官兵树立和强化法律意识提供了较好的教育平台。法制环境能够对官兵起到耳濡目染、潜移默化的教育熏陶作用，达到“不教而教”的效果。外军通常设有包含各个层面，由浅入深的法制教育宣传系统，既有适合不同对象的法制教育，也有具有普适性和强化性的法制宣传。换言之，外军军事法制教育工作既针对特定对象，也针对非特定对象，既有专业的法律教育培养军队法律职业人才，也有以提高军官法律素质为目的的普遍性教学。

（一）把军事法规作为部队日常教育训练的重要内容

外军大都把法律法规的学习作为官兵的必修课，要求从新兵入伍和军校新学员入学的第一天开始，就组织他们学习条令条例和军队管理的法规制度，以使他们熟悉军人的职责和行为规范，提高遵纪守法的自觉性。例如，美军在新兵集训时，把有关规章制度的学习作为训练的一项内容，有的在新兵入伍、新学员入校时，就严格按照法律实施训练，使每个士兵、学员懂得守法的重要性，应该遵守好哪些法规制度。美军要求经常向军人宣讲《军人行为准则》和《统一军事司法法典》。日本自卫队把军事法规教育列入了部队训练计划。德国军队则把法律、法规、条令条例、规章制度的教育列入政治教育的内容，由部队或分队领导讲授法律知识，讲授的内容主要有国际法、基本法、军人条例、纪律条例和军人申诉条例等。加拿大军队的《军官职责和义务》《士兵职责和义务》等条令的第一条就规定：军人必须熟悉《国防法》《官兵保密法》和《皇家军队规章制度》等。

为了加强对军官的法制教育，俄、美、英、日、德等国军事院校均设置有法律和条令条例课程，有的还规定军法课为学员的必修课。有的国家还专门开办了军法学校或在军校中专设法学院、军法系，为部队培养高层次法律人才。如德军规定，在院校学习的军官或候补军官的法律教育由军事教官担任，教育的主要内容有：基本法、紧急状态法、军人的权利和义务、军队纪律条令、军人申诉条例、军事刑法和一般刑法的基本原则、国防军强制法及其运用等。德军的法律教育时间占全部教育时间的4/10，军官的法律课由上一级机构专门聘请的文职律师教师执教，士兵的军法课由所在部队的主官主讲，师以上军官要学习《海洋法》《紧急状态法》等法律。俄军的普法教育由负责教育工作的副职按教育大纲实施，军官侧重学习宪法，士兵侧重学习条令条例。军官一次学习的时间为2—6小时，半年共20小时；士兵一次学习的时间为3小时，每半年为48小时。有的军队还定期举办各种层次的法律培训班，组织法律法规考试，并将考核成绩作为官兵晋升的条件之一。他们宣传和教育的目的，在于努力培养官兵良好的行为规范和道德品质，从思想上打牢“军法必须服从”的基础。

（二）编辑出版各种法律教材和军法汇编

美军颁发了一系列军官手册、军士手册和士兵手册，详细介绍军队各项规章制度，具体规定各类人员在各项军事活动中的行为准则。日本自卫队把宪法、军事法令、训令、规则等有关法规汇编成小册子让官兵学习掌握。联邦德国出版了众多的军事法专著与教材，法律规定各级军官要负责教育官兵树立纪律和法制观念，对官兵进行法律知识的教育。新兵入伍后，要听取基层军官讲解基本法、国防法、军人条例、纪律条例和军人申诉条例等。

（三）发挥大众传媒的普法功能，建立相应的教育奖惩制度

为了普及法律知识，西方国家军队通过报纸、杂志、电视、录像等对官兵进行法制教育。一些军队的电台、电视台还开设有法制宣传的专栏，经常举办一些热线咨询、案例讨论等活动。对绝大多数军人来说，之所以要服从和遵守上级的管理和规章制度，是因为他们清楚，不服从管理或违反规章制度就等于违反军法，就必然会受到惩处。外军官兵晋升一般都要经过包含军事法规内容的考核，合格者方能提升。如法军把官兵掌握法律

知识的情况作为评定官兵素质的一项内容，并与晋升挂钩。英军注重从新兵入伍、学员入校、军官任命开始养成官兵的遵守法规意识，对遵守和维护法规表现突出者给予相应的物质奖励和精神荣誉：一旦违反军纪法规就要给予相应的纪律处分，违背合同的给予经济制裁，触犯刑律的要受到法律的追究，从而使部队的一切活动都严格按照法规制度办事。

三、外军法律事务服务

外军的法律事务服务主要经由法律顾问施行。法律顾问是外军对在军中从事法律服务的律师的统称。目前世界上多数国家的军队都有法律顾问（律师），有的已有上百年历史。20 世纪 70 年代，随着《日内瓦公约》第一附加议定书的签订，在军队建立法律顾问制度就成为签约国的法律义务。该议定书第 82 条规定："缔约各方无论何时，以及冲突各方在武装冲突时，应保证于必要时有法律顾问，对各公约和本议定书的适用以及就此问题发给武装部队以适当批示，向相当等级的军事司令官提供意见。"①

随着近年各国军队的现代化和军事活动的国际化，军队法律顾问的业务范围不断扩大，其在军队建设中的作用也得到了充分的肯定与重视。外军法律顾问的任职资格有着严格规定，都是专职人员，没有特邀或兼职顾问，大多是现役军官，也有文职担任（如德国）。外军法律顾问必须具备律师资格，经过正规军事训练和军法专业培训，并且须是律师协会的会员；有的国家军队的法律顾问（如德国）还要求具有法学硕士学位。他们大都来源于地方法律院校，在紧急情况下（如美军在海湾战争时），军队现职法律顾问力量不足时，外军还常常从地方律师中征召人手。外军法律顾问的编制多少不等，多者 7000 余人（如美国），少者仅 7 人（如芬兰、瑞典），与军队总源额的比例也不一，如美国大致为 1∶550，澳大利亚为 1∶750。外军法律顾问（律师）的军衔等同于同级别军官，最高可到中将，文职可评为副教授。

---

① 赵亮. 外军的法律顾问（律师）制度. 人民法院报. 2001. 2. 20.

法律顾问为外军提供全方位的法律事务服务。法律事务服务的主要内容包括：维护法律、法令和法规；提供法律咨询和法律勤务；进行违法调查；维护合法利益等。具体而言，外军法律顾问的职责一是为指挥官的决策及军事行动提供法律建议。如在海湾战争中，英军法律顾问罗格尔少将得知美国要轰炸伊拉克某水坝，便通过英国国防部照会美国国防部，指出这一计划违反《日内瓦公约》和战争法，促使美军取消了这一行动。二是对官兵做思想工作和进行法制教育。三是担负审判方面的法律事务。如美军法律顾问要在是否同意组织军事法庭、是否同意法庭判决、是否送请上级法院复核等方面，为指挥官提出意见。四是为部队和官兵在涉及军地纠纷、离婚、房地产、损害赔偿、车祸事故、遗嘱、合同等方面提供法律帮助或代理诉讼等。法律顾问制度和法律事务服务是外军依法治军、稳定军心、鼓舞士气、保持战斗力的重要保障力量。

由于西方国家军队不设政治机关，因而法律顾问多编制在各级司令部门，有的设到旅，有的编到师，有的在和平时期集中在国防部。各国多在军队中建立了专门的法律服务局或法律顾问处，外军的法律顾问机构基本上构成了相对独立的体系。

例如，美军设有健全的法律顾问与法律勤务机构专门行使法律服务职能。它既不同于立法事务，又不完全等同于司法事务。国防部设有法律总顾问，成立了国防法律事务局，陆、海、空军的机关和各部队也都分别设有专职法律顾问。国防部法律总顾问直属国防部长和常务副部长，同时兼国防法律勤务局局长，为国防部办公厅、国防部派出机构与各直属局提供法律咨询与法律勤务；为制定国防部立法计划提供技术保障与帮助等。国防部一些大的直属单位，如国防后勤局、国防测绘局等，也设有法律顾问处，主管本单位的法律事务。陆军部法律总顾问处直属陆军部长，除总顾问与常务副总顾问外，还设有副总顾问，分工主管需求、军事与民事、设施与作战等方面的法律事务。陆军法律顾问的基本职能是：向陆军全体军人和各部门提供法律咨询；作为陆军部长指派的代表，根据军事法规定期对军人申诉进行复审，做出最终结论，行使陆军范围内的军法与民法事务；维护陆军的权利要求；当军事法庭提出审判记录后，运用法律系统进行上诉复审；同司法部、联邦政府与州政府有关部门就与陆军有关的诉讼与法律程序进行联系；对司法军官的晋升进行管理等。海军法律总顾问直属海军部长。其办公室配备有副总顾问，分管管理、需求、诉讼、文职人员等法律事务的若干名助理总顾问，以及分管海军各部法律事务的法律顾问。总顾问室的基本职责是，就海军各种法律问题向海军领导人及各单位提供法律咨询、建议与法律勤务。海军陆战队也设有专职的法律顾问。空军主管法律事务的是空军部法律总顾问室。除总顾问室外，该室还编有特别顾问、副总顾问，以及分管设施、文职人员与财务、国际事务、采购、军事等方面法律事务的顾问。其主要职责是，向空军部及其直属机关提供各种法律咨询和帮助，处理各种法律问题。空军法律勤务中心是一个独立的法律事务部门，为美空军的全体成员提供民事和军事上的各种法律勤务。海湾战争中，美军先后派遣了上千名法律顾问随军行动，他们不仅为指挥员的决策提供法律保障，同时也为美军官兵提供法律指导，帮助官兵处理诸如债务、婚姻等方面的纠纷，以消除他们的思想负担和顾虑等。

法军的法律顾问则是自下而上，层层设置，每个团以上单位都设有“行政与社会司法咨询处”，内设2—3名法律顾问。此外，法律顾问一般具有多重职能，在军事法制建设中发挥着综合性的作用。如德国的法律顾问常常在军队的法律诉讼程序中担任检察官或律师，或者充当民事诉讼中军方的代理人，德军师以上军官直至国防部长，均有1名法律顾问，为其提供法律咨询。俄罗斯国防部在军事单位集中的地区也设立有军事法律咨询处。

第三节　外军法律事务工作的基本特点

西方各国普遍重视军队法律事务工作，实行以法治军，强调法律规范对军队活动和军人行为举止的制约作用，在执法、守法方面的随意性较少，力求做到法律面前人人平等，维护法律、法规的权威性和严肃性。此外，外军还在坚持基本法规原则的前提下，根据形势发展和实战需要，不断对法规体系内容进行评估、修正和完善，以期达到新形势对军队管理和军队战斗力提出的更高要求。

一、机制完善，法规健全，体现规范性与完备性

西方发达国家军队十分强调完善法律机制，建立不同层次、不同领域健全的法律机构和严格的执法手段。尽管各国负责军队各种具体法律事务的组织机构不尽相同，但总体都复杂详细且层次分明，立法、司法、护法和执法各机构分工明确，各司其职。例如，就立法权而言，美国采取国会、总统、国防部长及军种部长四层军事立法机制；英国有下议院和国防部两层军事立法机构；俄罗斯主要集中在国家立法机构、授权立法机构、以及授权国家军事机关和行政部门三个层次；而日本则行使职权军事立法权和授权军事立法权两种立法权。此外，外军司法的主管机构常常设在国防部，如美国国防司法局和俄罗斯军法局等，并下设各级部门履行各种司法职能。外军多设有各级军事法庭负责军事审判和法律实施，并装备有军事警察和宪兵部队等军事执法和护法力量。而且，在完善的法律机制下，同类机构的不同层次对应相应级别的职能，杜绝了军队法律事务的随意性，也成为外军法制建设规范性的重要保证。

在重视完善法律机制的同时，各国都将有无健全的军事法规作为衡量国防与军队现代化与否的重要标志。西方各国军队普遍重视健全法规体系，许多国家都建立了多门类、多层次的军法体系，少则几十种，多则几百种。从国防预算、兵员征集、编制体制、教育训练、行政生活、人事管理到物资供应、卫生防病、营区建设、军人地位与权益、交战规则等，几乎涵盖所有国防和军队建设领域，使得军事活动事事有章可循，样样有法可依。健全的军事法规是各国国防与军队建设的基本依据，更是军队正规化和秩序性的有力保障。

外军的法规体系普遍层次分明，内容全面。除宪法等国家一般法律外，各国的军事法规体系主要包括三项：一是由国家立法机关制定和颁布

的军事法律、法令，如美国《国家安全法》、俄罗斯《国防法》、德国《军人法》、日本《自卫队法》等；二是由军队最高统率机关或授权单位制定和颁布的军事条令条例，许多国家军队已经形成了完整的军事条令体系；三是军队职能机关制定的军事规章制度，如美陆、海、空三军的军官手册、军士手册、士兵手册，日自卫队参谋部印发的“养成教育参考资料”等。总体而言，第一项为纲领性的基本法，第二、三项为对应具体内容和层级的部门法。

以外军士官的法制建设为例。外军强调士官的重要性，外军士官法律制度日趋健全和完善。外军士官法律层次极为分明，一般分为三层：首先在兵役法之类的基本军事立法中，对士官制度做出原则性的规定，然后在士兵服役条例中做出具体规定，最后通过各种法令、条令、条例、规定等进一步明确细则和执行方法。例如，美国在《美国法典》和《国防法》中对士官服役做出原则性规定，又在《士兵权利法案》《国防授权法》等法规中对士兵的服役细节做出详细说明。另外，美国还就士官服役的有关问题制定了单独的法规《军士条例》。德国在《基本法》和《兵役法》中对士官的服役做了原则规定，接着在《军人法》中又做出较为具体的规定，并在《军人条例》《军人晋升条例》等法规中进一步明确了细则和执行方法。除层次分明外，外军有关士官的法规在内容上极为全面。外军的士官法律制度既涉及士官的选拔、培训、晋升、使用，又关注其生活和退伍安置等方方面面的内容。士官的选拔、培训、考核和晋升方面的法规，美军有《士官手册》《野战条令》《士兵测试大纲》《训练人员指南》《国防授权法》；法军有《军人条例》《军人晋升条例》；日本自卫队有《自卫队法》等。士官退役和安置方面的法规，美军有《士兵权力法案》《蒙哥马利士兵法案》《退伍军人优先权法》《联邦薪金比较法》；俄军有《签订服役合同书与退伍暂行办法》《退休金保障法》《军人地位法》；法军有《供给法》《生活费用保障法》《福利津贴法》等。这些系统的法规为士官制度的巩固和发展，为培养和保留一支懂技术、会管理、能指挥的高素质士官队伍，起到了积极的促进作用，吸引更多的人才加入到士官队伍中。[①]

二、依法行事，人人平等，彰显权威性和严肃性

西方发达国家军队不仅拥有较为健全的军事法规体系，更是重视依法行事、严格执法。强调军人既要坚决执行军法、军纪、军令，又必须坚决执行国家宪法和法律。美军士兵入伍、军官接受委任，都要进行有保卫和执行国家法律内容的宣誓，誓词特别强调要誓死“支持和保卫美国宪法，使之不受国内外任何势力的破坏”。德国军队新兵入伍后，要听取基层军官讲解宪法和军人法，师以上军官要学习《海洋法》《紧急状态法》等法律。日本自卫队《防卫实务小六法》《陆上自卫队服务小六法》等军事法规汇编，都把国家宪法编印在最前面，以示军队在国家宪法规范下进行活动。

由于西方军队法制意识比较强，在执法、守法方面随意性比较少，法规的权威性很强，一旦法规经过权力机构或有相应权力机构的领导人批准实施，就必须坚决执行，任何人不得擅自改动，更不能凭借特权而破坏法规，以言代法、权大于法在发达国家的军队中是难以行得通的。如外军视编制为法规，严格执行员额管理，任何人都无权增员或减员。美国总统只能在国会规定的员额内，保留 20 名将军的空额，以作为嘉奖有功军官之用，此外要增加一名将军，都须经过国会批准。德国军队从尉官到将官的员额，都是由议会确定的。日本自卫队也坚持在法规面前不能“通融”，即使增加一名自卫队员也必须经过国会批准，真正体现了编制就是法规。

外军强调在军事法律面前人人平等，要求军队一切组织和人员都必须依法来规范自己的行为，即便是军队将领、最高统帅都要依据军事法规行事。美军规定无论何人，包括高层领导人，一旦违法，必须依法处置。例如，2000 年 7 月 8 日，美国防部史密斯少将由于对肯尼迪女中将进行性骚扰，被陆军总检察长办公室认定已经不配当一名将军，必须在 9 月份之前

① 张忠华．外军士官法律制度对完善我军士官立法的启示．中国商界．2009（8）：308—309.

退出现役，并且不得享受退休金和其他任何补贴。英军不仅对士兵管理严格，更强调对军官的严格管理和约束。陆军法中有一条特别规定：“军官行为不符合军官身份的，须被解职。”英军认为，军官是军队的骨干，对军官行为的约束应当更为严格。外军对有过贡献的人员也不搞特殊对待。例如，在海湾战争中立过战功的美军中央司令部司令施瓦兹科夫战争结束后不久即达到法定退休年龄而退休；在英阿马岛之战中立下赫赫战功的英军特遣舰队司令伍德沃德和陆战队司令穆尔，由于达到退役年龄，在回国后不久也依法退出现役。一些国家的高级军官即使退出了现役，也要依法服预备役，而且在由预备役转服现役时，也毫不拖延。如以色列原总参谋长巴列夫退出现役后转服预备役，并出任政府工商部长，第四次中东战争爆发的第二天，就出现在戈兰高地上指挥作战。

外军十分注重严格执法，维护军事法规的严肃性。美军强调，“法律和条例是部队一切行动的依据”。海湾战争期间，美第四十八机步旅旅长因对部队临战训练督导不力而被解职。刚上任 79 天的美空军参谋长杜根上将，因向新闻界透露了轰炸巴格达和以色列协助美空军选择攻击目标的作战计划，而被立即撤职并强制退役。美国《统一军事司法法典》规定，擅自离队、逃亡、违抗命令、敌前行动不力者要受军法惩处，就连佩戴非上级授予的勋章、奖章也要接受罚款或监禁 6 个月的处分。俄军强调军人从起床到熄灯，一切都要依据法规制度规范自己的行动，并提出不放过部属的一点过失，违犯条令的要承担法律责任。德军要求所有军人必须严格遵守纪律、履行职责。其中包括：忠诚和勇敢地履行职责、拥护民主制度、长官率先垂范、关心部属、以军队的利益为重发出命令、服从、友爱、守纪、诚实、保密、讲真话，等等。任何违纪或玩忽职守的行为都将受到纪律惩处。英国法律赋予驻军指挥官较大的权力，对本营区内违反不重罪行的军人直接处以刑罚，指挥官个人可以定夺禁闭、罚金等刑罚措施。各国军队严格执法的举措体现了军事法律法规的权威性，从制度上保证了部队具有严格的纪律和较强的战斗力，成为外军人员管理的有力制约手段。

三、传承历史，实时修正，兼顾稳定性和时效性

军事建设是随着经济、政治和社会关系的发展而发展的，用来调整军事领域各种社会关系的军事法也必须与之相适应，进行必要的修改与补充。西方国家军队认为，根据变化了的情况更新、修改与充实军事法规，不仅可以以法促进军队向前发展，而且可以将军事实践活动中总结出的经验教训及时纳入法规。多数国家军队目前已制定有大量的军事法规范性文件，并随着国防和军队建设的需要不断补充完善，其特点各具代表性。

美国军事法的发展过程可大致分三阶段：第一阶段为美国宣告独立到本世纪初；第二阶段为第一次世界大战到第二次世界大战期间，第三阶段为二次世界大战结束至今。第一阶段的 150 多年中产生了第一部成文军事法《陆军刑事条例》，第一部《民兵法》《征兵法》等，军事法律的工作主要围绕美军的初期建设和发展进行；第二阶段美国通过了《国防法》《扩军法》《海军拨款法》1920 年新《国防法》《间谍法》《叛乱法》《中立法》《两洋舰队法》《征兵与训练法案》等，军事法律工作主要是为满足战争和垄断统治的需要而进行；二战后，国会于 1947 年 7 月通过了美国军事法律体系的基本法《国家安全法》，并于 1949 年 8 月重新修订，通过《国家安全法修正案》改国家军事部为国防部，同年还制定法律开始实行义务兵役制。1950 年 5 月国会通过《统一军事司法法典》，1951 年颁布《联邦民防法》，70 年代废除征兵制，实行单一募兵制，并颁布了《战争授权法》和《国家紧急状态法》。80 年代的立法主要侧重于建立国防体系，颁布了《戈德华特—尼科尔斯国防改组法》《国家安全机构法》《国防教育法》《国防生产法》《国防设施法》《国民防卫法》《军官人事管理法》《军事储备法》《军事建筑法》《军人奖金补贴法》《后备人员建设法》《军事管制法》等众多军事法律法规，使国防体制和军队建设实现了军事法制化。此外，美军颁布的其他效力较低的军事规章更是数不胜数，如军种部通告、各种规程、野战条令、训练条令、管理与领导条令以及各种有关规定的小册子等。

俄罗斯同样非常重视对军事法规的不断修改与充实。俄罗斯的军事法规建设与前苏联军事法规建设具有历史的承接性。凡乎在俄军组建的同时，俄政府在制定新的《国防法》等基本法的基础上，成立了专门工作组，国防部本着系统性和精简的原则，对原苏联遗留的约1500个军事法律、法令和法规性文件，以及3000多个由国防部长颁布的命令和训令，进行全面的清理，并对军队建设中急需的法规进行了修订和重新制定。即使新制定的法律，也要依据情况不断变化予以补充。例如，1993年2月，俄联邦颁布了《兵役义务和服役法》，1995年4月便对该法进行了修改与补充，1998年3月又颁布了新的《兵役义务和服役法》等。俄军对军事法规的清理、修订和补充，着重从法律基础上解决了武装力量的建设方针和使用原则、与外国的军事关系、军人社会法律保护、公民的军事爱国主义教育和役前训练等问题。

英国议会规定有固定的立法周期，即每隔5年通过一项《武装部队法》，以此为据对《空军法》《陆军法》和《海军法》三项基本法进行实时修改，并延长上述法律的效力。每5年一次的军法修改，都需由军法部门的领导、专家和律师事先进行长期且程序复杂的讨论研究。法制人员在肩负有关职能的同时，还经常深入部队，了解法律实施的情况，研究法律的运作对军队建设的利弊。由于在军法实际工作中积累了丰富的经验，因此他们能够对军法的修改提出有价值的意见和建议，从而使英国军法不断趋于完善。例如，为了跟上新技术革命的步伐，适应时代的发展，英国在不断修订和增补军法的过程中，陆续增加了有关滥用计算机等新罪名；对在军队中工作的非军人的违法行为，也有了适用的法律规定。

其他国家军队也都十分注重及时修改与补充军事法规体系，以适应军队不断发展的需要。近年来，蒙古国防部起草了《国防法》《动员法》等10部有关国防的法律修订案和法律草案，还新颁布了《外国军事力量进驻、过境法》和《临战状态法》等新的军事法律、法令和法规性文件。日本《自卫队法》从1954年6月颁布以来到21世纪初已修改逾50次，近年来更是出于政治考虑加速了修改进程。

第八章

外军心理攻防工作

现代战争中，心理攻防工作极大地制约着军事作战进程甚至影响战争结局。从美国为首的西方大国发动的近几场局部战争可以发现，外军高度重视心理攻防工作的重要地位与战略影响，着眼心理进攻与心理防护实战需求与发展趋势，普遍建立健全了专门的心理攻防工作组织领导机构，遵循信息条件下心理攻防工作特点规律，不断总结心理攻防实战经验教训，创新心理攻防战法理论，丰富心理攻防方法手段，完善心理攻防法规制度等综合保障，初步构建了攻心有术、护心有道、精干高效、相对成熟的力量体系和顺畅机制，对我军心理攻防力量建设、训练与实战运用提供了重要借鉴与参考。

第一节　外军心理攻防工作的组织机构

外军根据心理攻防的本质特征、作用对象、工作重点等，分别构建了以心理战为重点的心理进攻组织机构与以全时多维“立体防护”为重点的心理防护工作组织机构。

一、外军心理战的组织机构

外军认为，强化心理战指挥效能，需要规范指挥官职责、优化指挥机制、理顺指挥关系、协调平战指挥转换，而组织机构建设是实现心理战效能的可靠保证。

（一）美军心理战的组织机构

美军历来高度重视和使用心理战，在近几场高技术局部战争中，美国均由总统和军事最高当局策划心理战行动，由总统亲自签署心理战命令。美军逐步建立了包括战略、战役和战术层次的心理战组织指挥体系。

1. 战略层次

主要由国务院、国防部、新闻署、国际交流署和国家安全委员会的联合公共事务处负责组织指挥。

（1）国务院

国务院为海外跨机构行动提供全面的指导、协调与监督。在和平时期的作战行动与冲突中，国务院可能把心理作战信息与主题限制在一定的地区范围内。中央情报局、美国新闻署、广播理事会、财政部、司法部以及其他受军事心理作战行动影响的机构，都要了解心理作战计划，以保证行动的协调和统一。

（2）国防部

国防部是美军心理作战行动的具体实施与监督机构，其内设有心理战部。国防部长、副部长（负责政策）、助理部长（负责特种作战与低强度冲突）、国防部法律总顾问、参联会主席、战区总司令、职能部队指挥官、联合特遣部队指挥官、美国特种作战司令部司令、各军种部长、美国陆军参谋长、国防情报局局长以及国防信息系统局、国家安全局/中央安全署等机构的主管人员，都对美军的心理作战行动负有相应的组织职责。

（3）其他部门

新闻署负责战略心理宣传。国际交流署配合国防部和美军海外各主要司令部，策划对某一国家或地区进行心理战。国家安全委员会联合公共事务处，负责制定心理战政策。

2. 战役层次

主要由美特种作战司令部负责组织指挥。特种作战司令部下辖陆军特种作战司令部、空军特种作战司令部及海军特种作战司令部。其中陆军特种作战司令部下辖的陆军民事和心理战司令部负责陆军心理战的组织指挥；空军特种作战司令部负责空军心理战的组织指挥；海军特种作战司令部负责海军心理战的组织指挥。

（1）美国特种作战司令部

美国特种作战司令部是联合作战司令部。司令部司令通过参联会主席与负责特种作战与低强度冲突的助理国防部长进行协调，就心理作战问题向国家指挥当局与国家安全委员会提出建议；通过所属军种部队指挥官和联合部队指挥官对所属特种作战部队实施指挥。美国特种作战司令部通常起支援司令部的作用，将待命的心理作战部队提供给各战区总司令及其作战司令部使用。国家指挥当局可命令美国特种作战司令部司令作为受援司令去指挥心理作战部队，也可令其支援某一战区总司令。

（2）美国陆军特种作战司令部

美国陆军特种作战司令部是美国特种作战司令部下属的军种司令部。其任务是指挥和支援所属的与配属的特种作战部队，确保其处于良好的战备状态，以应付全球范围内的需求。作为陆军一级司令部，它着重于制定政策，管理与分配资源，安排陆军特种作战部队（包括心理作战部队）的长远计划和预算，并根据有关规定，履行特定的心理作战职能。

（3）美国陆军民事与心理作战司令部

美国陆军民事与心理作战司令部是美国陆军特种作战司令部的主要下属司令部，其指挥官对驻美国本土的陆军现役、预备役心理作战部队及民事部队实施指挥与控制。该司令部监督这些部队执行陆军特种作战部队政策、规划与计划的进展情况，确保民事与心理作战部队组织完善，训练有素，装备精良，以满足其完成全球作战任务的需要。在进行动员时，美国陆军民事与心理作战司令部将按照美国陆军特种作战司令部的命令，继续执行其任务并协助动员有关部队与人员。

总的来说，战区总司令负责平时和战时心理作战战役计划的制订，作战计划应上报联合参谋部以供协调，同时还上报国防部副部长（政策）或助理国防部长（特种作战/低强度冲突）以便进行跨机构协调。经国防部副部长与助理国防部长批准的心理作战计划将通过联合参谋部转发各战区总司令。行动实施前要再次审查全部计划，前一年批准的计划在第二年的计划审查过程中可以继续使用。危机时与非战争敌对状态时的要求同和平时期批准计划基本一致。根据美军作战经验，一旦进入敌对状态，美军就将赋予联合司令部指挥官行动批准权。战区高级心理作战指挥官也会被赋予这种权力，但仅限于在已获批准的心理作战战役计划范围内行使。联合部队司令部保留对心理战特遣部队的作战控制权，可在确保心理战计划到达下级部队的同时，使稀有的受过心理战训练的人员与语言人才得到最有效的利用。

此外，美军从战区司令部一级的高级指挥部到基层作战单位，均设立一个统一的心理战参谋系统。在美军各野战司令部，民事助理参谋长或负责民事的军官通常是司令官在心理战方面的主要助手，心理战参谋则在作训军官的领导下开展工作，根据指挥官的作战意图和要求提出可供选择的心理战建议，并纳入战役战斗计划。

3. 战术层次

主要由各心理战作战部队负责指挥。

美军拥有一支涵盖陆、海、空多军种的专业化心理战部队，有官兵和文职人员 1 万余人。陆军编有 3 个心理战大队，即现役的第 4 心理战大队，后备役的第 2、第 7 心理战大队。第 4 心理战大队是美军心理战骨干力量，大队司令为少将，司令部设在北卡罗来纳州布雷格堡，下辖心理战研究中心、6 个心理战营和直属心理战连。其中 4 个地区支援营，1 个战术支援营和 1 个传播营。美军心理战大队中的心理战战略研究中心由文职人员组成。这些人大都获得硕士或博士学位，是心理战方面的专家，能够为开展心理战提供经常的或长期的情况分析和建议，保证心理战效果。2010 年 12 月 3 日，美国国防部长办公厅颁布备忘录，将“心理战”更名为“军事信息支援行动”；美军陆军也以新版第 3—53 号战斗条令《军事信息支援行动》替代了原先的第 3—05. 03 号战斗条令《心理战》，但专业术语及相应专业部队名称的变更并没有改变心理战本质属性。

驻地在北卡罗来纳州布雷格堡的肯尼迪特种作战中心学校是美陆军参

谋部特种作战司令部下属的 4 大司令部级单位之一，是美陆军唯一的一所培养特种作战人才的院校，也是美陆军唯一的一所培养心理战人才的院校，该校开设了心理战军事专业高级单兵训练课程、军官心理战课程和联合参谋计划人员心理战课程。此外，肯尼迪特种作战中心与学校还为利文沃思堡的陆军指挥与参谋学院开设心理战课程，以便那些在联合作战中必须使用心理战的军官（营指挥官）接受心理战训练。特种作战中心与学校还以下列方式对部队进行心理战训练：（1）参与“战斗指挥训练计划”；（2）参与“联合战备训练中心”的训练；（3）在联合演习中训练部队；（4）组织“机动训练小组”训练部队。

美军正在建立联合心理战中心。该中心由两部分组成：一部分直接参加作战行动，一部分承担作战指导与研究工作。主要职能是：进行心理战研究和分析；计划和协调国防部承担的国家心理战行动；协助联合司令部或特种司令部制订心理战行动计划；协调各心理战机构之间的工作；设计开发心理战装备；负责心理作战人员的深造和训练、组织实施；负责电视、广播和网络心理战等。该中心建成后，心理战部队将归属于该中心统一管理。

（二）俄军心理战的组织机构

俄罗斯国防部设有心理战委员会，职能部门设有心理战部，军区编有心理战集群，军团编有心理战大队。在和平时期，心理战专业人才由心理战大队进行培训，发生战争或军事冲突时，心理战大队将隶属于军团，由军团司令部侦察处领导，军团侦察处是心理战的基本指挥机关，内设心理战科，编有科长、2 名参谋和若干外语翻译，负责遂行心理战各项具体任务；在军团内，俄军在总结了苏军入侵阿富汗战争中的心理战经验之后，建有战斗鼓动宣传队。其基本指挥机关是侦察科，专设心理战副科长负责。其基本构成包括指挥人员（队长、政治副队长、居民宣传工作副队长）、当地居民工作排（排长、宣传专业军官和翻译 5—6 人）、当地工作人员小组（当地警察、治安人员）、技术排、坦克排、放映排，人数视具体情况而定。

战时，俄军心理战负责人分别是：司令员（指挥官）、参谋长、侦察处（科）长、心理战处（科）长。

1. 司令员

全面负责组织和指挥心理战行动，其职责是听取侦察处长有关实施心理战的报告，再定下目的、主要任务和目标，向参谋长下达组织任务。随后审查和批准战斗计划，亲自或通过司令部检查任务的完成情况。

2. 参谋长

参谋长的任务有：（1）根据上级下达的任务做出规定，并向侦察处长下达在战役战斗中组织心理战行动的指示；（2）规定工作期限，签署战斗计划和命令，负责协调上级和友邻，为实施心理战组织协同动作；（3）监督任务完成情况，签署心理战和器材的作战使用方案及相应的命令、申请及其他文件。

3. 侦察部门领导

负责全面掌握心理战的组织与实施。（1）详细了解军团（兵团）对敌方部队和居民实施心理战的能力；（2）对处于军团（兵团）作战行动地带内敌方部队及居民的精神心理状态进行评估；（3）在判断实施心理战的基本情况后，与心理战科长一起拟定建议报告并提交指挥员供其做决定时使用；（4）当指挥员下定决心、明确任务后，侦察处长应形成自己的决心。随后，侦察处长负责领导制订作战计划，向所属心理战部、分队部署任务，组织协同和指挥，检查保障和任务准备情况；（5）侦察处（侦察科）还应与所属部队和友邻部队司令部共同协调、组织心理战。

4. 心理战科长

心理战科长是侦察处长的助手，应紧密配合侦察处长组织与指挥心理战行动，其中最重要的工作是心理战指挥机关与司令部各处、各兵种司令部、各专业兵种之间的协同。内容包括：（1）与作训处（作训科）协同，主要协调心理战部、分队转入不同战备等级和部署区域时的顺序；转移心理战力量和装备的时间、路线和队形；完成心理战目标和任务的顺序；战斗命令的内容；心理战力量和装备参加战役伪装、消除敌人大规模杀伤性武器后果的方法和队形。（2）与通信处协同，协调无线电台的装配、使用和维修；协调指挥和实施心理战通信器材的时间和顺序；组织机要邮政通信，传递信息宣传品。(3) 与电子战主任协同，协调实施心理战的电子战装备和力量的时间与队形；预测对心理战设备实施电磁干扰的时间和区域。(4) 与导弹兵和炮兵司令部协同，协调好传单的散发和散发的时间与顺序。(5) 与航空兵司令部（或作训处航空兵副处长）协同，协调使用航空兵散发信息宣传品的地区、时间和顺序。(6) 与装备司令部协同，协调装有宣传品弹药的保护、运抵炮兵群（炮兵部队）的数量和时间及物质技术保障。(7) 与后勤部门协同，协调在军、师战俘营战俘中寻找志愿者，为心理战部、分队提供后勤保障。

俄军重视心理战力量的建设与发展，但由于国内经济及军事文化等原因，当前其心理战力量构成上仍较为简单，存在缺陷：

一是分队结构简单，规模较小，基本上是直线型。俄军心理战分队的分队长由一名军官担任，下辖一名或几名懂外语的军官，然后就是无线电广播站，其中包括四个车载无线电广播站，这样的结构虽然便于指挥，比较灵活，但心理作战力量显得比较薄弱，只能以战役以下的作战任务为主；

二是人员结构单一，数量较少，器材装备类型单一。心理战分队中，除以宣传为工作任务的人员外，其他人员没有进行心理作战的能力。俄军心理战分队人员中有军官也有士兵，军官主要是一些有一定宣传能力和掌握外语的人员，士兵则主要是宣传保障人员，在装备器材上主要是超短波广播电台，这样的装备和人员数量在很大程度上制约心理战分队承担任务的类型，只能以宣传为主；

三是心理战分队在执行很多任务时要靠其他部门的协同和支援，这在信息化战场上，无形中增加了作战成本和障碍。

（三）印军心理战的组织机构

国防部全权负责军事心理战，而总的方针政策由政府负责制定，外交部也负责部分战略心理战。武装司令部负责提供专业心理战军官，总参谋长负责心理战的运行实施，而心理战成员的职能是在向上级及武装力量指挥官提供建议的同时，领导指挥心理战部队。

印军编有国防心理研究院，隶属印度国防研究与发展组织，担负研究心理战进攻和防御任务。2003 年，印军成立国防信息战局，负责处理心理作战的所有事务。2006 年，印陆军在信息战营尝试建立心理战和欺诈班，建议组建独立的心理战营，由军或军区信息战参谋部门直接领导。另外，印军高层签署了《心理作战行动联合纲要》，这是印军在心理战领域的首份指导性文件，标志着印军心理战取得了长足的进步。

在部队编制中，担负特种作战的快速反应部队还编有专业心理战分队。战时，印军则在每个战区配属一个三军联合性质的心理战营。

（四）德军心理战的组织机构

德军心理战主要由联邦国防军副总监暨联合支援部总监指挥，联邦国防军有关心理战战略的主导机关为“心理战中心”，于2002 年10 月1 日在马延成立，隶属于联邦国防军联合支援指挥部，指挥官为上校，“赢得他人的信服”是该中心与所有心理战部队的警言。心理战中心设有参谋群负责制订国防心理战目标，研判战略情势；结合新形态的传播科技，吸收各国心理战部队优点，发展联邦国防军心理战能力。心理战中心设立 7 个以影像编辑与传输为主的“战斗摄影组”，运用移动式卫星传输设备，派驻于海外的战斗摄影队将拍摄完成的图像及影片即时、准确地传输给国防军、政治首长及作战区指挥官，便于其了解、掌握第一线部队状况；此外，心理战中心也是心理战专业部队 950 营官兵的培训和研发基地，提供多媒体的影、音、图像制作与战地新闻采访技能，其所属的广播电台可使部署于全球的联邦国防军官兵获取来自德国的信息。该中心各单位的具体职责分别为：

1. 计划处：负责心理战训练流程规划及心理战训练，并负责与其他联合作战参谋协调心理战执行事宜。

2. 目标受众分析处：了解、分析接受心理战信息的目标受众的特性，提供执行心理战部队建议与指导方案，开展心理战内容说服、影响目标受众，提升心理战成效。目标受众包括敌国武装部队、安全单位或是交战地区的民众。原则上，联邦国防军的心理战目标受众并不针对大众媒体、德国国内及友国民众、国际组织与国防军本身。国防军近年来配合北约执行维和任务，心理战中心的目标受众分析处即成为维和任务的“大脑”，在执行任务前负责对目标国当地媒体、记者及意见领袖进行分析，从这些目标受众中找出影响因素与敌人弱点。

3. 信息概念处：跨学科整合政治学、社会学、人类学及心理学相关学理与实务知识，并与目标受众分析处协调合作，创新心理战内容与战法。

4. 编辑和制作处：负责心理战官兵技能培训，除训练官兵设计、制作传统印刷媒体（报纸、杂志、海报、传单）外，也强化新媒体如网页设计、短信服务、多媒体短信服务课程。该处设有摄影演播室、3 个电台录播室，由专业工程师及多媒体制作师协助官兵将创新想法落实于心理战实际需求中。

5. 跨文化咨询处：成立于 2009 年，任务是针对作战地区目标国的文化、风俗进行深入了解和分析，其专家除向心理战部队提出建议外，也是军事指挥官在东道国执行任务时了解当地历史、宗教与社会文化结构等不可或缺的顾问。

6. 阿富汗地区心理战组：于 2010 年 7 月成立，该组为特别针对阿富汗地区专设心理战分析组织，以有效支援北约在阿富汗的心理战效能。

日本自卫队由于定位为专职防御，所以在职能部门上并没有设置明显的心理战机构。但针对日本自卫队的精神培养，专门设置了精神教育、人事管理、国防意识宣传等机构。此外，随着日本和平宪法逐步被突破，需要密切关注日方相关动态。

二、外军心理防护工作的组织机构

外军心理防护工作在领导体制、教育科研、基层服务、医疗机构等领域，紧贴实战需求和部队实际，全方位、宽领域地构筑起了心理防护工作的组织机构，基本形成了平时有教育有训练，战时有预警有救助，战后有跟踪有干预的全方位的心理防护体系。

（一）外军心理防护工作领导体制

外军心理防护工作领导机构建立的时代背景、职能任务与运行机制等虽然存在较大差异，但都是着眼使命任务需求，遵循心理防护工作规律，保证外军官兵心理运行顺畅。美军军人心理工作创始于第一次世界大战。1917 年，美国成立了 17 个战争心理问题研究委员会，置于国家研究委员会管辖之下，动员约 500 名心理学家从事军人心理研究。第二次世界大战后，美军更加重视与作战相关的军人心理研究，使军人心理的研究领域进一步扩大。海湾战争后，美军加强了高技术局部战争条件下军人心理的研究。目前，美军心理工作的政策与原则由国防部负责制定与发布，负责卫生事务的助理国防部长负责监督美军心理工作；各军种部部长依照国防部指令履行职责，并与参联会主席协调心理工作相关政策和计划，构建组织构架体系，监督执行情况；参联会主席协调联合作战司令部司令与各军种参谋长，监督计划政策执行；联合作战司令部司令确保上级指令得到贯彻执行，并根据需要，与军医主任协调，指派心理卫生顾问。

俄军为适应新时期军队改革与建设的要求，保持部队内部稳定，提高精神心理保障水平和战斗力，充分发挥心理防护工作在部队建设中的积极作用，不断完善心理工作体制。俄联邦武装力量军人工作总局是全军心理工作的领导机关，下设的爱国主义教育和社会联系局心理工作处为主要业务机构。军区级的心理工作机构为各军种、兵种、军区及舰队的军人工作局下设的心理工作处，心理工作处主任为主要负责人。军级单位的心理工作由军人工作处中的心理工作负责人负责，并设有心理帮助与康复中心。师级单位的心理工作由师军人工作科的心理军官负责，并设心理帮助与康复中心。旅团级单位的心理工作由旅团专职心理军官负责，并设心理帮助与康复点。营级单位的心理工作由营专职心理军官负责，并设心理减压室。

（二）外军心理教育与科研机构

美军对于军人心理的研究工作十分重视，仅在陆军就设立了心理卫生科学院、陆军行为和社会科学研究所等 14 家单位。近千名专家开展对军人心理问题的研究，并向军队战斗应激职业医疗队、心理卫生组织输送了大批专业人才，提供专业技术支持。美军还专门设有一所随军牧师学校。该校仅在 1999 年度一年就培训了随军牧师 554 名、随军牧师助手 507 名。除此之外，军队还从地方招募随军牧师，有效地保证了随军牧师的专业化水平。美军的各个军事院校中都有从事军人心理工作的相关人员。他们一方面从事心理学的相关教学工作，另一方面则从事与心理学相关的研究工作。主要研究的领域包括军事人员的训练和筛选、人的因素和安全、建模和模拟、知识习得、基本行为机制和医疗研究，也做一些关于环境医学、负面影响的冲击和极端环境对行为的影响等研究。此外，除了军事院校中的相关人员外，还有部分人员服务于作战部队的基地，这使心理学工作者和军人之间的交流和信息共享变得更加便利。

（三）基层部队的心理服务机构

美军基层官兵的心理教育与疏导工作主要由牧师承担，当前美国约有 3000 名随军牧师，1 名牧师平均负责约 700 名军人的心理保障。牧师在军队中起着“精神支柱”的作用，他们利用基督教鼓舞军队的士气、凝聚人心，给军人灌输职业责任感；通过基督教掌握军人的真实思想情况，利用基督教的忏悔等方式协调军队内部的许多矛盾。除随军牧师外，目前美军还有大约 1000 名现役心理学家和大约 2100 名行为学家。

俄军基层的心理工作主要由专职心理军官负责，受负责军人工作的副职直接领导。心理军官负责组织实施心理服务工作、加强官兵教育、巩固军人的精神心理状态、保持心理稳定性等，并领导心理帮助与康复点工作。在工作展开上，俄军分层次合理配置基层心理工作人员：一是由在编心理学专家负责全部心理保障工作，重点集中在班排、战斗分队和机组。二是建立编外心理咨询所、康复所，由经验丰富的军官总结经验，帮助官兵掌握自我心理调解和相互间的心理疏导。三是组成编外机动小组。由心理学专家、精神病医生、神经科专家构成，对官兵进行心理诊治，提供心理恢复方面的专业咨询。最后，心理军官为每个编入强化心理教育跟踪和动态观察小组的成员制订心理矫正和恢复计划，并布置专门的作业和训练。

日本陆上自卫队各驻地的心理辅导主要由驻地心理辅导站、连队心理辅导员和部队外精神心理援助机构组成。驻地心理辅导站和连队心理辅导员主要针对队员心理应激所引发的各种问题进行辅助诊疗，主要是对轻微的紧张综合征和精神心理疾病进行诊疗、对从精神科出院的患者进行复职帮助，经常与队员进行复职、补职问题的交流等，在驻地心理辅导站还设有针对紧张综合征的各种辅助治疗设施。部队外精神心理援助，主要是指队员通过通信往来、家属来队、休假、联欢等方式定期和不定期地与部队外的亲属、朋友进行交流，以舒缓部队的紧张生活。

以色列军队一贯重视军人心理工作，早在1948年，就任命了一名心理学专家研究这一问题，后来以军领导机关又专设了行为科学处。地面部队中，每个师设有一个心理小组，小组成员经常深入基层进行心理调查，了解部队士气、信心、纪律、团结、恐惧心理的影响等。特别是开始战斗之前和撤出战斗之后，都要各作一次调查。

（四）外军心理医疗机构

美军医院、诊所、心理健康中心、监狱都有军人心理学工作者的岗位。军队设立了具有现代设施的大型医疗中心，在这些医疗机构中，心理学工作者是医疗专家团队成员。当然，也有一些心理学工作者就职于小型诊所、医院以及难以得到及时外援的偏远地区。他们通常每隔两三年就要改变一次工作地点。军事临床心理学工作者的职责主要是为现役军人、退伍军人和军属服务。他们不仅要提供直接的临床治疗，还要负责进行健康评估、领导布置项目的咨询和培养与改善团体减压能力策略。同时，他们需要负责起草自杀预防计划、酒精或药物滥用预防计划、调动报告，并要及时报告公众健康状况。随着军事实践的需要，军人心理工作者将比过去更少地分配到心理健康诊所和医院，他们更有可能被分配或部署到作战单位，这些单位强调通过高素质的心理学家来预防战斗人员的生理和心理失调，以提高其战备能力。

日本自卫队的心理诊断机制主要由中央医院和 4 个军区医院的精神科组成。由于陆上自卫队的驻地遍及日本各地，如果某一部队出现精神心理方面的疾患，就近的医院可以派出医生前往该驻地进行诊治，如果是重症患者，则需送到医院进行住院治疗。除了医疗任务外，这 5 个医院还担负着陆上自卫队各部队精神心理咨询、巡诊、精神心理健康教育和人才培训等任务。但目前而言，陆上自卫队各军区医院只有 2 名精神科医生，即使是中央医院也不超过 5 名，而如果要充分发挥精神心理保障中心的作用，至少需要 20 名高水平的精神科医生和心理医生。同时，随着精神心理疾患人数的不断增加，各医院专业医生和护士严重不足已成为陆上自卫队需要解决的紧迫问题。此外，日本自卫队对自杀事故格外重视，建立了专门的自杀事故处理机构，主要包括对事故进行心理学上的分析和对受到事故冲击人员（包括遗属）的精神心理援助。主要实施方式是：成立专门的事故处理小组（精神科医生和心理医生各 1—2 名），在发生自杀事故 1—2 周后进驻团、独立营一级部队。进驻部队后，首先要进行情况调查，并根据调查记录进行精神医学和心理学上的分析，然后对受事故影响较大的队员进行个别心理辅导，必要时进行治疗；对与死者关系密切的人员（连级）说明自杀原因；实施预防自杀的相关教育；最后书写报告给指挥官并对指挥官提出具体的建议。通过自杀事故处理机制，将自杀事故的影响减到最小，并防患于未然，防止连锁自杀现象的出现，以及由于自杀事故引发的一系列精神心理问题。

第二节　外军心理攻防工作的主要内容

外军心理攻防工作不仅组织领导机构不同，而且不同国家军队、不同时期、不同层次的心理攻防工作的主要内容都存在较大差异。其中，外军心理进攻集中表现为专业心理战力量、战法、手段的运用，而外军心理防护则主要体现为作战部队官兵心理教育、训练、调控、干预等综合行动。

一、外军心理进攻战法手段

外军认为，心理战是军事行动整体中的重要组成部分，用来影响外国组织的态度和行为，以有利于实现国家政策目标。外军心理战战法手段以美军最为丰富，其他各国也都有其自身显著特点。

（一）美军心理进攻战法手段

1. 以威慑恫吓为主

在近几场局部战争中，美军与对手相比拥有着强大的军事力量。美军通过各种媒体大肆渲染其高科技武器的威力和信息优势，炫耀其强大的军事实力，塑造美军不可战胜的形象，使敌方军民面对美军强大军力感受到心理上的震慑，导致士气瓦解，对其政府产生失望情绪。同时，媒体宣传还震慑了其他与美国处于敌对或半敌对状态的国家，达到了战略威慑的目的，可谓一举多得。例如，在伊拉克战争中，美军凭借其强大的“威慑”心理攻势，严重摧毁了伊拉克军民的抵抗意志，几十万军队在美英联军“震慑”下纷纷放下武器，从战场上神秘“蒸发”①。

2. 心战兵战一体化

美军认为，兵战是心战之母，如果没有强大的军事实力，心理战就是无本之木。美军就是凭借其强大的军事实力和高科技装备为心理战服务。海湾战争期间，美军利用高技术兵器对伊拉克的政治、军事、经济等要害目标进行了远距离、大规模、长时间的毁灭性打击，不仅使伊拉克国力大损，而且对伊军人员产生了巨大的心理冲击。美军精心策划的空袭行动，以不间断的打击使伊军终日处于过度的紧张、疲劳状态之中，战斗力被大大削弱。美军心理战部队利用空袭产生的震慑效果，对伊军已遭到沉重打击的前沿部队及时开展心理战宣传，将劝诫、投诚注意事项、逃亡路线等心理战宣传品空投到伊军阵地，致使大批伊军人员开小差，或逃亡，或投

---

① 林荣林、满国庆．伊拉克战争中美军“震慑”心理战分析［M］．海军学术研究．2004（4）．

诚，或自残、自杀，有效地削弱了伊军各级指挥，涣散部队的战斗力。

美军甚至直接将敌对方承担心理战任务的新闻机构、人员和设施作为军事攻击的目标，封锁敌方人民的信息来源，断绝敌政府与人民的联系，进一步制造恐慌心理。譬如，北约针对南斯拉夫广播电视系统，使用威力强大的电磁脉冲炸弹和微波炸弹进行多次大规模轰炸，造成南广播电视节目锐减80%以上，对外通信经常中断。同时，美国总统克林顿下令停止对南联盟地区的因特网业务服务，使得南联盟相当一部分民众只能依赖北约国家播出的节目，这对北约的心理战宣传十分有利。

3. 政治与心理战并举

美军《联合信息战条令》规定："心理战的目的是影响外国政府、组织、团体和个人的情感、动机和推理，并最终影响其行为。"为此，在每次战争前，美国都不遗余力地展开各种外交活动，通过宣传造势影响世界各国政府决策，力争获得国际社会的支持，建立广泛的国际统一战线。海湾战争前，为了建立最广泛的反伊联盟，美国领导人四处宣传和游说，促使联合国连续通过了12个谴责和制裁伊拉克的决议，特别是安理会通过的第678号决议，使美国对伊发动军事打击获得了"正义""合法"的旗号。在美国的多方努力下，海湾战争共有40多个国家参加了反伊军事和政治联盟，其中39个国家参加了多国部队，106个联合国成员国参加了对伊的制裁和封锁，10多个国家答应为美国提供540亿美元的现金和实物援助，这使伊拉克在国际社会中被置于空前孤立的境地。

另外，心理战也为政治服务。海湾战争期间，为了使苏联丧失在阿拉伯世界的政治影响，美国在对阿拉伯国家进行宣传的主要报刊媒体上组织发表了一系列文章，煞有介事地宣称苏联曾向西方提供了有关伊拉克武装力量的机密情报。而在针对西方读者的大众媒体上，则指责苏联破坏对伊经济制裁，为伊拉克提供坦克备件和其他军用物资，派遣军事顾问。美国总统下令实施针对伊拉克的军事行动后，美国又千方百计地宣传自己支持苏联领导人提出的和平倡议。

4. 有效利用管控媒体

美军对传统媒体作用的认识不断深化。他们认识到大众传播媒体在五角大楼和社会舆论之间架起了一座固定的、有效的信息桥，极大地提高了美国公民对军人及其行动的信任感，有效地削弱了持中立态度或反对态度的新闻记者、政治家和社会活动家对社会舆论的影响。因此，对电视舆论的管控措施逐步发生变化：海湾战争时主要是通过可以控制的全球性媒体CNN 报道，实施严格的新闻审查制度；到了伊拉克战争期间，则跃变为美军主动发出邀请，在全球征召 500 多名记者跟随美军实施“嵌入式”报道。嵌入采访的记者们跟随美军采访，报道的内容和方式都由美军专门的机构把关，并接受严格的审查，而且报道的地点和事件都会接到事前通知，新闻的真实性大打折扣。

美军紧跟新媒体浪潮，创新心理战战法。以网络媒体为代表的新媒体迅猛发展，与传统媒体互为补充，相得益彰。网络媒体具有信息量大、更新速度快和查询检索方便等优点，是传统媒体无法比拟的。人们坐在家中，通过网络的现场直播，就能在第一时间内直击战争的各个场面。伊拉克战争被称为是“人类第一次用网络进行现场直播的战争”，美军充分利用网络媒体的即时性进行心理威慑。另外，近些年美国利用脸书、推特等社交网络平台在中东和北非地区相继引发了多场颜色革命，标志着社交网络平台已经成为心理战的一大利器。

（二）俄军心理进攻战法手段

俄军一直重视心理战在现代战争中的地位与作用，将其视为达成战略、战役和战术目的的重要辅助作战行动。在理论方面，十分推崇中国古代军事理论家孙子，把他视为心理战思想的“鼻祖”，视孙子的“攻心为上”和“全胜”思想为世界上最早的心理战理论。在实践方面，俄军继承了苏军在国内战争、二战和入侵阿富汗战争心理战的经验教训，并在车臣战争中加以实践，逐步形成了一整套较为成熟的心理战理论与做法。现摘取其在历次战争中心理战的成功经验和失败教训。

1. 国内战争

一是按阶级分化敌军。通过社会主义思想的宣传，布尔什维克改变了敌士兵特别是白军士兵的政治方向，激发了他们的阶级觉悟，按阶级成分分化了敌军，破坏了其队伍的团结，从而使其丧失了战斗力；

二是客观赢得信赖。红军的宣传不刻意隐瞒苏维埃俄国出现的困难和工作中的缺点。报纸和传单坦率地说明俄罗斯的贫穷、饥饿、经济崩溃、工业品和食品短缺等情况。这种方法产生了宣传的客观性效果，赢得了敌方士兵和劳动群众的信任。

2. 第二次世界大战

战争初期，宣传工作错误百出，其原因包括以下几个方面：

一是当时的苏联轻视对敌政治宣传工作。许多指挥员，甚至政治工作人员也认为，使敌人回心转意、改变观点的唯一有效手段，只能是武力打击；

二是专门的宣传机构不配套，且缺乏工作经验，对人员培训的水平低；

三是宣传材料的内容贫乏。它的特点是宣言式的，形式化，臆造性，缺乏论据，落后于战斗行动进程。向本国士兵进行宣传还可以，但对德军丝毫没有效果；

四是宣传主题仍停留在国内战争时期，寄希望于德军内部的分化。但是德军有着浓厚的上下级服从意识，且战争初期处于进攻状态，故没有任何效果；

五是直接丑化攻击希特勒。在战争初期，希特勒在德国底层士兵和广大民众中享有较高威望，苏军的直接攻击引起德军对其宣传的抵触情绪。与此相反，英军则避开直接攻击希特勒，而是通过攻击纳粹党其他高层人物，来丑化德国政府；

六是色情传单引发厌恶。战争初期，当时的红军总政治部主任列夫·扎哈罗维奇·梅赫利斯（后被苏联内务人民委员会枪决）批示印制的色情传单破坏了苏联宣传的威信，造成了极大的混乱。这种传单的散发为法西斯德国称苏联传单为“阶级色情宣传”提供了依据，其内容使德国军人对苏联的宣传产生了厌恶感。

随着战争的推进，苏军逐渐摸索出了一些有效的心理战战法：

一是苏军区分了对德军及其附庸国军队的宣传，对敌方附庸国和少数民族军人的心理战予以高度重视，并取得了显著成果；

二是无线电宣传对德军，特别是对德国公民产生了一定的影响。在斯大林格勒大会战后，无线电节目开始报道被俘德军军人的名单，并宣读其给亲人和好友的书信，无线电广播大受欢迎，德军不得不采取各种应对措施以减少广播所产生的影响。

3. 阿富汗战争

战争初期，由于对阿富汗国家的实际情况和心理影响的对象缺乏了解，宣传材料内容往往缺乏说服力。早期的信息宣传材料中，经常出现这样的口号："全世界无产者联合起来!"或"工人是国家的主人！支持保证和平劳动的民族和平政治!"宣传材料的主要内容要么是废话连篇、夸大吹牛，要么就是脱离人们日常需要的官方语言，不能够打动那些被无休止战争折腾得精疲力竭的阿富汗人民。随着战争的推进，苏军心理战机构认识到必须改变宣传策略，采取新的心理战手段：

一是制造并散布政治笑话和政治谣言。仅在 1985 年 2 月—4 月间，苏军负责宣传的军官和阿富汗国家安全机构的官员就炮制了 50 多个旨在破坏阿富汗反对派领导人威信的政治笑话。从英国《外交评论》杂志提供的证据看，苏军制造了一种复杂的心理影响技术装置。该装置根据宣传的不同对象有针对性的编造和传播流言蜚语；

二是在宣传鼓动中辅之以无偿物质援助和医疗救护。仅 1988 年，阿富汗免费接受物资援助的家庭就达 5630 个，免费接受治疗的人数就达 20325 人。在这里，"温暖试验"（是指通过与苏联连接的输油管道，给阿富汗的村庄无偿提供煤油）产生了巨大效应；

三是现金收买。阿富汗战争期间，根据苏联顾问的建议，阿富汗民主共和国政府以每枚 100 万阿富汗尼的价格购买反对派武装的"毒刺"导弹，大大降低了反对派对苏军飞机的威胁能力。

总体而言，苏军在阿富汗战争中积累了宝贵的心理战经验，取得了显著的效果。但是由于部分指战员重视程度不够，且缺少印刷设备等器材，心理战被执行的次数并不多。

4. 车臣战争

一是重视新闻媒体的作用，并利用新闻媒体适时开展心理战。俄军在战争一开始就成立了北高加索新闻发布中心，及时、充分报道车臣战事，突出报道正面消息，实行了严格的新闻审查制度，严禁失败主义和反军宣传。同时，邀请西方记者参观车臣解放区，借机宣传车臣实际情况，挫败了西方“妖言惑众”的图谋。另一方面，实施反宣传，摧毁了进行“圣战”宣传和散布“民族仇恨”的车臣电视台。对于宣传“圣战”和散布“民族仇恨”的其他电台、电视台及通讯设施，一经发现，坚决予以摧毁。

二是在外交和政治层面同时展开心理战：

（1）对西方的围攻不回避、不示弱，对无理干涉俄内政的行为坚决反击。随着俄军剿匪行动的深入，特别是轰炸造成少数平民伤亡和难民潮后，西方国家借机向俄施压。美国也纠集其他国家，要求俄“立即停火撤军，接受西方调停”。在舆论围攻遭受俄强烈反击、无法达到目的时，转而对俄进行政治孤立和经济制裁。但俄毫不示弱，叶利钦严正警告说：克林顿先生不要忘记俄罗斯是一个拥有完整核武库的大国，俄将不惜一切代价捍卫国家利益。

（2）及时打消有关国家疑虑，加强合作共同打击恐怖主义。为防止车臣当局以“俄欲消灭伊斯兰教派”为名联合伊斯兰国家，将战争演变为与俄对抗的“伊斯兰圣战”，俄外交部及时召见一些阿拉伯国家的驻俄使节，同时派特使前往伊朗、巴基斯坦、沙特等国，阐明俄军在车臣的军事行动“完全是针对恐怖分子的，而不是针对伊斯兰教派的”，使这些国家由疑虑转而支持俄在车臣的军事行动。俄还充分利用吉尔吉斯斯坦等中亚国家同受国际恐怖主义威胁的现状，说明利害，及时与中亚国家建立了统一的反恐怖合作机制，并与格鲁吉亚和阿塞拜疆等国家签署了共同打击恐怖主义的协议，有效地封锁了车臣与外界的联系。

（3）激发官兵的爱国主义热情。俄军开展全民皆兵教育，号召当地人民参加保卫家园活动，积极配合部队参与剿匪进程，并通过俘虏和反叛武装分子的亲属招降叛乱分子。

（4）通过切断铺设在车臣地下的国际输油管道，摧毁车臣境内的毒品种植基地和地下加工厂，使非法武装丧失了作战后劲，动摇了抵抗决心。

（三）印军心理进攻战法手段

1. 以信息情报为前提

印军认为，不掌握大量可靠的情报，不可能进行有效的心理战。心理战所需情报必须详尽完整。印军将心理战情报搜集分为两类：一是基础情报，即对心理战对象情况每天要跟踪掌握，不间断搜集。基础情报包括对象国政治和经济形势、军政领导人性格、军事单位的历史沿革及其声誉、各地民族宗教和部族特点等信息。二是区域情报，即有关战区情况的详细情报。其内容包括：军队的组成及其领导、生活和服役条件、内部问题、人员管理和福利情况，当地社会局势、经济状况和民族宗教特点等。印军强调，对于收集的心理战情报，必须进行“搜集、验证、评估”，要求情报参谋和审核组详尽阐述所需的心理战信息。

2. 以军事实力为基础

印军认为，“国家的综合实力（包括道义上的和精神上的），是决定国与国实际上的不平等和在世界秩序中的位置的最关键因素。”[①] 因而，印度军事理论界普遍主张在发展经济和科技实力的同时，有必要在本地区树立军事实力强大的形象。印军《心理战手册》也指出，战时以及和平时期主要的政策工具有：外交、宣传、经济、武器等，所有这些政策工具在进行战争时需要充分协调。在各种心理战威慑手段中，核威慑的政治和心理影响力受到印军的高度重视。

3. 以“洗脑”“反洗脑”为重点

“洗脑”是一个新生术语，指某人的观点被快速地完全改变，这种转变包括放弃顽强的信念而采用完全不同于以往的新的信念。它属于心理战范围，不同的是“洗脑”只能在某人被俘后才能进行。印军要求军官必须知道“洗脑”的内容、方法和过程及如何进行反“洗脑”。印军强调，实施“洗脑”的技术手段是复杂多样的。针对群体，主要普遍采取饥饿刺

---

① 蒋一斌，张前承．印军心理战主要特点浅析［M］．外国军事学术．2011（9）．

激，通过破坏对方的饮食平衡及不提供身体、心理健康必须的营养，使其不能清醒地思考问题；针对个体，主要选择有价值的对象进行隔离，通过连续不断的审讯和超强度的疲劳战术，找出对象的心理“震颤点”。此外，还广泛使用肉体折磨、催眠及神经药物等手段。

为了防止官兵被“洗脑”，印军强调要通过心理训练，培养坚毅性格，提高心理承受能力，并提出了一整套反“洗脑”的方法：一是拒绝提供情报。按《日内瓦公约》规定，除姓名、军衔、编号和出生日期等内容外，不泄露任何与军事有关的情报。二是不合作。任何情况下都不能有合作的想法，并努力去考虑一些不相关的事物。三是有集体荣誉感。必须有为集体而战、永不叛变的信念和信心，强调借助军官和战友的指导保持集体荣誉感。四是有信念。如对宗教的信仰，强调即使面临死亡也不应怀疑神，坚定为什么而战的信仰。五是培育自豪感。军官对士兵必须表扬优点，忽视缺点，避免嘲笑士兵，不能下达超越个体能力范围而无法完成的任务。六是保持思路清晰。思维敏捷、思路清晰则很难被审讯者所迷惑。

4. 以“信息告知”为常规任务

由于印度国内不时出现反政府武装力量，印军经常需要支援地方镇压叛乱。而在支援地方的军事行动中，未经地方行政当局同意，印军不得发布劝降书或威胁采取军事行动。因此，印军的心理战往往被限制在一定范围内，信息告知成为其常规任务，具体包括：叙述政府的官方政策及其益处；为武装力量采取的行动辩护，特别是当这种行动需要把一些限制强加给民众时；向当地居民通报有关搜查行动或其他必须采取的行动；发布新闻和其他宣传内容，使敌对分子的企图破产；通过广播使民众知道因支持敌对分子活动将会受到的不利影响。

（四）日本自卫队心理进攻战法手段

“崇尚天皇”“忠君报国”“武士道”精神等封建信条曾是日军的精神支柱。为使官兵完成保卫祖国和平与安全的使命，日本自卫队十分重视精神和心理因素，强调实施心理战应该遵循的准则：

一是心理战应与其他作战行动协同进行。心理战是为了支援己方行动，策动居民叛离敌人和敌对势力，或鼓励国民支持己方作战行动。因此，心理战必须同迷惑敌人、反情报、通信保密、精神教育、对外宣传、对内教育等活动密切配合。

二是心理战应攻防并举。心理战的手段包括宣传、教育、离间、恫吓、诱导等，其中最主要的是宣传和教育。宣传是对敌人进行的，目的是摧毁其战斗意志，削弱其战斗力；教育是对自己进行的，目的是为抵制敌人的心理战，使之对己方不产生作用。教育的重点，是使部队明了国家在防卫方面的努力、敌我行动、国民协作情况、英雄人物的功绩等，以使部队保持挑战困难的高昂士气。

三是防御敌方心理战应使部队树立信心。在敌方利用特种武器的威胁进行心理战时，必须教育每个成员和整个部队正确认识敌方特种武器威胁的实质，了解己方的应对措施，掌握对特种武器的防护方法，以克服敌方特种武器给己方部队造成的心理压力。同时，还应特别注意与心理战有密切关系的敌方阴谋破坏活动。

（五）以色列军队心理进攻战法手段

以色列军队在实战中积累了丰富的心理战经验，主要集中在战役、战术水平，其中宣传传单和广播的使用最为成熟。

1. 传单的制作与使用

（1）以色列心理战专家在传单中严格遵守尊重敌人的原则。如针对贝卡谷地阵地的叙利亚军队，心理战专家以以色列北部军区司令阿米尔·德鲁尔将军的名义向驻在此处的叙利亚陆军第 85 旅旅长穆罕默德·奥马尔·希拉勒将军发出传单——呼吁书，也就是著名的“将军给将军”呼吁书。在呼吁书中，阿米尔·德鲁尔将军高度评价了穆罕默德·奥马尔·希拉勒的工作能力和人格；准确地分析了作战形势和以色列明显占优势的兵力对比关系；指出了希拉勒面临的两种选择：“或迅速调遣部队投入战斗，或毫无阻挡地撤离城市”；还规定了撤离的具体程序和路线。其结尾是这样写的：“我相信您，我不怀疑您的勇气，但同时您负有保护您的士兵免遭死亡并关心他们未来的责任。这些还需要更大的勇气”。而在告巴勒斯坦解放组织战士和叙利亚士兵书中，也是极力尊重敌人，如一份传单这样说："在同力量占绝对优势的以色列军队的斗争中，你们已尽了力，已全部完成了自己的任务，眼前发生的这一切，应归咎于你们指挥员的无能。换句话说，你们可以投降当俘虏，因为你们全部完成了自己的任务，你们投降，罪过不在于你们，而在于指挥员。"

（2）在散发传单之前，对散发传单地区进行猛烈的炮火射击和航空兵突击。以军专家认为，在施加这种武力影响之后，心理战目标对象将更容易接受心理战宣传，使宣传效果事半功倍。特别是由于武力攻击使他们处于生命危险时，心理战目标对象更容易接受心理战宣传。

（3）传单采用绿色的粗纸印刷，很少用浅紫色。颜色的选择不是偶然的，绿色是伊斯兰教的颜色，它能获得穆斯林的信任。而浅紫色在地面上显得特别突出，增加敌方士兵捡拾和阅读的危险性。

（4）传单的内容用地道的阿拉伯文书写。在给民众的传单中，指明了撤离城市、挽救自己生命免受新的轰炸威胁的路线。传单中再三呼吁当地居民要帮助以色列军队整顿贝鲁特的社会秩序，恢复其正常的生活。换句话说，强调当地居民和以色列军队的目的是一致的，降低居民的反抗程度。

（5）传单注重离间分化敌对方。如在以色列对叙利亚的战争中，以色列心理战机构在黎巴嫩对心理战对象采取分别对待的办法，千方百计挑起各民族、宗教、政治团体之间的矛盾。例如，在贝鲁特西区和贝鲁特南部附近地方，他们挑起了"阿马里"什叶派教徒的新编部队与黎巴嫩军队之间的武装冲突；在黎巴嫩山区他们挑起了德鲁兹人与右翼基督教徒之间的武装冲突；在贝卡谷地以及在黎巴嫩北部，他们挑起了不同的巴勒斯坦集团与黎巴嫩居民之间的武装冲突。

2. 广播的运用

由于航空兵局部的空袭和炮击，大部分人或藏在掩蔽所，或躲在家里，实际上同周围世界没有任何接触。在这种情况下，无线电接收机就变成了获取信息的唯一来源。以色列广播电台通过散布流言蜚语，败坏敌对国和巴勒斯坦解放组织领导人的声誉。例如，电台广播消息说，阿拉法特早已抛弃了自己的战士而躲在莫斯科，他抛弃了所有人，必然灭亡。这些消息与阿拉法特的命令摘录——“死守每一间房子，战斗到最后一分钟”——交替广播。

此外，以色列人通过电台宣布停火时间，提出解决冲突的方案等消息。这些广播内容引起了被包围城市的居民和巴勒斯坦抵抗战士的极大兴趣，为后续其他攻心信息的传送积累了受众。

（六）德军心理进攻战法手段

一是从文化与生活习惯角度切入。以放风筝为例，这个活动曾是阿富汗人民传统的休闲娱乐，但自塔利班组织夺取政权后，这项活动即被严格禁止。塔利班政权被推翻后，联邦国防军心理战分遣队即运用此项文化传统特性，制作具有阿富汗国旗颜色——黑、红、绿，中央缀有象征和平意义的鸽子图案，周围有“以自由增添生命色彩”字样的风筝，并将其命名为“自由风筝”，交由国际安全援助部队广为分送给民众。这是有效且创新的心理战作法。

二是从未来和长远效益角度出发。德军进入阿富汗后，发现儿童以简易木材制作的玩具枪作为互相征战的游戏。前瞻阿富汗儿童的未来，因失去良好的教育环境，这些儿童很可能成为极端激进组织招募的对象。因此，德军提出“以书籍交换玩具枪”的心理战计划，提供富有教育意义的书籍和文具交换儿童手中的玩具枪，从而鼓励他们放下玩具枪而以培养阅读风气取代暴戾之气。这项心理战计划取得了显著成效，也为儿童提供了良好的学习环境。

三是从寓教于乐角度入手。德军心理战部队在维和中，善于以寓教于乐的方式将和平精神融入各项活动中。利用杂志作为平台进行宣传就是一个例子。譬如，在波斯尼亚出版的《MIRKO》月刊所蕴含的“Mir”是“和平”之意，象征着该月刊推动和平的意义。该刊每月 4 开 16 页，受众都是 13—18 岁的青少年，内容涵盖运动、流行音乐、电脑网络，或者热门电影、精彩影集等西方世界相关信息，受到青少年的青睐。由于《MIRKO》月刊出版多种语言，甚至被当地学校作为外语教材使用。

二、外军心理防护的主要措施

信息化条件下战争的突发性、危险性和复杂性，对参战人员的心理素质提出了严苛要求。因此心理防护已经上升为一项长期、现实、复杂的系统工程。外军增强官兵心理防护能力，主要着眼于加大思想教育力度，铸牢官兵思想防线；加强心理训练，模拟战场环境，感受实战体验；强化科学保障，注重防护效果，恢复其心理平衡和自制能力，全方位营造良好而坚固的心理防护氛围。

（一）注重精神教育，固牢防护根本

美军认为精神因素是一线人员心理防护的关键，对精神教育日益重视。1993 年，美陆军《作战纲要》提出，在未来空前激烈的艰苦作战中，精神因素“比战斗中的其他任何因素都重要”。美军通过精神教育向官兵灌输“国家至上”“民族至上”的观念，要求官兵誓死“支持和保卫美国宪法，使之不受国外任何势力的破坏”。西点军校把“责任、荣誉、国家”定为校训，要求官兵诚实、勇敢、忠诚，努力为国家服务。每年 6 月的毕业典礼上，西点军校校长要把写着校训的校徽颁发给每一位毕业学员，以此来激励士气。另外，根据大多数官兵信仰宗教的实际，美军推行随军牧师制度，设立各级随军牧师组织，加强对官兵的思想控制。任务来临时，随军牧师利用特殊身份，以“上帝”的名义对官兵进行精神号召，进一步激发军人的求战心理。虽然牧师在精神教育中具有较大的欺骗性，但在军人心理防护方面有着积极作用。

精神教育在俄军训练中同样占有重要地位。俄军认为，现代战争空前紧张激烈、作战进程快、武器精度高、毁伤力大、参战人员的心理负荷显著增加。俄军认为，心理训练的任务主要有三项：一是培养军人坚韧不拔的顽强精神，使其做好克服困难和在严酷条件下与优势之敌作战的准备；二是培养军人英勇无畏、处惊不乱、不屈不挠和积极主动的精神，使其能够在战斗中始终保持高昂的斗志；三是培养军人的战斗团结精神和无条件

执行上级命令的心理素质，使其珍视战斗友谊，在战斗中互相帮助，并做到在任何情况下都能严守纪律，坚决服从命令。除上述三条外，军官和准尉通过心理训练还需要具备对部属精神状态的判断能力，掌握对部属施加心理影响、使其保持稳定情绪的方式方法。

（二）加强心理训练，打好防护基础

外军研究认为，在人类战争行为背后，心理因素起着至关重要的作用。近年来，外军结合最新的心理学研究理论和武器装备运用，对部队的心理训练投入了大量的人力与物力，以扎实心理防护基础。

1. 体能训练

严格的体能训练是美军提高心理素质的重要方法。残酷的战争环境，往往要求军人突破生理极限去承受战斗强度和战场压力。高技术战争节奏快，作战环境险恶，对参战人员的体能提出了新的要求。军人的体能素质除年龄因素外，同平时严格训练和管理分不开。美军平时就有计划有针对性地在寒带、热带和沙漠地带进行艰苦训练，提高官兵的体能。美国陆军学院专设陆军体能训练研究所，主要研究如何使军人始终保持一个科学的健康指数，以适应作战训练的需要，特别是对 40 岁以上的军人，体能训练要求更严，身高与体重的比例都有明确规定，校官体重、腰围越过规定者，均不得提升为将军。

2. 军事基础训练

严格的基础训练是提高官兵心理素质，特别是心理承受力的重要手段。一些国家军队基础训练的淘汰率相当高，例如英军，淘汰率一般为30%—50%。美军为了让新兵养成良好的心理素质，进行共同科目训练时，内容广泛，要求严格，教官对新兵严格实施一日生活制度和教育计划，使新兵的心理处于高度紧张状态。对于飞行学员，美军还采用双轨训练法，让学员自愿选择轰炸机和战斗机进行飞行训练，或选择加油机和运输机进行飞行训练，提高心理适应力。美军陆战部队要求每个队员不仅要具有敏锐的头脑，强健的体魄，更重要的是要具备果断处置复杂情况的能力。他们培养一个合格的突击队员需要花 20 个月的时间，完成全部训练科目的队员才能执行海、陆、空和其他战场环境的作战任务。

俄军认为心理训练并不是一个单独的训练科目，而是有机地包含在训练、作战和日常勤务中的一系列专门措施。经过长期训练和实战，这些专门措施已形成了一套较为固定的心理训练体系。俄军为适应现代联合作战要求，要求军人能坦然地面对战斗中可能遇到的各种考验，能熟悉敌军的精神面貌和分队战斗力，通晓对敌斗争的各种方法。

3. 近战体验训练

夜战、近战训练是俄军培养军人战斗和心理素质的重要措施。在以心理训练为主的夜战近战训练中，受训人员通常要在夜间凭听觉进行射击和白刃格斗的练习，以此培养军人机智灵活的素质和勇敢顽强的精神。俄军认为，训练过程接近实战，是心理训练取得成败的最重要条件。因此，每一种训练环境都要在保证安全的前提下，引入紧张、突然、危险和冒险等成份，以便使军人在训练中既能掌握军事技能，又能培养适应现代战争要求的精神心理素质。俄军同时强调，心理训练也要遵循循序渐进的原则，在训练中应因人而异，掌握适度，否则不仅达不到训练目的，反而会影响军事技能训练的效果。尤其在新兵训练中，如果滥用心理训练措施，将会导致新兵畏缩不前和意志薄弱。

日本自卫队在训练中强调在可能的情况下，使士兵切身体验火力威胁；要求士兵反复练习徒手、持枪、白刃格斗，提高对肉搏战的忍受力。此外，自卫队还认为，夜战是产生“不安”的重要原因之一，应抓紧一切时机，实施夜战训练，以缓和对夜战的恐惧，并提高夜间行动的自信。

4. 实战模拟训练

模拟训练是一种既省钱又有效的现代化心理训练方法，模拟器可使战术对抗训练在接近于实战的条件下进行，从而大大提高官兵的心理素质。当前，美军装备的某些模拟器材，其图形仿真程度同实物实景相差无几。有的安装在单车和单架飞机上的模拟器材可以进行车组和机组人员的共同科目训练，甚至还可以将车组与车组、机组与机组的模拟器连接起来，承担更多的心理训练科目。美军开发研制用于军、师部队训练的高级战术作战模拟系统可提供世界级假设敌。德国豹I型坦克驾驶训练仅需在模拟驾驶室训练 10 天，再经过 4 个小时的实际坦克训练，就可以掌握坦克驾驶技术。英国陆军为了解决训练场地问题，借助虚拟现实计算机进行训练，提高指挥员的心理素质。

俄军在训练中十分注重利用制式和模拟器材或模拟设施来模拟战场环境，使训练最大限度地接近实战。即通过使用音响、烟火、爆炸和模型、靶标等器材，以及设置水障、火障、废墟、雷区、辐射和化学污染区等手段来制造战场效果，尽可能缩小训练与实战的距离，使受训人员在学习和演练军事技能的同时，也磨练其精神和心理素质。同时，俄军还注重结合利用模拟器材和设施来设置各种复杂的情况，如情报不全且有矛盾、指挥所和部队遭敌空袭、通信被破坏或受到强烈无线电干扰、弹药和其他作战物资输送困难等等。在上述条件下，受训人员要在更为紧迫的时间内完成任务，以使军人适应紧张、复杂的战斗环境并培养其坚决果断的战斗素质。

5. 野外生存训练

美军特别重视军人意志的磨练，美国西点军校为了锻炼学员野战条件下的作战能力和心理适应能力，特意安排学员到荒漠和大森林中的野兽营去进行训练，以提高心理素质。

俄军认为心理训练是与克服困难和摆脱极端困境密切联系在一起的。因此，对军人进行严酷条件下的求生训练，是心理训练的重要内容。在求生训练中，通常将受训人员置于极为困难的生存环境中，要求军人在酷暑严寒、给养极度缺乏等情况下设法保持行动能力和坚持战斗能力，以及在被俘的情况下求生并设法脱逃等。

6. 演习对抗

演习是提升军队素养、提高指挥官和司令部进行战役、战术训练效果最有效的形式。美军把演习看作军队训练的真正学校，认为演习对军人从军事、政治、教育、心理到体力等方面的训练都是一次大检查，能提高军人的直觉技能。美军每年都要举行各军种的演习，三军联合演习和日美联合演习已成为每年的例行演习。为了增强演习的对抗程度，美军还专门组建假设敌部队。美国陆军国家训练中心的近卫摩步第 32 团、美国空军的侵略者飞行部队，都是模拟敌军组建的假设敌部队。由于有这些部队参加，演习情况设置复杂，强度大，具有较强的针对性和实战性，部队的心理训练效果得到增强。

日本自卫队演习中设置对抗部队：一是要求假想敌的数量应数倍于己方，并设置遭受突然袭击、遭遇战等情况；二是重视防御训练。在防御战中，兵力处于劣势和守势，精神处于消极状态。因此需要在防御训练中激发高度紧张的情绪，设想敌人突然出现等情况；三是对伤亡、损耗的思想准备。训练中设置指挥官、技术主官的伤亡，主要装备的损耗等情况，反复演练，以提高应付不测事件的精神力量。

（三）强化科学保障，注重防护效果

心理训练离不开科学的心理保障措施。心理保障措施既有精神上的，也有组织和物质方面的。前者包括日常的和遂行任务过程中的思想政治工作，后者包括必要的反破坏措施，比如军队制度与政策上的支持、野外条件下官兵的伙食调剂等等。

1. 强化组织与制度保障

从 1992 年起，俄军各军区、集团军和师、旅的战斗训练机构都建立了负责心理训练的专门机构，以加强部队的心理训练。在训练演习中，导演机构增设了心理训练助理一职。为了提高分队指挥员和司令部的心理训练水平，俄军各军区还举办了一系列心理训练集训班，并在集训中请受训人员提出心理训练方面的建议，共同制定心理训练的方法。俄军还要求，军官从进院校起，就应学会做人的思想工作，掌握心理训练的方式方法。

此外，俄军还在原有基础上，不断增加心理训练器材，逐步完善心理训练设施，并在新版演习条令中增加了“战术演习中心理训练的特点”一节。文中阐述了心理训练的方式方法、军人战斗和心理素质养成特点、严酷条件下求生训练的方法，以及为保持全体人员心理稳定所应采取的措施等。

2. 增强心理防护的预见性

以色列军队在日常训练和演习前后，心理小组经常要对部队情况进行

调查，了解部队的士气、纪律、团结、恐惧心理的影响、士兵的自信心、士兵对上级的依赖程度以及士兵和指挥官对他们如何在敌方攻势下完成任务的预测等，然后对事先和事后的调查情况加以对比，通过分析判断，及时查明引发心理问题的因素与可能引发心理问题的危险征兆，针对出现和潜在的心理问题，提出相应的对策建议，供各级指挥官参考和采用。

以色列国防军平时的这种心理训练同样施用于战时，并注重利用战时来进一步强化平时心理训练的成果。在以色列入侵黎巴嫩的战争中，以军师和旅的心理小组就携带调查问卷（用来了解部队的士气、信心、紧张程度以及与战斗力有关的其他因素）参加战斗。在部队从前线撤下来休整过程中，他们进行了几千次提问式的调查和集体座谈，并将调查结果立即交给当地指挥官，与此同时还着手训练治疗心理出现问题的士兵或指挥官，最终 80% 以上的心理恐惧症患者都在前线得到了有效的治疗和强化性的心理训练。

3. 突出心理问题干预

在心理问题干预的实践中，以色列国防军总结出了一些行之有效的方法。如在克服战时心理恐惧症时，心理治疗者通常将有心理问题的患者转移到十分靠近进行战斗的地点。在大多数情况下，他们还能听到战斗的声响，甚至能看到战斗的场面。他们也被告知，他们是安全的，并不再进一步向后方转移。这样做的目的是为了使患者知道，他们能尽快归队。在强化患者心理训练时，则进行单独一对一的心理训练，方法包括让士兵吃好饭，换一套新军装，睡一觉或连续休息数小时，之后派一名心理训练人员陪同散步，向他介绍所发生的事情，并使他尽可能详细地描述自己的经历。出现紧张状况时，心理训练人员则采取拍肩、搀扶或让其哭一场的方式缓和其心理应激，并告诉他，他并非与众不同，还要郑重地表示对他的支持。通过一次又一次的叙述来恢复士兵的自我形象塑造，这样每一次训练都会清除一些引起心理恐惧的问题。心理训练几个小时之后，训练人员将安排患者所在部队的代表或其朋友来“探望”，邀他一同归队，并使他受到热烈欢迎。实践证明，这样的心理训练过程，可治愈 80% 的战斗恐惧心理患者，并可使其在 24 小时内归队。

第三节　外军心理攻防工作的基本特点

外军既注重心理进攻，又强调心理防护，通过心理攻防相互渗透，努力达成一体化作战目标。

一、外军心理战的基本特点

外军在心理战含义上尽管有不同意见和争论，但对心理战的作用总体上是充分肯定的。可以说，观念认同上的高度一致，是心理战在西方国家快速发展、心理战理论研究和实际运用不断升温的重要原因。纵观世界各国心理战发展历程，有以下五个方面的突出特点：

一是注重强调心理战战略地位。近几场局部战争表明，现代战争的首选目标不再是攻城掠地式的军事征服，而是孤立、限制、打击、削弱和瘫痪对手，震撼其军事、政治重心，动摇其国家领导层、军队和民众的战争信念及抵抗意志。心理战已不再仅仅是战争的辅助手段，而是从战略全局上营造有利态势的重要手段之一。以美国为代表的西方国家的心理战战略以理想主义战略思维方式为指导，从理论研究到实际策划，从心理战机构和心理战部队的建立到心理战教材、条令的颁发，战略决策层无不高度重视，无不亲力亲为。美军根据近几场战争经验，格外关注心理战战略层面的步调一致，要求心理战与新闻署、中央情报局、广播理事会、国务院、商务部、运输部、能源部、司法部、麻醉品管制局以及海岸警卫队等多部门进行密切协调。美军认为，心理战与美国其他政府部门的协调，可确保支持心理战目标的政策和计划得到明白顺畅的表达，且可以保证这些政策和计划与国家指挥当局的主题和政策一致。

二是强化心理战制胜机理研究与应用。心理战理论与自然科学、社会科学理论发展密不可分。西方发达的社会行为学对其心理战理论的研究起了巨大的推动作用。值得关注的是，近些年来，美国与西欧各国先后投入大量科研经费以研究人脑的生理机制，虽然对外宣称为科研及医学目的。但是大脑为心理的生理基础，其通过研究大脑生理结构，可能获得影响人们心理活动的手段和途径。

三是突出心理战与军事行动紧密结合。把军事实力作为心理战的基础，同时对心理战的政治教育功能越来越重视。美军在作战中往往先实施有限军事打击，把敌人打疼、打怕，继而再实施心理战行动，这似乎已经成了一种固定的模式。可以说，“软硬兼施、以硬为主”“恩威并用、‘威’字当先”是其心理战宣传的常用主题。俄军基于第二次世界大战、入侵阿富汗战争和多年的冷战经验，十分重视研制心理战武器装备和技术手段。经过数十年的建设，俄军已经拥有了比较齐全和配套的心理战装备和技术手段，具备了较强大的遂行心理战任务的能力。为了能使心理作战在多维空间内实施，达成最大效果，航空兵、导弹兵与炮兵、通信兵、电子对抗部队及其他专业兵种都装备了相应的技术装备。

四是提升心理战实战能力建设。外军非常注重在实战和大规模演习中锻炼及检验心理战能力建设。在美军和俄军的历次局部战争中，都能看到其心理战力量的身影；德军为配合北约组织执行索马里、波斯尼亚和黑塞哥维那及阿富汗等国维和任务，持续参与多国联盟的军事行动，其心理战部队一方面以实践经验提升其攻心能力，另一方面在多国维和任务中汲取他国长处，与世界接轨，以信息传播技术强化行动效能；英军第 15 心理战作战群是协助英国遂行海外联合作战任务的有效助力，为英军提供战场氛围评估等多项战斗支援。

五是注重心理战现役与预备役力量整合。在人员编制上充分利用预备役。外军通过严格的内部训练课程，提升预备役人员对心理作战的职能及对心理作战的高度认知，确保预备役人员与现役人员均具备心理作战能力与一般军事技能，消除两者的差异，使预备役人员在战场从事心理作战时，也能发挥极高的效能。外军善用预备役制度来达到人员扩编及紧缩的灵活运用，以应对不同任务需求以及国防经费缩减的困境。如美军现役心理战大队仅有第 4 作战大队，却编有 2 个后备役大队；英军第 15 心理作战群约有近一半的人员属于预备役。

二、外军心理防护工作的基本特点

加强心理防护工作建设在遂行多样化军事任务中发挥着不可替代的作用。开展有针对性的心理防护研究与应用，消除军人不良心理反应，已成为各国军队十分重视的重要举措。

（一）外军注重心理选拔，增强心理防护的预见性

心理选拔是提高军人心理素质的首要条件，对遂行多样化军事行动心理防护具有重要现实意义。长期以来，外军积极发展、应用心理选拔技术，创造、改进选拔方法，努力从源头上严把成员的心理素质关。一是开发心理选拔技术。美国是最早开展军人心理选拔研究的国家，特别是特殊岗位人员的选拔一直是被关注的焦点。早在一战时，美军编制了陆军甲种测验和乙种测验，以快速鉴别新兵智力，对军官职位分配与培训进行指导。二战时，美军军务局测评处编制了陆军普通分类测验，用以测试新兵的能力，并作为选拔特殊岗位和晋升军官的测试工具。1976 年，美军正式采用《武装部队职业能力倾向测验》，对士兵进行素质筛选。目前，美军使用比较广泛的测验工具——军队人员选拔和分类项目（Project A），为筛选心理健康军人、完善军人职业选拔和分类体系，做出了积极贡献。二是创新心理选拔方法。美军在研发选拔技术的同时，还注重逐步完善了多种心理选拔方法。其一，个人档案法。美军认为，作为一种最古老的方法，尽管其主观性较强，容易被研究者忽视，但对人事选拔决策具有非常重要的参考价值，往往能够达成意想不到的效果。其二，纸笔测验法。包括《武装部队职业能力倾向测验》《武装部队职业资格测验》《认知和心理运动能力测验》《职业兴趣测验》和《计算机自适应测验》等，是美军职业选拔的主要测试工具，主要用于职业分配和安置。其三，综合评价法。一般包括角色扮演、文件筐、个人档案、结构会谈、无领导小组讨论、情境模拟和口头介绍等，能在候选者中确定谁更具备良好的胜任技能，预测符

合率远远超过任何单独使用的测量技术。三是突出心理选拔应用。新兵入伍时，美军依照心理选拔标准，对报名应征人员进行严格心理测验，患有精神或心理疾病者全被剔除。即使对于通过测验的应征者，也要按照其心理特征尽可能地分配到最合适的岗位上，从源头上降低了战斗应激障碍的发生概率。

（二）外军注重精神激励，增强心理防护的主动性

日本自卫队认为，队员精神心理是否健康不仅指有无精神上的疾病，更重要的是待遇上的满足感、职务上的充实感等与个人成长密切相关的心理状态是否积极、健康。如果每个人都有作为自卫队员的使命感和责任感，人际关系也团结和谐，那么整个部队势必会有高昂的士气，遂行任务的能力也会相应提高。但日本自卫队的心理健康工作仍然存在不少现实问题。就陆上自卫队而言，主要包括：自杀预防机制不健全、专业医护人员不足、精神心理保障不均衡等。针对这些问题，陆上自卫队采取切实举措，推进心理健康工作发展。一是建立定期心理健康诊断机制。通过定期发放心理健康调查表的方式，发现、引导、解决队员已经出现或即将出现的心理问题。二是构筑精神心理保障网络。未来，陆上自卫队将构筑起大型医疗网络，将医科大学、中央医院、各军区医院以及各部队的医务室通过网络连接起来，及时交换信息，解决各部队（包括边远地区部队）人员中出现的各种精神心理问题。三是加强专业人士与特殊职业者的交流。精神心理保障并不完全是精神科医生和心理医生的任务，还要求医院其他科的医护人员、各部队的卫生干部、人事干部，以及如直升机驾驶员等从事特殊职业的人员参与进来，互相交流，共同关心精神心理保障。四是设立精神心理保障派遣队。随着自卫队担负任务，特别是海外派遣任务的增加，自卫队员面临不测事件的可能性也随之增加。为此，将设立专业的精神心理保障队伍，派往任何地域，处理任何心理问题。

美军认为精神因素是官兵心理防护的关键。美军注重运用精神手段对执行任务的官兵进行激励，从思想与意志上增强官兵的心理免疫力。一是价值观教育熏陶。美军认为，对战争胜负影响较大的许多软因素，如指挥

方法、官兵个性、部队凝聚力、军人行为等，无一不受到军人价值观的影响。美军前陆军参谋长埃立克·辛瑟基就曾说过："我们今天是，而且永远是建立在价值观上的队伍……这是我们今天所做的一切的基石和将来成功的基石。"价值观中有关个人勇气的教育，直接有利于增强官兵面对困境时的心理承受力。二是牧师宗教慰藉。根据大多数官兵信仰宗教的实际，美军牧师一直编配到陆军的营、海军的舰艇、空军的基地和联队，以加强对官兵的思想控制。随军牧师利用特殊身份，针对官兵可能出现的各种心理问题，广泛进行心理咨询和解释，展开疏导工作，从而有效地避免了不良情绪在军中的滋生和蔓延。三是媒体宣传鼓劲。美军利用各种媒体报道广泛宣扬军队的功绩，宣传一线官兵的英雄事迹，表彰优秀官兵，创造浓厚的社会信息氛围。同时发动国内各界人士，从军政要员到社会民众、从歌星影星到中小学生，以各种方式慰问一线部队。特别是在敏感时期，美国总统亲自到驻地为官兵打气助威，极大地激发了军人的自豪感与荣誉感，增强了他们战胜复杂困难的信心与勇气。

（三）外军注重心理防护理论研究，增强心理防护的针对性

加强军事行动中官兵心理防护理论研究，已成外军军事心理工作的一项重要内容。一是关于心理防护本质的研究。国外对心理防护早期理论的研究应属弗洛伊德对心理防御机制的探讨。弗洛伊德在研究神经病例时发现，当内在或外在的刺激因素引起个体情绪冲动，使之处于焦虑、紧张等状态时，个体往往会不自觉地使用一些习惯化了的、内隐的心理活动方式来处理，以保持内心平衡和适应环境，称之为心理防御机制，并认为心理防御机制是无意识地进行的，在于缓和或消除内心的不安和痛苦。到了20世纪50年代，有关防御机制及其核心概念"无意识"的元素逐渐淡化，大批心理学家开始转向对应激的客观性研究，特别是战争给一线军人带来了严重的心理创伤，于是注重群体治疗的心理防护就成为外军关注的重点。二是关于心理防护基本理论的研究。防护理论在西方又称为应对理论（Coping Theory），是建立在应激研究基础之上的。由于研究的取向不同，发展成了个体取向的防护理论、情景取向的防护理论和认知取向的防护理

论三种形式。个体取向的防护理论主张个体的人格特点决定了人们对应激的防护方式。个体取向的防护理论研究又分为三个学派：精神分析派、人格特质派和知觉风格派。情境取向的防护理论强调情境因素在个体防护方式选择中的决定性作用，认为防护是复杂的，防护策略的运用很大程度上取决于情境的不同，即不同性质的应激会引发个体不同的解决方法和防护过程。认知取向的防护理论认为，思维、经验以及个体体验到的事件的意义是决定应激反应的主要中介，同时强调与应激有关的时间、地点、事件、环境以及个体特点的影响。三是关于心理防护应对模式的研究。包括群体支持模式、认知行为模式、自我调控模式、药物治疗模式四种。群体支持模式认为，个体行为的方向和强度取决于个体的内部条件和个体所处的群体环境的影响；认知行为模式不仅重视不良性行为的矫正，更重视改变病人的错误的认知方式；自我调控模式是通过一定程式的训练，使副交感神经系统机能重新得到加强，自我躯体上及精神上得到放松的一种治疗方法；药物治疗模式认为，应激引起的神经症如抑郁症或焦虑症等都有其生理基础，或是一种生理代谢不正常的表现，心理防护应根据临床症状采用相应的药物进行对症治疗。

（四）外军注重心理干预，增强心理防护的有效性

美军陆军部《指挥官战斗应激控制手册》明确指出，应激控制对士兵来讲非常重要。一般情况下，官兵的心理应激反应主要呈现为以下四个阶段性特征：第一个阶段，即冲击期或休克期，指执行任务后数小时内。主要表现为焦虑、惊恐和不能合理思考，少数人出现意识不清。第二个阶段，即危机期或防御退缩期。表现为退缩或否认危机的存在，将之合理化或不适当投射。第三个阶段，即解决期或适应期。此时能够正视现实，接受现实，用积极的办法成功地解决问题，焦虑减轻，自我评价上升，社会功能恢复。第四个阶段，即危机后期，常在任务结束之后，或返回部队以后的一段时间。多数人在心理和行为上变得较为成熟，获得一定的积极应对技巧。但少数人出现人格改变，或表现出敌意、抑郁，或滥用酒精、药物，也可能出现神经症、精神病和慢性躯体不适。美军认为必须通过及时

有效的心理干预，才能将官兵的心理危机解决在萌发初期。一是加强心理干预力量。包括军、师级心理卫生机构和随军牧师机构，人员主要有精神病医生、临床心理学家、行为科学专业军士和随军牧师等。美军在军一级设立了战斗应激（OM）职业医疗队。医疗队由 47 名成员组成，包括 5 名精神病医生、1 名临床心理学家、28 名行为科学和精神病专业军士、6 名社会工作军官及数名护士和行政官员。在师一级成立了心理卫生组，编制为 5 人，其中精神病医生、临床心理学家和社会工作军官各 1 名，行为科学专业军士 2 名，他们是军人心理干预与保障的骨干力量。二是注重及时心理干预。美军进行心理干预时严格遵循“IMPRESS”治疗方法：I 指立即治疗；M 指不脱离战场；P 指抵近基层；R 指休息和补充食品；E 指期望归队；S 指简单易行；后 S 指专人管理。一旦在战场上发现有心理失控者，先由配至连队的心理卫生兵检查治疗；若无效则送至营心理救护所进一步治疗；如数小时仍无恢复迹象的，再转至旅后方区域的心理伤员清理所和师心理卫生组所在的支援连；3 天以上无法恢复的，转送至军战斗应激职业医疗队诊治。三是强化心理干预协助。美军对于长期处于任务一线的官兵，努力保障其睡眠时间，适时换防。在抗疲劳方面，美军编制了一个名为“避免疲劳计划工具”的睡眠软件。指挥官只要简单敲几下键盘，该软件就可生成任务期间的最佳睡眠时间表。另外，美军还开发了一种名为“不夜神”的药品。普通人服用一片“不夜神”，能劲头十足地连续工作 40 小时而不犯困；接下来睡上 8 个小时，再吃一片，还可连续工作 40 小时。科学的保障措施，极大降低了军人军事应激障碍程度。

（五）外军注重心理支持，增强心理防护的社会性

美军认为，一线官兵的应激行为反应，既与自身的素质有关，又与社会心理氛围有关。良好的社会心理氛围，往往表现出积极、活跃、协调和融洽的特征，给人心理激励的力量；不良的社会心理氛围，往往表现出拘谨、冷淡和紧张的特征，容易使人形成消极心理。因此，美军注重塑造良好的社会心理氛围，形成强有力的心理支持。一是动员技术服务。早在第二次世界大战时期，美军就曾动员美国所有大学里的心理学实验室和其他

研究机构进行军人心理学课题研究，完成了500多个不同内容的军人心理学研究项目。与此同时，美军还动员了2000多名心理学专业工作者、精神病医生和随军牧师一起投入军人心理问题的防治。二是提高薪金标准。执行战争与任务时，美国政府大幅提高一线军人的工资待遇，提高危险地区服役津贴，同时还给每位军人购买人身和医疗保险。军人一旦在执行任务中阵亡，其家人将得到由保险公司和军队共同提供的一笔可观的抚恤金。三是实施亲情关怀。美军认为，亲情是一线士兵心理防护强有力的支柱。在与家人、亲属、战友、同事、同学、朋友积极接触过程中，官兵可以获得广泛而多样的支持，缓解心理压力。如亲朋好友的支持、开导、理解等，使官兵心理获得被理解感和被支持感；与战友协作和分享经验，使官兵产生责任感和使命感；与民众的接触和社会信息交流，使官兵获得荣誉感和归属感；官兵与亲友通过电话、短信息、谈话等方式表达、宣泄自己的情绪情感，可以提高心理自助能力；通过网络、报纸、电视、媒体了解最新的信息，可以补充官兵的心理能量。

（六）注重心理跟踪，增强心理防护的持续性

心理与精神性疾病有一定的潜伏期。五角大楼2006年公开的一份调查研究报告显示，超过30%的驻伊美军士兵在回家3—4个月之后，都出现了心理疾病的症状，这大大超出了美军预料。这些患病士兵经常表现出焦虑、易怒、经常做噩梦等症状，当时的危险虽然远去，但要摆脱焦虑、紧张带来的心理疾病，却需要很长的时间。针对这些官兵，美军提出了“冷冻”心理防护计划。一是进行心理辅导。专门为参加过伊战的官兵开设了心理学课程，并规定驻伊官兵在回家前必须接受心理辅导和训练。这些课程讲述情绪、人际关系、如何警惕自杀信号等内容，目的在于预防和解决官兵在战争中由于压力、伤亡、开枪射击和处理尸体等活动而可能或已经产生的心理问题。二是实施康复训练。如针对从伊拉克前线准备回国的美军士兵，规定所有人必须接受医生和心理专家对其进行强制性的过滤检查。出现应激反应的士兵回国后，仍须留在国内军事基地2—3个星期，用来适应不太军事化的环境。期间，他们将接受身体、心理方面的康复训练，参加“夫妻团聚课程”的家庭培训，可以通过热线电话和家人联系，以降低焦虑心理。三是注重心理倾诉。美军还通过与阵亡者家属交谈、主持或参加阵亡官兵纪念仪式或葬礼、组织士兵演讲和书写战斗经历等手段，使战斗中心理受创的官兵尽快得以恢复。

第九章

外军战争行动中的政治性工作

外军战争行动中的政治性工作，是指外军为战争行动营造有利的政治环境，巩固己方军心士气，激发部队战斗力，溃散敌方对抗意志，配合战争行动进程并最终达成作战目标而开展的一系列政治性工作，它是外军战争行动的重要组成部分，也是其日常政治性工作在战时的体现、丰富和延伸。外军认为，在战争行动中开展政治性工作，对于统一民众思想，凝聚国民意志，激励军心士气，瓦解敌军斗志，加快战争进程，决定战争走向具有重要的作用。因此，尽管各国因经济实力、政治体制、军事制度、军事战略和民族文化的不同，其在战争行动中政治性工作的具体表现形式各不相同、各具特色，但各国军队对这项工作的重视是共通的，都建立有相关组织，开展目的、内容和性质相似的活动。由于美军近些年来对外用兵频繁，其战争行动中政治性工作最系统、最活跃、最成熟，也最具代表性。基于此，本章以美军为重点，简要介绍外军战争行动中政治性工作的组织机构、主要内容和基本特点。

第一节　外军战争行动中的政治性工作的组织机构

外军战争行动中的政治性工作是外军政治性工作的重要组成部分，它包括两个方面。一是外军日常政治性工作的自然延续。其目的主要是维护军政关系，凝聚军心，激励士气，保持官兵战时思想和心理稳定，其实施主体仍然是日常发挥政治性工作功能的人事管理、宣传教育、军事司法、随军牧师、军史编撰等建制职能部门，以及部队各级指挥官和参谋人员。二是针对战争的特殊要求，开展具有一定对抗性和作战功能的政治性工作。其实施主体主要是各级指挥官及公共事务部队、专业心理战部队、民事部队、法律顾问团和俘虏管理部门等。这两类机构和人员在军事行动中，既相对独立，分工负责，各司其职，又目标一致，相互配合，融为一体。外军战争行动中政治性工作的组织机构，除了前述各章节特定领域所涉及的组织机构之外，还有以下职能部门。

一、宗教服务机构

外军官兵中信教人员众多，因此，目前在美、俄、德、英、以、印、韩等国军队中普遍设有随军牧师机构，在战时为官兵提供宗教服务。

美军中，95%以上的官兵信仰宗教（天主教、新教、东正教、犹太教等），因此，随军牧师制度是美国政府和军方在平、战时利用宗教信仰和活动对官兵进行思想引导、士气激励和精神抚慰的重要工具。美军有组织的随军牧师制度形成于独立战争期间。1775 年 7 月 29 日，在乔治·华盛顿的倡议下，第二届大陆会议创设了随军牧师职位。自此以后，随军牧师在美军对内、对外的各个战场上出现，进而逐步形成了随军牧师制度。随军牧师的地位受法律保护，除特殊情况外，一般不得分配他们做宗教专职以外的工作。美军还专门编设了牧师培训机构，即现在位于南卡罗来纳州杰克逊堡的随军牧师培训学校及中心，每年有上千名随军牧师和随军牧师助手在该中心接受职业培训。

苏联解体后，东正教迅速重返俄罗斯军队。1993 年 3 月，俄国防部与东正教会达成协议，成立俄联邦武装力量与教会协调委员会，双方共同对军人进行精神道德教育和爱国主义教育，以加强军人对社会的责任感和保卫国家的责任感。教会在军队中开设了军人神甫学校。俄国防部设有信教军人工作局，主要负责了解武装力量的宗教需求、随军神职人员的选拔等工作。在各军区司令部建立了信教军人工作处，主要任务是协调所有信教军人工作机构，向部队和分队提供适当的方法论帮助。在旅级以上单位设置“指挥员信教军人工作助理”职位，由符合要求的神职人员担任，其职责是做军人精神教育工作，进行爱国主义和道德教育，同时参与加强法制、军纪以及防止违法行为和自杀事故等工作。

德国国防军的随军神甫（牧师），是根据政府和天主教、基督教教会之间的协议进行的，天主教和基督教教会分别派出教徒，并自成体系。两大教派在国防部总部设有办事处，接受主教领导，并分别在国防军军区、海军舰队、军事院校以及驻比利时、法国、意大利、荷兰等国的德国部队中设立分支机构，组织和协调开展宗教活动。神甫（牧师）是文职，而且不列入部队编制。他们在军队供职6—8年，最长的为12年后，便回各自教会供职，其军队神甫（牧师）职务再由他人来接替。目前，德国国防军中现有随军神甫（牧师）约300人，平均1500—2000名官兵中配有一名。

英军于1796年成立随军牧师团。起初，随军牧师只有英格兰圣公会的代表。而后，逐步增加了长老会、天主教、新教和犹太教牧师。1919年，随军牧师团因在一战中功勋卓著，荣膺“皇家随军牧师团”称号。目前，英国皇家随军牧师团编制神职人员约400人，其中就职于正规陆军147人，海、空军50人，地方部队109人，军事院校约100人。英军在各军种设随军牧师局，在各军区、分舰队、航空大队司令部设随军牧师处（科），在师、独立旅、区舰队司令部和大型战舰上设随军牧师科（组）。

以色列居民中大部分信奉犹太教。1948年，以色列开国元勋古里安创建国防军的同时也建立了军事拉比制度，并任命了国防军犹太主教。以色列军事拉比与地方主教没有隶属关系，他们被纳入以军总参谋部的编制中，隶属于干部局，由总参谋长任命，同时还担任总参谋长的宗教问题顾问。印军每个营都设有经堂，编配专职宗教教员。每连编有一名宗教军士，专门负责祈祷、诵经、组织宗教活动等。韩国军队中多数官兵信仰基督教、天主教和佛教。韩国国防部设有宗教委员会，陆、海、空三军本部分别设立宗监室，团一级单位配备一名随军牧师，每名随军牧师负责约1200名信教的官兵。韩军中现有宗教军官487人，其中牧师331人，神父

65 人，法师 91 人，设有教堂和寺庙等布教场所 1015 个。

二、民事行动机构

外军的民事行动，或称社会支援工作，有平时、战时之分，本土、异域之别，就战时异域而言，是指战时以宣传、组织、救助、慰问等方式，处置作战地域发生的、可能影响作战进程的涉及普通民众的各类事务。其目的是维护战区（交战国）社会稳定，尽量避免或减少战时平民伤亡、民事设施破坏、食品、药品和饮用水匮乏以及战区（交战国）民众非正常大规模流动等现象，防止上述情况干扰战争行动。这和我军常说的群众工作性质完全不同。外军多数没有列编专职的民事部队。但美军由于在近几场局部战争和反恐战争中涉及到大量的民事行动，因此专门组建了民事部队。

1955 年 4 月，美军正式组建第一支民事分队。美军的民事行动专业力量分现役和预备役两种，目前约有 7500 名民事人员。其中 4% 的编制属于现役，96% 属于美国陆军预备役部队。伊拉克战争前，美军现役民事部队只有第 96 民事营，约 500 人，隶属于美陆军特种司令部下辖的陆军民事与心理战司令部。随着战时民事行动的增多，美军 2006 年初决定对民事部队进行扩编。一年后，成立第 95 民事旅，并转由美陆军特种司令部指挥，主要支援特种作战部队作战。该旅下辖 1 个指挥部，4 个（第 91、96、97、98）民事营，1 个民事行动中心（负责美军和外部的协调、情报处理等事宜），1 个民事计划组，1 个直属连（负责装配、维修等事项）。陆军预备役民事部队共编有 4 个（第 350、第 351、第 352、第 353）预备役民事司令部，8 个民事旅和 24 个民事营，主要用于支援一般任务部队，其既定支援地域分别为美军南方总部、太平洋总部、中央总部和欧洲总部辖区。每个民事司令部下辖 1 个指挥部，2 个后备民事旅，1 个军队民事行动中心，5 个民事计划组和 1 个直属连。各司令部的主官均为准将。每个后备民事旅除编有 1 个或多个民事营、多个专业分队外，其他编成与现役民事旅基本相同。

除陆军民事部队之外，海军和海军陆战队也组建了各自专业化的民事力量。海军陆战队在1965年就开始发展民事部队，但其力量比陆军民事部队小得多，现有力量不能满足战争行动对民事部队的需求。2006年3月，美国海军远征战斗司令部正式组建海上民事大队。至2008年12月，已基本形成整体作战能力，其核心能力包括计划、实施、评估、协调海上民事行动。2008年，海军陆战队共有381个民事岗位编制，其中一半以上人员属于预备役，另一半为现役。海军陆战队现编4个（第3、第4、第5、第6）后备民事大队，其中第3、第4大队为常备，第5、第6大队为伊拉克战争期间暂编部队。海军大约有330名民事人员。海军组建小规模民事部队以支持其全球出访任务。美国空军和美国海岸警卫队没有民事部队，但编配有能够执行各种民事任务的人员，具备实施民事行动的能力。除正规民事部队外，美军工程、卫生、心理战、军警和安全部队也具有很强的开展民事工作的能力，必要时支援民事部队，推进战争行动。美国空军目前没有专门的民事部队，但编有能够执行各种民事任务的人员，具备实施民事行动的能力。

三、法律支援机构

外军除日本自卫队之外，普遍设有系统的军法机构。但只有美军在部队中成体系地建立了专门的法律援助机构，设置了军法官，在平时和战时直接为部队提供专业性的法律援助。

美军的法律顾问机构即军法署系统，是美国国防机构重要组成部分。美国国防部一级设有一名国防部法律顾问，向部长及其他高级官员提供包括战争法问题的咨询，下设国防部司法局。参谋长联席会议主席下设法律顾问办公室。陆军部设有一名副部长级的文职法律总顾问，此外还设有监察长、军法总监、司法局；海军部直属的法律机构有军法局长办公室、法律总顾问办公室、监察长办公室，海军作战部下设司法特别助理、立法支援特别助理、海军司法部以及陆战队下属的法律顾问办公室、军法处、监察处等；空军部下设监察长、法律总顾问、军法局、空军司法局中心等。各军种的参谋机构中设有军法参谋，在军法部门中还设有专门的国际法和战争法部门。战时，政府还调集熟悉战争法的军事法官和地方律师向各级指挥部提供有关战争法问题的建议，为各级决策提供法律服务。

美军在旅级以下作战部队都配有专门的军法官。军法官属于特业参谋人员，负责相应级别的军事法律事务。编制或是临时配属给军事指挥官（机构）的军法官（特业参谋），主要负责提供法律方面的服务，有时也承担与法律相关的工作。美军一个师的军法官大概为16—18名，分别供职于师战术指挥所（TACP）、师本部指挥所（MCP）、师后方指挥所（RCP）以及各战斗旅、陆航团等。他们在步兵旅级作战单位，一般会以“旅作战法律小组”（BOLT）的建制出现。该小组由1名军法官、1名高级的军法助理和3—5名分派到各营的法律专家组成，军法官是小组的领导。分派到各营的法律专家负责迅速处理前沿阵地的法律问题，并及时向军法官汇报，还要收集基层官兵的法律问题，做法律调查，遇到较为重大的法律问题则由军法官协调处理。这样确保了旅以及营级单位的任何行动都有足够的法律支持。

战时，除遇到特殊情况，需要临时设立战地法庭、给一线作战部队编配法律支援小组或军法官外，美军一般不设专门的法律部门。战时法律支援工作仍由政府或军队常设的相关部门承担。在军队系统，国防部办公厅的总法律顾问及其领导下的司法局，负责总揽防务方面的法律事务。战时涉法而又需要与政府相关部门取得联系的各种事宜，均由国防部专门负责军事立法工作的助理国防部长出面沟通并协调办理。各军种设有军法署，各大司令部下至集团军、野战师及相应单位，均设有与该级别相应的法律机构，或称军法处，或称军法科，旅一级编有军法小组。战时根据需要，军法官可配置到一线部队随军行动。其职责是承担本级军事指挥官所需的一切法律支援工作，包括为指挥员决策提供法律依据，为战时法理斗争提供法律援助，为美军官兵及家属提供法律服务等。

第二节　外军战争行动中的政治性工作的主要内容

战争是政治的继续。世界各国军队在战争中都是以胜利为最高价值追求。因此，外军在战争行动中的一切活动包括政治性工作，都是围绕如何巩固自身领导，提高己方士气，掌握舆论主动，动员最大力量，瓦解对手意志等方面来展开。概括起来，主要有以下内容：

一、战时宗教支援

宗教在当今世界有着广泛的影响力。外军官兵中绝大多数笃信宗教。因此，宗教支援是外军战时政治性工作中一项极为重要而又各具特色的内容。

美国是宗教之国。宗教不仅影响着美国的建国原则和政治、社会的运行机制，而且深刻地影响着广大民众的人生观、价值观、安全观，战争观和生活方式。美军认为，宗教是战争进程的重要催化剂。战时宗教支援，是随军牧师以神职人员和参谋军官双重身份，在指挥官和有关组织的安排下，在战时从事的所有宗教活动和与宗教有关的其他事务。它既保证了政府对军队的政治控制和精神影响，起到稳定军心的作用，也有助于作战计划的制订和实施。

2004 年美军修订颁布的《联合作战行动中的宗教支援工作条令》规定，战时宗教支援工作先由相应牧师委员会向战区指挥官提出有关宗教事务的专业性建议，然后由随军牧师和随军牧师队按照指挥官的要求组织实施。这项工作的目的，一是通过评估作战地域内民众的文化风俗习惯和宗教信仰等对战区局势的影响，向指挥官提供有关宗教工作的信息和建议，以利于作战行动；二是为参战官兵提供宗教信仰需求的相关活动，如提供主日礼拜、受洗、布道、圣礼等宗教服务；传授教义，进行宗教教育；提供心灵安慰、品德引导，以保障官兵身心健康；为参战官兵祈祷，安慰伤病员，安葬、追悼死者，慰问家属等。海湾战争中，美军随军牧师及心理专家曾深入分析阿拉伯国家民族和宗教特性，向参战官兵提出要遵守穆斯林习惯，不在帐篷外举行基督教仪式，不过分显露十字架等建议，较好地配合了军事行动。美国战时宗教支援强调坚持随军牧师的非战斗人员身份原则。根据《日内瓦公约》规定，牧师是非战斗人员，严禁携带武器，一旦被俘，应被视为“拘留人员”而非战俘，可继续向其他战俘提供宗教服务；随军牧师助理则属战斗人员，可携带使用武器。

美军的战时宗教支援工作非常具体、繁杂，大到为制订战役计划提供军事行动宗教工作计划、战区宗教形势评估，小到为官兵个人提供细微的宗教服务。通常，按战争、战斗的进程大致分为四个阶段：

战争动员阶段。首先是要从宗教意义上对战争性质和影响做出评估，并就如何开展战时宗教支援工作提出行动建议。其后，随军牧师队将协助指挥官敦促参战官兵迅速从平时状态转入战时状态。驻军事基地的随军牧师，开始制订随军牧师队动员计划，为牧师队的部署做好准备。驻本土基地的随军牧师，需做好作战部队随军牧师与预备役部队随军牧师之间的协调工作，以随时调用出征。战区司令部、预备役部队随军牧师，要为家庭援助中心的军属提供宗教支持。作战部队随军牧师要完成对参战官兵的最后政审，组织相应的兵员调整，协调与各宗教团体间的合作。这个阶段的宗教支援工作主要考虑解决因战事临近，部队官兵可能发生的心理变化和某些特定情况对部队军心士气的影响。除了完善宗教支援计划，随军牧师还要参与制定部队投入战斗时的宗教支援方式，组织战场生存训练，调配宗教工作用品，以保证在不同情况下开展宗教活动的需要：海湾战争动员期间，美军不仅征调了大批随军牧师，还调集数万册《圣经》运往前线。

部队配置部署阶段。此时，宗教支援的一项重要工作，是向军人家庭通报有关情况，提供心理关怀和精神慰藉。美军认为，士兵战前担忧个人及家庭问题，易在战时遭受战斗压力折磨，从而导致情绪低落，士气涣散，严重者甚至出现所谓“战场综合征”，丧失战斗意志。军人家庭若无法及时全面地获取参战亲属的信息，也会造成家庭成员的思念和焦虑，带来社会的不稳定，并影响参战官兵的情绪。因此，为军人家属提供宗教支援，减轻参战官兵与其家人之间的相互担忧，也是随军牧师的主要职责之一。海湾战争期间，美军参战部队在国内的军事基地教堂全天开放，为参战人员家属提供各种服务，组织家属子女给参战亲人写慰问信，募集和邮寄慰问品等，受到了参战官兵的欢迎。

作战行动阶段。随军牧师主要根据敌情、我情、地形、天气等因素，随机制订宗教支援工作计划，在战地开设简易教堂，重点支援遭受伤亡较大或任务较重的部队。选择恰当时机和地点，组织官兵周日礼拜，探访受伤官兵并提供心理咨询等。海湾战争期间，部分信奉犹太教官兵担心被俘后受迫害，思想压力很大，随军牧师多次探访，为他们解除思想顾虑，使其“轻装上阵”。阿富汗战争、伊拉克战争中，美军随军牧师也深入前沿阵地探访，为官兵解除精神压力。随军牧师队还及时为阵亡者组织追思礼拜仪式，以发挥宗教慰藉的作用。

战争结束后过渡阶段。随军牧师的主要工作是评估官兵思想状况，制订并适时调整宗教支援计划，尽量丰富官兵生活，有条件的则适时协调安排官兵与家属团聚，协助处理夫妻感情、双亲关系、家庭财产等问题。此外，随军牧师还参与部队奖励和授勋活动，组织典型人物事迹报告会，调研部队伤亡情况，更新补给记录和装备管理计划等。

俄罗斯是多民族、多信仰的国家，宗教、民族问题错综复杂。近年来，在俄罗斯国家政策的支持下，东正教在俄罗斯军队中发挥的作用越来越重要，从作战到演习乃至日常生活，都可以看到东正教神职人员在俄军中出没的身影，并已开始在大学中培养军事神职人员。2009 年，上海合作组织“和平使命—2009”联合反恐军事演习期间，俄军就在演习野营地设立了野战教堂，信奉东正教的俄军参演官兵可以来这里参加宗教活动。该教堂仅有一名神职人员，叫莫尔恰诺夫，他是俄罗斯东正教最高会议军队联络处副主席。该联络处的主要工作就是在俄军遇有战事、野外驻训和军事演习期间向军队派遣神职人员，建野战教堂。野战教堂有帐篷式的，也有车载式的。莫尔恰诺夫说，神职人员参加军队持续多日的作战训练活动在俄罗斯已经成为传统，其目的是让官兵在复杂和困难的条件下也能够参加宗教活动。

俄军认为，每一名军人都需要精神支持。俄东正教协会的神职人员应该到陆军和海军中去，随时为他们服务。第二次车臣战争中，俄军派遣东正教大主教格里弗尼撒随军征战，在战前为官兵祷告，举行宗教仪式，听取信教官兵祷告和忏悔，以宗教偶像的名义给教徒实现理想的希望和战争必胜的信心，引导官兵忠于使命、勇往直前，使70%信仰东正教的俄军官兵“在皑皑白雪中仿佛看到了上帝的召唤”，正义感、使命感油然而生，士气得到极大鼓舞。据俄新社2010年报道，莫斯科和全俄罗斯牧首基里尔在位于堪察加的维柳钦斯克海军基地会见俄太平洋舰队第16潜艇中队人员时说：“军人这份职业带有危险性，而这些危险是如此之高，任何物质上的福利都无法补偿对士兵造成的伤害。如果要让公民宣誓并承诺用生命来捍卫国家的话，我们需要强大的精神力量来保证。”“任何法律都不能迫使一个人迎着炮火前行，只有内在的意识才能促使人去完成他的职责，寄希望于上帝并在上帝的帮助下勇敢地面对死亡。”“牧师与军人在一起是有原因的，教会以前、现在、将来都同军队在一起，共同努力，给予战士们精神支持，坚定他们的信念，并教育军人忠诚于祖国，忠诚于自己的誓言，随时准备保卫自己的人民甚至为此而献出自己的生命。”这次见面会上，牧首还为拥有三个以上孩子的四位海军妻子授予“宗教母亲”称号，颁发证书，并奖励2万卢布。他说：“对于军人而言，家庭和谐是非常重要的，因为这是他们坚强的后盾。”俄军神职人员中有许多人原本就是俄军军官。如俄维柳钦斯克卫戍教堂的首席神父亚历山大·波诺马廖夫神甫，就曾是前海军潜艇中校军官。

俄军神职人员不仅在部队作战和演习时为官兵服务，还在军人负伤或阵亡后，为他们祈祷，协助其家属举行宗教仪式，提供精神慰藉，并以宗教的名义宣传俄军英雄，激励部队士气。1996年的车臣战争中，18岁的俄罗斯军人罗季奥诺夫和3名战友在检修装备时，被车臣匪军绑架，匪徒们逼他放弃东正教、皈依伊斯兰教，以此交换他的生命，罗季奥诺夫选择了慷慨赴死。他在惨遭虐待后被斩首。车臣匪徒将行凶过程的视频上传到俄罗斯若干网站上，试图以此打压俄军士气。然而，他们打错了算盘。罗季奥诺夫最终成了俄军的骄傲。英雄的母亲听到儿子牺牲的噩耗，变卖了房产，深入车臣战场9个月，找回了儿子和他3名战友的遗体。后来，罗季奥诺夫被东正教封为新一代圣徒，他的画像成了俄军官兵的护身符。

英军一贯重视随军牧师的作用，要求牧师在战时开展五项工作：一是履行神职人员的基本职责，主持战地宗教仪式活动。英国1947年修订的《涉外婚姻条例》中规定，在外国服务的英国士兵，必须是英国授权的随军牧师或指挥官授权的人在当地主持的婚姻才为有效婚姻。战时，坚持每周组织各种宗教活动（洗礼、婚礼、葬礼、做礼拜、圣餐礼等），对军人进行宗教教育（讲经布道、帮助军人挑选和阅读宗教书籍、组织以宗教为主题的谈话、参与组织军队节日庆典），提供牧师关怀（探望伤病员和被拘禁人员、为士兵家庭提供帮助、为死亡士兵提供服务），是英军随军牧师最经常的工作。在远离家乡的战场，在紧张作战之余，随军牧师就是无所不在的上帝代言人，他们为英军提供天国的福音，转达上帝的安慰。

二是配合心理医生开展工作，为官兵提供心理疏导。英军认为，历史经验证明，随军牧师的工作能在战时使士兵的紧张情绪得以缓解，心灵得到宽慰，产生安全感和安慰感，保持部队高昂士气。随军牧师的心灵规劝是职业心理医疗队控制心理受伤和战场精神错乱、治疗战场心理疾病、消除战场心理障碍的重要辅助措施。战后，通过组织宗教“静修”，鼓励士兵自述内心情感，适度宣泄消极情绪等手段，可以使官兵在战争中受创的心理尽快得以恢复。其作用是各级指挥官和其他手段所无法替代的。

三是利用军人宗教信仰，解释军事行动的正义性、必要性。英国各大教会在大规模的军队驻区和独立部队所在地都设有军内教堂。军队传媒随时对教堂的活动进行报道。为了能在野外条件下举行宗教仪式，还为每个部队配备了机动圣坛。英军在基于基督教圣训对官兵进行精神教育的同时，十分重视培养军人的爱国主义精神和责任感、荣誉感等这些传统的价值观。英军规定，军内教堂必须升挂国旗和队旗、队标，节日期间在军营、靶场和阵地上举行的庆祝活动以及为武器装备举行的洗礼仪式都要服务于一个宗旨，即培养官兵无条件服从命令的意识、身为本兵种和本部队一员的自豪感和对英国武器装备优良性能的信心。通过随军牧师宣传“参战符合上帝意志”“上帝保佑战争胜利”，使官兵相信战争的正义性，从而不惜以生命代价捍卫自己的信仰。圣经中“不杀生”的诫条与战争对官兵的要求显然是矛盾的，但这一矛盾在英军为官兵准备的小册子《随军牧师——你的朋友》中得到了解决。在小册子的《战争篇》中这样写道：“无论你扣动了步枪的扳机，还是按下投弹的电钮，你都无须为你造成的伤亡负责……在民主国家里，为此承担责任的是它的全体公民。是国家，而不是你，在为正在发生的一切负责。”

四是协助指挥官维护部队稳定，解决军人战时思想问题。随军牧师以神职人员的身份出现，而且经常与官兵在一起，以体贴的语言和行动与他们交朋友、拉家常，并通过走访、慰问、座谈来了解官兵的思想状况，因而在官兵中享有很高的威信。他们可以了解到许多指挥官了解不到的问题。官兵们有解决不了的思想难题，会首先向牧师求助；发生了纠纷和冲突，牧师会出面调解；对吸毒、酗酒等违纪者，牧师会循循善诱，劝其改过自新；对情绪紧张或低落者，则积极进行心理疏导，预防自杀和擅自离队等事故的发生，从而协助各级指挥官保持部队安全稳定。

五是履行随军牧师义务，永远与士兵在一起。英军规定，战时随军牧师必须始终随前线部队一起行动，甚至当部队被敌人合围而随军牧师有可能避免被俘的情况下，他们也不应舍士兵而去。根据《日内瓦战俘公约》的规定，随军牧师被俘后有权继续在战俘中从事神职工作。据统计，一战中英军阵亡随军牧师 172 人，而二战中牺牲 1347 人。海湾战争中英军有超过 100 名随军牧师及其助手参加了作战行动。参加“沙漠风暴”行动的英军官兵称，随军牧师与他们同甘共苦，他们始终能够感受到随军牧师的关心与帮助。许多官兵坚信，有牧师在就没有克服不了的困难，这对提高士气起到了有益的作用。英军随军牧师在波斯尼亚执行任务期间，除了完成本职工作外，还采取各种形式向官兵介绍当地的历史、文化、宗教信仰和风俗习惯等，为后者更好地完成任务提供了保障。

二、战时民事行动

美军在《联合民事行动条令》中，将战时民事行动界定为：“军事指挥官为促进军事作战以及巩固作战目标，在其部队进驻的友好、中立或敌对关系对象作战地区，建立、维持、影响或拓展军队与当地民政机构之间关系的活动，包括政府、非政府及民众的工作。”依据相关国际公法和美国《军事统一法典》，美军在民事行动方面形成了由国防部民事行动指令、参联会民事行动条令和军种部民事行动条令组成的三级法规条令体系。其中最重要的法律文件是美国国防部 1994 年颁布的 2000—13 号《民事行动指令》；参联会 2001 年颁布的《联合民事行动条令》和 2003 年修订的《联合民事行动纲要》；陆军部 2003 年颁布的《民事行动战术技术与规程》和 2006 年颁布的《民事行动条令》。

美军对各军种民事部队的任务也有明确规定。2007 年 4 月，美国海军颁布了《海上民事行动纲要》，规定美军海上民事大队的主要任务是，运用海军远征战斗司令部建制内的有效力量，评估、计划、实施海上民事行动，其行动贯穿于整个军民事务处理的全过程。2008 年 7 月，美军参联会重新修订了《美军民事工作条令》，进一步明确美军民事部队的任务是：（1）根据美国和国际上相关法律，履行国防部对民众和民事机构所担负的责任；（2）将民事对军事的干扰以及军事对民事的消极影响最小化；（3）协调军方与美国政府的其他部门、国际组织、机构和外国政府的军事部门、非政府非营利组织和私人机构间的关系；（4）协同部队所在国，以争取其对美军军事行动的支持；（5）在占领区实行军事管制或建立文职行政机构，直至该管制可归还当地政府或非美国的军事当局；（6）向民众提供人道主义援助；（7）开展民事方面的专业事务活动，支持国防部和平时期的系列活动。概括起来，美军民事部队的任务主要有三项：一是根据国内法与相关国际法，协同占领区国家部队，支持美军海外军事行动；二是向国外及国内民众提供人道主义援助；三是开展民事专业事务，支持国防部和平时期的系列活动。

战时，美军民事行动人员要依据从战地收集掌握的情况，向各级军事指挥官提出并随时修订或调整民事行动计划，准备所需的人员和物资。对军事指挥官计划打击的目标，是否有可能大量伤及平民，或是有损世界著名历史建筑和重要文物古迹，要在考察的基础上提出明确恰当的建议。要随时与友军、联合国相关机构和国际相关组织沟通，与战区的某些组织取得必要的联系，以便传递与民事有关的信息，协调行动。在阿富汗战争期间，美军第96民事营的一个民事小组与一些当地非政府组织合作，向居民发放粮食、毛毯，把许多受伤儿童送到德国接受治疗。伊拉克战争期间，美军民事部队将国际援助的一些物品，包括食物、衣服、帐篷、医疗用品等配置周边四个国家，为难民提供服务。

战争开始后，一旦战区（交战国）当地政府基本或完全瘫痪，失去社会管理能力，美军民事部队就将充当战地社会的临时管理者，特别是管控民众的非正常流动和急需物资的配给，如实行宵禁和流动管制，对难民和流亡者进行安置，组织非战斗人员撤离战地，日用生活必需品定量配给等。伊拉克战争打响后，美军民事部队首先发布相关信息，劝说伊拉克民众留在家中，一旦民众成为难民，离开家园，民事人员就要求这些民众远离美军军事补给线，避免影响军事行动。随着战争的推进，美军民事行动人员常与多方配合，开展人道主义援助和战地社会秩序管理等工作，逐步实行从军管当局到国际救援组织再到临时政府的过渡。伊拉克战争中，美军的民事行动甚至具体到协助学校修复教学设施，协助解救遭绑架人质，协助训练警察和城市消防人员，协助市政部门修理消防、救护车辆和清理垃圾等。此外，美军的民事行动还担负着协助伊拉克实现民主转型的工作。如美军在安纳扎夫就协助当地官员召集会议，组织地方选举，在阿西万尼亚协助成立临时市议会，制定民主选举纲要等。

据统计，美军为伊拉克战争投入了大量的民事部队和相关专业人员，仅有建制的就有第352民事司令部、第354民事旅，第96、第404、第422、第432等民事营。大规模战斗结束后，美军第433民事营还招募了150名专家负责伊拉克的战后重建工作，其中有石油公司技师、农业专家、市场商人、不动产专家、计算机工程师、内科医生、联邦政府雇员和警察等。美国国防部不惜花费巨资收买和训练来自欧美各地的伊拉克流亡人士，组成所谓“解放伊拉克部队”与美军民事部队一起执行各种任务。由于这些人熟悉当地情况，有一定民意基础，他们的参与有助于美军的民事行动顺利实施。

俄军没有专门的民事行动法规和部队，但在第二次车臣战争中，俄政府和俄军作战部（分）队为了在战区建立稳定秩序，减少社会重建难度和战后遗留的民事问题，共同组织实施了一系列民事行动，以各种手段配合军事行动的展开，广泛拉近俄军与战区民众的心理距离，为夺取战争胜利发挥了重要作用。

宣传战争法理政策，分化争取战区民心。战争伊始，俄军就在莫斯科成立了专门发布反恐作战信息的俄罗斯新闻中心，并在联合战役集团司令部设立临时新闻中心，开设网站大力宣传俄军在车臣战争的合法性。俄军高级将领经常在媒体上宣传政府和军队反恐怖反分裂的立场、决心和目的，明确俄军“不是在同伊斯兰教徒，而是在同恐怖分子做斗争”，强调俄军士兵执行的是“捍卫国家领土完整、维护俄联邦国家利益”的正义行动，俄军行动的目的是消灭恐怖分子，恢复车臣社会秩序，保障车臣人民正常的生活和工作，以此化解战区人民的敌意。俄军在作战中，注意将极端恐怖主义分子与普通车臣群众区分开来，尽量使用精确制导武器打击恐怖分子，以防误伤平民。同时积极帮助当地恢复经济生活秩序，经常向当地居民通报战后俄政府准备采取的社会、人道和经济保护措施，呼吁政府加大对车臣地区的投资力度，受到车臣民众的欢迎。

严格民事纪律，赢得战区居民信任。为规范作战人员在战区的民事纪律，俄内务部及时向前线官兵下发了《战场生存手册》，要求官兵在战场上做到：主动帮助饥寒交迫的平民，主动帮助受伤的老百姓，主动帮助妇女、儿童和老人，通过主动帮助，赢得当地人的信任，让当地人相信“是在为保护他们而战斗”，对当地人的热心帮助，是给自己增加朋友、减少敌人；不要随便与当地人建立过于密切的关系，不要轻易相信当地人，防人之心不可无；不要与当地人一起喝酒，不要随便到当地人家里串门，不要随便接受当地人的礼物；不要与当地的姑娘、小伙子们约会，不要对当地人鲁莽行事，也不要轻易被对方激怒，因为这样会增加敌人。俄军各部还积极开展军民关系教育，详细介绍作战区域的风俗特点、民族传统，要求官兵主动与当地居民建立密切联系，做好对当地居民的宣传工作，并定期与居民联欢。俄军高级指挥人员也定期与车臣地方行政当局、长老和宗教界人士会晤，共商战后重建工作，并尽力协助当地恢复电力和燃料供应，帮助医院恢复门诊，积极修复被毁铁路。由于教育及时得当，战争中，俄军士兵违纪、犯罪现象较以往明显减少。此外，各级军事执法部门对违纪和犯罪问题不遮掩、不护短，及时严肃处理。通过以上举措，消除当地居民与俄军的隔阂，加深俄军与车臣民众之间的了解和信任。

实施人道主义救援，缓和与战地群众关系。俄军认为，能否正确解决车臣战争期间的难民问题，是赢得民心的重要因素。因此，专门成立紧急情况部负责解决难民问题，并要求国家拨出专款，向 22 万名难民提供帐篷、食品、药品和衣服等人道主义援助，组织大批专业人员奔赴车臣，重点解决难民的吃、住和医疗问题。俄军还要求卫生部派出医务人员在各地难民区，建立医疗点，开设急救医院，接诊病员。随着难民数量的不断增加，俄军联合战役集团主动给难民运输物资等，帮助难民解决困难。作战中，经常可以看到俄军把刚拿到的口粮、饼干等食品分发给挨饿的车臣儿童，以及给车臣难民分发热饭菜的场面。在最激烈的攻打格罗兹尼市时，俄军在格市包围圈上留下一条安全走廊，以便平民离开战火日趋激烈的城市。他们向格罗兹尼市及周围散发大量传单，告诉居民撤离的具体路线。在围困车臣武装的区域同时开放 4 条难民通道，让包围圈内的车臣难民撤退，以尽量减少车臣平民的伤亡。俄军每攻占一个地区，都及时升起俄罗斯国旗，建立警备司令部和地方政权机关，维持社会秩序，保护当地人民的安全。同时，建立难民接收区，接收、安置和救助难民，马上开展甄别工作，对确系平民者，立即发放食品、药物、饮用水等生活物资。积极协调俄政府，通过新建立的地方机构，为居民发放退休金、补助金，恢复交通、通信、医院、学校的正常秩序。为了缓和与当地居民的关系，俄军还及时建立一些和平地区，并撤掉一切岗哨。俄军的一系列安抚措施，极大感化了车臣民众，争取了民心，化解了敌对情绪，孤立了极端的非法武装分子，瓦解了车臣非法政府的统治基础，尤其是软化了车臣人的对抗意识，逐步增强了对俄罗斯的认同感和归属感。许多持有武器的车臣居民调转枪头，同俄军一道与非法武装作战，有的民众还积极帮助俄军指认非法武装分子，配合俄军开展战地宣传，对顽抗的非法武装分子喊话，劝其投降，减少了俄军的损失，加快了作战的进程。

三、战时法律支援

战时法律支援工作是外军在战争中以法律为武器，解释战争原因和性质，控制交战规模，弘扬人道主义，夺取法理优势的重要手段，也是开展对内服务、凝聚军心士气的重要手段。

美军的战时法律支援工作，内容涉及政治、经济、外交、宗教、文化等多个领域，概括起来主要有三个方面：

一是为高端决策提供法律依据。现代战争的成败得失，常常与战争行动是否合法密切关联。首先，第二次世界大战后，战争行为越来越受到国际公约的限制，高端决策层必须就战争是否违反国际公约，是否侵犯他国主权和领土完整、侵犯他国领海领空、干涉他国内政，做出法律判断。这就需要法律部门和军法官就战争合法性问题提出法律意见；对作战决策进行法律风险分析、论证和评估；审查攻击目标、作战方法和使用武器是否符合《武装冲突法》的军事必要性、相称性、不必要损害性等基本原则；就有关行动涉及的国际法、外层空间法等提供咨询和服务。战争开始前，美军律师常常大量引用联合国宪章、国际公约等法规文件，论证采取包括军事行动在内的一切手段的正义性、合法性，以争取国际社会的理解与支持，迫使对方陷于孤立和被动，为美军出兵制造种种合理、合法的借口。如海湾战争中，美军将战争责任归咎于伊拉克军队入侵科威特，宣称多国部队对伊拉克使用武力得到了联合国授权，是“主持正义”。科索沃战争中，美军大肆宣扬南联盟军队在科索沃搞种族屠杀，并积极搜寻甚至制造相关证据，证明美军是在进行“人道主义干预”。阿富汗战争中，美军打出“反恐”旗号，誓言要剿灭国际恐怖主义组织——“基地”组织。伊拉克战争中，为了强化战争“正义性”，美军不间断地实施无线电广播宣称，萨达姆曾下令对伊朗和伊拉克北部的库尔德人使用生化武器，因而对世界和平与安全构成威胁，美军对伊拉克发动军事打击，是强制执行联合国第1441号决议，是要将伊拉克人民从萨达姆的暴政下解放出来。其次，战争还受到国内法律的某些限制。在美国，总统作为武装力量总司令统帅军队，但发动战争须经国会批准；战争经费开支须向国会报告并提交议案；征招兵员须经国家授权，延长交战期须经国会同意等。再次，战争往往涉及国家赔偿问题，必要时需要向军事法律专家咨询，由专门机构和人员与政府、国际组织沟通，并经常保持联系，负责或协助处理相关事务，准备各种法律文件，提供相关法律依据，军法官在交战双方发生纠纷时，还要具体参加理赔诉讼。

二是为作战指挥官提供法律支援。军事行动开展后，法律事务的部门和军法官要随时向军事指挥官提供法律支援，如使用武器不能违犯《战争法》，打击目标应尽量避免伤及平民，避免摧毁民用设施、著名历史建筑和名胜古迹，出现占领管制、战俘处理、难民救助、外事协调等问题，必须符合国际法相关规定等。对指挥官决策的军事行动，军法官要及时进行法律评估，做出必要的法律说明，提供必需的法律文件和法律文书，用通俗的语言编印适应不同战场需要的交战手册，以规范官兵的某些行为。海湾战争中，美军有 200 多名军法官带领近 2000 名随军律师深入战场一线，参与起草具体交战规则、对打击目标进行法律评判、建立军事法庭、签订战地合同，做了大量的法律服务工作。由军法官起草的中央司令部第 1 号命令，即“施瓦茨科普夫将军第 1 号令”，从有利于军事行动顺利展开角度，要求美军参战人员尊重伊斯兰民俗以及与阿拉伯国家的友好关系，禁止任何色情物品，非穆斯林禁止入清真寺等，对美军顺利完成作战任务发挥了重要作用。2003 年伊拉克战争中，美军约有 103 名军法官、62 名随军律师在战场效力，在实施法律威慑、法律打击、法律约束、法律防护，以及与英军建立联合军事司法系统、提供交战规则、监督战斗员遵守国家战争法、武装冲突法方面做了大量工作。在战役战术行动中，美军经常遇到各种涉法问题，都需要军法官具体参与处理。如海湾战争大规模军事行动基本结束后，在美军占领伊拉克南部部分领土，而伊拉克又未完全丧失主权的情况下，美军根据军法官依据类似情况的法律条款和国际惯例提出的策略建议，在伊拉克领空的一定空域设立禁飞区，以防军用民用航空器混淆发生误会出错而造成不必要的损失和负面效应。实战中，敌方可能会违反《武装冲突法》，做出背信弃义之举，或利用战争法的各种保护性规范构设战争法陷阱，使美军陷入进退两难的境地。为防范和对付此类情况，美军在海湾战争中成立了一支具有专业知识，且经过特殊训练的、专门从事战场信息搜集的队伍（即第 199 和第 208 军法署国际法分遣队），该队伍主要由后备役人员组成，专门负责调查、收集和核实伊拉克违反国际法等战争犯罪行为证据。

三是为官兵个人及其家属提供法律服务。美军战时军事行动，官兵个人依法尽义务，同时也享受某些特殊待遇，如境外作战的官兵在通信、保险、购房、贷款、税收、家庭困难、子女上学等多种优待，都需要军法官出具相应的法律文件或协助办理。海湾战争中，美军相关法律机构曾就战区官兵减免税一事，向国防部和总统提出减免申请，使参战官兵享受到减免税优待。另外，官兵个人如因违反战场纪律受到行政处罚，或是接受军事审判，要由军法官参与咨询或是参与诉讼充当辩护人，以确保审理（判）程序的公开和裁定（判决）结果的公正，维护当事人的合法权益。战时军人家庭（婚姻）关系若有变故，也需要法律支援。战时军人家属特别是伤残或阵亡的军人其家属，落实相关政策，办理善后事宜的许多工作同样需要法律方面的服务。最后，在战地组织官兵开展法纪教育，避免官兵因不懂战争法而陷于被动，增强他们的战场自由度，也是美军战时法律支援必须的重要内容。1998 年 12 月颁布的 5100.77 号国防部指令命令美军，在各种武装冲突中，必须遵守《武装冲突法》及其原则和精神。战争法教育训练内容包括作战目标的选择和战术使用、俘虏和被拘留者、平民和私人财产、战争犯罪等多个方面。使参战人员明确什么样的行动符合《武装冲突法》的规定，什么样的人员、标志、财产受战争法保护，什么样的武器和手段是禁止使用或受限制的。美军在教育训练中，密切联系实战，甚至专门设置抗俘、被俘和对待俘虏等训练课目，教育参战人员解决不投降、抗俘与被俘后如何保障自己权利的问题。

俄罗斯在第二次车臣战争、克里米亚入俄和空袭“伊斯兰国”（IS）等军事行动中，充分吸取第一次车臣战争的教训，依据国际、国内法规积极开展法律战，争夺军事行动法理主动权，取得了良好效果。

一是高举合法使用武力的旗帜，争取民众支持。俄车冲突中，俄联邦的目的是维护俄罗斯国家的统一、独立、安全及其他利益；而车臣分裂势力则为了少数团体的利益，力图把车臣从俄罗斯联邦独立出去，成为一个国家，并把俄车冲突国际化。以美国为首的西方国家在俄车冲突中表现摇摆，既不敢公开支持车臣恐怖势力，又想借车臣事件遏制、削弱俄罗斯，因此总是寻找种种借口指责俄罗斯处理车臣问题的举措。但在第一次车臣战争中，俄政府没有很好地向民众讲清车臣问题的本质，民众对战争存在大量错误和模糊的认识，致使俄军在作战中失利。双方签署了和平协议，俄军撤出车臣。车臣分裂势力沿着独立的道路继续前行，一度成为俄联邦境内的“国中之国”。他们拥有自己的军队，发行自己的护照和货币，使用“车语”作为国语，甚至提出与俄建立外交关系，加入独联体、欧安会和联合国，俄车冲突的“国际化”倾向愈演愈烈。

三年后，俄罗斯认真吸取第一次车臣战争的教训，抓住车臣非法武装在俄各地大搞恐怖主义，激起强烈民愤之机，打出“反对恐怖主义，维护国家统一”的旗帜，发动了第二次车臣战争。战争伊始，俄政府即否认车臣具有任何特殊地位，宣布马斯哈多夫政权非法、车臣非法武装为恐怖主义力量。强调车臣之战不是民族纷争，也不是宗教矛盾，而是反对恐怖主义和民族分裂主义、维护祖国统一和领土完整的正义战争，赢得了世界上大多数国家的理解和国内民众的支持、拥护。车臣广大群众对战争的态度也与上次明显不同，车臣长老加入到争取和瓦解敌军的行列，车臣民兵组织了 2000 多人配合行动，在对格罗兹尼的攻坚战中，冲在最前面的不是正规军，而是熟悉该城底细的 600 名车臣民兵，极大地鼓舞了全体军民的斗志。有了民众的支持，俄军仅用 6 个月就基本收复车臣全境，取得了战争的决定性胜利。

二是积极开展外交活动，依法阻慑外来干涉。车臣民族是信仰伊斯兰宗教的民族，对车臣的大规模进攻，必然在穆斯林世界引起反响。第一次车臣战争中，俄罗斯忽视了这个问题，未采取任何措施。伊斯兰世界把俄军进攻车臣视为种族灭绝行动，表示强烈反对，并采取各种途径援助车臣非法武装，加大了俄政府解决车臣问题的难度。西方国家亦对俄军行动口诛笔伐，以保护“人权”和“难民”为由，不断向俄施压。俄政府进退维谷，摇摆不定，最终不得不与车臣非法武装签署停火协议。

第二次车臣战争，车臣非法武装与西方国家变本加厉，采取各种手段妄图使冲突国际化：车臣非法武装要求西方制止俄罗斯对车臣的轰炸，甚至要求联合国向该地区派驻维和部队和救援组织；西方国家也联合起来对俄罗斯进行政治孤立和经济制裁。针对以上情况，俄罗斯采取了以下措施：一是申明正义，争取伊斯兰国家的理解和帮助。俄外交部专门派特使到伊朗、巴基斯坦、沙特阿拉伯、科威特等国，阐明俄军在车臣的军事行动并非针对穆斯林世界，而“完全是针对恐怖分子的”，伊斯兰国家不应支持车臣非法武装，更不应对俄解决内部事务进行干涉。许多阿拉伯外交官申明本国政府的原则立场：支持俄维护国家主权和领土完整的努力，不干涉其内部事务。二是以《联合国宪章》为依据，同西方国家展开斗争。面对无理干涉，俄罗斯明确告诫西方国家，车臣问题纯属内政，绝不允许外部势力干涉。如果以美为首的北约胆敢进行武装干涉，俄罗斯将依法行使《联合国宪章》赋予的自卫权，不惜一切代价捍卫国家利益。俄当局的坚强决心和有法有据的政治斗争，有效慑止了西方干涉活动的升级。三是遵从武装冲突法，接受国际人道主义组织进驻车臣。俄罗斯断然否认俄北高加索地区因俄军的军事行动而存在“人道主义灾难”，但同意按照战争法的规定接受国际人道主义救援小组进驻车臣，观察那里的人权状况、就向当地难民分发救济物资的具体办法进行客观评估并向车臣难民提供人道主义援助。这种做法，既在一定程度上缓和了俄与西方国家紧张的国际局势，又借国际组织的力量影响了国际舆论，批驳了西方“人道主义灾难”的虚假指责，有助于俄罗斯集中全力展开军事行动。

三是制定、修订反恐相关法律，依法谴责和威慑庇护恐怖分子的邻国。在打击恐怖主义活动过程中，俄罗斯非常注重加强国内和国际反恐立法，为军事行动提供有力的法理支撑。

在国内，俄于 1999 年 9 月颁布了《关于反恐怖主义措施的决定》；2001 年 5 月，为惩治巴萨耶夫等车臣分裂分子，俄罗斯展开为死刑立法工作。此前，在一些俄联邦共和国，由于信仰的关系，死刑是被禁止的。

1996 年欧洲议会同意俄罗斯加入的条件之一就是俄必须废除死刑，俄罗斯加入欧洲议会后，又在刑法中恢复了死刑。2002 年 11 月，俄联邦修订《反恐怖法》，规定恐怖分子的尸体将不会交给死者的家属，同时也不会透露尸体掩埋地点。俄联邦委员会国防与安全委员会主席维·奥捷罗夫在评价反恐怖法修正案时强调：这既是对莫斯科文化宫人质事件及其他恐怖事件的相应的法律评价，也是对恐怖分子发出的警告，警告他们俄政府正在进行的反恐战争将毫不留情。

在国际上，俄注重通过国际区域合作或在联合国中发挥作用来创制新的反恐条约或公约。1999 年 10 月，俄与美国联手推动联合国安理会通过了一项反恐决议，“谴责一切形式的恐怖主义”，“不管动机如何，也不管由何人在何时、何地从事何种形式的恐怖主义活动，一切恐怖主义的行为，特别是对国际和平与安全构成威胁的活动，都是无法开脱的犯罪行为”。2001 年 11 月，俄签署了《全球打击恐怖主义宣言》。宣言强调，国际恐怖主义违背《联合国宪章》的宗旨和原则，任何资助、策划和筹备国际恐怖主义活动的行为以及对这种行为的所有形式的支持也是违背《联合国宪章》的宗旨和原则的。同年，俄作为上海合作组织的成员国参与制定了《打击恐怖主义、分裂主义和极端主义上海公约》。2002 年 6 月，俄签署了《上海合作组织成员国元首宣言》，宣言表明，本组织成员国坚决反对一切恐怖主义行为、方法和活动，本组织成员国决心积极合作，在本组织框架内将采取切实步骤，打击恐怖主义，落实《打击恐怖主义、分裂主义和极端主义上海公约》，强调本组织成员国支持彼此为肃清恐怖主义、分裂主义和极端主义所作的努力，以及国际社会切断恐怖活动融资渠道的努力，并将加大自己本国的打击力度，不允许在本国境内培训恐怖分子和向恐怖活动提供资助，拒绝向恐怖分子提供庇护所。

现代国际法不仅禁止在国际关系中非法使用武力，而且禁止以武力相威胁。但是，打击恐怖主义使这些规则受到冲击，美国对阿富汗的军事威胁及打击，即属冲击这些规则的典型表现。俄在打击车臣恐怖活动中，借助这种冲击在国际社会产生的影响，对其认为庇护恐怖主义的国家予以武力威胁。第一次车臣战争后，车臣非法武装混在难民之中，逃到格鲁吉亚的潘基西峡谷避难。其财政支持、弹药补给及外国雇佣军也多从那里进入车臣。俄希望格采取行动加以打击，或者与其举行联合反恐行动加以解决。但格担心俄借口打击车臣非法武装，损害自身的领土完整和安全，拒绝了俄的要求。“9·11”事件后，俄要求格配合其打击恐怖分子的态度变得异常强硬，坚持称车臣非法武装同国际恐怖主义分子有牵连，潘基西峡谷内藏匿着本·拉丹“基地”人员，表明如果格鲁吉亚不能制止隐藏在其境内的车臣非法武装分子继续潜入俄罗斯，俄将单方面考虑对潘基西峡谷实施空中打击。美国政府为取得俄对其反恐战争的支持，对俄方观点表示赞同。北约也于2002年改变立场，提出俄可以在车臣“适当”使用武力，因为“俄罗斯有权采取包括使用武力在内的措施打击恐怖主义”。这就为俄军的行动扫清了障碍。

四是将战争法与《武装冲突法》相结合，谋取最佳军事效益。第一次车臣战争中，俄军不注重战争规范，在作战过程中动用了坦克、飞机、步兵战车和大口径火炮，对格罗兹尼等地实施大规模的轰炸，造成许多平民伤亡。这种违反《武装冲突法》的行为使俄罗斯遭到国际社会的严厉谴责，陷入政治、道义和军事上的不利境地。

第二次车臣战争，俄军改变作战指导原则，将战争法与《武装冲突法》相结合。在实战中因地、因时、因事制宜，积极遵守并灵活运用《武装冲突法》，取得了良好的军政效益。一是灵活采用作战方法和手段。车臣战争是本土作战。为减少作战中的平民附带伤害，俄军在作战方法上，正面推进，多路“挤压”，逐步缩小合围圈，并为车臣平民开辟安全通道，动员他们及时撤离，将车臣非法武装从所占地区“挤”到可有效使用大威力武器的地域，再各个歼灭。在作战手段上，严格控制重型武器，严禁大规模杀伤性武器的使用，封锁所采用的两种地雷都按战争法的要求安装了自爆装置，可在战斗结束后自动销毁。在突击过程中，俄投入部分精确制导武器，对恐怖分子重点目标实施定点打击，大大提高了突击精度和效果，减少了附带伤害；二是坚决打击敌方背信弃义行为。作战中，车臣非法武装分子常混迹于平民之中，假扮成平民或俄军官兵，把火力点置于民房内，出其不意地袭击俄军。这些行为是典型的背信弃义行为，为《武装冲突法》明文禁止。俄军发现这一情况后，立即通知部队严加防范，并增加了反狙击手的训练，在每个摩步排编制 1 名反狙击手，对敌背信弃义行为实施坚决打击，将这些非法武装分子当场击毙或俘获；三是审时度势，放弃行使报复权利。战争过程中，车臣非法武装曾多次使用战争法严厉禁止的化学武器。由于俄军严加防范，并未造成伤亡，但平民却死伤严重。这种情况下，俄军可以行使战争法赋予的报复权利，相应地采取违法作战手段和方法回击敌方。但由于车臣非法武装常聚集于平民或居民区之中，对其采取报复行动可能对车臣平民造成较大的附带伤害。因此，经过慎重抉择，俄军放弃了行使报复权利。

2015 年 11 月 13 日，巴黎发生恐怖袭击事件。16 日，俄罗斯联邦安全局经过两个星期的调查，证实 10 月 31 日在西奈半岛坠毁的俄罗斯客机，系恐怖分子所为。普京抓住时机，高举反恐义旗，对“伊斯兰国”宣战，并说，这样做符合《联合国宪章》第 51 条有关国家自卫权的原则。俄罗斯也可以像美国人在“9·11”后那样，在世界任何地方对恐怖行动的指使者、策划者、执行者和庇护者使用武力。随后，俄军大幅提高在叙利亚空袭行动的密度和强度，仅 11 月 17 日，就出动战略轰炸机等多种型号战机，将大量印有“为了巴黎”字样的精导弹药投向“伊斯兰国”，共完成 127 架次空中打击，首次发射远程空基巡航导弹 34 枚，摧毁包括恐怖分子指挥所在内的 206 个目标。俄军的行动直接促成了俄法联合反恐，从北约内部撼动了因克里米亚问题而围攻俄罗斯的“铁幕”。土耳其击落俄战机事件发生后，俄并不急于报复，而是通过外交方式对土耳其的行径进行了谴责，并以染指石油为由，迫使美国与土耳其厘清界限。俄连续公布“伊斯兰国”石油运输车队进入土耳其的高分辨率卫星图片等相关证据，迫使美国表态，通过美迫使土耳其从伊拉克北部撤出非法驻军。又以伊朗、伊拉克、叙利亚等恐怖受害国为基础，通过强化打击“伊斯兰国”石油目标博得欧洲国家认同，赢得石油输出国组织赞许，迫美在中东地区让利，与美分享地区领导权，达成地缘战略反击目标。

五是兵止法进，及时开启战后重建法制之路。战时，依法稳定和恢复占领地区的社会秩序，既是《武装冲突法》的要求，也是将军事斗争的胜利成果转化为政治现实的必要手段。第一次车臣战争后期，俄军未能有效监督和恢复占领区的社会秩序，致使车臣非法武装分子在当地大搞破坏，肆意妄为，牵制了俄军精力。俄当局被迫在签署停火协议时取消在该地驻扎部队的要求，为日后的恐怖主义灾难埋下祸根。

第二次车臣战争中，俄军每攻占一个阵地，每解放一座城市，即积极采取有效措施稳定和恢复当地社会秩序，依法巩固胜利成果。一是建立警备司令部，组织恢复居民正常生活秩序。俄军在每个解放区都建立了警备司令部，负责统一调配驻扎在当地各要害部门的部队，组织恢复当地基层政权，处理当地日常事务，恢复正常的生活秩序，保护当地人民安全。如：恢复电力和燃料供应，修复被毁的铁路，发放已被车臣当局停发多年的退休金、儿童补助金，派出工程兵排除车臣匪徒设置在当地的地雷等等，有效控制了当地局势。二是向难民提供人道主义救援。俄军积极配合专门负责解决难民问题的紧急情况部，及时向逃出家园的难民提供了大量帐篷、食品、药品和衣物等人道主义援助。虽然车臣难民人数高达 22 万，但并未出现西方国家所说的“人道主义灾难”。相反，救援工作的有效展开，不但在一定程度上堵住了西方“人道主义干涉”的借口，更软化了车臣人的抵抗意识，增加了他们对俄罗斯的认同与归属感。许多车臣人反戈一击，与俄军并肩打击车臣匪徒。

俄军在作战上的胜利，并不能从法律上根本解决车臣问题。在俄联邦领导下的车臣共和国，依然面临两种法律制度的抉择：一是改革并完善法制，确保其成为联邦的组成部分；二是维持现存法律制度，却可能被分裂势力重新拉回到独立的道路上。从外部环境看，以美国为首的西方国家对俄施压，要求俄与车臣前总统非法武装头目马斯哈多夫谈判。因此，俄决定在车臣境内举行全民公决，制定宪法，建立民选政权，开启重建车臣法制之路。事实上，俄联邦是要以全新的地方自治性法制对抗原有的独立分裂性法制。2003 年 3 月 23 日，俄联邦无视车臣分裂势力的抵制与威胁，在车臣就共和国宪法及总统和议会选举法举行了全民公决。在 54 万名年满 18 岁、有投票资格的公民中，85% 的人参加了全民公决，有 94%—96% 的投票者对这些奠基性文件的草案投了赞成票。此外，在全民公决前夕，两批非法武装分子主动放下了武器，参加了这次公决。为表明这次活动的公平性与普遍性，俄联邦允许独联体其他国家及美国、日本、瑞典、波兰、英国、意大利、荷兰、德国等国记者参与观察和报道。新宪法规定车臣共和国将在俄联邦范围内享有最大范围的自主权，这就剥夺了车臣分裂势力存在的法律依据；新宪法赋予车臣人民根据自己的意愿建立各级政权机构的权利。随着车臣回归俄联邦法制轨道，俄联邦解决了涉及国家领土完整的最后一道难题。

四、战时专项教育

外军的战时专项教育，主要是对本国参战官兵进行的士气激励、心理疏导、被俘教育、战场法纪教育、战区社情教育等。

（一）被俘教育

外军认为，有效开展战前被俘教育，能使参战官兵感受到政府和军方对其人身安全和个人权益的重视，激发参战热情。就美军而言，其战前被俘教育是以《军人行为准则》为指导，在执行任务前，对现役官兵、文职人员、承包商等涉及军事秘密、存在被俘危险的人员，进行模拟战时环境下安全防护训练，使其具备生存、逃生、抵抗、脱险等战场知识和能力，增强顽强作战意志，树立献身国家的信心。美军认为，开展战前被俘教育的主要目的是提高参战人员的安全避险能力，并非鼓励其投敌叛变。

外军的被俘教育主要包括三个方面。一是行为准则教育。外军要求官兵在有抵抗能力的情况下绝不允许自愿投降，即使孤立无援、不能再歼灭敌人时，仍要尽最后努力逃脱敌军控制，争取返回部队或抵达友军营区；被俘后尽一切手段进行抵抗，抵制审讯，并想方设法脱逃，并协助战友脱逃，做到绝不向敌人告密，不背叛国家，不发表任何有辱信仰和损害本国利益的声明。美《军人行为准则》第 4 条规定，“如果我成为战俘，我将信任被俘战友。绝不透漏任何信息，不参与任何有损于战友的行动。”该条令对被俘人员提出三项信念：坚信美国民主体制和信仰，对美国绝对忠诚和坚信美国的正义性，对被俘战友保持绝对忠诚。美军认为，出卖情报和损害其他战友的行为是可耻的，也是严令禁止的。军人在被俘期间依然受美军军法的约束，接受军人守则的道德指导，必须做一名有尊严的“美军战俘”。越南战争期间，时任美军太平洋司令麦凯恩之子被俘，越南考虑到其特殊关系，有意释放小麦凯恩，但遭到拒绝。小麦凯恩在事后谈到他不能放弃他的战友，其行为在一定程度上鼓舞了在越美军战俘同甘共苦的信心。二是生存技巧教育。美军院校多设有“超压力训练”课程，专门帮助官兵提高战时应变能力和意志抵抗力。美国空军还专门制定条令，印发手册，传授飞行员战时跳伞后的活命要诀。为帮助飞行员掌握各种危险状况或环境下生存本领，美国所有的飞行员都要到空军野外生存训练学校进行为期 17 天的生存、躲藏、反抗、逃跑 4 大课目的训练。空军野外生存训练学校，先后建立了 5 所，即陆上生存训练学校、极地生存训练学校、热带生存训练学校、水上生存训练学校、丛林地区生存训练学校。其中陆上生存训练学校为基础教育学校，其余 4 所为实战训练学校。三是归国待遇教育。美军通常采取多种方式褒奖具备高尚军人气节的遣返战俘。海湾战争时期，当美军战俘获释归国时，时任国防部长切尼、参联会主席鲍威尔亲自到空军基地迎接，称赞其勇敢无畏精神和对国家的忠诚；美军还为被俘人员登报扬名，邀请其亲属到华盛顿出席欢迎仪式。抗美援朝战争中，被志愿军俘虏的美军飞行员，有多名归国后被授予战俘奖章，并最终晋升为将军。

（二）战场法纪教育

战场法纪教育，是外军针对战时官兵可能出现的纪律松懈、违法乱纪、违犯人道主义原则等开展的战地纪律教育工作。外军认为，战地纪律问题，不仅影响军心士气和军队形象，还直接关系到作战效能及战争目标能否实现。越南战争期间，美军屠杀越南无辜平民的“美莱大屠杀事件”曾一度成为震惊国际社会的恶行。伊拉克战争中，美军虐俘事件和伤害平民事件又引起国际哗然。时任参联会主席佩斯、国防长盖茨认为，美军在伊拉克出现的纪律问题，严重损害了美军形象，妨碍了美军战略实施，给美军造成恶劣影响。因此，外军强调要重视战场法纪教育，提高部队战斗力。

外军战场法纪教育的主要内容：一是法令法规教育。美军把《国际法》、美国军事法规和各军种条令条例，进行分类集中汇编成《作战法律手册》，发给参战官兵，其中涉及战争、战时行为的条款。海湾战争时美军把应该引起重视的问题印成小卡片，发到官兵手里，如“尊重沙特的文化差异”“不要对阿拉伯妇女表现出任何兴趣”等。二是警示教育。此类教育主要是通过违法违纪典型案件的处理，使官兵认识到战场违法违纪的严重性和危害性，提高遵章守纪的自觉性，从而达到制止和预防违纪违法的目的。伊拉克军队在海湾战争时肃清持不同政见者，在入侵科威特前曾逮捕200多名持反对意见的军官，后又撤换了总参谋长和国防部长，处决了一批持不同政见的军官，以求产生震慑作用。三是战场纪律教育。第二次车臣战争时，俄军结合有关人权等国际敏感问题强化战场纪律教育，强调在反恐行动中被发现的所有侵犯人权和滥用职权的案件，都将接受调查，违法乱纪者将受到严厉的法律制裁。在海湾战争中，美军结合当地特点和伊斯兰教法，专门制定战场纪律和行为规范，其中包括不准私自外出，不得饮酒；与沙特及其他阿拉伯部队同住一座营房的美军不吃猪肉食品；不虐待俘虏，不准向俘虏索要和私自占有俘虏的财物等。

（三）战区社情教育

外军的战区社情教育就是要求参战人员对战区所在地的政治、经济、文化、宗教、民俗等有一定了解与认知，从而避免给军事行动带来不利影响。冷战结束后，美英等国军队汲取历次对外战争的经验教训，将战区社情教育作为战时精神教育的一项重要内容。

首先，进行教育培训。2006年1月，美国国防部举办了一个为期18周的“战区社情教育”示范性培训班，学员是美军各级指挥官，重点学习“人类文化学”和“跨文化交流”等课程。培训班通过对一系列个案分析研究，启迪指挥官“站在敌人的角度”思考问题。由于先期被派往伊拉克作战的官兵缺少关于当地文化风俗的教育，导致官兵在执行任务时经常毁坏历史、宗教文物，引发当地民众的不满和反美浪潮，严重影响了美军在伊拉克的军事行动。为解决此类冲突，美军加强了战区社情教育，专门开办老兵经验介绍班，组织从伊拉克战场归来的老兵赴各陆军基地进行伊拉克文化、宗教、风俗等方面的教育，并为新兵提供战区社情咨询网络服务。

其次，学习掌握社情民意。美陆军训练与条令司令部为使官兵在娱乐中接受战区社情教育，还开发了相关电子游戏，游戏者可在虚拟的战区城市中生活，居家和从事经商活动，以便官兵熟记战区民众日常用语和风俗，以帮助官兵遵守和适应当地风俗习惯，减少对当地民俗及文化的误解和轻视；了解执行任务过程中常遇到的问题及正确的处理方法。美海军陆战队设立的“战时高级文化教育中心”，聘请阿拉伯语教师和文化专家对官兵进行伊拉克文化教育。其任务是向即将赴伊拉克的陆战队队员讲授当地文化，以增进陆战队队员对伊拉克文化的了解和尊重。同时也教授一些简单实用的伊拉克语言、手势，用当地人能接受的方式模拟检查站的人身安全检查。针对美军在伊拉克战场侵犯平民的种种行为，该中心还专门增加了尊重伊拉克人、遵守国际公约、维护国家和军队声誉的相关教育。

（四）战俘管理

战争必然产生战俘问题。外军的战俘管理主要包括战俘的收容、登记、审查、救治、押运、移交、接收、羁押、管理和遣返等工作。冷战结束以来，由于美军对外用兵最为频繁，且在海湾战争、阿富汗战争和伊拉克战争中均抓获大批战俘。因此，其战俘管理工作最为详细、规范，也最具代表性。

事实上，美军自独立战争起，就十分重视战俘工作。世界上第一部内容涉及保护战俘的双边条约，就是美国与普鲁士在1785年签订的。条约规定，应给予战俘正当待遇，禁止将战俘囚禁在罪犯的监狱里并禁止使用镣铐，战俘必须监禁在合乎卫生的场所，可以像军人一样地生活、饮食和进行体育运动。伴随战争实践的丰富，美军战俘管理法规条例体系也不断完善。目前，此类法规主要有三种：一是原则指导性条令、条例。包括国防部第 2310. 01E 号《国防部拘禁行动计划》、国防部第 2311. 01E 号《国防部战争法计划》等。前者明确了美军对被俘人员管理的总原则，严格规定了国防部各部门在拘禁行动中的责任及各级指挥官相应职责，是各级部门和人员就有关政策进行解释的权威依据。二是工作细则性条令条例。包括参联会第 3—63 号《联合拘禁条令》、陆军第 19—40 号《拘禁、俘管行动》、陆军第 190—8 号《处理战俘、被留用人员、被拘禁平民和其他被俘人员条例》等。其中，陆军第 19—40 号条令严格规定了美军处理被俘人员的程序和各单位职责。三是临时性条令条例。如陆军过渡性第 3—63 号《拘禁行动的指挥和控制条令》，是为适应美军在反恐战争中遇到的新情况而编写的，明确了参与拘禁行动的各级部门权责。

美军对战俘的处理有着严格、标准的程序。首先，是被俘人员的移交、转移和分类。美军规定，捕获被俘人员的单位在将被俘人员移交给军事警察（宪兵）部队之前，应对被俘人员执行俗称“5S” + “T”的战地处理程序：搜身（Search），搜查武器弹药和其有情报价值的物品；分类（Segregate），按照军衔、性别、国籍区分；禁语（Silence），禁止被俘人员相互交流、谈话，管理人员只有在发出命令时才允许被俘人员说话；速送（Speed），迅速将被俘人员撤离战场；看管（Safeguard），监管被俘人员，提供必要的医疗帮助；标签（Tag），按照规定，在国防部 2745 号标签（被俘人员登记表）上填写捕获日期、地点、捕获的单位和捕获期间发生的特殊情况。其次，接收战俘和被留用人员。在战俘和被留用人员转移到战区拘禁中心时，需要在接收区进行如下接收步骤：分配被俘人员序列号、清理个人物品并编号，个人卫生清理和医疗检查，包括洗澡、理发、消毒、检疫等；分配个人日用品和服装；制作被俘人员身份证、遣返表格，照相、录取指纹；检查各步骤的文件填写情况，准备羁押等。所有收集到的数据应及时直接或通过战区被俘人员信息中心报告美国国家被俘人员信息中心备案。再次，分类拘押、转移战俘。完成接收处理后，战俘和被留用人员会被分配到各自的羁押区，按军官、士官、士兵、男性、女性分类管理。羁押区一般由 1—8 个小的羁押单位组成，每个羁押单位可以容纳 500 人。部分战俘可能会被再分类、再转移，以便管理和审讯。接下来，日常管理。按照《战俘待遇之日内瓦公约》，给战俘和被留用人员提供食宿、标有战俘标志的服装、医疗救助、宗教服务、对外联系等相关方面的管理。对此类人员参加劳动的要求，应按照《日内瓦公约》原则实施，对战俘进行适当的教育，以方便人员的管理和情报获取。拘禁单位要采取有力措施，防止战俘和被留用人员越狱情况的发生。最后，遣返。受伤、生病的战俘和被留用人员，应根据《日内瓦公约》的要求直接遣返或遣返至中立国。对于其他战俘和被留用人员的遣返工作，严格按照条令、条例要求的程序进行。

对其他被俘人员的处理，美军根据反恐战争以来产生的新问题、新情况，提出了“非法敌方战斗人员”的新概念。2006 年，美军在《军事审判法》中，将“非法敌方作战人员”定义为“基地”组织分子、塔利班分子或其他介入武装冲突的反美国际恐怖组织成员等。阿富汗战争开始后，美军于 2001 年 11 月在阿富汗马扎里沙里夫地区关押了第一批囚犯，之后在古巴的关塔那摩海军基地陆续关押了大量囚犯。同时，美军与中央情报局合作在东欧以及非洲秘密设立了大量的“黑监狱”，关押所谓的“幽灵囚犯”。美军认为这部分人员不属于战俘范畴，为了达到长期关押、情报审讯而又不违反国际、国内法的目的，对其实行不释放和严刑拷打的政策。美军的这些做法，表面上有根有据，实际上充分暴露了美军战俘政策的两面性和差异性。

第三节　外军战争行动中的政治性工作的基本特点

外军战争行动中的政治性工作，受不同国家和民族基本国情、军情的影响，受不同战争性质、起因、目的、规模、环境、形态、参战国家和民族、双方军人素养、武器装备、战争指导和战略战术等诸多因素的制约，在战争中差异极大。本节主要以美、英、俄、印等国军队为主，分析外军战时政治性工作的特点。

一、外军战时政治性工作的性质与各国不同的国情军情紧密相联

无论是平时还是战时，任何国家要确保对本国军队的指挥控制权，必须在军队中开展一定形式的政治性工作。在战争期间，不同国家军队政治性工作的性质，都是由各国的核心利益及军队性质所决定的。以美军为例，首先，美国实行“文官治军”的体制，军政之间在军事问题上，尤其是战时关系非常微妙。国防部与国务院之间、总统与国会之间常常产生分歧、发生矛盾，总统的演讲或是呈送国会的一纸文书，往往就是战争动员令，进而成为美军战时政治性工作的指导纲领。因此，美军的战时性政治工作，处处体现出美国宪政体制、“文官治军”的特点。其次，美军是西方国家中“以法治军”的典范。无论平时，还是战时，美军各种事务的运作基本上都是“照章办事”，即便是富有弹性的思想教育及政治性工作，也有条令条例可依。因此，美军战时政治性工作的一切内容，都可以从美国法律法规及军队条令规章中找到根据。再次，美军发动和参与战争的根本目的，是为了维护美国的霸权地位。这就决定了美军的战时政治性工作，无论披着什么样的外衣，都必然受到美国自身利益及核心价值观的影响，对外带有一定的阶级性、两面性和欺骗性。

不同国家军队的战时政治性工作，也必然受到本国历史、文化、宗教等因素的影响。如宗教对当今世界的影响力巨大，外军官兵中绝大多数笃信宗教。因此，美、俄、德、英、以、印、巴、泰、韩等国军队普遍建立了神职人员制度，以便在战时为官兵提供宗教服务。但不同国家和地区军队尊崇的宗教教派各不相同，如美军官兵分别信仰基督教、犹太教、佛教和伊斯兰教等多种教派，俄军仅信仰东正教，印军则大多信仰印度教，巴基斯坦军队信仰伊斯兰教，泰军笃信佛教。各国军队神职人员的职能也各不相同，多数仅履行宗教服务职责，但美英等国随军牧师还负责向官兵解释军事行动的正义性、必要性，提供道德教育和心理疏导，协助指挥官解决军人战时思想问题，为官兵提供战地生活服务和家庭援助等多项支持。

二、外军战时政治性工作的主要内容与其战争政治目的及军队求胜需要高度一致

外军战时政治性工作的内容多因其战争政治目的和军队求胜需要而设定。既有具备直接作战功能的战时政治性工作，也有发挥辅助性功能的战时政治性工作。以美军为例，首先，美军战时政治性工作主要针对的是敌方、作战对象国军队。针对敌方的政治作战常常是全方位、多渠道展开，或是政治上谴责，揭露统治者道行逆施，使其在国际社会陷入被动孤立的境地；或是渲染战争恐怖，进行心理威慑；或是在敌国内部寻找对立面，收买反对派；或是制造谣言，混淆视听，欺骗舆论等等。其次，美军战时政治性工作也指向国际社会，目的在于使战争合法化，于己有理、有利。通过媒体宣扬美国发动战争的合法性，塑造美军“自由之师”“正义之师”的高大形象，争取国际社会舆论支持，寻求战争伙伴，以尽量减轻因战争而带来的国际社会的压力和本国经济上、军事实力上的损失；有时还极力争取联合国的支持，以取得战争授权，便于妥善处理因战争而引起的许多国际问题，诸如国际争端、人道主义援助、战后重建等。如在伊拉克战争中，美国政府及其媒体，宣称伊拉克是“无赖国家”，萨达姆是当代的“希特勒”，是“战争疯子”“战争狂人”“独裁者”等等。美军官兵认为，既然伊拉克是无赖、萨达姆是恶魔，那么美国打击伊拉克的目的就是“解放伊拉克人民，铲除萨达姆独裁政权”，是为“自由”而战、为“民主”而战，是替全世界除魔卫道的“正义”之战。这种对敌人的丑化和对战争正义性的宣传，在当时赢得了广泛的军心。再次，美军战时还针对己方强化思想政治工作。主要是适时对军人进行相关的教育，以保持军队的稳定，鼓舞官兵士气，维持一定的军事力量，保证军事行动的顺利进行，取得战争的最后胜利。美军还认为，要最大限度地动员全社会，以争取更多美国民众对战争的同情和支持，特别是要做好军人家属工作。同时，还要争取说服政府中对战争持有不同意见的人，以便因战争需要由总统向国会提交的相关议案得以顺利通过。特殊情况下，还须妥善处理相关问题，以

保持政局的稳定。

三、外军战时政治性工作的时间长度贯穿、渗透于军事行动的全过程

外军战时政治性工作起止不像军事行动从开战到终战那样明确，时间跨度更大，通常上溯下延，贯穿于整个军事行动的全过程。具体到某一次战争来看，如美军在阿富汗战争中的政治性工作可以上溯到“9・11”恐怖袭击事件的发生。因为战争虽然是2001年11月才打响，但美国对阿富汗“塔利班”政府的战争准备及其对军队的战争动员，从“9・11”那一刻起就大张旗鼓地展开了。而在伊拉克战争中，虽然战争于2003年3月打响，但美国的战争动员及向海湾调兵遣将，以及主要与英军的协同作战准备早在上一年底就开始了。那时战争气氛如同乌云密布一般笼罩着整个海湾，引起国际社会的高度关注。所以，美军在伊拉克战争中的政治性工作实际上从上年底就已开始。至于结束的时间，因为美军是海外异地作战，一般情况下应从战争结束后延至美国撤军为止。从战时政治性工作的具体事务来看，也是如此。如俄军在乌克兰危机中舆论宣传工作就开始于进驻克里米亚之前。早在乌动荡之初，俄军就精心设置危机议题，赢得民众舆论理解支持，利用国内各大主流媒体争先播出俄乌两国共同文化、共同文明的宣传片，电视台滚动播出追溯一战、二战时期同呼吸、共命运的历史岁月专题片，不断向民众宣扬俄乌两国“兄弟般”的情谊。并围绕乌俄裔同胞正遭受威胁，大量乌难民正涌入俄罗斯，克里米亚政府受到极端主义者攻击，亟需支援，应该保护在乌俄同胞等议题展开深入报道，为俄军对乌采取军事行动做好舆论铺垫。同时，利用电子战设备对俄乌边境克里米亚地区的广播和电视信号进行监控和干扰，广播宣传利于己方的言论信息，鼓动当地民众站到自己一方。而当俄军进驻克里米亚后，鼓动该地区大批民众举行示威游行，要求扩大共和国权力，并要求举行全民公决以决定继续保留乌克兰自治共和国地位还是成为独立国家，或并入俄罗斯。而大批亲俄的乌克兰军人也开始转换立场，相继有多名军官辞职后加入俄方武装力量。克里米亚公投前，据全俄社会舆论中心的民调显示，有六成以

上民众认为在乌俄罗斯人受到排挤威胁，90% 以上民众赞同克里米亚入俄。最终，克里米亚入俄公投获得了 96.77% 超高赞同率，可以说与俄军早期舆论宣传策略不无关系。

四、外军战时政治性工作的方法手段科学技术含量较高，可操作性较强

西方发达国家在不断的军事实践中，已将现代科学技术广泛运用于战时政治性工作，从而使战时政治性工作效率越来越高、作用越来越大、效果明显增强。首先，作为战时政治性工作基本依据的各种条令条例和重大决策、计划等，都是在战争经验的基础上由专门的研究机构运用现代技术方法分析制定出来的，其中有的还用模拟的方法演示以预见其可行性。如美军高度重视民事行动的效能量表对行动进程的意义。美军认为，准确且有效的效能量表可以在许多方面帮助提高行动效果，可以帮助确定转移资源、过渡到不同阶段以及改变或终止任务的战略、战术和决断点，还可以协助美军指挥官决定，在全部或部分任务完成后，何时允许对执行民事行动的部队进行重新部署。其次，具体执行战时政治性工作任务的人员，普遍素质较高。他们适应开放性政治工作的需要，熟练掌握现代科学技术，是某些领域特别需要的行家里手，是现代战争中政治工作不可缺少的人才。再就是现代技术在美军战时政治性工作方法手段上得到具体运用。仅举几例，美军阵地前瓦解敌军喊话用的手持话筒，早已成了车载或是飞行器搭载的大功率扩音器。原来凭经验直观风向风速的海漂，现在是根据对卫星提供的风云图像资料分析定点定时海漂。还有用无人飞机散发传单，用移动电话与敌高官通话或发去短信，通过互联网发送电子邮件，电视直播和博客对视交流等，方法手段既多样又新奇。

外军战时政治性工作随着方法手段技术含量的日益加重，程序越来越简单化，因为技术本身不带情感因素，可作定量分析，因而可操作性强。比如，美军以制裁（封锁、冻结）为主要手段的经济斗争，以调配、补充人员为主要内容的人事工作，足不出户，在网上运作和监控，就可以完成任务、达到目的。再比如以物质刺激为主要手段的士气激励和以解决战区

社会一个个相关具体问题为内容的民事行为，多半都是与数字和物资打交道，操作起来并不十分复杂。至于广播、电视、博客和移动通信等，只要掌握电子信息技术，具体操作就更是简单化了。

五、外军战时政治性工作的主体力量分工细致，人员素质较为专业

外军高度重视战时政治性工作的专业力量建设，整体上建制完整，职责分明。如美军开展战时政治性工作的基本力量是具有政治性功能的建制单位和工作人员，包括各级指挥官、人事军官、随军牧师、临床心理学家、公共事务军官、心理战部队和民事部队等。有的首当其冲直接担负着政治作战任务；有的担负着组织人事和思想教育方面的任务，发挥其保障作用；有的通过提供战时政治性工作必需的专业技术服务或是专门事项服务，支援作战行动等等，各得其所，各司其职。此外，外军还注意利用众多其他社会力量，如主流媒体、民间社团、慈善机构和大量的志愿者等参与战时政治性工作，分担军队压力。这些民间机构团体社会覆盖面广，资金充裕，运行高效，服务专业。从战争行动开始直至战后，坚定支持政府立场，宣扬美化本国军队，及时传递信息，给参战军人及其家属提供各项服务，常常可以起到政府和军队本身难以起到的作用。

外军从事战时政治性工作的人员的整体素质与各国军队的职业化程度成正比。西方发达国家军队，由于军队职业化程度较高，其从事战时政治性工作的人员素质总体也较高。如美军民事部队官兵中，许多人都是各领域的专家，如公共事务管理专家、教育专家、卫生专家、安全专家；建筑设计师和工程师、通信专家、语言文化学者或宗教人士；经贸和商业领域行家；国际事务特别是人道救援工作专业人士等。这些人员熟悉战区（交战国）的基本情况，能够对战区（交战国）的政治、经济、社会、文化、宗教等方面做出基本分析评估，为本国政府和军队提供服务，与国际社会的政府机构和非政府组织以及友军沟通并提供咨询；具备多方面能力，特别是语言技能和人际沟通能力，能够在艰苦恶劣环境下生活、生存下去，遇到复杂敏感问题，能够随机应变；有高度的政治敏感性和职业操守能

力。因此，美军政治性工作人员招募条件比一般部队的入伍条件高得多，通常优先录用有现役作战经历、语言技能较好、曾担任过参谋职务的人员，或者直接从地方聘用专家。再如在英军心理战部队中，许多官兵都是政治、经济、外交、语言、广播、电视、印刷、排版、网络等领域的专家，经历过马岛战争、海湾战争、科索沃战争、阿富汗战争和伊拉克战争等实战，拥有丰富的心理战经验。

六、外军战时政治性工作的实际效果始终受到战争政治目的、正义性和人心向背等因素的制约

克劳塞维茨曾说："战争无非是政治通过另一种手段的继续。"政治是战争的母体。尽管从外军战时政治性工作具体事务来看，其目的是为了稳定和提高部队战斗力，但从其实质来看，仍然是站在本阶级的立场上，确保战争行动能够服从、服务于政治上的需求，以实现和维护本阶级的利益。这就决定了当战争行动本身不具备合理的政治目的、偏离战争的正义性时，外军政治性工作就会受制于政治上的需要而具有欺骗性。以伊拉克战争为例，世人皆知，美国打伊拉克的主要理由，一是说萨达姆支持恐怖主义，二是说伊拉克有大规模杀伤性武器。一时间这类舆论铺天盖地，犹如乌云弥漫，让人分不清是非，辨不明真伪。英国、意大利、澳大利亚等10多个国家出于多种考虑站在美国一边，先后派兵参与这场战争。随着战争的推进，真相逐渐大白，世人对美国的说法由信转疑，再到完全不信，有的甚至公开指责美国有意造假，让民众受到舆论的欺骗。就连参战的美军官兵也不知所云，怀疑自己究竟是在为谁而战，进而情绪低落，厌战怠慢。此后，美军在伊拉克战争中的政治性工作就不再像先前那样自以为是、肆无忌惮、无所顾忌地摆出一副老大的架式，而呈现出一副被动应付的模样。加之国内国际的压力，导致布什政府及其后任者骑虎难下，进退维谷。也就是说，尽管美军在战时政治性工作方面有较强的优势，但由于美军发动伊拉克战争从本质上讲是非正义的，带有明显的干涉性质，其所想、所说与所做的完全不一致，开展战时政治性工作是为了赢得人心，是

反向性的口是心非。因此，一旦那些捏造、宣传的谎言被揭穿、识破，就会使政治性工作的成效大打折扣，继而降低其军心士气，激发民众不满，最终影响军事行动的实施效果。

由此可见，尽管外军战时政治性工作的实际效果与其主体力量、方法手段及其工作对象有一定程度的关系，但战争政治目的是否正确、是否属于正义的战争，是否能够得到民众的支持，仍然是外军战时政治性工作能否取得成效的最终决定因素。

第十章

外军非战争军事行动中的政治性工作

非战争军事行动（Operations Other Than War）作为军语，最早出现于1993年美国陆军FM 100－5野战条令《作战纲要》之中，其含义是“和平与冲突时期不一定涉及两军间武装冲突的军事活动。”① 自1990年以来，符合其“非战争军事行动”概念的美军军事行动达到40多次②。美国学者认为，非战争军事行动可以区分为在国内和国外实施的两种情况③。继美军之后，英国、法国、日本、意大利等西方国家也纷纷将非战争军事行动的概念引入作战条令。俄军虽未明确提出“非战争军事行动”概念，但其所谓的“特殊行动”，与非战争军事行动在本质上并无差异。目前，世界主要国家对非战争军事行动的概念已形成基本共识，认为它是在战争之外使用军事手段进行的一系列以慑止战争、促进和平、维护国家安全和减免灾害为目的的军事活动。从总体上看，正如战争行动离不开政治性工作一样，外军在执行维和、反恐、禁毒、抢险救灾、人道主义救援等非战争军事行动的过程中，也在精神教育、舆论宣传、心理攻防、人才培养、军法建设等政治性工作方面积累了丰富的经验，不仅保障了相关任务的完成，而且为保证部队安全稳定和维护官兵身心健康发挥了重要作用。

---

① “operations other than war：military activities during peacetime and conflict that do not necessarily involve armed clashes between two organized forces”，FM 100－5 Operations. June，1993.

② 严安．美军非战争军事行动政治性工作的特点及对我军的启示．西安政治学院学报，2009（5）．

③ ［美］基思·波恩/安东尼·贝克著，杨宇杰等译．美国非战争军事行动指南．北京：解放军出版社，2011：14.

第一节　外军非战争军事行动中的政治性工作的法规依据

外军认为“在非战争军事行动中，合法性经常成为一个决定性因素”①。这种合法性，一方面“主要建立在某一特定受众对于执行行动是否合法、符合道德和保持正义的理解的基础之上”，也就是运用武装力量进行非战争军事行动的正义性与合法性问题；另一方面，外军非战争军事行动在组织实施上又要遵循各国相关的国家法律和军事法规。这些形成了外军非战争军事行动政治性工作的法规依据。

一、国际法与国际条约

近代以来，国际社会关于战争性质的判断主要基于由政治、伦理和法律三个层次构成的公理评判体系；到了国际关系体系日益完备的当代，政治与伦理的判断又逐渐融于国际法之中，相关国际法便成为判断战争正义与否的重要标准。非战争军事行动虽然对抗程度相对较低、武力运用相对有限，但由于政治性强、影响力大，特别是海外非战争军事行动，很容易受到国际舆论关注。因此，追求非战争军事行动的“合法性”成为外军的一项重要原则。为了“师出有名”，以美国为代表的西方国家自然要以《联合国宪章》、联大决议为法理依据，并接受国际武装冲突法（LOAC）、国际人道主义法（IHL）和国际海洋法（IML）等国际法规的约束。当然，在实际运作中，往往又会按照实用主义标准选择或执行于己有利的条款，甚至通过政治运作推动联合国形成符合己方意图的提议和决议。

除了国际社会普遍认可的国际法，与行动相关国家签订“条约”也是确保非战争军事行动的重要环节。以美国为例，先后与多个国家签订双边

---

① ［美］基思·波恩/安东尼·贝克著，杨宇杰译．美国非战争军事行动指南．北京：解放军出版社，2011：12.

或多边条约，《美日安保条约》《美韩共同防御条约》以及《北大西洋公约》等，对美军在其他国家驻扎时的法律地位、权利和义务方面做了详细规定；与日本、韩国、菲律宾等国签署的《部队地位协定》，对在海外军事行动和美军人员的法律地位、出入境管理、税收豁免、损害赔偿、刑事管辖权等内容进行了规范。北约集团 1998 年颁布的 AJP－01（A）《盟军联合条令》就盟军部队组织实施战争之外军事行动（MOOTW）的相关问题指出，“在战争之外的军事行动期间，军事行动越正当，就越能得到国际团体、派出军队的国家和政党的支持。在可能不存在合法政府或政府未得到国际承认的情况下，与个人和组织接触时应特别小心，以避免无意中使他们合法化。应把握一切机会使国内和国际社会感觉军事行动是合法的。”①

外军非战争军事行动以国际法和相关国际条约为法规依据，首先是由非战争军事行动的军事属性所决定。所有军事行动都必须受政治目标的约束，各个层次的政治目标还会影响军队的力量运用和具体行动。美国在代号为“能干哨兵”的波黑维和行动中，就以“执行联合国决议”为理由；在封锁哥伦比亚的行动中，打的是“反毒品”的旗号；在向原苏联地区运送物资的“给予希望”行动中，则以“人道主义援助”为借口。其次，一些非战争军事行动本身就包含着使用或威胁使用武力的意图，甚至成为战争行动升级的前奏。美军在条令中明确：“在非战争军事行动中执行非战斗任务的部队应随时准备好过渡到战斗状态”②。第三，同战争行动相似，对当代国际法体系下的非战争军事行动性质的评判仍具有一定可塑性。这些因素为涉及海外非战争军事行动的国际法理斗争提供了空间，也成为外军非战争军事行动及为之服务的政治性工作的重要依据。

二、国家法律法规

随着外军参与和执行的非战争军事行动越来越多，一些国家普遍注重

① 总装电子信息基础部译．AJP－01（A）盟军联合条令：战争之外的军事行动（MOOTW）．2008.

② 总参谋部情报部译：美军联合出版物 JP－3－07 号“非战争军事行动”，2006：78.

通过立法为军队非战争军事行动提供法理依据，相关法制建设也倍受关注。这些国家层面的法律法规是外军非战争军事行动政治性工作的指导依据。

美军非战争军事行动主要在海外进行，经过较长时间的发展完善，形成了一套相对完备的法律保障体系，为其频繁的海外军事行动提供法律支撑。一是积极运用国家法律为军队非战争军事行动“正名”，陆续通过了包括《反恐怖主义法》及其修正案在内的一系列法律法规，为非战争军事行动提供法律支持。二是组织协调层注重依法完善领导体制和运行机制，在《国家安全法》《全国紧急状态法》中明确规定了军民兼容、平战结合的国家应急管理体制和军队非战争军事行动的指挥体制与运行机制。三是对海外军事行动的职责和地位等做出规定，在《统一军事司法法典》等总体性法律之下，针对不同国家、不同问题制定了名目繁多的法律法规。

俄罗斯在 20 世纪 90 年代至本世纪初，针对国内局势动荡、突发事件频繁出现的特点，以《俄罗斯联邦宪法》《俄罗斯联邦紧急状态法》《俄罗斯联邦战时状态法》等为基础，制定了 100 余部配套的联邦法律、法规，逐步形成了比较完善的应急法律体系。特别是 1998 年颁布的《俄罗斯联邦反恐怖活动法》明确界定了恐怖主义、恐怖主义活动、恐怖行动、恐怖主义性质的犯罪等 12 个重要概念，提出了反恐斗争的三大目的。为加强人道救援行动的组织领导，还通过了《关于保护居民和领土免遭自然和人为灾害法》和《事故救援机构和救援人员地位法》，明确规定了在发生紧急情况时，联邦政府和军队的救援权利和责任等。

英国作为实行不成文宪法的国家，2004 年 1 月，由下院通过了《国内紧急状态法案》，意在整合已有的专门法律，重新构建了以该《法案》为中心的紧急状态法律体系。德国尚无统一的紧急状态法，现行的紧急状态制度是根据 1968 年《基本法第 17 次修改法》的规定设立，并先后制定了一系列单行法。法国出于政治需要，于 1955 年 4 月颁布了《紧急状态法》，1960 年进行了一次修改，其特点是侧重于规定紧急状态下政府的权力和公民应承担的义务。

日本为了实现海外军事行动的所谓“合法化”，按照防卫与非防卫的分类，把紧急状态分解到《应对外来武力攻击法》《灾害对策基本法》等法律之中。在1992年向柬埔寨派出首批维和部队之前出台了《联合国维持和平活动合作法》，作为其参与联合国维和行动的法律依据。“9·11”事件发生后，为了给出兵参与美国的反恐作战提供法律依据，紧急制定了《反恐怖特别措施法》，以便避开宪法制约，实现向海外派兵的目的。

加强国家立法是外国政府从政治上为各类非战争军事行动进行理论准备的有效手段，是统一国内民众意志的重要途径，其实质是“通过一个政府所统治的平民的看法来将这种合法性赋予该政府”①。值得注意的是，由于体制方面的原因，一些国家的相关立法还存在一定局限性。例如，本世纪初美国高层对是否动用军队参与国内抢险救灾等问题一直争论不休，法律对军队参与国内的抢险救灾有很多限制条款，致使2005年“卡特里娜”飓风灾害中军队救援不力而受到国内外舆论的强烈批评。

三、军事法规条令

军事法规，作为调整某一类军事活动或军事活动某一方面的法律规范，对于规范军队行动，引导军队发展具有重要的指导意义。非战争军事行动法规条令是相关国家法律法规在军事领域的具体化。美军十分注重用条令条例规范和指导军队的非战争军事行动。同样，俄罗斯、日本、英国和印度等国军队也推出了一系列应用性、操作性较强的纲要。整体上，外军相关军事法规条令，确立了非战争军事行动的内容体系，明确了诸军兵种组织实施非战争军事行动的战术技术原则和基本程序，也是外军非战争军事行动政治性工作的直接依据。

从美军涉及非战争军事行动法规条令的发展看，经历了一个时间相对较长的过程，具备了超前引导、重点突出、内容详实、服务建设等特点。从现实需求到理论指导，再到实践运作，相关法规条令不仅指引着美军非战争军事行动的能力建设，逐步明确了非战争军事行动的核心任务，还指

① ［美］基思·波恩/安东尼·贝克著，杨宇杰等译．美国非战争军事行动指南．北京：解放军出版社，2011：12.

导着各场重大非战争军事行动的组织实施。

1977 年，美国陆军部组织编写出版了《反暴乱行动的理论与实践》，对越战期间实施的非战争军事行动进行了全面的总结，并对美军未来类似的军事行动提出了大量的建议。

1981 年 1 月 16 日，美军颁布了 FM100 - 20 号《低强度冲突野战条令》。1990 年 5 月 12 日推出了第二代低强度冲突条令，即 FM 10020/AFP3 - 20《低强度冲突中的军事行动》，并将低强度冲突定义为："为了实现政治、社会、经济或心理目标而实施的有限的政治军事斗争。延续时间往往较长，涉及范围可包括从外交、经济、心理压力到恐怖主义和叛乱。低强度冲突仅局限于一定的地理范围，其特点是运用的武器、战术和暴力强度均有限。"该条令主要内容包括 5 章：低强度冲突原则、支援叛乱与反叛乱行动、打击恐怖主义、维和行动、平时应急行动，对美军在低强度冲突中的战术、技术和程序作了明确的规定。从此，美军的作战指导思想发生了重大变化，非战争军事行动指导理论逐步完善。

1993 年，美军在其 FM 100 - 5《作战纲要》中首次用一个章节的篇幅阐述了非战争军事行动理论。其含义是：在新的国际环境下，美军将在世界各地参与不涉及战斗的军事行动，这些行动是美军打赢两场大规模战争这一战略的重要补充。内容包括：维持和平、强制实现和平、人道主义援助、国内外抢险救灾、反恐怖、禁毒等，而且列举了对孟加拉国水灾救助的"大海天使行动"、对苏联地区投送人道主义救助的"送希望行动"、从利比亚撤运侨民的"利刃行动"和在索马里进行的"恢复希望行动"等都属这一范畴。美军强调，在参与非战争军事行动时，必须遵循目标明确、行动统一、保证美军安全和持久行动的准则。

为了加强对非战争军事行动的理论指导，美军于 1995 年颁布了 JP3 - 07 号联合出版物《非战争军事行动》。该条令首先将非战争军事行动与战争行动进行比较，阐明了非战争军事行动与国家政治目标之间的密切联系；接着阐述了非战争军事行动 6 项原则，即目标、统一行动、安全、约束、持久和合法，并论述了这些原则在具体行动中的运用；之后具体明确了非战争军事行动包括军备控制、打击恐怖主义和对禁毒行动支援等 16 种类型；最后以非战争军事行动计划为主题，重点阐述了非战争军事行动组织指挥中的注意事项。[①] 美国空军也于 1996 年 10 月颁布了 AFDD2 – 3 号《军队非战争军事行动条令》，对美国空军在非战争军事行动中的地位作用、指挥与控制、计划与保障、教育训练等方面作了详细规定，为空军在非战争军事行动中如何发挥作用提供理论指导。[②]

2000 年 3 月，美国陆军颁发 FM 27 – 100 号野战条令《行动中的法律保障》，条令规定了美国陆军法律顾问的组织体系、地位与作用、应执行的相关法律、交战规则等，并在第六章中特别阐述了在非战争军事行动中的法律支援问题，对军法顾问在非战争军事行动中应如何实施法律援助，并对军法顾问的工作提出了具体要求，指出，他们必须充分了解非战争军事行动中常见的复杂的政治和法律事项，为涉及行动的各种类型的组织提供有力的法律支援，使行动涉及的诸多军事和非军事组织的意见达成一致，并解决法律方面的技术问题。

2000 年 5 月，美军颁发的《2020 年联合构想》写道："为了实现国家目标，应在必要时单方面集中使用各种国家政策手段，同时在可能的情况下充分利用由多国部队、地区性组织与国际组织、非政府组织及志愿的私人组织提供的技能与资源。由于针对美国本土的威胁（例如恐怖主义和大规模毁伤性武器等）日益增多，联合部队参加支援地方政府行动的意义也日益增大"[③]。之后，美军各军种相继出台了一系列规定，进一步强化了各类非战争军事行动的操作性，包括联合出版物《反恐军事行动的联合战术、技术与程序》《维和行动的联合战术、方法与程序》《非战斗人员后送行动的联合战术、技术与程序》《国外人道主义援助的联合战术、技术和程序》《国内支援的联合战术、技术和程序》，以及陆军 FM100 – 23《维和行动》《对国外后果控制行动的军事支援》《联合反毒品行动》等等。

2003 年 2 月，美陆军颁发了 FM3 – 07 号野战条令《稳定行动与支援行动》，主要内容包括：外国对内援助、和平行动（维和行动及强制和平

---

① 参见总参谋部情报部译．美军联合出版物 JP3 – 07 号《非战争军事行动》．2006 年。

② The Secretary of the Air Force. Air Force doctrine Document 2 – 3，5October 1996. pp. 27 – 35.

③ 军事科学院外国军事研究部译．2020 年联合构想．北京：军事科学出版社，2000：10.

行动)、人道主义行动、暴乱与反暴乱、禁毒、反恐、非战斗人员撤离、军备控制、武力炫耀等，对非战争军事行动的理论做了进一步深化，使非战争军事行动理论成为一个较为完整的体系。

2006 年 9 月，美军联合出版物 JP3 -0 号《联合作战纲要》明确指出，美军不再使用“非战争军事行动”这一术语，但对原理论体系中非战争军事行动中各种样式的行动的理论指导思想并没有实质性变化。

其他西方主要国家关于非战争军事行动的军事法规大多效仿美军。韩军制定有《参加联合国维和行动常备体制方案》，日本制定有《联合国维护和平合作法》，为军队执行维和任务提供了法规保障，有效化解了执行维和任务过程中的各种矛盾。以海外非战争军事行动形式较多的海上行动为例，英国、澳大利亚、印度、南非等国的相关海上军事学说和海上条令设专门章节，对本国海军在和平时期的战略运用与海上非战争军事行动进行论述。

2000 年版《印度海上军事学说》把海上力量的任务划分为军事、外交、治安和人道四种用途，并指出，维护海上秩序和国家经济利益是海军在和平时期的一项重要任务，海上治安和人道主义救援是其两项主要的非战争军事行动。海上治安任务由以反恐为主的海上低强度军事行动和包括反海盗、反走私、反偷猎等在内的维护海上秩序行动组成。人道主义任务主要包括：抢险救灾、搜索救援、潜水援助、打捞行动以及水文地理测量等，在执行过程中不涉及暴力的使用。这些任务不仅限于印度国内，还包括对周边国家的援助。①

第二节　外军非战争军事行动中的政治性工作的主要内容

美军提出非战争军事行动理论有着深刻的政治背景和政治考虑，在运

---

① 海军指挥学院科研部．外国海上军事学说．北京：海潮出版社，2008：265.

用中使美军穿越了平时与战时的界线，发挥了推行新干涉主义、达成外交政策和寻求武力使用合法性等政治功能，成为和平时期拓展美国国家利益的有效方式。以美军为代表的西方军队在非战争军事行动中虽然没有“政治工作”之名，却不乏“政治工作”之实。特别是在精神教育、宗教抚慰、心理干预、法律服务、舆论宣传和民事工作等方面，形成了与非战争军事行动高度融合，具有典型西方特色的政治性工作体系。

一、外军反恐军事行动中的政治性工作

自20世纪90年代起，恐怖主义已经成为人类社会面临的三大顽疾之一，日益威胁着世界和平和人类安全，引起各国的普遍关注。从2001年美国针对阿富汗发起的“持久自由行动”，到2011年美军海豹突击队成功击毙本·拉登，再到如今各国打击“伊斯兰国”（ISI）、“索马里青年党”等极端恐怖主义组织，在长期的反恐实践中，外军认识到中低强度的反恐军事行动同样必须以强大的武力为后盾，反恐逐步成为各国军队共同面临的紧迫任务。在这种背景下，外军反恐军事行动中的政治性工作既融合了非战争军事行动的一般特点，也表现出适应战争军事行动需求的典型特征。

（一）打牢思想根基，高度重视反恐精神教育

与传统军事行动相比，反恐军事行动具有政治性、非对称性和突发性等特点。虽然一直以来，美军喋喋不休地宣扬“军队非政治化”，但在反恐军事行动中始终向军队灌输为政治服务的主张。为了打牢思想根基，消除外界因素带来的不利影响，美军极力加强爱国主义教育、军人职业道德教育和反宗教极端主义教育，起到了凝聚军心士气，确保部队战斗力的作用。

1. 加强爱国主义教育，树立国家利益至上观念

爱国主义作为一种最朴素的情感，历来受到各国军队的重视。由于反恐军事行动多在海外进行，外军十分注重用爱国主义教育激励官兵的战斗意志，使他们牢固树立国家利益至上的观念。美国《陆军军官手册（49

版)》写道："我们必须在准备阻止对美国领土或人民的国内外威胁的同时，继续实现各国和平相处的太平盛世。毫无疑问，为阻止以武力改变我们的政治制度，防止以外部侵略或内部叛乱危害我国人民的安全，职业军人将继续充当最后的屏障。职业军人必须在最广泛的意义上实践'责任、荣誉、国家'的诺言，这关系到美国的生死存亡。"为此，20 世纪 90 年代以来，美军就更新颁布了《美国陆军士兵条令》《海军战斗精神条例》《美国空军核心价值观条例》《陆军领导力条令》等作为反恐作战行动精神教育的依据。平时，主要采取精神灌输、专题训练、宗教活动、心理疏导、军事磨练、随机渗透等方式加强爱国主义教育；当战争或非战争军事行动发生时，则会动员各种宣传手段，强化官兵"为国家利益而战"的思想。

2. 加强职业道德教育，全力塑造反恐斗士形象

美军通常把军人职业道德概括为：忠诚、职责、新生、无私奉献、有信誉、正直和勇敢等。自 20 世纪 80 年代起，美军针对不同对象先后颁布了《品格指导纲要》《行动准则》《军事教育技巧》等条令条例，对军人伦理道德内容进行规范，并出版了《品德箴言》《人的自我修养》《士兵指南》《高层领导与指挥》等一系列小册子，旨在加强参战军人的职业道德教育。为了突出反恐战争的正义性，美军还继承了二战期间颁发勋章激励士气的传统，表彰了多个"反恐斗士"，如女中士莉·安·赫斯特因"在伊拉克战争中的英雄行为"而获得银星勋章，海军下士贾森·邓纳姆因保全他人生命"扑向手榴弹"而获"荣誉勋章"，3 名在伊拉克战争中起到关键作用的美国公民获"总统自由勋章"①。美军还通过电视、报纸、网络等形式的舆论运作，大力宣扬这些反恐英雄的价值理念、人生追求和反恐心得，努力在美国社会塑造统一的反恐价值观。

3. 加强军队传统教育，大力激发部队凝聚力

外军十分注重军队传统教育，通过把军队优良传统的内容规范化、固定化，使传统教育贯穿于反恐军事行动全程，达到凝聚军心、鼓舞斗志的目的。美军在有关条令中指出，参加非战争军事行动，高级军官"必须遵

---

① 总政联络部．美军政治性工作．北京：解放军出版社，2009：94.

守和维持军人讲话谨慎的传统、遵纪守法的传统、随时准备战斗的传统、协调一致的传统、举止文明的传统”。为加强传统教育，美军从师到连每级都规定有自己的“部队日”，用于在这一天举行庆祝活动，宣扬本部队历史上的突出事迹，展示当时颁发的勋章和证书，即使在执行非战争军事行动任务期间也从不间断。这样做的目的是增强军人的传统观念，激发集体荣誉感。

4. 加强宗教信仰教育，灌输反极端主义意识

宗教在调节人际关系、塑造价值观等方面发挥着重要作用，是西方大多数军队意识形态的基本构成之一。美军向来重视宗教信仰教育，善于利用宗教把握官兵思想动态，提高部队士气，缓解战场压力。在针对中东地区的反恐军事行动中，美军面对的敌人多数是具有敌对意识形态、不同文化价值观和宗教极端组织背景的穆斯林。他们对西方或世俗文化的某些方面怀有很深敌意，甚至崇尚“圣战”，提倡消灭异教徒。极端恐怖组织的主张与美军以基督教新教为主流意识的伦理观、价值观根本对立。这就为美军随军牧师发挥作用提供了空间。他们通常在反恐军事行动前大力宣扬“献出躯体进行正义战争是宗教所允许的”，从宗教的角度为官兵参战做好必要的心理准备，起到消除战争恐惧、稳定官兵情绪的作用，为参加军事行动的官兵提供精神支持。反恐军事行动有时也牵涉到多国参与、多军合作、军地联动、广域展开，往往会形成多国家、多部队或军地联动的情况下跨区域或跨文化的沟通屏障。牧师的出现以及神职人员的特殊身份也在很大程度上缓解了这一矛盾。

（二）发挥传媒优势，始终强化舆论宣传引导

在近几场反恐军事行动中，西方国家特别是美国充分利用其信息资源优势和媒介“霸权”，加强舆论宣传造势和新媒体管控运用，既为美军的反恐军事行动披上了“天使”的外衣，也为反恐军事行动组织实施提供了有力支撑，其主要做法包括：

1. 舆论先行，谋求道义法理优势

在信息化时代，任何一次军事行动，都与国际战略格局密切相关，都

不可避免地会引起国际社会的关注和各方不同反应。美军特别重视战争罪行宣传与战争目的宣传，甚至认为“在现代战争中，人民对战争的抵触情绪是如此强烈，以至于每一场战争都必须以抵御危险和残忍的侵略者为借口。确保敌人为战争负完全责任，应是宣传的核心思想”。因此，美军采取“贴标签”的方式认定恐怖主义，同时极力表明己方反恐怖主义立场，极力抢占“正义”制高点。“9·11”事件第二天，小布什就到访美国的清真寺，称这次恐怖袭击并不是“西方与伊斯兰的对抗”，为即将到来的阿富汗战争作舆论准备。紧接着，《纽约邮报》就发表评论称：“对这种不可想象的21世纪的‘珍珠港事件’的反应应当简单干脆，一一杀掉那些杂种。”《华盛顿邮报》也说“支持本·拉丹那样的人的国家需要狠揍”。《里士满时报快递》说：“对阿富汗实施核打击的时候到了”。这些“政治秀”既为美军开展大规模反恐军事行动制造了浓重的肃杀氛围，又向伊斯兰国家表明美国针对的是极少数伊斯兰极端分子，而不是针对整个伊斯兰世界。同时，美国积极在国际上“奔走呼告”，凭借恐怖主义受害国的身份博得了大部分国家的同情，站稳了“正义”阵地，最终促成了国际反恐怖联盟的建立。

2. 加强管控，引导国际舆论走向

从伊拉克战争到阿富汗战争，美国为首的西方国家无不以反恐为名，采取各种手段发挥其传媒优势，引导国际舆论走向。

一是利用信息过滤机制实施新闻发布管制。为加强主流媒体管控制定《美国新闻管制条例》《爱国者法》等法规规范媒体行为，对广播、电视、报刊严格审查，要求与政府口径一致，确保播出的新闻符合政府意图。美国政府还通过联邦通讯委员会（FCC）等机构对电台和电视台进行公共管理，从违章处罚到吊销执照，方法举不胜举。“美国之音”电台台长就因擅自播出本·拉登的讲话而被免职。对那些积极配合其宣传的媒体提供独家消息，对那些不听招呼的媒体则实施消息封锁。伊拉克战争中，美军的新闻发布中心被嘲笑为“没有新闻的新闻发布中心”，原因就是在经过层层审查把关以后，许多有价值的信息被“过滤”了。

二是利用战地记者制度实现信息源头管控。西方较早设立战地“记者团”和新闻发布会制度，并制定了严格的纪律。自伊拉克战争起，美军为战地记者团制定了19条守则和“三不准”纪律，即不准过问军队的伤亡情况，不准提与下一阶段的军事行动相关的问题，不准过问部队当前的军事行动。同时，对记者资格进行审查和认证，采取“嵌入式”随军记者制度，让记者与作战官兵同吃同住甚至拿起武器并肩战斗，引导新闻记者逐渐习惯按照美军的思维方式去思考问题，写出的报道也容易符合军方意图，而对违反规定的记者取消资格或直接逐出战场。这些手段使得“战场电视直播”的新闻管控更加隐蔽，效果也更明显。

三是通过议题设置来引导舆论走向。议题设置理论认为：通过对某些社会问题和现象的选择性报道，使传播在客观、真实的外表下更加隐蔽，从而减少传播阻力。议题设置可分为直接设置议题和间接设置议题两种。在后者，特别是在舆论的形成中，媒体之间可以互设议题，相互炒作。对于世界上几乎所有的媒体来说，美国国防部的新闻发布会是一个极为重要的新闻来源，美军利用这一平台发布有关反恐作战行动的“正面信息”，同时对那些不利于己的负面新闻做出“解释”，如对“半岛电视台”所报道的那些令美军十分头疼的新闻和画面。在报道中甚至禁止提及官兵士气，禁止在图片和电视中出现伤员痛苦的画面等等。

3. 封压结合，实施舆论精确打击

反恐军事行动必须借助心理战，宣扬正义、道义和战争合法性，瓦解恐怖分子军心士气，争取国际社会及国内民众支持。为配合反恐军事行动，美军在加强舆论宣传引导的同时，往往还采取信息压制和舆论打击的方式，对恐怖分子形成强大的舆论和精神压力。

一是利用各种舆论宣传渠道向所在国民众进行法理宣传，大力宣扬联合国的授权和所在国政府的支持，为美军反恐军事行动寻求法理依据，减少所在国民众的抵触与反抗情绪。伊拉克战争中，美军邀请记者全程跟随部队行动，按照美军意图用“现场直播”方式向外界报道部队推进速度、民众反应、敌方投诚人数、敌我人员伤亡对比和下步行动计划等，以破击敌方精神支柱。针对恐怖分子颁布“砍头”录像、恐怖活动宣言等反制舆论行为所产生的负面影响，美军一方面通过技术手段对恐怖分子操纵的舆论渠道进行封杀，另一方面通过颁布大量正面信息抢占主流舆论平台，消除和净化对手舆论反制行为的不良影响。

二是把对提供恐怖分子信息的民众进行奖赏和对支持恐怖分子的人的悲惨下场进行同步宣扬，引导所在国民众向支持和帮助美军反恐倾斜。如在追捕本·拉登及塔利班领导人奥马尔的过程中，美军多次悬赏高额赏金鼓励民众提供线索，一度将赏金提高到500万美元。虽然没有达到捕获的目的，但民众提供的线索为美军提供了多次机会，使本·拉登和奥马尔对民众失去信任，进一步缩小了其可活动范围，美军利用利益与法理并举的原则得到充分的体现。

三是积极展开与恐怖组织的新媒体争夺。美军针对恐怖分子的“网络圣战”设立了专门的机构，对以网络为基础的新媒体实行管控，与“基地”组织及其分支展开激烈的媒体较量。美军同其他政府部门和私营企业进行了密切合作，研究开发新媒体技术，占据反恐军事行动宣传的制高点。同时积极建立反恐言论信息库，建立网上图书馆，驳斥极端分子观点，并尝试建立恐怖主义受害者信息库，为有效攻击恐怖分子的新媒体提供支持。此外，对世界上发出的不同声音、反对声浪，美军会采取各种手段进行压制。对所谓不合“主流气氛”的记者，予以“驱除”。对胆敢进行尖锐批评的媒体机构，不惜进行“硬摧毁”。

（三）兵战心战一体，极力降低军事行动代价

外军认为信息时代战争，尤其是反恐军事行动等非对称作战，必须把军事行动与外交斗争结合起来，把武力打击与心理作战结合起来，把心理压制与心理防御结合起来，以尽可能减少战争代价，最大限度缩短战争进程。

1. 攻心夺志，实施全方位心理进攻

美国未来学家托夫勒在论及现代战争的舆论斗争时，也曾总结所谓“编造博士”用来扭曲人之精神的六把扳手：第一，控诉敌方暴行；第二，言过其实地渲染参与战斗或战争的赌注；第三，把对方描绘成魔鬼或没有人性的动物；第四，“进行两极分化”，宣称“不和我们在一起的那些国家

就是反对我们”；第五，声称神的惩罚；第六，进行变态宣传，即使对方的宣传变得不可相信。① 这些理论既是对美军宣传舆论战的概括，也是对其实施战略心理战的形象描述。

一是外交斡旋，巩固扩大同盟力量。一方面，通过构建军事战略同盟营造互信的国际舆论环境。迄今为止，美军是世界上建有军事同盟最多的国家。这不仅是军事行动自身需要，也有形成“得道多助”的道德优势的考虑，呈现出强大的攻心效果。平时主要通过互访、演习的方式，加强区域交流合作，促进交流与互信，拓展延伸宣传管道，为其推行全球霸权主义提供了充分的战略资源。另一方面，在平时构建和运作的基础上，战时积极开展有针对性的宣传，使盟国意识到他们的利益或价值观即将受到敌人的威胁或破坏，以争取同盟国同仇敌忾。在阿富汗战争、伊拉克战争中，美军借助其既有的战略资源，迅速组织起反恐战略同盟，为其实施反恐作战提供了得天独厚的作战平台。

二是攻心宣传，削弱敌方民众的对抗心理。美军对恐怖主义实施军事打击时，特别注重对列入“恐怖主义”名单的国家实施瓦解宣传，以分化、弱化敌对阵营，暴露核心骨干力量，从而有效打击敌“重心”，力求从根本上铲除恐怖主义。在美军对伊拉克和阿富汗塔利班所发动的反恐战争中，以瓦解为目的的对外宣传是其心理战的主要目的和方式。这种瓦解宣传的实质就是转移仇恨，“用新仇恨代替旧仇恨，通过消除或转移敌人对一个交战国的仇恨，分化瓦解敌人”。伊拉克战争中，美军通过散布政府挪用采购食品的资金购买武器、使用化学武器对付伊拉克人民等消息，抨击萨达姆政权，刻意将政府与人民分离，试图告诉伊拉克民众，“我们反对的是萨达姆政权而非伊拉克国家及民众”②，削弱伊拉克军民对多国部队的抵抗，并取得了一定效果。

三是威逼利诱，分化敌对政治阵营。阿富汗反恐军事行动期间，美军

---

① ［美］托夫勒．第三次浪潮战争．中国国防科技信息中心译，北京：军事科学出版社，1994：165—167.

② ［美］南希·斯诺著、［日］福间良明泽．信息战争：“9·11”之后的美国宣传活动·日本岩波书店．

了解到，塔利班政权内部派系林立，在阿富汗北部还有一支反塔利班力量即北方联盟。对此，美军制定了对塔利班政权进行分化瓦解的策略。行动开始前，美军特种人员潜入阿南部的塔利班根据地，协助美中央情报局游说当地普什图族领袖脱离塔利班；采取金钱利诱、武力要挟等手段，对塔利班政权的高层领导人进行策反，煽动塔利班军队的恐慌情绪。美政府还秘密派遣阿前政府官员潜入阿境内召集旧部，从事反抗塔利班的破坏活动。美方的策反工作迅速奏效，塔利班各派系之间的猜忌和不信任情绪不断扩大，部分高级官员加入到反塔力量，北方联盟也被美军推上了地面作战的第一线。

四是心智诱导，瓦解敌军心理防线。面对敌方武装力量，外军在反恐军事行动中往往采取多种措施进行心理战宣传，给对手造成心理上的恐慌，从而把握主动权。第二次车臣反恐军事行动期间，俄罗斯国家杜马通过大赦法令，宣布除血债累累的匪首外，对所有缴械停止抵抗的普通非法武装分子实行大赦，使一批车臣非法武装人员临阵倒戈。此后，又颁布法令，使处于观望中的 800 余名非法武装匪徒看到了希望，主动放下武器。之后，俄军又发布信息，指出“虽然赦免令期限已过，但如果恐怖分子主动放下武器，调转枪口，莫斯科方面可采取非常措施，对他们实行赦免。”一系列法令的颁布，有效瓦解了非法武装，他们以各种方式向俄军投降，大大减少了俄军损失，加快了行动进程。

2. 固强阵地，实施综合性心理防御

进攻与防御总是相伴相随，反恐军事行动中，外军在心理进攻的同时，对心理防御也高度重视，综合利用动员激励、榜样激励、奖惩激励和舆论导向等各种方法，巩固己方政治、思想、文化和心理阵地，并把参战官兵的心理强化作为一项重要内容纳入到临战训练之中并贯穿战争全程。

一是实施信息控制，建立巩固心理防线。西方学者普遍认为，恐怖主义不能单单从暴力的角度去理解，必须首先从宣传的角度分析和认识：“暴力和宣传有许多共性，暴力用强制手段造成行为改变，而宣传是通过说服手段，恐怖主义则是两者的结合。”① 在反恐问题上，美军要求加强对新闻媒体的控制和引导，防止因追求即时和轰动效应而被恐怖分子所利用，客观上导致恐怖气氛弥漫，扰乱社会正常心理和正常生活秩序。美军禁止颁布的信息主要包括：关于执行反恐军事行动的战术、技术手段的信息，有关再次可能遭受恐怖袭击的信息，阻碍执行反恐军事行动的信息，关于美化恐怖主义行为、恐怖分子或为其宣传的信息等。

二是揭示恐怖分子罪恶行径，积极创造围剿氛围。利用各种方法、手段进行充足的“罪行”宣传，引发民众及国际社会的仇视心理和战争欲望，并以消息、谣言、报道、图片和其他各种社会传播方式来控制意见的形成，创设有利的反恐作战舆论环境。在反恐行动中，由于平民伤亡最易引起大众关注和舆论同情，外军尤其重视罪行宣传。科索沃战争爆发前，以美国为首的西方媒体抛出所谓“万人坑”事件，将南联盟总统米洛舍维奇异化得如同魔鬼。伊拉克战争中同样将萨达姆描述为恶棍、疯子、法西斯分子、战争罪人。这种以敌对国家军政要人、宗教领袖或某一政党、宗教团体等为主的妖魔化宣传为后续军事行动的开展创造了有利的围剿氛围。

三是加强心理激励，提高部队士气。首先是搞好战前动员，提高官兵的责任意识和使命意识。美军为了减少官兵的恐惧感，特别注重宣传己方的绝对优势，让官兵认识到，他们所在军队是全世界最优秀的部队，击败敌人是轻而易举的事情。而且相对的，己方的防护则是全方位的，敌人不可能有可乘之机。伊拉克战争之际，小布什亲自为参战将士作演讲，说明“我们为什么在海湾”“恐怖主义是美国和全世界的最大威胁”“将伊拉克建成中东的民主样板”，激发美军的神圣感和使命意识。其次是加强心理防护，保持官兵身心健康。美军注重通过专职心理医生及神职人员，及时对官兵进行心理疏导与干预。积极开展家庭支援活动，动员家庭及社会民间力量，开展劳军活动，缓解官兵压力并激发其荣誉感。再次是抓好军事训练，培养官兵良好的心理品质。比如，在开展反恐军事行动前，美军通

---

① Susan L. Carruthe 著．张毓强等译．西方传媒与战争．北京：新华出版社．2002.

常都要进行模拟训练，将任务区的建筑物、公共设施、街道、树木、河流等通过战场环境模型全部模拟出来，让参战人员在计算机虚拟的作战环境中进行判定进攻方向、威胁强度、掩蔽位置以及实施战斗行动等内容的演练。一旦反恐行动开始，他们对对手和战斗过程了如指掌，大大缓解了官兵的心理压力。

二、外军维和军事行动中的政治性工作

联合国维和行动体现了《联合国宪章》的宗旨和原则，是以非武力手段致力于和平的特殊行动。1995 年联合国维和行动部出版的《维和行动总纲》指出，维和行动是“为了落实或监督落实冲突方签署的旨在控制和解决冲突的协议，或者为了确保人道主义援助的安全提供，在冲突各方的同意下，联合国在战地的、通常涉及军事人员和文职人员的一种存在”①。维和行动既不同于传统的战争，也有别于其他非战争军事行动，具有合法授权、多国合作、任务多样、坚持公正与公立和除自卫外不使用武力等明显特点。

（一）维护地区和平与稳定，扩大参与国的政治影响力

随着联合国维和行动的发展，各国越来越重视维和行动在处理国际安全事务中的重要地位和独特优势，都把参与维和行动作为追求和实现国家政治、军事和经济利益的重要手段。美、俄、英、法等传统大国将参加维和行动作为维护和拓展战略空间、巩固和争夺国际安全事务主导权的重要平台；德国、日本、印度等新兴大国则将参加维和行动作为国家“崛起”战略的重要组成部分，通过维和实现大国地位，推动国家的振兴与发展。

美国将参加维和行动作为推行国家战略的重要平台，将维和行动的部署纳入全球战略，力图通过改造维和思维、主导维和行动来拓展战略空间，控制国际事务，最终建立美国统治下的“和平”。克林顿政府 1994 年

---

① 李春元主编．陆军维和行动研究．北京：军事科学出版社，2008：3.

5 月颁布的“总统第 25 号决策指令”指出，美军在参与联合国维和行动前，必须首先考虑该项行动是否符合美国的利益，是否有足够的人力与经费，是否具有成功的可能性，有无明确的目标，是否清楚地表明美军的任务终止日期，等等。美国国防部还将维和行动提升到与作战同等重要的地位，使维和行动成为美军的核心任务之一，在训练、教育、人事和其他方面享有与作战相同的优先权。此外，美国还积极谋求联合国维和行动的指挥权，以此作为谋求美国控制联合国和主导国际安全事务的重要途径。

20 世纪 90 年代以来，俄罗斯国家安全和外交政策进行了重大调整，武装力量的职能也经历了重大转变。俄罗斯将参加维和行动作为俄军的一项重要任务，并建立了较为完善的政策体系。2000 年俄罗斯公布的《国家安全构想》《外交政策构想》以及《俄罗斯军事学说》等文件，都对维和政策作了详尽论述。其中，《国家安全构想》明确将参加维和行动作为俄武装力量的主要职责之一，并明确指出：“维和行动在维护国家全方位利益上具有重要作用，参与国际维和行动有助于加强俄在国际上的大国地位，有助于发展和改善俄与其他国家特别是独联体国家的关系。”在实践中，通过参与维和行动，努力应对因宗教极端主义和民族分裂主义等原因所引发的各类矛盾和冲突，维护俄在传统势力范围中的地位和影响。

英国是一个拥有全球利益的国家，出口额在国内生产总值中所占比例高于美国、日本、德国和法国；海外投资在国民经济中所占比重也高于世界其他主要国家；原材料特别是石油则主要依赖进口。至今英国在世界各地还有 13 个海外领地，并有 1000 多万名公民在海外工作和居住。冷战结束后，英国积极适应国际安全环境的变化，广泛参与维和行动，积极塑造有利于国家经济发展的国际环境，并展现英国“日不落帝国”的大国影响。实践中，英国逐步形成了具有自身特色的和平支援行动理论，先后出台了陆军野战手册《广义维持和平行动》、联合作战出版物《和平支援行动》和联合作战出版物第二版《对和平支援行动的军事贡献》等三部维和行动条令，为英军参与维和行动提供了法理依据和指导原则。

法国在 2008 年 6 月公布的《国防与国家安全白皮书》中，将参加维和行动作为实施海外防御、维护欧洲和国际安全的重要手段，并且支持联合国在国际危机处理和维持和平方面发挥更大的作用。为提高综合作战能力，促进军队建设，法军根据形势需要，常常对维和部队进行轮换，以加强各级指挥机构的作战指挥能力，增强部队实战经验和参与多国联合行动的能力，并且在派出部队的指挥权问题上坚持一定的独立性。

德国 1993 年公布的《国防政策指导》中指出，要实现“确保德国的和平、自由和独立”这一国防政策的最高目标，就要“着眼于承担未来欧洲及世界和平与安全的责任”，并且实现“根据《联合国宪章》为世界和平与国际安全服务、在危机时刻提供援助”等具体目标。德国是在联合国授权的前提下、在北约和欧盟等多边合作框架中参加维和行动，这种做法既能打消欧洲邻国对德国的疑虑，又可以在“师出有名”的条件下彰显德国奉行的多边主义政治思想，促进德国地缘战略环境的改善。因此，参加国际维和行动努力凸显其在联合国以及北约和欧盟中的政治地位，成为德国实现国防战略目标的重要途径。

日本自 20 世纪 90 年代以来积极推行寻求“合法大国”地位的国家战略，并将参加联合国维和行动作为实施这一战略的重要平台。1991 年，日本利用海湾战争爆发的契机，起草了“向海外派兵法案”。1992 年 6 月，日本通过了《协助联合国维持和平行动合作法案》，为日本以参与联合国维和行动为名向海外派遣自卫队提供了法律依据。2001 年 1 月，日本又通过了《联合国维持和平活动合作法》修正案，决定解除对自卫队参加维和部队主体业务的冻结，并且放宽自卫队在维和行动中使用武器的限制。

印度同样将参加联合国维和行动作为实现强国战略的重要途径。截至 2009 年底，印度参加联合国维和行动共计 41 项，派遣兵力达 10 万余人，均名列世界第一。印度战略学家斯瑞瓦斯塔瓦还建议政府在参与联合国维和行动时采取更加明确的政策，特别是要结合印度内部、外部及全球的防御任务。这主要是因为印度与环印度洋地区是当今国际冲突的主要滋生地之一，一些国家因民族矛盾、宗教纷争导致国内动荡不安，也影响着印度的国家安全和经济发展。因此，参加与该地区相关的维和行动符合印度的长远战略利益，还可以通过参加维和行动维护和拓展经济利益，特别是在非洲的能源利益。

（二）加强针对性教育训练，提高遂行多样化任务能力

对于执行国际维和任务的军人，联合国有统一的素质和条件要求。比如，步兵营的营、连、排长及助手必须具有丰富的军事知识与管理能力，并能讲流畅的英语。至于普通士兵，也要精选机智而勇敢的人员。为此，联合国以维和行动培训中心的名义专门出版了由 20 本教材组成的系列培训手册，并采取网络认证的方式对参加维和人员进行考核。同时，还派出人员专门指导各主要国家维和行动培训中心的建设与运作，为提高维和人员的遂行任务能力创造了条件。美国国防部于 2006 年 2 月 13 日首次宣布把美军维和行动提升到与作战同等重要的地位，使维和行动成为美军的核心任务之一。当前，为了应对越来越多的维和与维稳任务，以美国为代表的各国军队注重加强针对性教育训练，力求提高军队遂行多样化行动的能力。

一是强化战斗精神训练。按照实战水平设置训练科目内容和难度，培养官兵战斗意志。美军在平时的训练中，从严、从难、从实战出发设置训练科目，让官兵在训练中执行各种急、难、险、重任务，严格摔打和磨砺其意志，使之养成顽强的战斗作风。同时，强化军人核心价值观和荣誉感，促进军人品格形成。美军认为，军人价值观培育是战斗精神培育的重要方面。为搞好军人价值观教育，美军充分利用电影、电视、互联网等现代传媒技术进行广泛宣传，形成无处不在的灌输氛围，在潜移默化中促进军人品格的形成。对于那些在非战争军事行动训练中勤奋刻苦、英勇顽强并取得特殊成绩的人员，以各种形式给予表扬和鼓励。美军还注重通过提高官兵的物质待遇，解决他们的实际生活困难，以稳定军心，培育战斗精神。

二是突出信息战训练。为适应非战争军事行动对信息战的特殊要求，美军在非战争军事行动训练中，把军人信息素养和信息技能的培育作为训练的重要内容。美军推出了“通信兵培训计划”和“信息系统操作员、分析员培训计划”，学习通信系统的操作维修和战场电磁频谱的管理等课程。同时，美国陆军还把信息战等列入演习课目，成立了“早期进入战斗”实验室等六个实验室。利用这些实验室对军官和士兵进行与信息战有关的培训，使其得到全面高强度训练。在电子战训练中，美军加强了电磁频谱的管控训练，既可以净化任务地区的电磁环境，确保军民通信安全畅通，又可以发挥己方的电磁优势，使对方无法正常联络和通信。

三是注重联合训练。首先，美军注重作战要素一体化训练。美军通常利用信息网络系统，将参与非战争军事行动的各军兵种、各作战要素进行组网训练。其次，注重作战单元自主协同训练。非战争军事行动的各军兵种往往在缺少联系、相互独立、分散的非线式任务环境里同时展开行动，这就要求各作战单元具有较强的自主协同能力，各作战单元按一定的行动规则，不等待上级指令自觉协调，达成整个行动步调一致。最后，注重联合训练。为实现非战争军事行动领域更高层次的联合训练，美军将联合训练从国内各军种之间，扩展到美国政府其他部门以及多国伙伴之间，不间断地加强密切合作。

四是开展多国维和训练。目前，美国与相关国家已建立了多个国际维和演习机制，包括与其他北约成员国的“和平盾牌”维和演习机制，与澳大利亚、英国和加拿大的“警惕刀刃”维和演习机制，与南美国家的“帐篷”维和演习机制，与中亚国家的“地区合作”维和演习机制以及与非洲国家的“西非训练巡航”人道主义救援演习机制。在实践中，美国往往通过国际维和部队的联合训练，向他国维和人员灌输“美式维和思维”，并着重培训他国维和人员如何配合美军的行动，从而实现美国对维和行动的领导和控制。

五是加强语言和文化培训。2009 年，美国总统奥巴马在向曾驻扎海外的退伍老兵讲话时提出：“21 世纪衡量军队实力的标准不只是军队的武器装备，还有军人所掌握的语言和文化知识。”① 美军对提高官兵的语言和文化能力颇为重视，国防部人事和战备副部长办公室负责制订国防语言和文化培训项目的总计划。自 2005 年以来，国防部和各军种部出台了一系列文件，用于加强官兵的跨文化传播能力建设。美国陆军和海军陆战队通过军

① Text：Obama's Address to Veterans. New York Times. August 17，2009. http：//www. nytimes. com/2009/08/18/us/politics/18obama. text. html？ pagewated = all.

事院校和部队培训机构，在军人职业生涯的不同时期，提供语言和文化培训。如新兵在训练期间，需要在军事院校接受语言和文化课程教育，从一般文化知识到某一特定地区的人文风情，逐步提高官兵的语言和文化感知力。在海外部署期间，美军还会向官兵提供特定驻扎地区的语言和文化培训项目，如“语言求生包”，当地文化手册等，移动训练小组还会有针对性地对官兵进行深入的语言和文化训练。2009 年开始，美陆军指挥与参谋学院开始为官兵提供特定语言的学习课程，包括阿拉伯语、汉语、法语等，可以采取当面授课、自学和远程教育三种形式。海军陆战队也同样在大学和社区学院投入资金设置阿富汗语的培训课程。

除了美军之外，西方其他主要国家为了提高遂行多样化军事任务的能力，也不断采取各种措施加强针对性的教育训练。英、法、德等国积极开展维和领域的国际交流与合作。法国积极主张在联合国名义下由多国组成维和部队，既可避免一国势单力薄，也可对冲突各方形成强大压力。德国为联合国维和行动提供了“豹 II 型”维和行动车、“励鼠”空降装甲车、MY7 单兵自卫武器等装备，拓宽了对外军事合作的渠道。英国则举办了一系列地区性国际民事警察培训活动，为联合国民事警察提供“连续的、高标准的培训”，不断扩大其在联合国维和领域的影响力。印度也通过参加维和行动，积极促进双边和多边政治军事交流。印度学者指出：“维和的目标与印度力图提升双边与多边关系是相互交织的。”其中，美国是印度在维和领域开展合作的重要对象，两国建立了联合工作组，确定双方扩大在维和领域及联合国其他领域的合作，以提高联合国在冲突地区实施军事干预的有效性。

此外，外军对维和人员的“文化智商”和“与国内外媒体交流的能力”也有明确的要求。比如，新加坡军队认为，维和人员在国外执行任务时面对的最大挑战就是要尊重当地的文化习俗，这就要求军事人员具备较高的“文化智商”，了解当地相关的文化禁忌和文化敏感问题。如果条件具备，要对相关人员提供基本的语言训练和“文化沉浸”。为了更有利于对维和军事行动做出快速反应，随时准备前往事发地点，要提前确定和培训关键指挥人员，提前编写指导行动的小册子，以便随时分发。如何处理好与媒体的关系也是执行维和军事行动的指挥人员所必须面对的挑战。近年来科技的进步使得媒体有能力对许多军事行动进行实况转播。除了应完成的任务，军事人员也要学会如何很好地与媒体及大众进行交流，以提升军队的公众形象。

（三）掌握任务区政情社情，为顺利完成任务创造条件

政情、社情，首先是地理信息，指行动地域内地物、地貌情况以及潜在敌人可能隐藏的地点、易爆发冲突的敏感地区等；其次是文化信息，指行动地域内文化、宗教和民族习惯等；再次是地区内各种势力的实力及他们在当地民众中的支持度；最后是哪些势力或个人是非战争军事行动的最大阻力，以及部队应当采取哪些措施应对等。军队在执行非战争军事行动任务过程中，不可避免地会与当地民众有广泛的接触，只有最大限度地争取当地民众的支持，才能确保非战争军事行动的顺利实施，以最小的代价换取最大的胜利。外军收集政情、社情、民情的手段主要包括：利用己方空中情报系统，为军队提供开展军事行动所需要的地势、气候等环境数据，更新过时的军事地图，确定实施军事行动或清除障碍的位置；采取一些非常规手段，主要是利用东道国的军方和非军方的情报系统搜集信息，利用当地的公民、军队和警察搜集情报，利用旅行社、合资企业、国际组织和非政府组织获取民、社情情况；充分发挥人力情报的作用，因为人力情报不仅可以弥补技术侦察获取情报的不足，而且其中很多是开展非战争军事行动所需要的关键信息。

美军所称的维和行动既可以是联合国等国际组织指挥的行动，也可以是由美国掌控的北约这一类安全组织所指挥、并在很大程度上由美方主导的单边式行动，甚至可以是美国单独展开的行动。对美国而言，联合国只是其推行国家战略、开展维和行动的重要工具；甚至有时美国完全绕开联合国，无所顾忌地发动侵略性或强制性军事行动，并将占领军的维稳行动也认作“维和行动”。在实践中，美国经常用强制性军事行动为维和行动铺路，使得两者混为一谈。例如，美国将空袭波黑塞族以及占领伊拉克的军事行动视为维和行动。然而，美军在行动中因缺少对对方文化

背景和知识的了解，也曾出现失误。如在伊拉克入侵科威特，在索马里、海地等地的行动中，美军都屡尝失败的苦果。因此，美军近年来采取了一系列措施，通过加强官兵的跨文化传播能力建设，掌握对手的政情社情。

一是明确要求加强跨文化传播能力的建设。跨文化传播能力是“一个人处理跨文化传播中关键的富有挑战性特征的全部内在能力，即文化差异与陌生、群体间的态度举止，以及伴随的压力体验。”① 前海军陆战队将军安东尼·津尼在解决索马里部族冲突时，就提出文化意识是“力量倍增器”的观点。② 2004 年伊拉克战争开始后，美军转型的主要负责人亚瑟·塞布罗夫斯基指出，“对敌人及其社会和文化的了解，远比对其战法的了解更为重要”③。同年，退役陆军少将罗伯特·斯盖尔斯指出伊拉克战争“技术层面卓越，但人文层面落后”；“美军有能力运用高科技进行网络中心战，但却缺乏足以打响文化中心战（Culture-centric Warfare）的情报敏锐力、文化感知力和战争艺术。”④ 为此，斯盖尔斯建议美国陆军应该培养受过良好教育和语言文化培训的全球侦察员；通过在海外的驻扎和学习，这些士兵能够同当地居民自由交流，成为地区专家；建立军队人才库，满足特定语言和文化的需求。“斯盖尔斯的建议高瞻远瞩，建立了美军同世界其他民族之间的文化联系，传播了美军文化，实现了跨文化交流，进而为美军的战略目标服务。”⑤ 随后，美国国防部和海军相关部门联合举办“敌对势力的文化与国家安全”的大会，标志着美军高层对跨文化传播的认识取得了一致。在此基础上，美国国防部和军种部制定相关政策条令，明确要求加强官兵的跨文化传播能力建设。美国陆军和海军陆战队联合制

---

① ［美］拉里·A·萨默瓦，理查德·E·波特：跨文化传播（Communication Between Culture）（第四版）. 北京：中国人民大学出版社，2012：245.

② John W. Jandora. Military Cultural Awareness：From Anthropology to Application. Land-power Essay，NO. 06 – 1（November 2006）：1.

③ Montgomery McFate. Anthropology and counterinsurgency：the strange story of their curious relationship. Military Review. March-April，2005.

④ Robert H. Scales. Culture-Centric Warfare. Proceedings：U. S. Naval Institute，October 2004. http：//www. military. com/NewContnet/0，13190，NI 1004 Culture – P1，00. html.

⑤ William Brenis. America's Culture Awakening. USAWC Strategy Research Project. 2007.

定《反叛乱手册》，提出不仅要重视军民活动的融合，更要从社会文化角度来思考对手。① 美军认为，要想在某一地区有效地行动，并获得当地人的支持，就必须对其社会和文化有深入的了解，包括历史、部落、家族、社会结构、价值观、宗教、习俗和人们的需要。②

二是建立专门研究敌对势力文化的人类地域系统。虽然美军在伊拉克和阿富汗等地的驻军已经深知了解对手文化的重要意义，有的部队还收集了一些驻地的文化资料，汇集整理成资料库。但是资料库往往分散孤立，不利于资源共享。而且随着部队的轮换，新部署的部队又要从头开始研究分析当地的文化。为了解决这一问题，2005 年美国陆军建立人类地域系统（Human Terrain System），形成一个功能强大的文化信息研究数据库，极大地丰富了传统的军事情报系统。人类地域系统通过收集不同作战地区的人种信息、经济和文化资料为军事决策和分析提供翔实的数据和有效的研究工具。该系统由三部分组成，部署在旅级战斗队的人类地域小组，分布在师级部队的人类地域分析小组，以及在堪萨斯州的利文沃思堡的研究拓展中心。第一部分是人类地域小组，这是系统的核心，由 5 名成员构成，其中 3 名为现役军人，2 名为文职人类学家或社会科学者。他们嵌入到旅级战斗队，直接为指挥官提供智力支持，帮助其提升搜集、处理、理解相关文化信息的能力。第二部分的人类地域分析小组为师指挥官提供与作战相关的社会文化信息，帮助指挥官制订计划和决策。此外，该小组汇总所有来自旅级战术单位的信息，为师级单位提供综合性的作战背景资料。第三部分是研究拓展中心，由多位熟知文化和民族特征的人类学专家组成。他们的主要任务是帮助人类地域小组解答指挥官对当地文化信息的特别需求。研究拓展中心同政府和学术部门相连通，可以随时获得相关研究人员的支持，以及时解答指挥官的问题。

---

① U. S. Army. Counterinsurgency. Field Manual 3 – 23 (Washington, DC. : U. S. Army, 15 December 2006).

② U. S. Department of the Army. Counterinsurgency Operations. Field Manual (FM) (Interim) 3 – 07. 22 < Washington, DC: U. S. Government Printing Office [GPO], 1 October 2004), sec. 4 – 13.

三、外军人道救援军事行动中的政治性工作

近年来，一方面，因地球生态环境恶化而引起的海啸、地震、旱灾等自然灾害频繁发生；另一方面，卫生、科技等领域人为的社会灾害以及由战争、动乱、暴乱等引发的政治灾害不断出现，造成受灾国家大量人员伤亡和财产损失。基于国际人道主义，许多国家第一时间向受灾国提供紧急救灾物资、派遣救援队和医疗队，积极参与国际间重大紧急救援行动，形成了合理有效的人道主义援助行动模式。其中，军队是国际紧急救援的重要资源，军事化救援已成为许多国家军队所要担负的一项重任。参与国际紧急救援有助于在和平时期检验和提高部队的行动能力，大规模救援行动尤其有助于提高部队的指挥控制水平，对塑造国家形象也意义重大。因此，尽管行动有一定的政治敏感性，很多国家还是愿意派出部队参与国际紧急救援。

美国将人道主义救援列为非战争军事行动任务的重要内容。2006 年的《联合作战纲要》中明确规定：抢险救灾行动是在美国总统或国防部长的指令下，在美国本土地区、美国在海外的领地或海外地区进行计划和实施的行动。为维护美国的全球利益，美军在实施海外救援行动方面较为积极，一方面是由于美国财力雄厚、军事资源丰富，另一方面是由于美国的军事基地遍布全世界，美军可以迅速到达受灾地点。据统计，2003—2006 年，美国共有 15 次将军队用于海外灾难救援，行动地点大多集中于加勒比和中美洲地区。

俄罗斯为保证军队救灾行动的高效率、专业性，在原苏联救援团体联合会的基础上组建了俄联邦民防事务、紧急情况和消除自然灾害后果部，简称紧急情况部。该机构与内务部、联邦安全总局和对外情报总局所属部队并称为“其他军队”，专司内卫、维稳、民防等国内事务，而俄“武装力量”则专司对外作战任务。目前，俄紧急情况部作为权力执行机关，主要负责落实国家在民防、消除自然和人为灾害、保护公民、保障消防安全等领域的统一政策；对民防、抢险救灾、消防等领域的行动实施组织指

挥；按照规定程序收集、处理和交换防灾救灾信息，并协调联邦执行权力机关在上述领域内的活动。该部已成为俄应对非传统安全威胁的国家紧急情况处理中心与主体力量。

英国除了常规性的传统安全任务之外，反对动用其武装部队来执行救灾等非传统安全任务。在此背景下，以往英国遇到自然灾害时，通常会动用政府或民间力量来解决危机。但近年来，英军也对其国内发生的几场突发性危机提供了支援，近 10 年中有 7 次将军队用于海外救灾。尽管如此，英国国内反对动用军队执行救灾任务的思维模式依然根深蒂固。其他欧洲国家对运用军事力量开展人道救援行动的规定不尽相同。法国是世界上少有的把救灾专业部队列入军队建制的国家，各军种为应对各种灾难而专门设立了专业救援队伍。芬兰和挪威在国际紧急救援中更愿意运用地方资源或者仅为人道机构提供资金帮助，芬兰要求不得运用军事力量进行国际紧急救援，而挪威则坚持“最后手段”原则，只有在没有其他方法可以用来满足紧迫的人道需求时，才能动用军队。

亚洲和非洲国家通常将军队用于本地区的国际紧急救援。印度军队一直在国内救灾中发挥着关键作用，近年来明显增加了对邻国的援助力度，并成立了联合国防参谋部，提高战备水平和快速反应能力，为更好实施国际紧急救援做了相关准备。1992 年，日本修订了《国际紧急援助队派遣法》，在将自卫队用于国际紧急救援方面越来越活跃。就亚太地区来讲，澳大利亚在运用军事力量进行国际紧急救援方面最为积极，经常向太平洋地区的受灾国家提供救援。南非近年来多次将军事力量用于为非洲其他国家提供救援。尽管南非国防军的编制、训练或者预算都“没有计划用于灾难管理”，但还是采购了一些适用于灾难救援的装备。南非政府各部门还联合倡议建立一个在国际灾难救助中运用军事力量的“标准操作程序”。

（一）利用人道救援行动改善形象展示实力

美军经过朝鲜战争、越南战争后，不断调整，改进其军事力量发展思路和措施，吸取以往重“硬”轻“软”的教训，高度重视打造和运用军事软实力。2009 年 1 月 13 日，获奥巴马提名出任国务卿的希拉里在参议院外交委员会听证会上表示，美国新一届政府必须将“软实力”与“硬实力”手段结合，即使用“巧实力”。其实，美军在参与国际人道主义援助行动中把“软”“硬”手段结合使用的“巧实力”早有体现。

一是展示核心军事能力。美军参与国际人道主义援助，是把部队放在近似实战的环境中摔打和锻炼，让官兵在援助行动中适应高新科技装备，为未来战争行动做好准备。2004 年印度洋海啸发生后，在短短 10 天内，先后有 24 艘美国军舰驶抵受灾国海域参加救援行动。由“林肯”号航母和“夏洛”号导弹巡洋舰、“瑞尼尔”号快速战斗支援舰等组成的“林肯”号航母战斗群，受命后立即前往印尼的苏门答腊海岸参加救援行动。由“好人理查德”号两栖攻击舰、“杜鲁斯”号两栖船坞运输舰和“帕萨迪纳”号导弹驱逐舰等组成的两栖远征战斗群，在斯里兰卡附近海域实施救援行动，随舰的 25 架直升机、2100 名陆战队员和 1400 名舰员直接参加援助行动。美海军还增派大型医疗舰“仁慈”号到受灾地区，实施医疗救治。2006 年菲律宾发生泥石流灾难，驻日本的“埃塞克斯”号两栖攻击舰、“朱诺”号两栖船坞运输舰等 4 艘美舰向菲律宾灾区共运送几千套救援物资，并帮助进行灾区重建。2009 年美海军派出“丹佛”号两栖船坞补给舰，运载 2 架“海龙”直升机和 2 架“黑鹰”直升机支援台湾莫拉克风灾的救援行动。

二是展示军事软实力。美军认为，那些曾受过侵略、有过殖民地历史的国家，时常会将外国对其国内事务的任何类型的介入，都视作大国试图重新在其国内建立某种程度控制的手段。恰当地实施心理战，组织开展人道主义救援行动将有助于提升冲突或灾害地区民众对美军军事行动合法性的认同感。为此，即便看似与美国利害关系不大，只要国际社会关注度高的冲突或灾害地区，美军都乐意实施紧急人道主义救援行动，其用意主要在于努力塑造“和平使者”和“仁义之师”的形象，让世界相信美国具有“国际事务领导者”所应有的正义感和责任感。近年来，美军在参与国际人道主义援助时实施积极主动的军事外交政策，渲染美国的军事理念和价值取向，在潜移默化中把美国价值观大力推广成普世价值观。2001 年 10 月，美国对阿富汗境内的塔利班武装和恐怖分子基地展开攻击的同时，也对面临严寒和饥荒的阿富汗平民空投食品、药品和其他物资，物资外包装上印有美国国旗并标有“美利坚合众国人民赠送食品”的字样。这一策略，既体现了人道主义精神，又有助于避免阿富汗人民对美国产生敌对情绪，是对美国软实力的彰显和运用。

三是获取政治收益。美军把参加人道主义援助作为一种“政治投资”，以从中获取重大“政治收益”。人道主义救援从来不是一种单纯的非战争军事行动，其本质是政治性的，与救援国的国家利益有着密不可分的联系，折射出救援国的外交战略趋向和国家身份取向。2005 年 10 月巴基斯坦北部发生强烈地震后，美国立刻派出部队参与人道主义救援活动。美军搭建了战地医院以救治伤者，协助打通通往灾区的道路以保证救援物资的运输，其军用飞机还帮助将来自世界各地的救援人员和物资运抵受灾地区，美国总统布什还特别要求国防部长拉姆斯菲尔德与巴基斯坦军方协调研究两军如何共同救灾事宜。连巴基斯坦国内的保守派宗教人士也对美军在抗震救灾工作中的表现表示赞许，一位宗教领袖指出，这是他首次见到美军飞机向穆斯林大量投放生活物资而不是倾泻炸弹。[①] 可以说，在伊拉克战争之后，穆斯林世界对美国的印象持续恶化，美国希望通过人道主义救援行动，向国际社会特别是穆斯林世界展示美国“尊重所有宗教的多样性社会”的国家形象，消除穆斯林对美国的不信任感和反美情绪，改善美国在穆斯林世界的不良形象，并与之建立起新的“伙伴关系”。

（二）重视人道救援行动中的部队士气激励

美军通过传统媒体与现代媒体的有机结合，有效地争取到人道主义援助行动中舆论上的主动，控制住宣传舆论的导向，使美军官兵感受到自己参与人道主义援助行动取得了成果，得到了肯定，因而能更加积极地投入到救援行动之中。

一是注重舆论宣传。在历次人道主义救援行动中，美军作战指挥部和战区协调中心都为任务区内的各国知名媒体提供便利，定期举行新闻发布

---

① John Lancaster. Quake Aid Helps U. S. Alter Image in Pakistan. The Washington Post, Oct. 22, 2005, p. A01.

会，向他们介绍美军人道主义救援行动的具体情况，试图借助各国媒体展现美军为人道主义援助工作所做的努力，展示美军在人道主义救援行动中所体现的价值。如在报道美军在巴拿马洪灾中的救援行动时，就特别安排媒体采访美国驻巴拿马大使馆官员，通过媒体向大众传递“我们得到了巴拿马人民的积极肯定，他们非常感激我们的帮助”的信息，使官兵深感行动的重大意义。此外，美军还通过媒体公布了大使馆接到的电话内容，“我刚刚接到一名妇女打来的电话，她泣不成声地说刚刚看到一架南方司令部的飞机飞过她的住所，她知道美国人来帮助所有被洪水围困的灾民了。她还说美国是世界上唯一这么慷慨的国家，愿意帮助所有需要帮助的国家渡过难关，她祈祷上帝保佑他们和前来救援的美国。”① 许多官兵在看到这个报道之后都表示被这位妇女的话所深深地感动了，并且非常高兴能够提供这些帮助。一名美军军官说：“我们非常荣幸能够来到这里帮助巴拿马人民”。同时，美军在官方网站主页上经常更新与人道主义援助行动有关的新闻、视频、图片，为其进行的人道主义援助行动宣传。

二是重视人才队伍建设。自然灾害涉及面广、破坏力大，其专业人才培养的内容必须指向明确，具有较强的针对性和可操作性。为此，包括美军在内的不少外军军事院校开设抢险救灾课程，内容主要包括灾难管理原则、灾难影响区评估、灾难准备和减灾措施、灾难管理计划、灾难指挥体系、灾难资源网络、应急行动中心管理方式、灾难粮食援助计划、灾难医疗计划、灾难后勤管理、搜索与救援行动、灾难期间与军方的合作、紧急支援职能与协调机制等等。有的抢险救灾部队还要担负制订和组织灾难训练计划，组织灾难研究，研发有关灾难管理政策、预防机制和减灾措施等任务。1991 年，美国海军陆战队奔赴台风袭击的孟加拉湾提供紧急救援取得了巨大成功，主要归功于美国的快速反应，也突出了加强协调和预做准备的必要性。太平洋司令部对培育危机反应能力予以高度重视，并已纳入其军事规划增援小组项目，而且培养了一批善于通过多国合作应对危机的救援专业人员。在人道救援行动中，由于有的国家把关不严，派出人员素

① Humanitarian Assistance/Disaster Relief (HA/DR) Dec. 18 2008 1：48 pm.

质参差不齐，影响了军民合作。因此，许多国家立足本国的实际条件设置了有效的教学设施。比如欧洲“国际紧急救援技术中心”就是这种形式的短期紧急救援指挥员培训机构，为世界各国人道救援行动输出了大量的可用之才。

三是强化军队练兵意识。借人道救援使军队走向国外练兵，让军人在参与救援行动中了解世界，增强职能意识，也是外军开展人道主义援助的主要目的。“环太平洋2000”联合演习中，美国牵头进行了为期一周、代号为“强壮天使”的人道主义救援演习，想定：两个邻国兵戎相见，第三国以国际组织名义，出动海军和陆战队前往，试图控制冲突升级，保证地区“稳定”，并为受“侵略”的国家送去食品和帐篷等生存物品。“天使”演习特邀美国红十字会等政府和非政府机构参加，红十字会还派出125名志愿者，扮演“难民”。这是美军首次把人道主义救援演习课目加入“环太平洋”联合演习中。由此，美军不仅丰富和发展了“非战争军事行动”理论，而且在实践中提升了官兵的履职尽责本领。在印尼海啸救灾中，日本派出军舰和500名自卫队员参加灾难救援行动，表面上看，这一决定是为迅速采取救援行动，实际上已体现出日本《新防卫大纲》中所表明的扩大自卫队海外活动的强烈愿望，有着战略战术双重意图：在战略上，日本试图通过此次行动，使日本海上自卫队的海外活动得到国际社会的承认，逐步实现海外派兵的制度化和规模化；在战术上，日本也借机彰显并提升日本海上自卫队的远洋机动能力，“救灾”为自卫队提供了练兵的好时机。

（三）注重人道救援行动中的多方协作

非战争军事行动需要与各方广泛合作，特别是要加强与行动地域民众的沟通联系，确保非战争军事行动能够高度协调一致。为了达到这一目的，外军通常在参谋部设立后勤和民事机构，专门负责军民合作和处理相关民事问题。有的国家通过成立专门的民事部队，在军队指挥官和民事机构之间架起沟通协作的纽带和桥梁。依靠军事民事中心机构，军队可以更好地理解非政府组织和私人志愿者组织的作用以及他们对完成任务的影响，从而促成非战争军事行动任务更好地完成。

一是加强军民合作力度。2004 年印度洋地区海啸发生后，40 多个国家参加了对受灾地区的援助，其中 13 个国家派出军队实施救援行动。在诸多救援力量中，既有各援助国的官方机构，又有国际和地区的非政府组织；既有军队援助力量，又有民政援助机构；既有起主导协调作用的联合国，又有领导和参与救灾行动的受灾当事国。由于参与方多、机构庞杂，救灾行动的组织协调十分重要。美军为确保这次救灾行动的有序和高效，专门设立联络中心，加强与其他机构之间的信息分享，增强救援行动的透明度。各受灾国外交官首先向美军联络中心说明本国的救灾需求，然后中心根据各国的具体要求和援助行动的实际情况分配任务，通知美军部队采取相应行动。最后，驻各受灾国的联合支援小组与当地的美国援助机构密切协同，明确美军救援行动的需求和优先顺序，努力确保美军救援工作取得最大收益。在众多援助机构中，美军与国际开发署的合作最为密切。国际开发署是美国海啸救灾行动的主要援助机构，美军通过该署不仅可以及时、准确了解美国救灾机构的要求，还可以适时了解其他救灾国机构和非政府组织的需求，以便适时规划救援行动，保证行动顺利和有序。

二是重视文化背景的深刻影响。人道主义援助中应充分考虑当地的宗教信仰、宗教禁忌、政治体系、饮食习惯和语言交流等人文因素。在 2004—2005 年的东南亚海啸援助行动中，装援助物品的袋子颜色和粮食的原产国就曾经是美军实施人道主义援助行动的障碍。一些国家的民众拒绝接受橄榄色或黑色袋子，而只接受白色或明丽色彩的袋子；还有一些人拒绝接受某些特定国家出产的大米，等等。军事行动中经常使用的一些术语也可能带来不必要的麻烦，可能会影响到当地那些敏感的人和国际组织或非政府组织中某些不信任军民合作或军事组织的人员。譬如，“联合作战部队”和“军民联合行动中心”等名称会使他们产生一些负面的联想，但采用“综合支援部队”和“综合协作中心”等提法则比较容易被接受；“脱离接触”会使他们误以为撤销了援助，而说“移交”他们就会明白是把任务转移给其他的单位，等等。为了更好地提高官兵对行动区文化背景的理解，美军除了鼓励官兵掌握多国语言之外，还让官兵学习影像、图片和图书的使用方法、语言表达的技巧、时机和方式；非语言性的表达方式，如脸部表情、手势、人与人之间的距离等一些与文化背景相关的细节因素。

三是充分发挥专业队伍的作用。借助专业队伍力量帮助官兵收集行动区相关的文化背景信息，可以避免人力资源的浪费，减少不必要的机构设置和人员配备。美军充分发挥随军牧师的作用，向官兵及时介绍行动区不同宗教文化的习俗要求，使官兵能够在较短的时间内熟悉和适应行动区民众的宗教信仰，避免因对宗教信仰的不了解而引发行动区民众的反感；请随军牧师帮助人道主义援助行动部队评估行动区的宗教环境以及宗教对当地文化的影响；利用随军牧师容易获得信教地区群众信任的优势，由他们担任美军行动部队与本土宗教领袖的联络员。① 此外，美军在人道主义援助行动中还常常求助于美国陆军心理战第四营等专门从事情报搜集的单位，向其行动部队提供有关行动区的宗教、政治等方面情况。

（四）协助人道救援行动中的难民管控工作

人道救援行动中的一项重要工作是支援配合地方政府或民事部门对难民或受灾人员进行收容、转移、保护和管控。外军十分重视在难民管控行动中发挥政治性工作的作用，力求控制复杂局面，保持难民安置点稳定，掌握政治和舆论主动权。美军在《民事工作条令》（Civil Affairs Operations，FM3—05.40）中指出：难民是在自然灾害、技术事故以及冲突、战争等社会动荡后，无家可归的民众。② 难民管控的相关工作主要由心理战部队、军事警察部队、民事部队、公共事务人员、军法官和随军牧师等承担。

1. 筛选甄别工作。当发生大规模人道灾难或战争时，由于难民数量庞大、成份各异，为了掌握难民基本情况，确认难民身份，并根据难民不同身份制定相应措施对其加以利用和管控，通常由心理战部队与军事警察部队配合（一个军事警察旅通常配一个战术心战连），对难民进行登记、身

---

① Captain Paul McLaughlin. The Chaplain's, Evolving Role in Peace and Humanitarian Relief Operation.

② FM3－05.40 Civil Affairs Operations, Sept. 2006, p. 61.

份确认和政治背景调查。主要分为难民基本情况普查和特殊人群调查。首先，心理战人员通过访问、审讯、问卷调查等形式以及难民提供的素材获取有关难民数量、国籍、民族构成、确切身份、家庭状况、政治倾向等方面信息，为制定具体安置、管控和遣送方案提供详细数据资料。其次，对特殊人群进行调查筛选，在寻找合适对象为美军服务的同时，也对危险分子进行甄别。主要是找出四类人：选择一定数量肯与美军合作的人物，如族长、宗教领袖等，对难民进行内部管理，维持难民基本秩序；寻找合适人物充当美军线人，及时报告难民安置点内的情况，以利于准确掌握难民动向；选择合适的翻译或技术人员，利用其与难民进行沟通交流，有时还允许其参与心战宣传品的制作和分发，反馈心战宣传品效果；锁定易对安全稳定构成威胁的危险分子，包括有前科的罪犯，存不满情绪者，具有煽动力的政治领袖，并进行隔离防止其组织反抗或制造动乱，消除难民安置点安全隐患。①

2. 心理疏导工作。有组织地对难民进行心理疏导，一方面是由于突发性灾难打破民众正常生产、生活秩序，造成难民流离失所、亲人离散，加之对陌生环境难以适应，对集中管理和军队介入存在心理恐慌和不安情绪，难民普遍缺乏安全感，有必要对其进行心理疏导，减轻其心理压力；另一方面，由于大量难民涌入和管控部门大量人员和车辆介入，使得难民安置点周边居民正常生产、生活秩序受到影响，引起其焦躁和不满情绪。为缓解这种情况，心理战部队和民事部队主要开展以下几方面工作：一是向难民宣传安置、管控及遣送方面的政策法规，使其了解自身地位以及其基本人身安全和生活所需会得到保障，消除其最基本的心理顾虑。二是对难民进行说服教育，使难民了解并适应安置点的各项规章制度，争取广大难民的配合与支持。三是向指挥官提供有关难民文化、习俗、语言、宗教信仰及饮食习惯上的信息，使其了解这些方面对难民产生的心理影响，避免因误会引发骚乱。四是在紧急情况下，利用心战宣传品协助军事警察部队控制难民安置点局势。五是为将难民遣送回国做前期准备工作，包括完

① FM3 – 05. 40 Civil Affairs Operations, Sept. 2006, pp. 128 – 130.

整的人员信息、教育和职业计划等。六是采取各种宣传和安抚措施，争取当地民众了解和同情难民的处境，降低其对难民管控行动的负面影响。

3. 公共事务工作。难民管控行动常常涉及国际法和人权等敏感问题，加之难民数量多、情况紧、新闻价值大，事件发生后多数成为国际和国内媒体关注的焦点。为应对媒体，争取政治和舆论主动权，负责该行动的特遣部队一般设置公共事务办公室，开展难民管控行动中的新闻管控和外宣工作。主要包括：筹划安排新闻发布前期准备，为军方和地方媒体提供报导难民管控行动的办公场所，在指挥所和临时应急中心附近设置新闻发布中心，力求在行动开始阶段创造出正面的报道氛围。在得到授权的情况下制定并公布新闻信息发布管理规定，尽力保证新闻媒体对难民管控行动的正面报导，使外界随时能了解到难民管控行动的进展情况，尤其是难民的生活状况。地方难民管控主管部门进行协调，保证对外发布信息的准确性和一致性，确保新闻发布的可靠性和权威性。及时了解和掌握官兵、军队及关注难民问题的公众所需的信息，为难民管控工作的报导准备完整、准确、及时的信息，在制作和发布新闻节目时做到有的放矢。当需要与地方媒体进行沟通时，公共事务官员还要充当发言人，解释和回答有关问题，做到正面宣传，有效引导舆论导向，争取国际社会和国内民众对难民管控的支持，同时传达给难民以正面、积极的信息，有利于加强对难民的有效管控。①

4. 法律支援工作。难民管控行动涉及到难民地位、生命财产、人权、安置遣返方式等法律问题，军事法官提供的法律支援对难民管控行动的顺利实施起着重要作用。其开展的主要工作有：解读《日内瓦难民地位公约》等法律文献，为收容人员的身份地位确认提供法律依据。为指挥官针对不同人员，制定相关政策措施提供法律支援。与民事官员就管理难民时的交战规则事宜进行协调，为使用武力平定暴乱和骚乱提供法律依据。参与处理有关难民伤亡等司法调查问题，参与处理有关难民财产处置问题，为难民管控行动中的军事审判，行政法、民法、国际法申诉等提供法律援

① FM3 – 19. 40 Military Police Internment/Resettlement Operations, chapter2, pp. 2 – 40.

助。充当行动联络官，就难民管控工作中存在的法律问题与联合国难民事务高级专员（办事处）、人道主义事务协调办公室和国际红十字会等组织进行协调。美军参与难民管控行动，有的是出于维护国家安全，有的是为了人道主义救援，有的是为了保证作战区域安全稳定。由于目的不同，就存在为难民管控行动定性的问题，军事法官在该问题上也能提供相应的法律支援。

5. 宗教支援工作。由于很多难民信奉宗教，而且可能与当地民众或者难民之间存在宗教差异，容易导致难民安置点宗教问题突出。为满足不同宗教需求，化解宗教矛盾，美军积极发挥随军牧师在难民管控行动中的作用。一是就行动区域内对当地宗教团体及难民的信仰及活动的相关影响，对难民管控准备和实施过程中可能影响难民情绪的宗教事务，对当地可能影响难民管控的宗教事务等问题向指挥官提出建议。二是对实施难民管控的官兵提供宗教支援，包括提供宗教礼拜场所，组织难民进行宗教活动，排解难民宗教方面困惑，化解各种宗教矛盾等。三是与当地的宗教领袖、政府主管宗教文化的官员及非政府宗教团体进行联系等等。

第三节　外军非战争军事行动中的政治性工作的基本特点

外军在非战争军事行动中的政治性工作，是其军队政治性工作在相关军事行动中的延伸和渗透，其突出的特点是强调政治服务，极力证明非战争军事行动的正义性与合法性，把教育训练与行动中的思想工作结合起来，主动进行宗教抚慰和心理干预，善于为军事行动提供法律保障等等。

一、突出政治目标，军事行动始终为国家利益服务

外军向来重视非战争军事行动中的政治性工作，这是因为任何军事行动总是要为一定的政治目标服务。以美军为例，在 1990 年以来的数十次非

战争军事行动中，美军内部的宣传教育系统、随军牧师的日常宣教内容、以及众多作战行动的指导文件，都反复强调美军的军事行动是为维护和弘扬美国“民主自由”价值服务的，要求美军官兵必须坚持“国家利益至上”和“爱国主义”精神。美军一方面极力掌控相关舆论导向，对非战争军事行动的性质进行“正义性”定位，利用非战争军事行动获取武力使用的合法性；另一方面，在具体行动中往往强调国家利益至上，力图达成维护国家利益和树立军队形象等多重目标，为提升国家及军队软实力服务。

对非战争军事行动的性质进行“正义性”定位。武力使用是否合法是取得当今国际社会支持的重要因素，也是维系民心士气的道义基础。为确保官兵和民众对美军非战争军事行动的理解支持，美军特别重视对非战争军事行动进行政治正义性定位。1989 年 12 月，美军以“保护美国侨民生命财产安全”为借口，出动陆海空 2.6 万名精锐部队，趁着夜色对巴拿马实施突然袭击，其政治定位反映在代号上是“正义事业”行动。美军正是看到了非战争军事行动的政治性工作功能，才极力推行这一行动样式，并将“合法”作为美军非战争军事行动的重要原则。比如，美军常常将行动定性为“执行联合国决议”“维持和平”“实施人道主义援助”“反对侵略”以及“保护美国公民的生命财产安全”，等等。克林顿就曾一再强调，科索沃战争是“为价值观而战”，是为了制止“种族灭绝”；美陆军把对孟加拉国水灾的救助，取名为“海天使行动”；把向苏联地区投送物资的行动称为“送希望行动”；把 1992 年 12 月武装干涉索马里内政称为“恢复希望行动”。可以说，非战争军事行动是目前美军出兵他国、干涉他国事务的主要法理依据和政治口号，是其推行军事行动、获取有效支持的强力政治保障，也是美军确保非战争军事行动之后可能发生的战争行动具有合法性的前提和基础。

维护国家利益与树立军队形象相统一。军队是维护国家利益的武装集团，军队形象与国家利益密切相关。外军在非战争军事行动中，非常重视强化军人的国家意识，要求军人必须时刻以国家大局为重，时时处处维护国家和军队的形象。执行非战争军事行动任务期间，通常设立新闻发言人，定期召开新闻发布会和记者招待会，或是请记者随从部队一起行动，开展“嵌入式”报道，对非战争军事行动进行电视直播，有效地增强了军队形象的传播效果。美国《洛杉矶时报》2005 年 11 月 30 日披露，美军人员曾亲自撰写文章，然后出钱收买伊拉克报纸刊登出来，借此提升形象。据美国媒体统计，伊拉克战后兴起了 200 家报纸、十几个电视台，其中许多是由美国政府，特别是美国国防部和国际开发署出资援建的。美国国务院从 2006 年 4 月起与美国 6 所大学的新闻学院合作，为不同国家培训了 100 名专业记者，意在影响各国关于美军的报道，从而确保美军形象传播的可靠性和无干扰。2006 年 7 月黎以爆发激烈冲突，黎巴嫩首都贝鲁特机场被炸毁。美军在侨民安全撤离后，安排由 6 艘舰艇组成的两栖战斗群和 2200 多名官兵继续对黎巴嫩进行人道主义救援，输送救援物资，帮助民众转移，“特伦顿号”两栖船坞运输舰 24 小时内就输送了 1612 名黎巴嫩民众到土耳其，美快艇部队也紧急运送医药、毯子等物资到黎巴嫩。这些有目共睹的人道援助，无疑大大缓解了世人的“反美”情绪，改善了美军以及美国的国际形象。

二、重视精神因素，精神激励与物质激励相结合

为使参加非战争军事行动的军人保持长盛不衰的战斗热情，外军通常借助树立典型、授予奖章或英雄称号、安排与上级合影留念或共进晚餐等手段，对官兵进行不间断的精神激励。第二次车臣战争期间，俄军《红星报》和北高加索军区报社派出大批记者深入到格罗兹尼和南部山区等作战地区进行战地报道，大力宣传战斗中涌现出的英雄事迹，教育和鼓励参战人员学习发扬他们的英雄主义精神，保证了参战官兵始终以旺盛的斗志与非法武装进行长期作战。据统计，1999 年 8 月—2000 年元旦，俄军共有 6400 多人得到了国家和国防部的奖励，有 30 多名军人荣获“俄联邦英雄”称号，有近 3000 名官兵提前晋职晋衔。俄总统、国防部长、参谋长等国家和军队领导人、高级将领也多次亲临前线慰问官兵。2000 年元旦，在俄军夺占格罗兹尼的关键时刻，普京亲自驾驶战斗机到车臣为官兵助阵，并亲临前线视察部队，与参战官兵合影留念。普京的这一举动，大大激发了俄

军官兵的战斗热情。阿富汗战争和伊拉克战争期间，美国总统布什和国防部长拉姆斯菲尔德都曾先后到伊拉克看望驻伊官兵，布什还多次陪同在战争中受伤的士兵上演“跑步秀”，这些都对反恐战斗人员及其亲属起到了很大的激励作用，极大地增强了部队的战斗力和凝聚力。

在搞好精神激励的同时，通过物质激励来调动官兵参加军事行动的积极性，是外军针对其特点采取的有效措施。比如，为了稳定俄军军心，减轻参战军人的后顾之忧，调动其作战积极性，俄罗斯政府先后成立了以第一副总理为主席的军人、退役军人及其家属社会问题委员会，专门负责协调解决军人及其家属的保险、抚恤、住房等社会保障问题。在参加反恐战斗人员的待遇问题上，俄政府明确规定，因反恐牺牲的人员，其家属将一次性得到10万卢布（约3448美元），致残的一次性发放5万卢布的补助金，并按法律规定得到抚恤金；受伤而未致残的得到一次性补助金1万卢布。法律还规定，反恐人员服役年限优惠计算为一天相当于一天半，直接参加反恐战斗的则一天相当于三天，这些无疑使参加反恐军事行动的官兵吃了一颗“定心丸”，极大地激发了他们为祖国而战的荣誉感和自豪感。

三、强化官兵素质，严格实施教育训练与战场执法

外军认为，参加非战争军事行动的军人，除了要具备一流的专业素质外，还要具备过硬的思想素质和法纪素养，惟有如此，上级的各种命令指示才能得到有力的贯彻落实，非战争军事行动任务才能顺利地完成。

为激发军人支持和参与非战争军事行动的热情，外军重视对军人进行经常性、基础性、针对性的思想教育，注重培养军人对国家、对军队、对本国政治制度的效忠意识，注重培育和巩固军人核心价值观。美军有一套在长期实践中形成的经常性教育机制。在各军兵种、各级部队先后建立了与士兵沟通思想的热线电话和信息网络，各军种每月召开两次会议进行研究和答复，会议内容通过卫星通信网络向全球各基地转播。美军的联合调查组经常到部队了解情况，以掌握官兵思想动态，并拿出相应的对策办法。担负任务较重的部队，其思想政治教育时间会更长。比如第82空降师

和第101空中突击师，每周一、三、五为训练时间，周二、四则由连长上课，目的是“磨练思想”。美军的伴随教育对保证非战争军事行动发挥着重要作用。在执行任务中，美军注意建立临时广播电台、电视台，配备巡回广播车，与部队同行，进行动态性的教育宣传；经常动员社会名流、家属子女、中小学生等，特别是执行非战争军事行动当地的社会人士，通过撰写文章、发表讲话、接受采访、进行评论、写慰问信、寄慰问品，支持和声援美军行动。遇到“情人节”“圣诞节”等美国人看重的节日时，还会组织一些人向官兵赠送礼物，以激励士气。即使在执行非战争军事行动任务比较重的情况下，为稳定军心，美军军官也会按照《平等的权利和机会》等文件规定，每月与下属或重点人员进行一次讨论、交谈，讨论的题目一般与当前任务、现实问题和官兵议论的热点问题有关，目的在于创造良好的内部氛围，在交流中实现思想引导。

培养军人过硬的综合素质，既要靠扎实有效的教育引导，又要靠配套完整的法纪法规。外军大都针对非战争军事行动任务制定了专门的法纪法规。比如，美军针对非战争军事行动期间擅自离队、违抗命令、吸毒酗酒、对军官不尊敬、影响国家荣誉等51种违法乱纪行为制定了相应的惩处措施，其中的13种罪名甚至可被判处死刑。俄军相继颁布了《内务条令》《纪律条令》《队列条令》和《纪律法庭法》，明确规定了非战争军事行动部队的法纪法规。韩国军队非常重视对非战争军事行动部队进行经常性军事法规“养成教育”，目的是使官兵具备强烈的法规意识，养成依法办事的良好习惯。由于非战争军事行动涉及国家利益，事关军队形象，外军关于非战争军事行动部队的法规纪律要比普通法律严格得多。俄军在车臣执行反恐任务时，曾经出现国防部副部长、陆军副总司令及一些前线军官拒不执行作战命令的现象，俄当局当即撤销他们的职务并交军事法庭惩治。伊拉克战争期间，美军违反纪律的现象频频发生，严重损害了美军的形象。据墨西哥《千年报》报道，由于在批准休假回国后不愿重返伊拉克前线，驻伊美军中已有5500多名士兵被五角大楼视为“逃兵”，个别官兵甚至不惜通过自残来达到目的。还有部分美军士兵屡屡违反国际法准则，虐待杀害俘虏，肆意枪杀平民，强奸当地妇女，不尊重当地风俗习惯等等。

对此，美军在依法严格查处的同时，在驻伊美军中开展了为期 30 天的“战场纪律培训”，内容突出“职业军事价值观以及在战斗中遵守纪律的重要性”。为了更好地保障部队的纪律，美军相继出台了一些法律法规来规范官兵的行为，解决战斗中不断出现的新问题。这些法律法规主要有两类，一类是战时适应不同战场的具体法规条例，一般由军法参谋草拟，主要包括交战规则和适应新形势需要的指令。另一类是战场纪律条令，主要是由军法官撰写。如美军法官们起草了对参加伊拉克战争的所有美军和平民雇员都有约束力的条令，要求尊重伊斯兰风俗文化，其中禁酒令、禁止任何色情物品、禁止赌博和非穆斯林进入清真寺等大部分规定都是美军第一次实行，军人违反这一规定将按《统一军事司法法典》以犯罪论处。

四、注重实际效果，政治性工作与军事行动有效融合

政治性工作是为了给非战争军事行动提供强大精神动力和可靠人才保障，创造一个有利于行动任务顺利完成的良好环境。衡量政治性工作的效果，最终要看军人的精神状态和能力素质是否达到要求，军队和国家的良好形象是否得到树立和维护，以及非战争军事行动任务是否圆满完成。

西方国家在编制体制上大都实行“一长制”，他们的政治性工作完全从属于军事工作，在工作方法上讲求实用主义，其政治性工作大多基于军事行动任务。有什么样的非战争军事行动，就有什么样的政治性工作内容；非战争军事行动的要求不同，政治性工作的内容形式也不尽相同。打击恐怖分子和分裂势力，外军政治性工作主要是开展广泛的舆论宣传和政治动员，重点解决“为谁而战、为何而战”的问题，努力营造有利于己、不利于敌的舆论氛围，最大限度地争取国际社会、国内民众以及所有军人的拥护和支持。行动过程中，政治性工作主要围绕如何保持军人旺盛的斗志和战斗热情，如何克服军人的畏战、厌战心理，如何有效瓦解敌人的心理防线和内部团结等内容而展开。执行维和任务，政治性工作的重点则放在国家和军队形象的塑造和培养上，通过扎实有效的精神教育，引导军人严格遵守国际法准则和军队的法纪法规，在法律允许的范围内采取和展开

维和行动，处理相关矛盾和问题。除此之外，政治性工作还要通过丰富多彩的物质文化生活，减缓军人的思乡恋家情绪，消除维和地区战乱丛生、环境恶劣、生活单调、物资匮乏等带来的不利影响，努力为军人营造良好的生活环境。

五、强调以人为本，发挥心理干预和宗教抚慰效果

针对非战争军事行动中官兵会产生大量心理疾病和思想问题的实际，外军主要采取两种措施进行积极干预，一是抓心理疾病预防和治疗，一是抓宗教抚慰。牧师是美军非战争军事行动政治性工作的重要角色。目前，美军共有随军牧师3000多人，平均每700名官兵就有1名随军牧师，其中还有少量的女牧师专门为女军人服务。在非战争军事行动中，随军牧师主要从事5个方面的服务。一是提供和从事礼拜仪式服务；二是提供牧师关怀与劝告；三是提供宗教教育；四是提供应急需要和圣礼服务；五是提供政治性工作的咨询服务。表面上看，牧师是单纯的宗教人士，但从美军牧师的工作内容看，其在非战争军事行动中的主要职能是做经常性思想工作。心理干预被普遍应用于美军的非战争军事行动之中。这些年来，由于美军一些行动的持续时间长、环境条件差、遭受反抗大，对美军官兵的心理产生了极大的压力。为防止大面积心理疾病暴发，美军每个师都招募了自己的心理医生、精神病医生和社工，在军事行动中每天都要进行心理疾病方面的巡诊和调查，发现问题人员立刻建议其接受治疗。此外，美军还定期向执行任务部队派出心理专家小组，在军内设立免费咨询电话，检查官兵的心理状况，解决官兵的心理问题。对飞行员、精密装备管理和操作人员，制订了更严格的心理辅导计划。

参考文献

[1] 刘刚，翟吉华，花永庆．外军政治工作概论［M］．北京：海洋出版社，1988.

[2] 齐键，周深远，刘德明．外国军队政治工作［M］．北京：解放军出版社，1989.

[3] 梁玉霞．中国军事司法制度［M］．北京：社会科学文献出版社，1996.

[4] 佟明忠．中外军队政治工作思想通史［M］．北京：军事科学出版社，1997.

[5] 军事科学院外国军事研究部．美国军事基本情况［M］．北京：军事科学出版社，1997.

[6] 王保存，王安．外军管理与领导［M］．北京：军事科学出版社，1999.

[7] 韩生民，聂送来．外国治军面面观［M］．北京：国防大学出版社，1999.

[8] 周健．军事法论纲［M］．北京：海潮出版社，2000.

[9] 房忠贤，张成富．西方国家军队政治工作透析［M］．北京：国防大学出版社，2001.

[10] 刘树德等．外军政治工作研究［M］．北京：解放军出版社，2002.

[11] 李保中．中外军事制度比较［M］．北京：商务印书馆，2003.

[12] 程达刚．外军人事管理概论［M］．西安政治学院训练部，2004.

［13］邓忠党等．中外士官教育比较［M］．北京：军事科学出版社，2005.

［14］龚波著．中美军队人事管理制度比较研究［M］．北京：军事科学出版社，2006.

［15］斯蒂芬·E·安布罗斯．责任、荣誉、国家——西点军校史［G］．广州：暨南大学出版社，2006.

［16］西安政治学院军事法学研究所．军事法论丛（第3辑）［M］．北京：海潮出版社，2006.

［17］田有方．外国军事法评介［M］．北京：海潮出版社，2007.

［18］张煜，李书吾．美军随军牧师制度研究［M］．北京：解放军出版社，2007.

［19］世界军事年鉴编委会．世界军事年鉴.2007［M］．北京：解放军出版社，2007.

［20］周健．外国军事法史（第二卷）［M］．北京：法律出版社，2008.

［21］张本正．军事法总论［M］．北京：军事大百科全书出版社，2008.

［22］靳敬纯．一体化联合作战空间信息支援保障研究［M］．北京：国防大学出版社，2008.

［23］总政治部联络部．美军政治性工作研究论丛（第二辑）［G］．北京：解放军出版社，2008.

［24］总政治部联络部．美军政治性工作研究论丛（第三辑）［G］．北京：解放军出版社，2009.

［25］总政治部联络部．美军政治性工作［M］．北京：解放军出版社，2009.

［26］总政治部联络部．美军法制工作研究［M］．北京：解放军出版社，2010.

［27］总政治部联络部．美军军官人事管理［M］．北京：解放军出版社，2010.

［28］总政治部联络部．美军退役工作研究［M］．北京：解放军出版社，2010.

［29］总政治部联络部．美军军人家庭工作研究［M］．北京：解放军出版社，2010.

［30］总政治部联络部．外军政治性工作研究论丛（第四辑）［G］．北京：解放军出版社，2010.

［31］高民政等．军事政治学导论［M］．北京：时事出版社，2010.

［32］Jerry M Burger（美）．陈会昌主译．人格心理学［M］．北京：中国轻工业出版社，2010.

［33］军队政治工作学［M］．北京：人民出版社，高等教育出版社，2011.

［34］李丛禾，李庄前．当代美军军事文化［M］．北京：军事科学出版社，2011.

［35］总政治部联络部．外军政治性工作研究论丛（第五辑）［G］．北京：解放军出版社，2011.

［36］许江瑞，方宁．军事法制教程［M］．北京：军事科学出版社，2012.

［37］总政治部联络部．外军政治性工作研究论丛（第六辑）［G］．北京：解放军出版社，2012.

［38］总政治部联络部．俄军基本政治情况［M］．北京：解放军出版社，2013 年．

［39］总政治部联络部．外军政治性工作研究论丛（第七辑）［G］．北京：解放军出版社，2013.

［40］Janice H. Laurence Michael D. Matthews 主编，杨征主译，牛津军事心理学［M］．北京：科学出版社，2014.

［41］总政治部联络部．外军政治性工作研究论丛（第八辑）［G］．北京：解放军出版社，2014.

［42］总政联络部．美国陆军第 3—13 号野战手册《告知与影响活动》［M］．2015.

［43］总政联络部. 美国陆军第3—53号战斗条令《军事信息支援行动》［M］. 2015.

［44］AR 350 – 1 Army Training and Leader Development. Washington, D. C. : Dept. of the Army. 2006.

［45］AR 600 – 25 Salutes, Honors, and Visits of Courtesy Washington, D. C. : Dept. of the Army. 1983.

［46］AR 600 – 100 Army Leadership. Washington, D. C. : Dept. of the Army. 1993/2007.

［47］AR 670 – 1 Wear and Appearance of Army Uniforms and Insignia Washington, D. C. : Dept. of the Army. 2005.

［48］Byrne. D, "Repression-sensitization as a dimension of personality", In B. A. Maher (Ed.), *Progress in experimental personality research.* New York: Academic Press.

［49］FM 1 The Army Washington, D. C. : Dept. of the Army. 2005.

［50］FM 22 – 100 Military Leadership. Washington, D. C. : Dept. of the Army. 1990.

［51］FM 22 – 100 Army Leadership: Be, Know, Do. Washington, D. C. : Dept. of the Army. 1999.

［52］FM 6 – 22 Army Leadership. Washington, D. C. : Dept. of the Army. 2006.

［53］FM 7 – 0 (FM 25 – 100) Training The Force Washington, D. C. : Dept. of the Army. 2002.

［54］James Hosek et al. Should the Increase in Military Pay Be Slowed? Rand National Defense Research Institute, Rand Corporation. 2012.

［55］Liat Shetret. Use of the Internet for Counter-Terrorist Purposes. Policy Brief, February, 2011.

［56］Mark R Somerfidld & Robert R McCrae. Stress and Coping Research: Methological Challenges, theoretical Advances, and Clinical Applications. American Psychologist. 2000.

[57] Military Compensation and Retirement Modernization Commission: Preference Analysis Study, Mathematica Policy Research, 2015.

[58] Military Retirement Reform. Hearing Before The Subcommittee On Military Personnel Of The Committee On Armed Services House Of Representatives One Hundred Twelfth Congress First Session . U. S. Government Printing Office Washington, 2012.

[59] PAM 600 – 3 Commissioned Officer Professional Development and Career Management Washington, D. C. : Dept. of the Army. 2005.

[60] Recruiting Evolves: Navy works to hone its message to a more diverse population. Sea Power, April, 2011. http: //www. seapower-digital. com/seapower/spwample/#pg84.

[61] Report of the 11th Quadrennial Review of Military Compensation. US Department of Defense, June 2012.

后　　记

作为军队“2110 工程”的建设项目，《外军政治性工作研究》的撰写开始于 2014 年。写作期间，经历了部分作者的岗位调整甚至转业离岗，使得书稿的推进进程不时受到干扰，但大家克服困难，顺利完成了编写任务。

本书的部分作者原先从事外语教学和研究工作，若干年前开始转型外军政治性工作的研究或教学。作为该领域的新兵，他们的研究可能不够全面，分析可能不够完善，甚至挂一漏万，顾此失彼，但他们为这门学科的发展增添新鲜力量的同时，也贡献了他们独到的视角和独立的见解。他们不仅是南京政治学院外军政治性工作教学舞台的骨干人员、研究领域的积极分子，也是推动外军政治性工作学科发展的一股新生力量和一抹亮丽风景。

本书由南京政治学院外军政治性工作研究中心李庄前教授发起问题讨论，拟制编写大纲，确定章节内容。大纲初稿确定后，曾组织院内同行和军内外本领域专家研究讨论，在广泛征求意见的基础上，确立本书的编写框架。期间，编写组多次召开项目研究推进会，及时跟踪各位作者的研究进展以及写作中遇到的问题或困难。对作者们而言，撰写《外军政治性工作研究》的过程是学习性研究的过程，也是研究性学习的过程，希望通过自己的努力为外军政治性工作的研究和发展贡献绵薄之力。

编　者

2017 年 5 月